北嶺中学校

〈収録内容〉

2024年度 ……………… 算・理・社・国

2023年度 ……………… 算・理・社・国

2022年度 ……………… 算・理・社・国

2021年度 ……………… 算・理・社・国

DL 2020年度 ……………… 算・理・社・国

DL 2019年度 ……………… 算・理・社・国

DL 2018年度 ……………… 算・理・社・国

便利なDLコンテンツは右のQRコードから

解答用紙

過去年度

国語の問題は紙面に掲載 ⇒

※データのダウンロードは2025年3月末日まで。

※データへのアクセスには、右記のパスワードの入力が必要と

〈合格最低点〉

2024年度	(東京・本校他)	専願 212/400	併願A 227/400	併願B 228/400
	(青雲寮コース)	専願(北海道) 241 (本州) 248/400	併願A 265/400	併願B 270/400
2023年度	(東京・本校他)	専願 206/400	併願A 217/400	併願B 218/400
	(青雲寮コース)	専願(北海道) 233 (本州) 237/400	併願A 254/400	併願B 260/400
2022年度	(東京・本校他)	専願 182/400	併願A 204/400	併願B 205/400
	(青雲寮コース)	専願 212/400	併願A 235/400	併願B 250/400
2021年度	(東京・本校他)	専願 190/400	併願A 205/400	併願B 206/400
	(青雲寮コース)	専願 220/400	併願A 231/400	併願B 236/400

本書の特長

実戦力がつく入試過去問題集

- ▶ 問題 …………… 実際の入試問題を見やすく再編集。
- ▶ 解答用紙 …… 実戦対応仕様で収録。
- ▶ 解答解説 …… 詳しくわかりやすい解説には、難易度の目安がわかる「基本・重要・やや難」の分類マークつき（下記参照）。各科末尾には合格へと導く「ワンポイントアドバイス」を配置。採点に便利な配点つき。

入試に役立つ分類マーク

基本 確実な得点源！
受験生の 90％以上が正解できるような基礎的、かつ平易な問題。
何度もくり返して学習し、ケアレスミスも防げるようにしておこう。

重要 受験生なら何としても正解したい！
入試では典型的な問題で、長年にわたり、多くの学校でよく出題される問題。
各単元の内容理解を深めるのにも役立てよう。

やや難 これが解ければ合格に近づく！
受験生にとっては、かなり手ごたえのある問題。
合格者の正解率が低い場合もあるので、あきらめずにじっくりと取り組んでみよう。

合格への対策、実力錬成のための内容が充実

- ▶ 各科目の出題傾向の分析、合否を分けた問題の確認で、入試対策を強化！
- ▶ その他、学校紹介、過去問の効果的な使い方など、学習意欲を高める要素が満載！

解答用紙ダウンロード 解答用紙はプリントアウトしてご利用いただけます。弊社ＨＰの商品詳細ページよりダウンロードしてください。トビラのＱＲコードからアクセス可。

UD FONT 見やすく読みまちがえにくいユニバーサルデザインフォントを採用しています。

北嶺《ほくれい》 中学校

https://www.kibou.ac.jp/hokurei/

〒 004-0839　札幌市清田区真栄 448-1
☎ 011-883-4651
交通　札幌市営地下鉄「福住駅」、「南平岸駅」、「白石駅」、ＪＲ「新札幌」よりスクールバス

[プロフィール]

・1986年に中学校、1989年に高等学校を開設。併設型の中高一貫校で、学校敷地内に青雲寮（寄宿舎）を持つ。
・東京大学や国公立医学医学科などの難関大学に多数の合格者を輩出するとともに、校技として全員が柔道(卒業生の9割以上が黒帯取得)
・ラグビーに授業で取り組む文武両道の学校である。

[資格]

・授業と連動させ、国語では「漢字検定２級」、数学では「数学検定準１級」、英語では「英検2級・準1級」を卒業まで取得することをめざす。
・英語では、中学１年生～高校２年生までTOEFLを受検。高校生では、CBT型の検定試験を実施する。

[カリキュラム]

・中学生の国語・数学・英語の授業数は、公立中学校の約1.8倍あり、中学２年生で中学の学習内容を終え、中学３年生では高校内容の学習に取り組む。
・生徒の好奇心・探究心を大切に、進路探索の一助にもなる「８つの探究型プロジェクト（グローバル・サイエンス・メディカル・法律・ビジネス・北海道理解・プログラミング・芸術理解）」を全員が受講する。
・グローバルプロジェクトでは、アメリカ・ボストンにあるハーバード大学・マサチューセッツ工科大学にて「英語特別研修」を受講する。
・サイエンスプロジェクトでは、JAXAや民間ロケット会社で研修を行うほか、アメリカのNASAケネディ宇宙センター、スミソニアン航空宇宙博物館も訪問する。
・メディカルスクールでは、毎月、現役医師によるワークショップ・講演会を本校で実施している。また、離島での医療研修、北海道の地域でのブラックジャックセミナーを行っている。
・NECの専門家によるプログラミングアカデミーを、中学１年生～高校１年生に対して実施。ハイレベルな情報教育・プログラミング教育を行っている。

[部活動]

・体育系では、テニス部・ラグビー部・柔道部が全国大会に出場。
・文化系では、ディベート部・将棋部・数学部が全国大会に出場。

★設置部

（体育系）　柔道、ラグビー、軟式野球部、サッカー部、陸上部、テニス部、バスケットボール部、バレーボール部、卓球部、剣道部
（文化系）　ディベート部、囲碁将棋部、科学部、数学部、美術部、写真部、放送局、図書局、新聞局、クイズ研究会、鉄道研究会、古典かるた研究会、ロボット研究会、パソコン研究会、映像研究会、国連コース

[行　事]

・グローバルプロジェクトの一環として、京都・奈良で日本の文化・歴史・古典芸能を学ぶ研修を実施する。京都大学在籍の外国人留学生と、京都市内を巡る研修も行う。
・夏休みを利用して、ニュージーランド兄弟校で短期語学研修を行い、同時にホームステイも経験する。
・北海道理解プロジェクトでは、世界自然遺産の知床を訪問する。

５月　NASA研修（中２)、京都・奈良研修（中３）
６月　全校登山
７月　学校祭
８月　ニュージーランド語学研修、知床探訪（中１）
９月　体育祭、ロケット研修（中３）
10月　ラグビー大会、ウポポイ研修（中２）
11月　柔道大会、芸術鑑賞
１月　漢字検定・数学検定・TOEIC
２月　スキー授業
３月　百人一首大会（中１）

[進　路]

・14年連続、国公立医学部医学科現役合格率全国ベスト10入り。
・毎年、東大・国公立医学部医学科に多数合格している。

★卒業生の主な合格実績

東京大、京都大、東京工業大、一橋大、北海道大、東北大、名古屋大、大阪大、九州大、神戸大、札幌医大、旭川医大、千葉大　他

[トピックス]

・40周年記念事業の一環として、蔵書６万冊を超える大型の図書館が2024年に完成。
・本校敷地内に併設された「青雲寮」では、学校教員による寮生限定の夜間講習、本校OB医学部生チューターによる学習指導を実施。手厚い学習サポート体制が整っている。
・「青雲寮」では、仲間との親睦を深めるレクリエーションを毎月実施。野外で行うジンギスカンパーティー、プロ野球・プロバスケットボール観戦、ルスツ遊園地遠足、ニセコスキー遠足など、楽しいイベントが盛りだくさんある。
・北嶺中学校の入学試験では、特待選抜入試（入学金・授業料免除）を実施。2024年の入試では、受験生が1300名を超え、14名が特待生として本校へ入学。
・併設の「青雲寮」には定員があり、入学試験で選抜される。2024年入試では、約500名の受験生が「青雲寮」を希望し、66名が青雲寮へ入寮（北嶺の定員は120名)。
・学校見学会を随時実施。本校HPから申し込みを受付。

入試！インフォメーション

※本欄の内容は2024年度入試のものです。

受験状況

募集人数	志願者数	受験者数	合格者数	倍　率
120	1303	1269	1044	1.2

過去問の効果的な使い方

① **はじめに**　ここでは，受験生のみなさんが，ご家庭で過去問を利用される場合の，一般的な活用法を説明していきます。もし，塾に通われていたり，家庭教師の指導のもとで学習されていたりする場合は，その先生方の指示にしたがって，過去問を活用してください。その理由は，通常，塾のカリキュラムや家庭教師の指導計画の中に過去問学習が含まれており，どの時期から，どのように過去問を活用するのか，という具体的な方法がそれぞれの場合で異なるからです。

② **目的**　言うまでもなく，志望校の入学試験に合格することが，過去問学習の第一の目的です。そのためには，それぞれの志望校の入試問題について，どのようなレベルのどのような分野の問題が何問，出題されているのかを確認し，近年の出題傾向を探り，合格点を得るための試行錯誤をして，各校の入学試験について自分なりの感触を得ることが必要になります。過去問学習は，このための重要な過程であり，合格に向けて，新たに実力を養成していく機会なのです。

③ **開始時期**　過去問との取り組みは，通常，全分野の学習が一通り終了した時期，すなわち6年生の7月から8月にかけて始まります。しかし，各分野の基本が身についていない場合や，反対に短期間で過去問学習をこなせるだけの実力がある場合は，9月以降が過去問学習の開始時期になります。

④ **活用法**　各年度の入試問題を全問マスターしよう，と思う必要はありません。完璧を目標にすると挫折しやすいものです。できるかぎり多くの問題を解けるにこしたことはありませんが，それよりも重要なのは，現実に各志望校に合格するために，どの問題が解けなければいけないか，どの問題は解けなくてもよいか，という眼力を養うことです。

算数

どの問題を解き，どの問題は解けなくてもよいのかを見極めるには相当の実力が必要になりますし，この段階にいきなり到達するのは容易ではないので，この前段階の一般的な過去問学習法，活用法を2つの場合に分けて説明します。

☆偏差値がほぼ55以上ある場合

掲載順の通り，新しい年度から順に年度ごとに3年度分以上，解いていきます。

ポイント1…問題集に直接書き込んで解くのではなく，各問題の計算法や解き方を，明快にわかるように意識してノートに書き記す。

ポイント2…答えの正誤を点検し，解けなかった問題に印をつける。特に，解説の 基本 重要 がついている問題で解けなかった問題をよく復習する。

ポイント3…1回目にできなかった問題を解き直す。同様に，2回目，3回目，…と解けなければいけない問題を解き直す。

ポイント4…難問を解く必要はなく，基本をおろそかにしないこと。

☆偏差値が50前後かそれ以下の場合

ポイント1～4以外に，志望校の出題内容で「計算問題・一行問題」の比重が大きい場合，これらの問題をまず優先してマスターするとか，例えば，大問2までをマスターしてしまうとよいでしょう。

理科

理科は1から順番に解くことにほとんど意味はありません。理科は，性格の違う4つの分野が合わさった科目です。また，同じ分野でも単なる知識問題なのか，あるいは実験や観察の考察問題なのかによってもかかる時間がずいぶんちがいます。記述，計算，描図など，出題形式もさまざまです。ですから，解く順番の上手，下手で，10点以上の差がつくこともあります。

過去問を解き始める時も，はじめに1回分の試験問題の全体を見通して，解く順番を決めましょう。得意分野から解くのもよいでしょう。短時間で解けそうな問題を見つけて手をつけるのも効果的です。くれぐれも，難問に時間を取られすぎないように，わからない問題はスキップして，早めに全体を解き終えることを意識しましょう。

社会

社会は1から順番に解いていってかまいません。ただし，時間のかかりそうな，「地形図の読み取り」，「統計の読み取り」，「計算が必要な問題」，「字数の多い論述問題」などは後回しにするのが賢明です。また，3分野（地理・歴史・政治）の中で極端に得意，不得意がある受験生は，得意分野から手をつけるべきです。

過去問を解くときは，試験時間を有効に活用できるよう，時間は常に意識しなければなりません。ただし，時間に追われて雑にならないようにする注意が必要です。“誤っているもの”を選ぶ設問なのに“正しいもの”を選んでしまった，“すべて選びなさい”という設問なのに一つしか選ばなかったなどが致命的なミスになってしまいます。問題文の“正しいもの”，“誤っているもの”，“一つ選び”，“すべて選び”などに下線を引いて，一つ一つ確認しながら問題を解くとよいでしょう。

過去問を解き終わったら，自己採点し，受験生自身でふり返りをしましょう。できなかった問題については，なぜできなかったのかについての分析が必要です。例えば，「知識が必要な問題」ができなかったのか，「問題文や資料から判断する問題」ができなかったのかで，これから取り組むべきことも大きく異なってくるはずです。また，正解できた問題も，「勘で解いた」，「確信が持てない」といったときはふり返りが必要です。問題集の解説を読んでも納得がいかないときは，塾の先生などに質問をして，理解するようにしましょう。

国語

過去問に取り組む一番の目的は，志望校の傾向をつかみ，本番でどのように入試問題と向かい合うべきか考えることです。素材文の傾向，設問の傾向，問題数の傾向など，十分に研究していきましょう。

取り組む際は，まず解答用紙を確認しましょう。漢字や語句問題の量，記述問題の種類や量などが，解答用紙を見て，わかります。次に，ページをめくり，問題用紙全体を確認しましょう。どのような問題配列になっているのか，問題の難度はどの程度か，などを確認して，どの問題から取り組むべきかを判断するとよいでしょう。

一般的に「漢字」→「語句問題」→「読解問題」という形で取り組むと，効率よく時間を使うことができます。

また，解答用紙は，必ず，実際の大きさのものを使用しましょう。字数指定のない記述問題などは，解答欄の大きさから，書く量を考えていきましょう。

算数　出題傾向の分析と合格への対策

●出題傾向と内容

やや難しい標準レベルの問題から発展問題までが出題され，年度によっては読み取りが難しい問題文が含まれることがある。

小問数は25～30題前後であり，試験時間は60分である。近年の出題傾向は「図形」，「数の性質」，「割合と比」，「速さの三公式と比」の分野がよく出題されており，①が「四則計算」，「概数」，「単位の換算」，②が短問の組み合わせ，③～⑤が大問によって構成されている。

②のなかに難しめの問題が含まれることがあり，解法を思いつかない場合は，後に回して他の問題を優先しないと時間が消費されてしまうので，時間配分が必要である。

学習のポイント

まず，基本問題，標準問題の内容の定着を図り，発展問題に挑戦していこう。計算，単位換算でまちがえないことが基本。

●2025年度の予想と対策

本校の過去問を利用し，実際に解いて手ごたえを確かめてみよう。①，②で大きなミスをしないことがポイントであり，問題のレベルを自分で判断して解きやすい問題を優先して解くという感覚を身につけられるようにすることも，目標にすべきである。

これまでの出題分野に大きな偏りはなく，「図形」，「割合と比」，「数の性質」などを中心に標準問題までを困難なく解けるようにすることが，第一の目標である。間違えた問題は，反復練習して定着を図ろう。

▼年度別出題内容分類表

※　よく出ている順に☆，◎，○の３段階で示してあります。

出題内容			2020年	2021年	2022年	2023年	2024年
数と計算		四則計算	○	○	○	○	○
		概数・単位の換算	☆	○	○	○	☆
		数の性質	○	☆	◎	◎	○
		演算記号				○	○
図形		平面図形	☆	☆	☆	☆	☆
		立体図形	☆	☆		☆	☆
		面積	◎	☆	◎	○	☆
		体積と容積	○	○		◎	
		縮図と拡大図	☆		☆	○	
		図形や点の移動			☆	☆	☆
速さ		三公式と比	○	☆	◎	☆	☆
	文章題	旅人算				☆	○
		流水算					
		通過算・時計算			○		
割合		割合と比	☆	◎	☆	☆	☆
	文章題	相当算・還元算					
		倍数算					
		分配算					
		仕事算・ニュートン算				○	
文字と式							
2量の関係（比例・反比例）							
統計・表とグラフ			☆		◎		
場合の数・確からしさ				◎	○	◎	◎
数列・規則性				☆	○		
論理・推理・集合				○			◎
その他の文章題		和差・平均算	◎	○			
		つるかめ・過不足・差集め算	◎				
		消去・年令算		○	○		
		植木・方陣算				☆	

算数 ——グラフで見る最近５ヶ年の傾向——

最近５ヶ年に出題されたすべての問題を内容別に分類・集計し，全体に対して何パーセントくらいの割合になっているかを示しました。

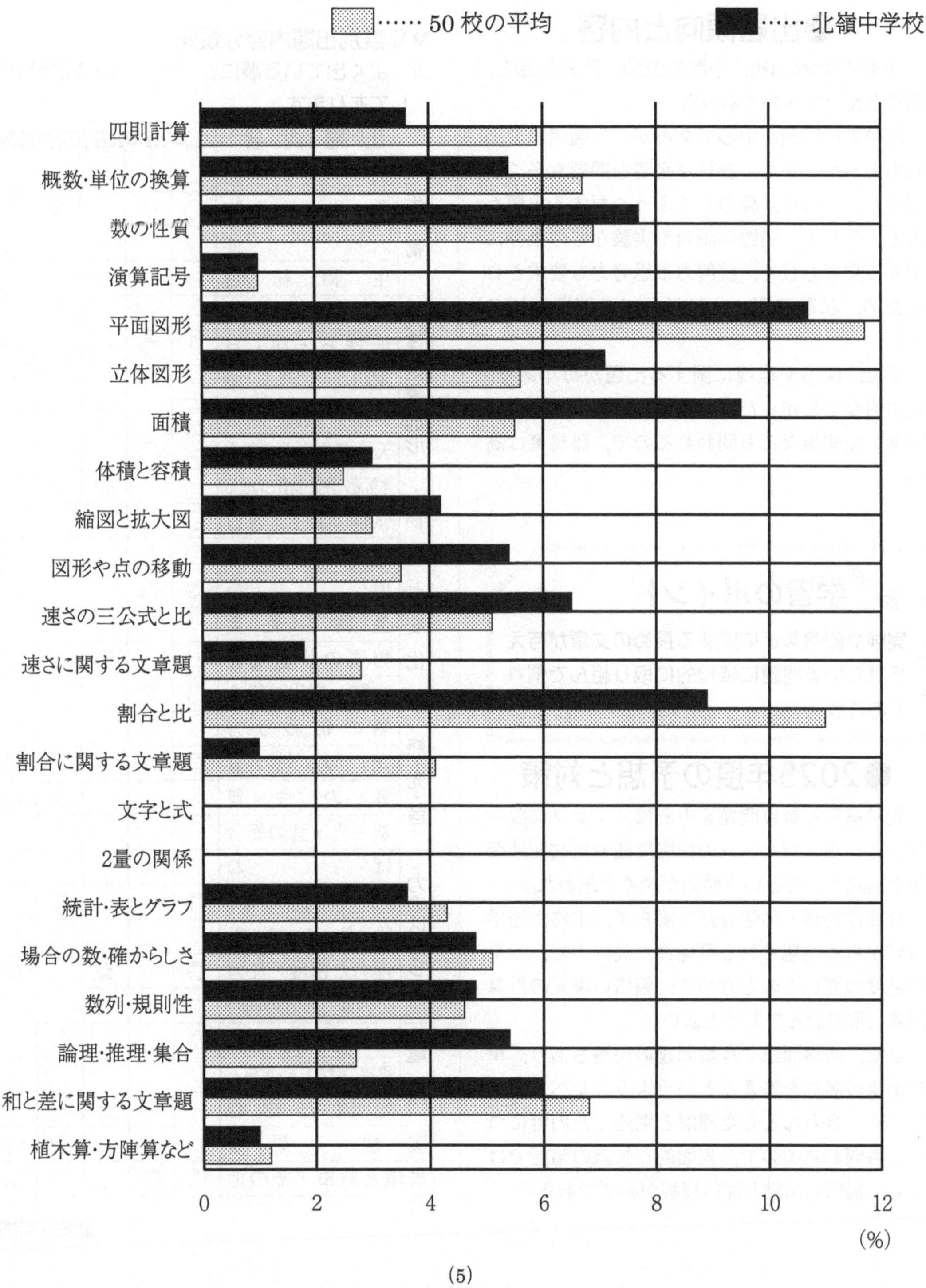

理科　出題傾向の分析と合格への対策

●出題傾向と内容

今年度は大問4題，小問数21問，解答数29と，例年と比べて多めであった。

記号選択問題が中心であるが，作図問題の出題もあった。また，計算が必要な問題も多く出題され，中には計算力やくふうを要する出題もある。そして，問題の説明や実験などの条件に関する文章も長く，読解力や思考力も要求されるため，試験時間40分に対しての問題数は多い。

また，時事や環境に関する出題が毎年あり，代表的なことがらだけでなく，そのことがらに関連した知識なども問われるので，難易度は高い。

学習のポイント

実験や観察などに関する長めの文章が与えられている問題に積極的に取り組んで慣れておこう。

●2025年度の予想と対策

記号選択と計算問題を中心に，グラフに限らずいろいろなパターンの作図問題や短文記述問題が出題されるという傾向が続くと思われる。

計算は物理・化学分野に限らず，生物や地学分野からも出題される可能性が高いので，やや難易度の高いものも含めて，幅広い単元の計算問題に取り組んでおくとよい。

また，時事問題や環境問題の出題もあり，単に事象の名称を答えるというようなレベルだけでなく，きちんとした理解と関連した内容についても問われるので，表面的な知識の暗記ではなく，幅広い知識と深い理解が必要である。

▼年度別出題内容分類表

※　よく出ている順に☆，◎，○の３段階で示してあります。

	出題内容	2020年	2021年	2022年	2023年	2024年
生物	植物	○	○			
	動物	○	○		☆	○
	人体			◎		☆
	生物総合			◎		○
天体・気象・地形	星と星座				○	○
	地球と太陽・月		◎			○
	気象		○		○	◎
	流水・地層・岩石	○		○	○	○
	天体・気象・地形の総合		○			
物質と変化	水溶液の性質・物質との反応			◎	☆	
	気体の発生・性質	○	○	○		
	ものの溶け方	○				
	燃焼	◎	◎			☆
	金属の性質					
	物質の状態変化			◎		○
	物質と変化の総合	○	◎			
熱・光・音	熱の伝わり方		○			○
	光の性質	◎	☆			○
	音の性質				○	○
	熱・光・音の総合					
力のはたらき	ばね					
	てこ・てんびん・滑車・輪軸	◎			◎	
	物体の運動					
	浮力と密度・圧力	◎		☆		◎
	力のはたらきの総合					
電流	回路と電流	◎			○	
	電流のはたらき・電磁石				○	
	電流の総合			☆		
実験・観察		☆	☆	☆	☆	☆
環境と時事／その他		◎	◎	○	○	◎

北嶺中学校

理科 ——グラフで見る最近5ヶ年の傾向——

最近5ヶ年に出題されたすべての問題を内容別に分類・集計し，全体に対して何パーセントくらいの割合になっているかを示しました。

……50校の平均　……北嶺中学校

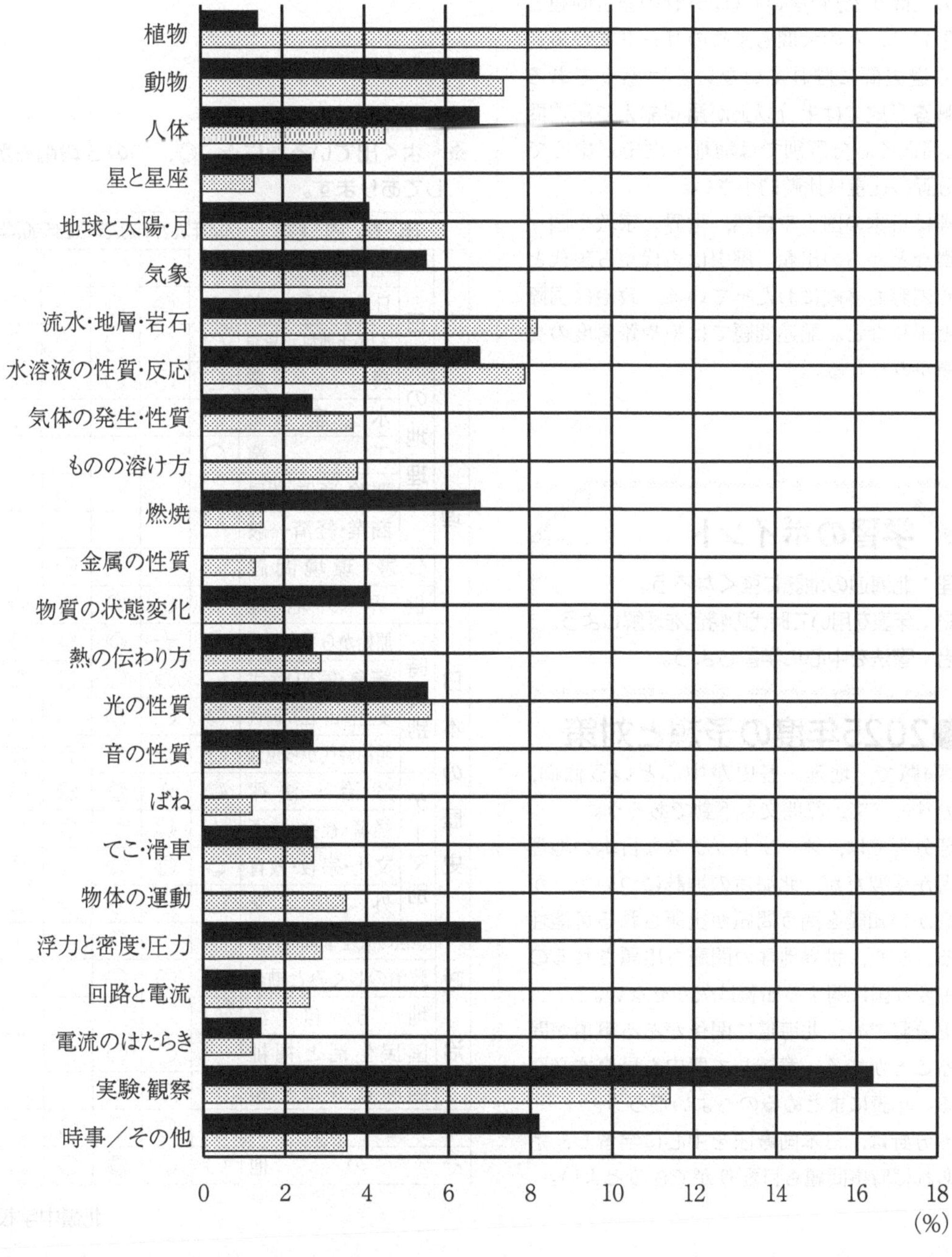

社会 出題傾向の分析と合格への対策

●出題傾向と内容

例年大問は4題で小問数は50問程度である。多くの大問が2分野ないしは3分野の総合問題という形式で，どの大問も長めのリード文が最初にあり過去問に触れていないと戸惑うであろう。解答形式では半分以上が語句記入で記述問題も4問ある。分野別では地理・歴史が中心で政治分野の比重は比較的小さい。

地理は日本の国土や自然，世界の宗教や国々の特徴などからの出題。歴史は古代から現代と幅広く内容も多岐にわたっている。政治は国際社会と平和など。記述問題ではやや難易度の高い問題がみられる。

✔ 学習のポイント

地理：北海道の地誌に強くなろう。
歴史：年表を用いて時代の特色を理解しよう。
政治：憲法を中心に学習しよう。

●2025年度の予想と対策

大問4題で，地理・歴史が中心という傾向，長めのリード文，設問文も不動であろう。

地理分野では，オーソドックスな日本の地理の学習が重要だが，北海道の地誌について，かなり細かい知識を問う問題が出題される可能性がある。また，世界地理の問題も出題されるので，主要な国に関する知識は欠かせない。

歴史分野でも，北海道に関係がある事項が問われることがある。意識して歴史を見直す必要がある。年表にまとめるのもよいだろう。

政治分野は，日本国憲法を中心に学習し，余裕があれば時事問題も目配りができるとよい。

▼年度別出題内容分類表

※　よく出ている順に☆，◎，○の３段階で示してあります。

出題内容			2020年	2021年	2022年	2023年	2024年
地理	日本の地理	地図の見方					
		日本の国土と自然	☆	◎	◎	◎	◎
		人口・土地利用・資源	○	○	○	○	○
		農業	○	○	○	○	○
		水産業	○			○	○
		工業	○	○			
		運輸・通信・貿易				○	
		商業・経済一般					
	公害・環境問題					○	
	世界の地理		☆	◎	◎	☆	◎
日本の歴史	時代別	原始から平安時代	◎	☆	◎	◎	◎
		鎌倉・室町時代	○	◎	○	○	◎
		安土桃山・江戸時代	◎	○	◎	◎	◎
		明治時代から現代	◎	☆	◎	☆	◎
	テーマ別	政治・法律	◎	☆	◎	◎	◎
		経済・社会・技術	☆	◎	◎	◎	◎
		文化・宗教・教育	◎	◎	◎	○	◎
		外交	○	○	○	◎	○
政治	憲法の原理・基本的人権				○		○
	政治のしくみと働き		○	○	○		
	地方自治						
	国民生活と福祉			○	○	○	
	国際社会と平和			◎	○		○
時事問題			◎	○	○	○	○
その他			○	◎	◎	○	◎

北嶺中学校

社会 ——グラフで見る最近５ヶ年の傾向——

最近５ヶ年に出題されたすべての問題を内容別に分類・集計し，全体に対して何パーセントくらいの割合になっているかを示しました。

▨……50校の平均　■……北嶺中学校

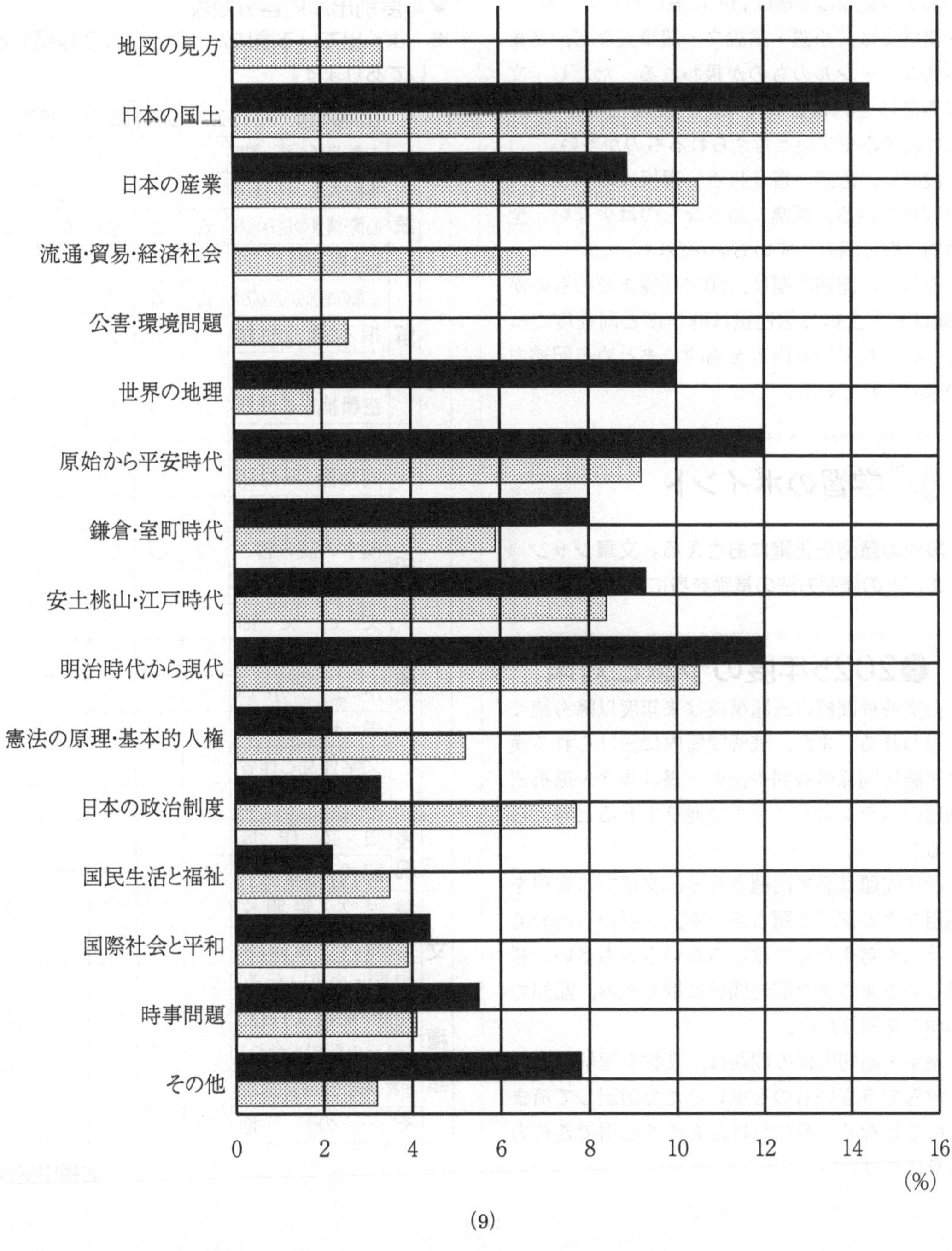

国語　出題傾向の分析と合格への対策

●出題傾向と内容

今年度も長文読解問題の三題構成。漢字・語句関係の設問は読解問題内に設けられている。

素材文は，小説・論説文・随筆文など，さまざまなジャンルのものが扱われる。ただし，文章難度はそれほど高くない。受験生にとって，比較的読みやすいと考えられるものが多い。

設問は，記述・書き抜き・選択式のバランスが取れている。極端に難解なものは少ない。全体的に取り組みやすいものが多い。

今年度の記述問題は，50字程度までのものが5題ほど。全体の記述量は昨年度と同程度だった。問われている内容を端的にまとめる記述力が求められている。

学習のポイント

設問の意図を正確におさえる。文章ジャンルごとの読解方法の基礎を身につける。

●2025年度の予想と対策

長文読解問題の三題構成は来年度以降も続くと思われる。また，読解問題内に設けられる漢字・語句関係の設問や記述・書き抜き・選択式問題のバランスも，今まで通りであると考えられる。

記述問題は必ず出題される。文章中の表現を活用できる記述問題も多いが，文脈から自分でことばを考えなくてはならないものも多い。意識してさまざまな記述問題に取り組み，記述力の向上を図りたい。

漢字・語句関係の問題は，文脈を理解しないと解答できないものも多い。ただ暗記して済ますのではなく，身につけたものを応用できる力も身につけたい。

▼年度別出題内容分類表

※　よく出ている順に☆，◎，○の３段階で示してあります。

		出題内容	2020年	2021年	2022年	2023年	2024年
内容の分類	読解	主題・表題の読み取り	○	○	○		
		要旨・大意の読み取り	○	○	○	◎	○
		心情・情景の読み取り	☆	☆	☆	◎	◎
		論理展開・段落構成の読み取り					
		文章の細部の読み取り	☆	☆	☆	◎	☆
		指示語の問題	○	○		◎	
		接続語の問題		○			○
		空欄補充の問題	☆	☆	☆	◎	☆
	知識	ことばの意味	☆		☆	◎	○
		同類語・反対語					
		ことわざ・慣用句・四字熟語	○	○	○		○
		漢字の読み書き	◎	◎	◎	◎	☆
		筆順・画数・部首					
		文と文節					
		ことばの用法・品詞	○	○	○		
		かなづかい					
		表現技法					
		文学作品と作者	○	○	○		
		敬語					○
	表現	短文作成					
		記述力・表現力	☆	☆	☆	☆	☆
文の種類		論説文・説明文	○	○	○	○	○
		記録文・報告文					
		物語・小説・伝記	○	○	○	○	○
		随筆・紀行文・日記	○	○	○		○
		詩(その解説も含む)		○			
		短歌・俳句(その解説も含む)					
		その他					

北嶺中学校

国語 ——グラフで見る最近５ヶ年の傾向——

最近５ヶ年に出題されたすべての問題を内容別に分類・集計し，全体に対して何パーセントくらいの割合になっているかを示しました。

▨…… 50 校の平均　■…… 北嶺中学校

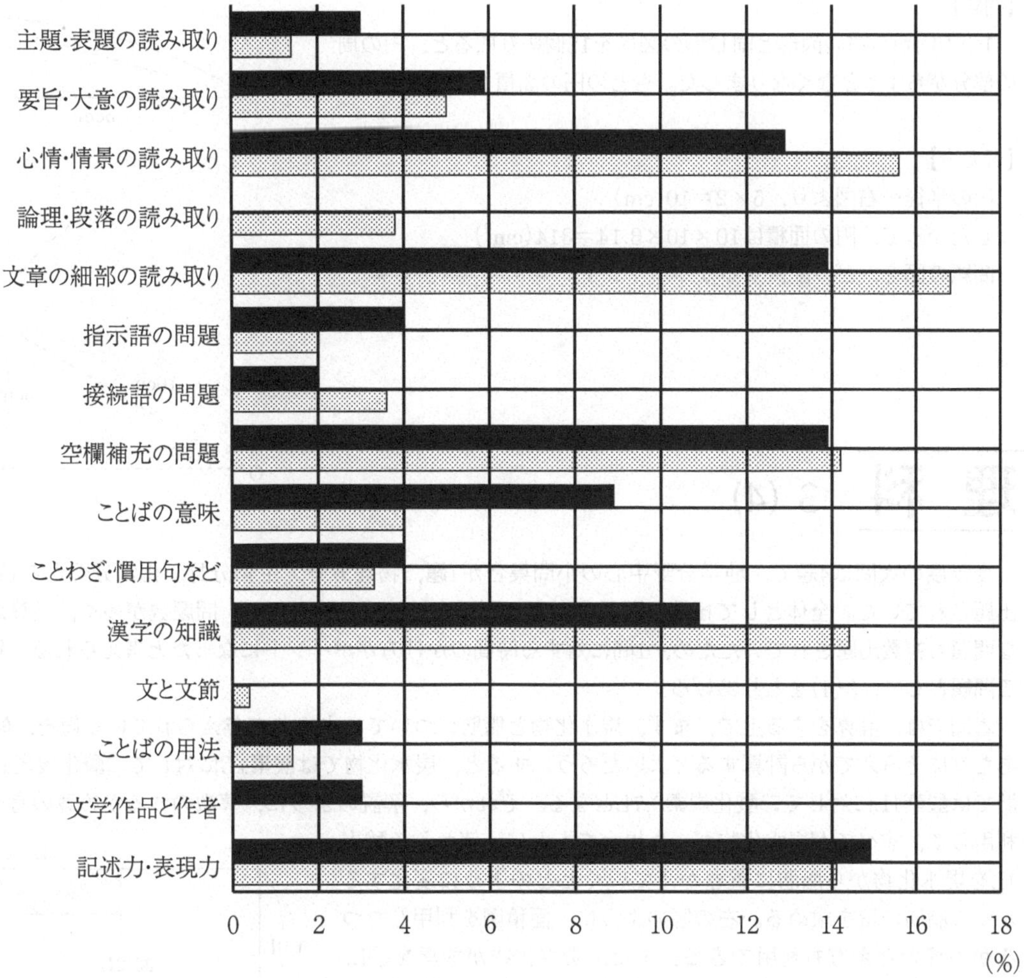

	論説文 説明文	物語・小説 伝記	随筆・紀行 文・日記	詩 (その解説)	短歌・俳句 (その解説)
北嶺中学校	33.3%	33.3%	26.7%	6.7%	0%
50校の平均	47.0%	45.0%	8.0%	0%	0%

2024年度　合否の鍵はこの問題だ!!

算 数　2 (4)

一見，簡単そうに見える問題であるが，問題の図の曲線部分の意味がつかめないと，解けなくなる。図を，どう配置するかがポイント。

【問題】

1つの円から右の図形と同じ形の図形を12個切り取ると，円の周の部分がちょうどなくなりました。もとの円の面積を求めなさい。

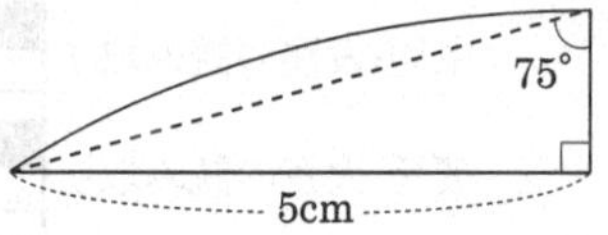

【考え方】

円の半径…右図より，5×2＝10(cm)

したがって，円の面積は10×10×3.14＝314(cm^2)

問題の図を，どう配置するかがポイント。──→

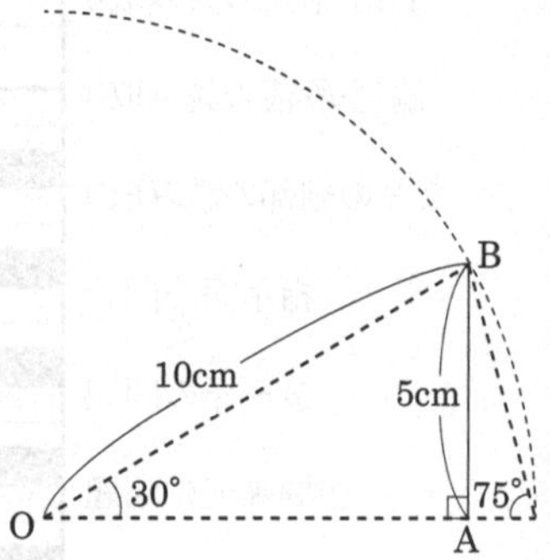

理 科　3 (4)

今年度の大問は4題で，地学分野中心の小問集合が1題，物理分野，生物分野，化学分野から1題ずつ出題されていた。全体として極端に難易度が高い問題は見受けられないが，問題数が多く，計算が必要な問題も複数出題されていたため，1問に対する時間のかけ方がポイントになったと考えられる。鍵となる問題として，3(4)をとりあげる。

本問では，計算をする上で，まず，炭水化物と脂肪について1gあたりで与えられている値を，酸素1Lあたりにそろえてから計算するとよいだろう。すると，炭水化物では酸素1Lに対して二酸化炭素1L，脂肪では酸素1Lに対して二酸化炭素0.7Lとなる。それから，解説のように，算数のつるかめ算の考え方を利用して，すべてが炭水化物だった場合をもとに，使われる酸素1Lを炭水化物から脂肪に置きかえていくとどのように変化するかから脂肪の量を求める。右の図のように，面積図を利用したつるかめ算の考え方も利用できる。また，炭水化物が酸素を○L，脂肪が酸素を△L使ったとして，消去算の考え方から，○＋△＝40，○＋△×0.7＝35.2の関係を利用して○と△を求めてもよい。いずれの方法でも，最後に炭水化物と脂肪が何gになるかというところまで求めることを忘れないように注意したい。

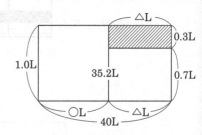

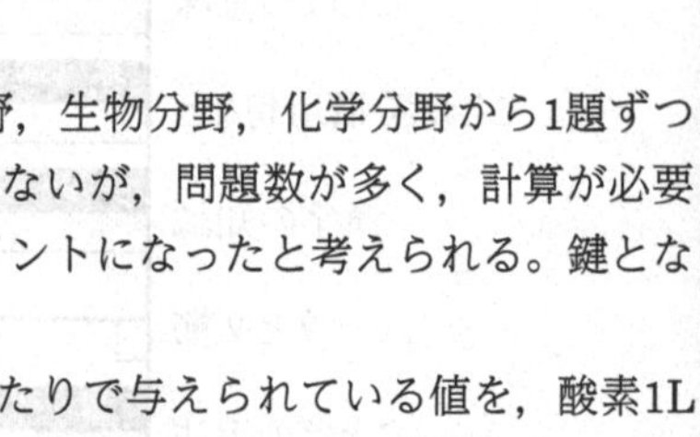

本校の問題は計算問題の割合が高いので，できるだけ素早く正確に解答するために算数で学んだ方法も積極的に活用するという方法も日ごろから意識しておきたい。

社 会　1 (4)

本校は記述問題も出題される。基本的な知識事項の丸暗記だけでは対応できない「思考力」が試される問題が多いといえる。自分自身で持っている知識をいかに活用したり，組み合わせたりするかという視点が大切になる。このような力は一朝一夕では身につかないものなので，日々の継続的なトレーニングの積み重ねが不可欠となってくる。また自身で作成した記述答案を添削してもらいながら，解答のポイントをおさえる訓練を行うことが望ましい。設問が変わっても，「記述問題で評価される答案を作成するには」という視点は汎用性があるといえる。

1(4)の設問は，以上のような出題傾向を象徴している問題であり，過去問演習等で対策してきた受験生とそうでない受験生とではっきり差がつくことが予想される。「冬に日本海で大雪を降らす現象」について説明させる問題であるが，一定時間内に正確にできるかどうかがポイントとなる。本校の社会の問題は全体的に設問数が多く，この問題に必要以上に時間を割いてしまうと，制限時間切れになってしまう危険性もある。このような形式の問題に不慣れな受験生にとっては負担のある設問であろう。リード文を解読・解釈する力や答案内容の論理の一貫性や説得力も採点のポイントとなる。

この設問の配点が他の設問と比べて高いわけではないが，合格ラインに到達するためにはこのような問題で確実に得点することが求められ，「合否を左右する設問」といっても過言ではない。

国 語　三 (四)

★合否を分けるポイント

——①「どうして，私たちには，個性があるのだろう」とあるが，筆者は，生物にとって「たくさんの個性」とは何であると述べているか，生物が個性を持つ理由をふまえて，指定字数以内で説明する問題である。問いかけに対応する箇所を的確に読み取り，端的に説明できているかがポイントだ。

★問いかけに対する答えはすぐそばで述べているとは限らない

——①に関する論の流れを確認すると，冒頭の一文と——①「どうして，私たちには，個性があるのだろう」という問いかけから始まり→「オナモミ」が実の中に性質の異なる二つの種子を用意しているのは，どちらの性質が優れているかわからないから→人間はどちらが良いのか答えを求めたがり，さも答えがあるようなフリをしているが，本当は答えなどない→答えがわからないから，たくさんの選択肢を用意することは，生物たちの戦略であり「遺伝的多様性」と呼ばれる→「みんなが同じ」という生き物が多いのは，答えがあるときに個性は必要ないから→何が正解かわからないときに，たくさんの答えを用意するのが「たくさんの個性」であり，遺伝的な多様性なのだ，という内容になる。これらの論の流れをふまえると，①の問いかけに対する答えは「何が正解かわからない。……そのときに生物はたくさんの答えを用意する。それが『たくさんの個性』であり，遺伝的な多様性なのだ」という部分になる。設問の「生物が個性を持つ理由をふまえて」という指示にも沿う内容になっているので，この部分を設問の指示にしたがって説明すればよい。

この設問のように，問いかけに対する答えは順を追って説明するので，傍線部から離れた箇所で述べている場合が多い。論の流れをていねいにたどっていくことが重要だ。

MEMO

大切なことはメモしておこうネ！

2024年度

入　試　問　題

2024年度

北嶺中学校入試問題

【算　数】（60分）　＜満点：120点＞

【注意】 1　答えはすべて，解答用紙の指定された位置に書いてください。答えが分数になるときは，できるだけ約分して答えて下さい。

2　コンパス，定規，分度器は使用できません。机の上にはおかないで下さい。

1　次の □ にあてはまる数を求めなさい。

(1) $17\frac{19}{23}-7\frac{11}{13}=$ □

(2) $\frac{1}{2}\times 8\times 8\times\left\{\frac{1}{4}\times 1.414+\frac{1}{4}\times(1.414+1.732)\right\}\times 0.25=$ □

(3) $\frac{3}{14}\times\left(\square+1\frac{2}{3}\right)-\frac{1}{28}\div\frac{3}{5}=\left(4.5-1\frac{5}{14}\right)\div 3$

(4) ｛2時間27分19秒－(43分52秒)×3＋2時間2分2秒｝÷3＝ ア 分 イ 秒

ただし， ア は1以上の整数， イ は0以上59以下の整数とします。

2　次の各問いに答えなさい。

(1) ①（あ）～（う）の計算式が成り立つように，式の中の A には【A群】から， B には【B群】から， C には【C群】から，それぞれあてはまるものを1つずつ選び，記号で答えなさい。ただし，各群の記号は（あ）～（う）で同じものを使用してもよいものとします。

（あ）（ A ） B （ C ）＝6×6

（い）（ A ） B （ C ）＝8×8

（う）（ A ） B （ C ）＝42×42

【A群】	【B群】	【C群】
ア．4×5	カ．＋	サ．3×4
イ．4×7	キ．－	シ．3×6
ウ．8×5	ク．×	ス．3×8
エ．9×6	ケ．÷	セ．7×9

② 次の計算式が成り立つように，式の中の D には【D群】から， E には【E群】から，それぞれあてはまるものを1つずつ選び，記号で答えなさい。

（ D ）×（ E ）＝276×286

【D群】	【E群】
タ．41×49	ナ．2×17
チ．42×48	ニ．5×7
ツ．43×47	ヌ．6×6
テ．44×46	ネ．3×13
ト．45×45	ノ．4×10

⑵　ある会社は，今年の商品Aの売り上げの目標金額を，昨年の売り上げの125％増しに設定しました。しかし，目標金額を修正してはじめの目標金額から２割を減らした額としました。修正した売り上げの目標金額は，昨年の売り上げの何％増しか答えなさい。

注意：「125％」と「125％増し」は意味が異なります。

⑶　３けたの数の百の位，十の位，一の位の３つの数を足して３の倍数となるとき，この数は３の倍数であることが知られています。

[1]，[1]，[1]，[2]，[3]，[4]，[7]の７枚のカードがあります。この中から３枚を使って３けたの数を作ります。３の倍数となる３けたの数は何通りできるか答えなさい。

⑷　１つの円から次の図形と同じ形の図形を12個切り取ると，円の周の部分がちょうどなくなりました。もとの円の面積を求めなさい。ただし，円周率は3.14とします。

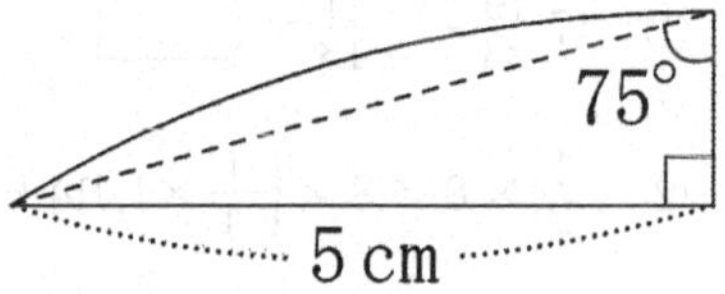

⑸　A君，B君，C君の３人が，同じ問題集に取り組むための計画を立てようとしています。

A君は毎日５題ずつ解いていき，20日目に，残っている５題以下の問題を解き，すべての問題を解き終わる計画を立てました。

B君は毎日７題ずつ解いていき，14日目に，残っている７題以下の問題を解き，すべての問題を解き終わる計画を立てました。

C君は毎日２題以上の**同じ問題数**を解いていき，何日目かにちょうどすべての問題を解き終わる計画を立てようとしました。しかし，１日に解く問題数をどう変えてもこのような計画を立てることはできないことが分かりました。

この問題集にのっている問題は全部で何問か答えなさい。ただし，１日ですべての問題を解くことはできません。

[3]　２つのインターネットショップA，Bでは，次の表にある４つの商品P，Q，R，Sを販売《はんばい》していて，１つの商品につきどちらかのショップで１個だけ買うことができます。

商品	P	Q	R	S
ショップA	470円	940円	1380円	2240円
ショップB	500円	1000円	1500円	2500円

ショップAでは１回の買い物の合計金額が2000円以上の場合は送料無料ですが，2000円未満の場合は送料が400円かかります。例えば商品QとRを買うとき，同時に買えば2320円ですが，Qを買ったのちにRを買うと，送料がそれぞれにかかって支払《しはら》い金額の合計は3120円となります。

ショップBでは全品送料無料で，しかも支払い金額の合計の10％分のポイントがもらえます。ただし小数点以下は切り上げます。貯めたポイントはショップBでの次回以降の買い物に１ポイント１円として利用することができますが，ポイントを利用する際は，保有ポイントのすべてを使わなければなりません。例えば商品Pを買ったのちに商品Qを買ったときの支払い金額の合計と保有ポイントは，ポイントを利用すれば1450円で95ポイント保有することになり，ポイントを利用しなければ1500円で150ポイント保有することになります。これらの例からわかるように，ポイントを利用して買い物をした場合にはポイント分の金額を差し引いた支払い金額の合計に対して10%分のポイントがもらえます。

次の各問いに答えなさい。

(1)　１回の買い物で商品ＰとＲを買うとき，ショップＡとＢで支払い金額の合計はいくら違いますか。

(2)　ショップＢで商品ＰとＱとＲを支払い金額の合計が最も少なくなるように買うとき，支払い金額の合計はいくらですか。

(3)　２つのショップＡ，Ｂをうまく利用して商品ＰとＱとＳを支払い金額の合計が最も少なくなるように買うとき，支払い金額の合計はいくらですか。

(4)　２つのショップＡ，Ｂをうまく利用して商品ＰとＱとＲとＳを支払い金額の合計が最も少なくなるように買うときと，逆に最も多くなるように買うときでは，支払い金額の合計はいくら違いますか。

4　2021年８月の東京オリンピックで，「50㎞競歩」は札幌で開催《かいさい》され，南北に走る駅前通りの直線部分に作られた１周２㎞のコースを25周する形で行われました。

ここでは，図のような「南北の真ん中の地点（両端《はし》の折り返し地点より500mの位置）をスタート・ゴールとした１周２㎞のコース」を設定し，このコースを25周する50㎞競歩の大会に，Ａ，Ｂ，Ｃ，Ｄの４人が参加することにしました。

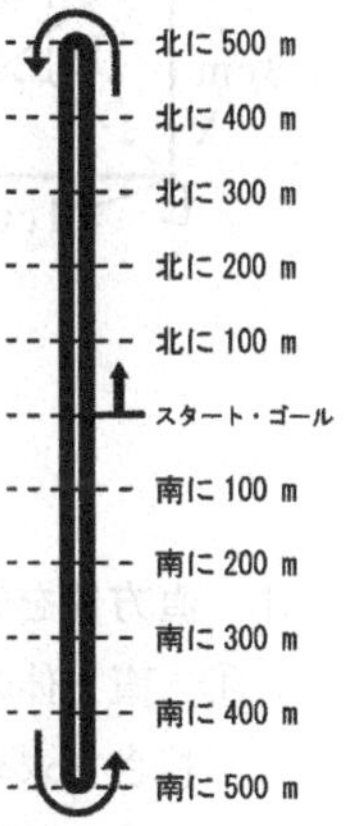

４人が同時に北向きに出発するとき，次の各問いに答えなさい。ただし，問題を考える上で，道の幅《はば》は考えないこととします。

(1)　Ａさんの50㎞競歩のタイムが３時間51分ちょうどでした。Ａさんの速さは時速 [ア] ㎞です。[ア] にあてはまる数字を小数で求めなさい。ただし，小数第３位以下は切り捨て，小数第２位まで求めなさい。

(2)　Ｂさんは最初，時速14㎞で出発しましたが，30㎞地点で速さが急に時速12㎞に落ち，さらに40㎞地点では速さが急に時速10㎞に落ちました。速さが変化したとき以外は一定の速さを維持《いじ》するとき，ゴールするまでにかかった時間は [イ] 時間 [ウ] 分です。[イ]，[ウ] にあてはまる数字を求めなさい。ただし，[イ] は１以上の整数，[ウ] は０以上59以下の整数とし，秒単位は切り捨てることとします。

(3)　Ｃさんの速さは分速200m，Ｄさんの速さは分速190mで，2人とも最後まで速さを維持するものとします。

以下の問題で，「すれ違う」とは２人が違う方向に歩いているときに出会うことをいい，スタートのとき，追い越《こ》すとき，2人が南北の折り返し地点のどちらかに同時にいるときは「すれ違う」とはならないとします。

また，追い越したり，すれ違ったりするときは他の人にぶつかることはないとします。

①　ＣさんがＤさんを初めて追い越したのはスタートしてから [エ] 時間 [オ] 分後です。

[エ]，[オ] にあてはまる数字を求めなさい。ただし，[エ] は１以上の整数，[オ] は０以上59以下の整数とし，秒単位は切り捨てることとします。

② Cさんがゴールするまでに，CさんはDさんと [カ] 回すれ違いました。[カ] にあてはまる整数を求めなさい。

③ CさんがDさんと５回目にすれ違うのはスタートしてから [キ] 分 [ク] 秒後です。[キ]，[ク] にあてはまる数字を求めなさい。ただし，[キ] は１以上の整数，[ク] は０以上59以下の整数とし，秒の小数点以下は切り捨てることとします。

[5] 図１のような直方体があります。図２のように図１の直方体を平らな机に置き，机の上で直方体を矢印（ア）または（イ）の方向に**すべることなく**90°ずつ回転させていくとき，次の各問いに答えなさい。ただし，円周率は3.14とし，机は十分広く，直方体が机の上から落ちることはないものとします。

図１

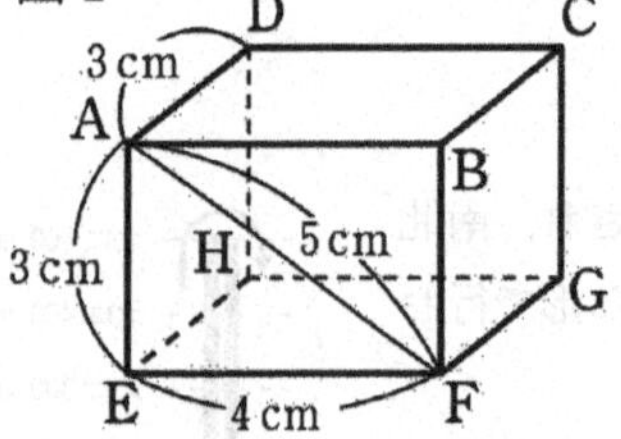

図２

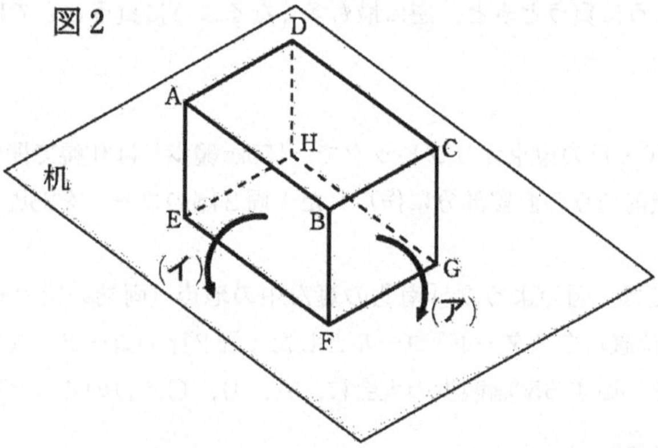

(1) 直方体を矢印（ア）の方向に２回90°ずつ回転させます。

① 直方体の８つの頂点のうち，頂点が動いてできる線の長さが最も長くなる頂点と，その線の長さを求めなさい。ただし，線が最も長くなる頂点が複数ある場合は，すべての頂点を答えなさい。（例として，頂点A，頂点B，頂点Cと答える場合，解答欄には頂点「A，B，C」と書きなさい。）

② 直方体の12本の辺のうち，辺が動いてできる図形の面積が最も大きくなる辺と，その図形の面積を求めなさい。ただし，面積が最も大きくなる辺が複数ある場合は，すべての辺を答えなさい。（例として，辺AB，辺BC，辺CDを答える場合，解答欄には辺「AB，BC，CD」と書きなさい。）

(2) 直方体を矢印（ア）の方向に１回90°回転させた後，さらに矢印（イ）の方向に１回90°回転させます。

① 直方体の８つの頂点のうち，頂点が動いてできる線の長さが最も長くなる頂点と，その線の長さを求めなさい。ただし，線が最も長くなる頂点が複数ある場合は，すべての頂点を答えなさい。

② 直方体の12本の辺のうち，辺が動いてできる図形の面積が最も大きくなる辺と，その図形の面積を求めなさい。ただし，面積が最も大きくなる辺が複数ある場合は，すべての辺を答えなさい。

【理　科】（40分）　＜満点：80点＞

【注意】　字数が指定されている場合は，句読点や記号も１字として数えて下さい。

1　次の問いに答えなさい。

⑴　日本では，熱帯低気圧のうち最大風速がある一定以上のものを「台風」と呼んでいますが，勢力の強い熱帯低気圧の呼び方は，地域によって異なっています。次の①と②の地域を主な発生場所とする，勢力の強い熱帯低気圧の呼び方を**カタカナ**で答えなさい。

①　カリブ海やメキシコ湾（わん）などの北大西洋や北太平洋東部。

②　ベンガル湾などのインド洋や南太平洋。

⑵　三大流星群の一つに数えられていて，日本では夏に見ることのできる流星群として，最も適するものを次の**ア**～**オ**から一つ選び，記号で答えなさい。

ア　ペルセウス座流星群　　**イ**　オリオン座流星群　　**ウ**　しぶんぎ座流星群

エ　ふたご座流星群　　**オ**　しし座流星群

⑶　地球上にある鉱石の一つに「ボーキサイト」と呼ばれるものがあります。「ボーキサイト」を原料としている金属として，最も適するものを次の**ア**～**ク**から一つ選び，記号で答えなさい。

ア　金　　**イ**　銀　　**ウ**　銅　　**エ**　アルミニウム

オ　鉄　　**カ**　スズ　　**キ**　マンガン　　**ク**　タングステン

⑷　海面の水位は１日の中で変化していて，多くの場所で満潮と干潮が１日に２回ずつ見られます。その理由として，最も適するものを次の**ア**～**オ**から一つ選び，記号で答えなさい。

ア　地球は太陽の周りを１年で１回公転しているため。

イ　地球は１日１回自転しているため。

ウ　地球は自転軸（じく）がかたむいているため。

エ　月は地球の周りを１回公転する間に，１回自転しているため。

オ　月は地球の周りをだ円形の軌道（きどう）で公転しているため。

⑸　地球から見て，月が①満月と②新月になるときの，太陽と地球と月の位置関係を模式的に表した図として，最も適するものを次の**ア**～**エ**からそれぞれ一つずつ選び，記号で答えなさい。

ア

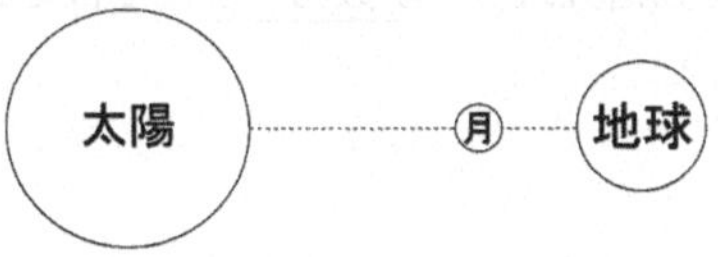

イ

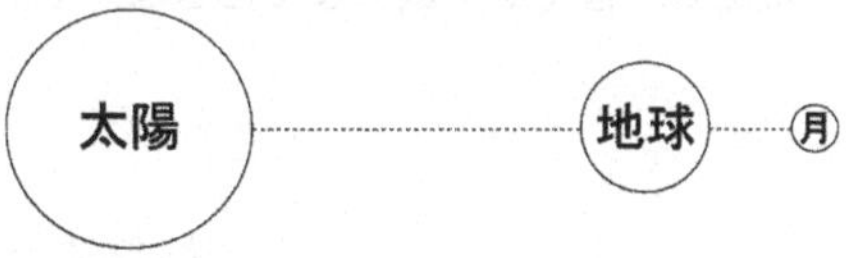

ウ

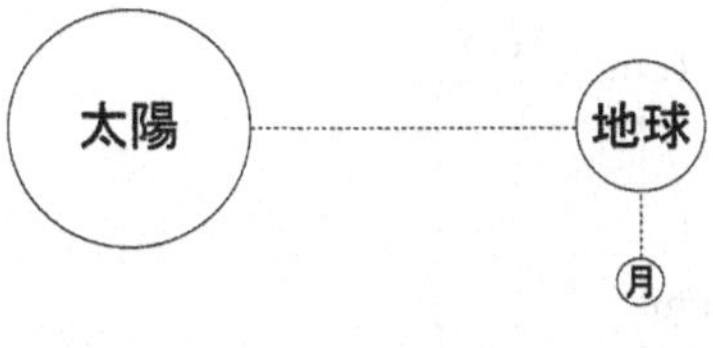

エ

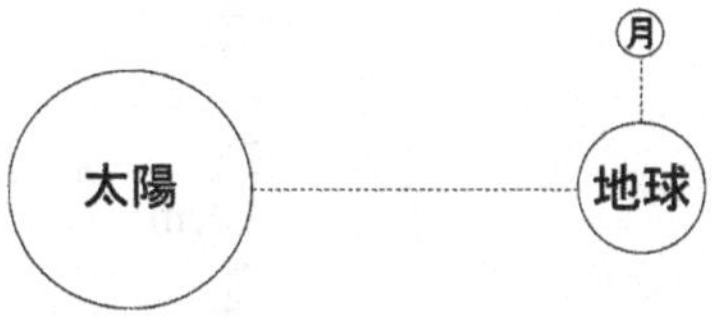

⑹　雲が発生する仕組みを説明した，次のページの文の空らん**A**～**E**に入る語句として，正しく組み合わせたものを後の**ア**～**カ**から一つ選び，記号で答えなさい。

上空は空気が薄（うす）いため，上空の空気の圧力（気圧）は地上に比べて［ A ］くなります。そのため，地上の空気のかたまりが上昇（じょうしょう）すると，空気のかたまりが［ B ］します。そのとき，温度が［ C ］ので，［ D ］が［ E ］に変化して雲となります。

ア	A 大き	B 収縮	C 上がる	D 水	E 水蒸気
イ	A 小さ	B 収縮	C 上がる	D 水蒸気	E 水
ウ	A 大き	B 膨張（ぼうちょう）	C 上がる	D 水	E 水蒸気
エ	A 小さ	B 膨張	C 下がる	D 水	E 水蒸気
オ	A 大き	B 収縮	C 下がる	D 水蒸気	E 水
カ	A 小さ	B 膨張	C 下がる	D 水蒸気	E 水

2　次の問いに答えなさい。

⑴　2023年のノーベル物理学賞の受賞理由は「［　　］秒」と呼ばれる，きわめて短い時間だけ光を出す実験手法を開発したことでした。［　］に入る語句として，最も適するものを次の**ア**～**オ**から一つ選び，記号で答えなさい。

ア　マイクロ　　**イ**　ナノ　　**ウ**　ピコ　　**エ**　フェムト　　**オ**　アト

⑵　フルカラーのLEDディスプレイは，光の三原色とよばれる３色のLEDを組み合わせて作られています。この３色を次の**ア**～**カ**から三つ選び，記号で答えなさい。

ア　紫（むらさき）　**イ**　青　**ウ**　緑　**エ**　黄　**オ**　橙（だいだい）　**カ**　赤

⑶　図のように，水槽（すいそう）にエタノールを入れ，そこに１㎝×１㎝×３㎝の直方体の物体をばねばかりに糸でつるして，物体の上面を液面から２㎝の深さにしずめたところ，ばねばかりが示す重さは2.1ｇとなりました。このときの重さは(あ)物体をばねばかりに糸でつるして，エタノールにしずめる前のばねばかりの示す重さよりも軽くなっていました。このようになるのは，物体がおしのけたエタノールの重さの分だけ軽くなるからです。１cm^3のエタノールの重さは0.8ｇであり，物体をつるしている糸の重さや体積は無視できるものとして，次のページの①と②に答えなさい。ただし，答えが小数になるときは，小数第二位を四捨五入して**小数第一位**まで答えること。

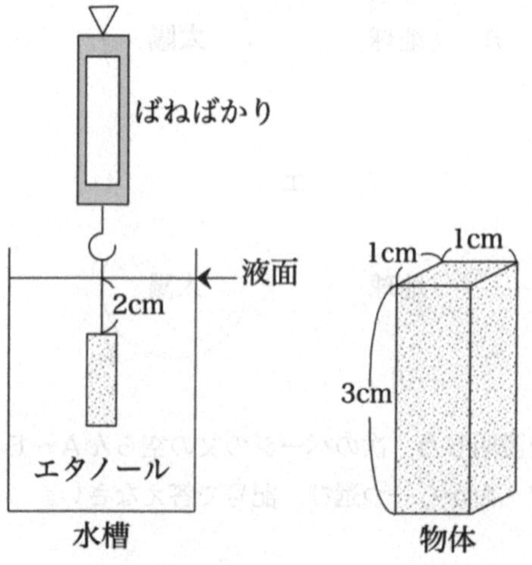

① 下線部㋐について，このときのばねばかりの示す重さは何ｇですか。

② 図の状態からばねばかりをゆっくりと引き上げて，物体を上に１㎝ずつ移動させたときの「物体の移動距離（きょり）」と「ばねばかりの示す重さ」との関係を，解答用紙のグラフに描（えが）きなさい。解答用紙のグラフには，あらかじめ，はじめにばねばかりが示す2.1ｇの重さの点が描かれているので，物体を上に１㎝ずつ移動させたときの「ばねばかりの示す重さ」を**５点**描き，となり合う点と点を直線で結びなさい。ただし，物体を引き上げている間，エタノールの液面から水槽の底までの深さは変化せず，物体の上面とエタノールの液面はつねに平行になっているものとします。

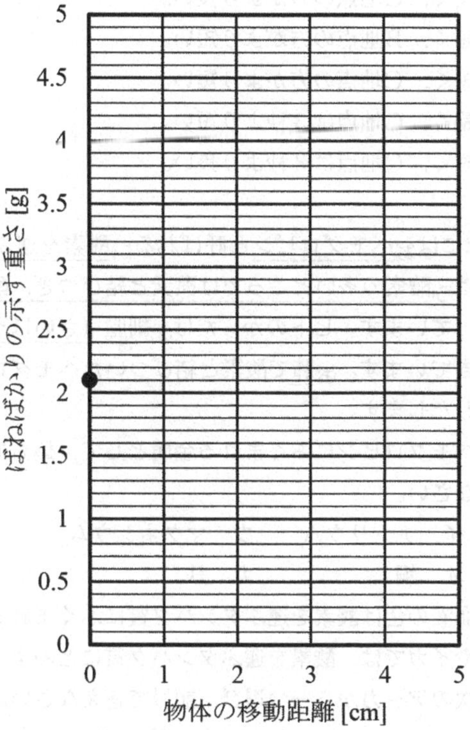

⑷ 図（次のページ）のような，南北に直線状の道路で，Ａ点を出発し北向きに秒速10ｍの一定の速さで移動しながら，音を鳴らすことができるスピーカーがあります。空気中を進む音の速さは，無風のときは秒速340ｍでした。しかし，風がふいているときは，スピーカーの移動に関係なく，風上では風の速さの分だけおそくなり，風下では風の速さの分だけ速くなっていました。この道路上で，北から南に向かって秒速６ｍの風がふいているときに，スピーカーがＡ点を出発したときから３秒間，音を鳴らし続けました。この音を，Ａ点からの距離がともに1020ｍでＡ点の北にあるＢ点と，南にあるＣ点でそれぞれ観測したとき，その音が聞こえている時間について説明した文として，最も適するものを次のページの**ア～キ**から一つ選び，記号で答えなさい。ただし，スピーカーで鳴らした音は，必ずＢ点とＣ点で観測できるものとします。

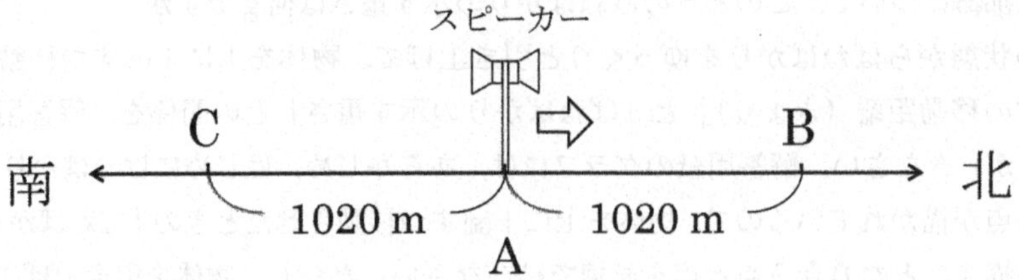

ア　どちらもちょうど3秒。

イ　どちらも3秒より長く，B地点の方がより長い。

ウ　どちらも3秒より長く，C地点の方がより長い。

エ　どちらも3秒より短く，B地点の方がより短い。

オ　どちらも3秒より短く，C地点の方がより短い。

カ　B地点は3秒より長く，C地点は3秒より短い。

キ　B地点は3秒より短く，C地点は3秒より長い。

3　ヒトの血液中の赤血球には(あ)ヘモグロビンと呼ばれる(い)酸素を運ぶタンパク質がふくまれています。このヘモグロビンは(う)酸素の多いところでは酸素と結びつき，酸素の少ないところでは酸素を離（はな）す性質をもっています。ヒトのからだは(え)細胞（さいぼう）とよばれる小さな部屋のようなものが集まってできています。(お)肺で酸素と結びついたヘモグロビンは，酸素が不足しているからだの細胞に酸素をわたします。

(1)　下線部(あ)について，ヘモグロビンにふくまれる金属として，最も適するものを次の**ア**～**カ**から一つ選び，記号で答えなさい。

ア　カルシウム　　**イ**　ナトリウム　　**ウ**　マグネシウム

エ　亜鉛（あえん）　**オ**　銅　　**カ**　鉄

(2)　下線部(い)について，血液の色は酸素を運ぶタンパク質にふくまれる金属によって異なります。血液の色が青色のエビやイカでは，酸素を運ぶタンパク質にどのような金属がふくまれていますか。最も適するものを次の**ア**～**カ**から一つ選び，記号で答えなさい。

ア　カルシウム　　**イ**　ナトリウム　　**ウ**　マグネシウム

エ　亜鉛　　**オ**　銅　　**カ**　鉄

(3)　下線部(う)について，肺から送り出されるすべてのヘモグロビンの95％が酸素と結びついていました。血液が全身に送り出されて，肺にもどってきたときには，肺から送り出されたヘモグロビンの45％が酸素と結びついていました。

ヒトの血液100mL中にふくまれるヘモグロビンのすべてが酸素と結びつくと，その酸素の量は20mLになります。また，心臓の拍動（はくどう）は1分間に70回で，1回の拍動によりからだの細胞に送り出される血液は60mLであったとします。以下の①と②に答えなさい。ただし，答えが小数になるときは，小数第一位を四捨五入して**整数**で答えること。

①　からだの細胞に酸素をわたしたヘモグロビンは，肺から送り出されるすべてのヘモグロビンの何％ですか。

②　からだの細胞にわたした酸素の量は，1分間に最大で何mLですか。

(4)　下線部(え)について，細胞の中では，炭水化物や脂肪（しぼう）などからエネルギーを取り出しています。表は，ヒトの細胞で炭水化物と脂肪をそれぞれ1.0ｇ使って，エネルギーを取り出すときに使われる酸素の量と，放出される二酸化炭素の量を示したものです。ヒトの細胞で使われる酸素の量が40Ｌ，放出される二酸化炭素の量が35.2Ｌのとき，炭水化物と脂肪はそれぞれ何ｇずつ使われますか。答えが小数になるときは，小数第一位を四捨五入して**整数**で答えなさい。ただし，エネルギーを取り出す物質は，炭水化物と脂肪の２種類のみとします。

	使われる酸素の量 [L]	放出される二酸化炭素の量 [L]
炭水化物	0.8	0.8
脂肪	2.0	1.4

(5)　下線部(お)について，ヒトは肺で呼吸します。さまざまな生物の呼吸の説明として，**誤っている**ものを次の**ア**～**オ**から一つ選び，記号で答えなさい。

ア　イカはえらで呼吸する。

イ　ミミズは皮膚（ひふ）で呼吸する。

ウ　セミは気管で呼吸する。

エ　カエルは幼生のときはえらで呼吸し，成体になると肺で呼吸する。

オ　カニは水中ではえらで呼吸し，陸上では肺で呼吸する。

(6)　下線部(お)について，ヒトの吸気と呼気にふくまれる気体の説明として，**誤っている**ものを次の**ア**～**オ**から一つ選び，記号で答えなさい。

ア　吸気と呼気のどちらにも，水蒸気がふくまれている。

イ　吸気の方が呼気よりも，酸素の体積の割合が大きい。

ウ　吸気の方が呼気よりも，二酸化炭素の体積の割合が小さい。

エ　吸気の酸素の体積の割合は，呼気の二酸化炭素の体積の割合より少ない。

オ　吸気と呼気のどちらも，窒素（ちっそ）の体積の割合が最も大きい。

4　エタノールは，古代より(あ)アルコール発酵（はっこう）によって作られてきました。エタノールはお酒として飲まれている他，消毒液や自動車の(い)燃料などにはば広く利用されています。エタノールと自動車の燃料であるガソリンを用いて，次の実験を行いました。

【実験】

さまざまな重さのエタノールとガソリンを完全に燃焼させて，そのときに発生した二酸化炭素の重さ・水の重さを測定しました。また，エタノールはそのときに発生した熱の量も測定しました。表はその結果です。ただし，１kcalは1000calのことです。

燃焼させたエタノールの重さ [g]	23	46	69	92
発生した二酸化炭素の重さ [g]	44	88	132	176
発生した水の重さ [g]	27	54	81	108
発生した熱の量 [kcal]	161	322	483	644

燃焼させたガソリンの重さ [g]	10	20	30	40
発生した二酸化炭素の重さ [g]	32	64	96	128
発生した水の重さ [g]	12	24	36	48

(1) 下線部(あ)について，アルコール発酵によりエタノールを作ることができる生物として，最も適するものを次の**ア**～**カ**から一つ選び，記号で答えなさい。

ア 酵母（こうぼ）　**イ** 大腸菌（きん）　**ウ** 乳酸菌
エ コウジカビ　**オ** アオカビ　**カ** 黄色ブドウ球菌

(2) 下線部(い)について，トウモロコシやサトウキビなどを発酵させて作ったエタノールは「□エタノール」と呼ばれています。□に入る語句を**カタカナ**で答えなさい。

(3) (2)のエタノールは，燃焼すると石油などの化石燃料と同じように二酸化炭素を排出（はいしゅつ）しますが，植物は光合成によって二酸化炭素を吸収しているため，光合成による吸収量と燃焼させたときの排出量で二酸化炭素の量に変化はないという考え方があります。このように二酸化炭素などの温室効果ガスの吸収量と排出量を等しくして，温室効果ガスの量の変化を実質ゼロにすることを表す語として，最も適するものを次の**ア**～**カ**から一つ選び，記号で答えなさい。

ア カーボンリサイクル　**イ** カーボンクレジット
ウ カーボンニュートラル　**エ** カーボンプライシング
オ カーボンネガティブ　**カ** カーボンナノチューブ

(4) 物質は原子という小さな粒の組合せでできていて，エタノールは炭素原子（Ⓒと表します），水素原子（Ⓗと表します），酸素原子（◎と表します）でできています。同じように，ガソリンはⒸとⒽ，二酸化炭素はⒸと◎，水はⒽと◎でできています。二酸化炭素にふくまれるⒸと◎の重さの割合は３：８で，水の中にふくまれるⒽと◎の重さの割合は１：８です。このことと，**【実験】**の結果をもとに，次の①～③に答えなさい。ただし，答えが小数になるときは，小数第三位を四捨五入して**<u>小数第二位</u>**まで答えること。

① エタノール115ｇを完全に燃焼させたときに，発生した二酸化炭素と水はそれぞれ何ｇになりますか。

② エタノール115ｇを完全に燃焼させたときに，発生した二酸化炭素の中には何ｇのⒸがふくまれますか。

③ ガソリン50ｇにふくまれるⒸの重さの総量を「１」としたとき，ガソリン50ｇにふくまれるⒽの重さの総量を求めなさい。

(5) エタノール50ｇを完全に燃焼させたときに発生する熱をすべて利用し，０℃の氷3.5kgを水に変えました。水の温度は何℃になりますか。答えが小数になるときは，小数第一位を四捨五入して **<u>整数</u>** で答えなさい。ただし，０℃の氷１ｇを０℃の水に変化させるために必要な熱の量は80calで，水１ｇを１℃上げるために必要な熱の量は１calとします。

【社　会】（40分）　＜満点：80点＞

【注意】　字数が指定されている場合は，句読点や記号も１字として数えて下さい。

1　次の文を読み，後の問いに答えなさい。

2023年も各地で大規模な自然災害があり，大きな被害が出ました。２月の北海道の釧路沖，5月の石川県の能登半島，鹿児島県や東京都の南方の島々で起きた地震。６月から９月には毎月のように(a)集中豪雨がありました。特に，８月の豪雨は台風７号による大雨によって，河川が氾《はん》らんしたり新幹線が運休したりしました。

ところで，皆さんは寺田寅彦《てらだとらひこ》という人物を知っていますか。この人物は1878（明治11）年に生まれ，東京帝国大学を卒業して母校の教授になり，大正時代から昭和時代の初期にかけて活躍した物理学者です。彼はまた，明治時代の有名な作家である（　①　）と親交が深かったようで，『吾輩は猫である』に登場する理学者や，『三四郎』に登場する物理学者は，寺田寅彦がモデルであると言われています。一方で寺田は，多くの随筆を書いています。その中で『天災と国防』は，特に(b)災害に関連する彼の考えが述べられ，令和時代の今でも通用するところがあります。その『天災と国防』の中から興味深い記述を紹介しましょう。

> 日本はその地理的の位置がきわめて特殊であるために国際的にも特殊な関係が生じ，いろいろな仮想敵国に対する特殊な防衛の必要を生じると同様に，(c)気象学的，地理学的にもきわめて特殊な環境の支配を受けているために，その結果として特殊な天変地異に絶えず脅《おびや》かされなければならない運命のもとに置かれていることを一日も忘れてはならないはずである。
>
> 文明が進めば進むほど天然の暴威による災害がその劇烈の度を増すという事実がある。人類がまだ*草昧《そうまい》の時代を脱しなかったころ，頑丈《がんじょう》な(d)岩山の洞窟《どうくつ》の中に住まっていたとすれば，大抵の(e)地震や暴風でも平気であったろうし，これらの天変によって破壊さるべきなんらの造営物も持ち合わせなかったのである。もう少し文化が進んで小屋を作るようになっても，テントか掘っ立て小屋のようなものであって見れば，地震にはかえって絶対安全であり，また例え風に飛ばされてしまっても復旧ははなはだ容易である。とにかく，こういう時代には，人間は極端に自然に従順であって，自然に逆らうような大それた企ては何もしなかったからよかったのである。文明が進むに従って人間は次第に自然を征服しようとする野心を生じた。
>
> 文明が進むほど天災による損害の程度も累進《るいしん》する傾向があるという事実を充分に自覚して，そして平生からそれに対する防御策《ぼうぎょさく》を講じなければならないはずであるのに，それが一向にできないのはどういうわけであるか。その主なる原因は，結局そういう天災がきわめてまれにしか起こらないで，ちょうど人間が前車の転覆《てんぷく》を忘れたころにそろそろ後車を引き出すようになるからであろう。
>
> *草昧とは未開の意味

私たちは毎日，自然災害や防災について考えていませんが，日本は毎年，大きな自然災害に見舞われているので，防災意識を高めなければなりません。みなさんは，自分が住んでいる地域の防災の取り組みを知っているでしょうか。私たちは自分の位置やこれから行く場所を知るために地図を使いますが，地域の地図で，現在住んでいる地域や通っている学校の周辺の地形や土地利用を確認することは防災につながります。そして，全国の各市町村では，自然災害による被災地域を予想し，避難場所・避難経路などを示した地図である（　②　）が作成されています。北嶺中学校のある札幌市でも，洪水・地震防災・津波・土砂災害の危険箇所などを示す地図があります。

これからも自分たちの住む地域や郷土のことを知り，いろいろな地図を使って，自然災害から身を守る防災について学んでいきましょう。

⑴　文中の空らん（①）（②）にあてはまる語句を答えなさい。ただし，（②）は**カタカナ**で答えなさい。

⑵　下線部(a)について，近年の集中豪雨は，雨雲（積乱雲）が連続して発生し，長時間にわたって大雨が続く傾向があります。気象庁では，2022年６月１日より，積乱雲が次々と発生し，数時間にわたってほぼ同じ地域に降る，強い大雨についての危険情報を提供しはじめました。この情報で提供される，強い雨の降る地域を何といいますか。**漢字５字**で答えなさい。

⑶　下線部(b)について，災害についての寺田寅彦の言葉として伝えられる次の言葉はとても有名です。この言葉の空らん（　）にあてはまる語句を，寺田の文章の中から抜き出して答えなさい。

「震災・災害は（　　　　　　　　）にやってくる」

⑷　下線部(c)について，日本は山や川，海などの豊かな自然に恵まれており，他の地域に比べて四季がはっきりしていると言われます。四季の中で，冬に日本海側で大雪となるのは，日本列島の位置と海流の影響があります。冬に日本海側で大雪を降らす現象を，季節風が吹いてくる大陸名と方位，暖流名をあげて説明しなさい。

⑸　下線部(d)について，日本の旧石器時代の生活として正しいものを，次のア～エのうちから１つ選び，記号で答えなさい。

ア　旧石器時代の人びとは，土器をつくり木の実を煮たり貯蔵したりしていました。
イ　旧石器時代の人びとは，磨製石器をつくりイモやクリなどを育てていました。
ウ　旧石器時代の人びとは，打製石器を使って大型動物の狩りを行っていました。
エ　旧石器時代の人びとは，銅鐸や銅鏡などの青銅器を使って祭事を行っていました。

⑹　下線部(e)について，次の年表は，日本国内で起きた主な地震を示しています。この年表を見て，後のⅰ）～ⅴ）の問いに答えなさい。

地震名	年	影響や関連する出来事など
貞観地震	869	(f)多賀城の崩壊
文治京都地震	(g)1185	法勝寺九重塔の崩壊
正平地震	1361	阿波に津波発生
宝永地震	1707	(h)富士山の大噴火
安政東海地震	1854	(i)ロシア軍艦ディアナ号の大破
関東大震災	1923	(j)木造家屋の火災により被害の拡大
阪神淡路大震災	1995	高速道路の倒壊、埋立地の液状化現象
東日本大震災	2011	貞観・明治・昭和に続く三陸大津波が発生
胆振東部地震	2018	北海道内の大停電

ⅰ）年表中の下線部(f)について，陸奥《むつ》国に置かれた多賀城は，蝦夷《えみし》に対する前線基地であり，そ

の戦いの最高司令官が征夷大将軍でした。796年に陸奥守《かみ》となり，翌年に桓武天皇により征夷大将軍に任ぜられた人物は，蝦夷の長であった阿弖流為（アテルイ）らを降伏させ，平安京にともなって戻りました。この征夷大将軍の名を答えなさい。

ii）年表中の下線部(g)について，1185年には源氏と平氏の激しい戦いが終わりました。源平の争乱は，1180年に源頼朝の挙兵によって始まり，戦いの一番乗りを競ったり，敵の陣地を背後から急襲したり，弓の技を披露したり，さまざまな戦いがありました。それらの戦いが行われた順番として正しいものを，次のア～エのうちから１つ選び，記号で答えなさい。

ア　宇治川の戦い　→　一の谷の戦い　→　屋島の戦い　→　壇ノ浦の戦い
イ　一の谷の戦い　→　屋島の戦い　→　宇治川の戦い　→　壇ノ浦の戦い
ウ　屋島の戦い　→　宇治川の戦い　→　一の谷の戦い　→　壇ノ浦の戦い
エ　宇治川の戦い　→　屋島の戦い　→　一の谷の戦い　→　壇ノ浦の戦い

iii）年表中の下線部(h)について，富士山は火山ですが，日本国内には他にもたくさんの火山があり，ふもとには多くの温泉があります。火山が温泉をわかすエネルギーの量を国別に見ると，日本はアメリカ，インドネシアに次いで世界３位と，このエネルギー資源の産出では世界的な大国です。しかし，このエネルギー資源を利用した発電は，アメリカの世界１位に対し日本は８位，また総発電量に占める割合は，アイスランドが31.2％，ニュージーランドが18.6％，フィリピンが10.6％であるのに対し，日本の割合は0.3％に過ぎません（『データブック・オブ・ザ・ワールド2023』より）。日本はこの豊富なエネルギー資源を生かしきれていない状況にあり，今後の発展に期待されますが，このエネルギー資源によって行われる発電を，何発電と言いますか。

iv）年表中の下線部(i)について，ロシア軍艦ディアナ号は，日露和親条約を締結するための使節を乗せ，伊豆半島のある港に入港していたところ，安政東海地震が起こり，津波によって大破しました。ディアナ号は修理のために別の港へ向かいましたが，途中で嵐に見舞われて沈没しました。500人以上のディアナ号の乗組員は地元の漁民が救助し，その後，船大工らが協力して日本で最初の洋式船が建造されました。ロシアの使節は日露和親条約を結ぶことに成功した後，この洋式船に乗ってロシアに帰国しました。沈没したロシア軍艦ディアナ号が入港した伊豆半島の港は，先に結ばれた日米和親条約で開港が決まっていましたが，この港の名を**漢字**で答えなさい。

v）年表中の下線部(j)について，この震災では大きな火災も発生し，首都の東京で倒壊や焼失した建物は４割を超えました。江戸時代にも，江戸の町では大きな火災が起きていて，記録されたものだけでも100件に及ぶと言われますが，代表的な例として，1657（明暦３）年の「明暦の大火」があげられます。この大火は，江戸中の建物を焼き，江戸城の天守閣も焼け落ちてしまったほどで，焼死者10万人以上を出した最大の惨事になりました。その後，何度も江戸の町は大火に見舞われたため，1718（享保３）年に町奉行の大岡忠相《おおおかただすけ》によって「町火消」が結成され，消防のしくみが整えられていきました。この時代は，江戸幕府の将軍によって，上米《あげまい》の制や目安箱の設置などの改革が行われていましたが，この改革の一環として大岡忠相を町奉行に採用した将軍の名を**漢字**で答えなさい。

2　**次の文章を読み，後の問いに答えなさい。**

みなさんは「3」という数字について，なにか特別な思いや感覚を持っているでしょうか。ほとんどの人は「ただの数字で，特に何も考えたことはない」と答えるかもしれません。ところがよく考えてみると，私たちの生活や社会，文化の中で，「3」にまつわる言葉やことわざは，意外にたくさんあるものです。

たとえば，オリンピックなどの競技会では1位から3位までが表彰され，(a)金メダル，銀メダル，銅メダルの3種類のメダルが授与されます。野球でも，打率，打点，ホームランの3つの記録がすべて最高であったバッターは「三冠王」と言って，特別に表彰されます。サッカーでも，1人の選手が3点以上得点することを「ハットトリック」とよび，特別に素晴らしい記録とされます。スポーツ以外でも，信号機の色も赤黄青の3色ですし，(b)世界の国旗でも「三色旗」がとても多いです。日本の歴史をみても，戦国時代に中国地方一帯を支配していた（　①　）の「三本の矢」という教訓はとても有名ですし，江戸時代の徳川家の中に「御三家」と呼ばれる家柄もありましたね。

また，日本のことわざにも「3」にまつわるものがいくつかあります。あきらめずに頑張る人は「三度目の正直」といって自分を奮い立たせる場面があるでしょう。「三人寄れば(c)文殊《もんじゅ》の知恵」ということわざもあります。仕事などで，まずは3年やってみよう，というときに「石の上にも三年」と言って励ましてくれる友人がいたりしますし，「早起きは三文の得」ということわざもありますね。

これらを「こじつけ」や「偶然」と言ってしまうこともできるかもしれませんが，日本人だけでなく，世界の人々も「3」という数字に「ちょうどよさ」や「しっくりくる感覚」を持っているかもしれません。何かの分野で大きな特徴を持つものを3つ選び，「三大〇〇」とするものが，案外多くあります。そのうちのいくつかを見てみましょう。

・世界三大穀物　…　コメ，小麦，（　②　）
・世界三大通貨　…　ドル，(d)ユーロ，円
・(e)世界三大漁場　…　北西太平洋漁場，北東大西洋漁場，北西大西洋漁場
・世界三大嗜好飲料　…　茶，(f)コーヒー，ココア

この他にもたくさんの「世界三大〇〇」がありますが，これは必ずしも何かのデータを根拠としているというわけではなく，これが正しい，という性質のものではありません。例えば「(g)世界三大美女」や「世界三大料理」のように，世界で言われているものと日本で言われているものとで異なるものもあります。どちらかが間違っている，というものではないのでしょう。

このように，「普段考えたことのない事柄をテーマとして取り上げ，深く考えていくことで新しい発見がある」というのは珍しいことではありません。常に好奇心のアンテナを張り，「そういえば，これはどうしてだろう」と考えることが，社会科の勉強法として，とても重要なことなのです。

⑴　文中の空らん（①）（②）にあてはまる語句を答えなさい。ただし，（①）は人名を**漢字4字**で，（②）はアメリカ大陸が原産で，後に世界中に広まった作物の名を，それぞれ答えなさい。

⑵　下線部(a)について，後のⅰ）～ⅱ）の各問いに答えなさい。

ⅰ）金は，歴史上もっとも価値のある金属だと言われてきました。とても希少（稀《まれ》で少ないこと）で，その価格は現在でも1グラム1万円ほどです。一方，金以上に希少で，地球上の存在量が稀であるか，または取り出すことが技術的・経済的に困難である金属のうち，現代の産業

に欠かせないきわめて重要なものも存在します。例えば，液晶パネルやＬＥＤの材料となるインジウムや，ステンレスの原料となるクロムなどがあげられます。このような希少な金属を何といいますか。**カタカナ**で答えなさい。

ii）ｉ）のような希少な金属は，現代の産業に欠かせないものですが，日本で採掘できる量はほとんどなく，世界中のどこの地域でも採掘できるものでもありません。あなたは，このような希少な金属を安定的に確保するために，日本はどのような工夫を行うのがよいと考えますか。簡単に述べなさい。

⑶　下線部⒝について，世界で最初に三色旗を定めたのはオランダだと言われています。次のア～ウの文のうち，オランダにあてはまるものを１つ選び，記号で答えなさい。また，下の地図中エ～カのうち，オランダの位置を選び，記号で答えなさい。

ア　人口は170万人ほどで，首都はローマです。

イ　人口は1700万人ほどで，首都はアムステルダムです。

ウ　人口は１億7000万人ほどで，首都はブリュッセルです。

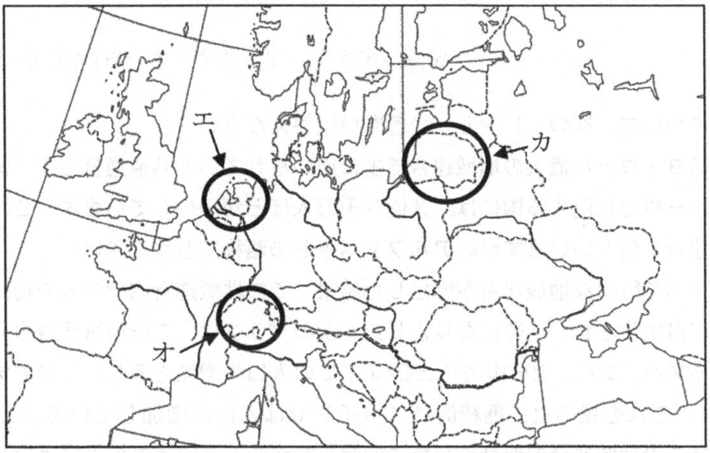

⑷　下線部⒞について，「文殊」とは文殊菩薩のことであり，仏教では智《ち》慧《え》の仏とされます。「文殊の知恵」の他に，この文殊菩薩を名前の由来としているものに，福井県敦賀市にある「高速増殖原型炉もんじゅ」があります。発電以外にもさまざまな原子力研究の中心となる予定の施設でしたが，2016年に廃炉が決定されました。次のページのグラフは，1970年，2000年，2019年の日本の発電割合の推移を示しています。グラフ中の**Ａ**～**Ｃ**は火力，原子力，水力のいずれかの割合を示します。**Ａ**～**Ｃ**の発電方法の組み合わせとして正しいものを，下のア～カのうちから１つ選び，記号で答えなさい。

ア　**Ａ**―火力　**Ｂ**―原子力　**Ｃ**―水力

イ　**Ａ**―火力　**Ｂ**―水力　**Ｃ**―原子力

ウ　**Ａ**―原子力　**Ｂ**―火力　**Ｃ**―水力

エ　**Ａ**―原子力　**Ｂ**―水力　**Ｃ**―火力

オ　**Ａ**―水力　**Ｂ**―火力　**Ｃ**―原子力

カ　**Ａ**―水力　**Ｂ**―原子力　**Ｃ**―火力

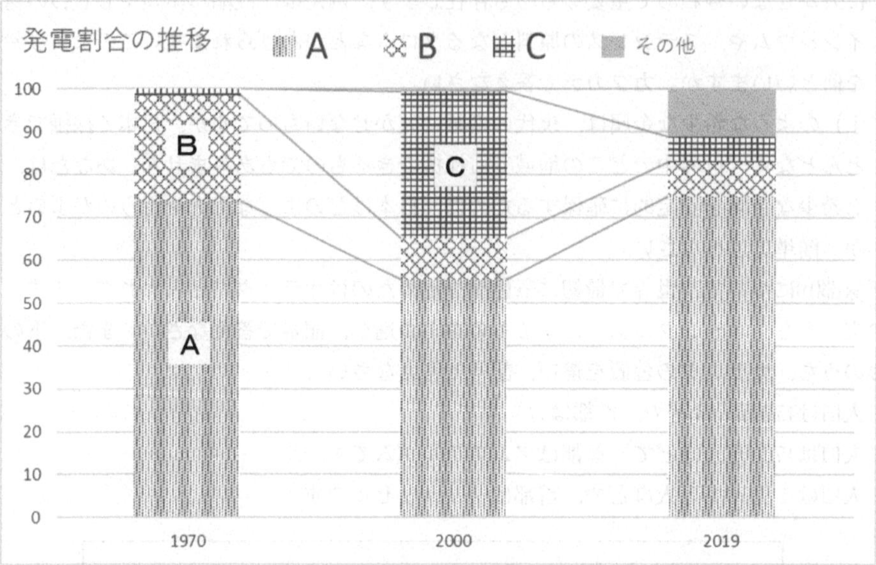

資源エネルギー庁『エネルギー白書2023』より作成

⑸　下線部(d)について，次のｉ）～ⅱ）の各問いに答えなさい。

ｉ）ユーロはヨーロッパ最大の地域連合で主に用いられている共通通貨です。国際的な信用度も高く，ユーロを利用する国には，３億５千万人ほどが居住しています。このヨーロッパ最大の地域連合を何といいますか。**アルファベットの略称**で答えなさい。

ⅱ）ヨーロッパで巨大な地域連合が発足した結果，この地域連合内での人や物，資金，サービスの移動が自由化され，活発になりました。次のグラフは，この地域連合の発足時からの加盟国であるスペインの，1980年から2022年までの人口の増減を表したものです（縦軸の単位は百万人)。これを見ると，継続的にスペインでは人口が増加していることがわかります。1986年にこの地域連合の前身の組織に加盟してから，スペインの人口は少しずつ増えていますが，なかでも2000年からの10年間の増加が大きいことが読み取れます。この理由を述べた文として最も適当なものを，次のページのア～エのうちから１つ選び，記号で答えなさい。

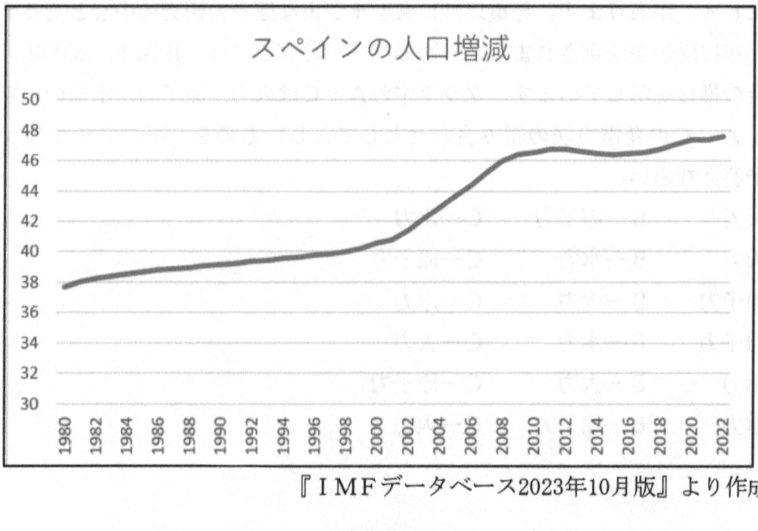

『ＩＭＦデータベース2023年10月版』より作成

ア　2000年以降東ヨーロッパ諸国がｉ）の地域連合に加盟し，その国々からスペインへの移民が増加したから。

イ　2000年以降スペインでは新たな地下資源の採掘や新エネルギーの開発が進み，経済が発展したから。

ウ　2000年以降スペインでは福祉施設が整えられ，安心して子育てができるようになった結果出生数が増加したから。

エ　2000年以降アメリカや日本などの先進国が，安い人件費を求めてスペインに多くの企業を移したから。

⑹　下線部(e)について，次のｉ）～ⅱ）の各問いに答えなさい。

ｉ）このうち北西太平洋漁場は漁獲物の種類・漁獲高ともに世界最大です。日本も沿岸に属する大消費地であり，古くから漁業を行ってきました。そのうち，北緯45度より北のベーリング海やオホーツク海などで行っている漁業を北洋漁業と言い，かつてに比べて大きく衰退したものの，現在も行われています。この北洋漁業で主にとれる魚として適当なものを，次のア～エのうちから１つ選び，記号で答えなさい。

ア　マグロ　　イ　ブリ　　ウ　サケ　　エ　サンマ

ⅱ）欧米の食文化の流入により，現在の日本人は1960年と比較しておよそ10倍の量の肉を食べていると言われています。一方，魚介類の消費量はほぼ変わっていません。現在の肉類と魚介類の年齢層別消費量を示したのが次のグラフです。このグラフをみると，若年層は肉を，老年層は魚を，主に食べることが見て取れます。魚は高タンパクでカロリーも低く，和食にもよく使われます。和食は海，山，里と表情豊かな自然に根差した多様な食材を使用しており，脂質が少なく低カロリーであることや，健康的な食生活を支える栄養バランスがとれていることなどが評価され，2013年にユネスコの無形文化遺産に登録されました。

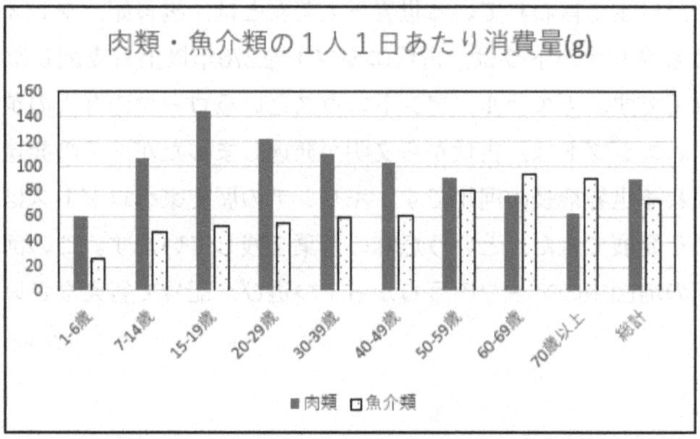

独立行政法人農畜産業振興機構ＨＰより作成

次のページの表は世界各国の１人１日あたり摂取カロリー（2017～2019平均）を示しており，表中Ａ～Ｃはアメリカ合衆国，日本，中華人民共和国のいずれかです。Ａ～Ｃと国名の組み合わせとして正しいものを，後のア～カのうちから１つ選び，記号で答えなさい。

国	1人1日あたり摂取カロリー（kcal）
A	2,694
B	3,834
C	3,206

『FAOSTAT2022』より作成

ア　A―アメリカ合衆国　B―日本　C―中華人民共和国
イ　A―アメリカ合衆国　B―中華人民共和国　C―日本
ウ　A―日本　B―アメリカ合衆国　C―中華人民共和国
エ　A―日本　B―中華人民共和国　C―アメリカ合衆国
オ　A―中華人民共和国　B―アメリカ合衆国　C―日本
カ　A―中華人民共和国　B―日本　C―アメリカ合衆国

(7)　下線部(f)について，次のコーヒー豆について述べたア～エの文のうち，**誤りを含むもの**を１つ選び，記号で答えなさい。

ア　コーヒー豆は，2020年統計で生産・輸出量ともに，南アメリカのブラジルが１位となっています。

イ　アフリカには，国の経済がコーヒー豆の生産量と価格に大きく左右される状態になっている国が存在します。

ウ　赤道から南北緯度20度前後の地帯はコーヒー豆の生産が盛んで，コーヒーベルトと呼ばれています。

エ　コーヒー豆の市場価格の内訳をみると，80％以上が生産農家の利益になっており，残りが貿易や流通過程で発生する輸送費や利益となっています。

(8)　下線部(g)について，日本で言われている世界三大美女とは，楊貴妃，クレオパトラ，小野小町を指します。このうちクレオパトラは，古代エジプトを270年以上も支配したプトレマイオス朝という国の最後の女王です。カエサル，アントニウスというローマの２人の英雄と結婚したことでも知られています。エジプトは，古代から文明が発達しましたが，その発達に欠かせなかったのが，アフリカを流れる世界最長の河川です。ギリシアの歴史家ヘロドトスは，エジプトはその河川があったからこそ発展できた，という意味の言葉を残しています。この河川の名を答え，その位置を次のページの地図中のア～ウのうちから１つ選び，記号で答えなさい。

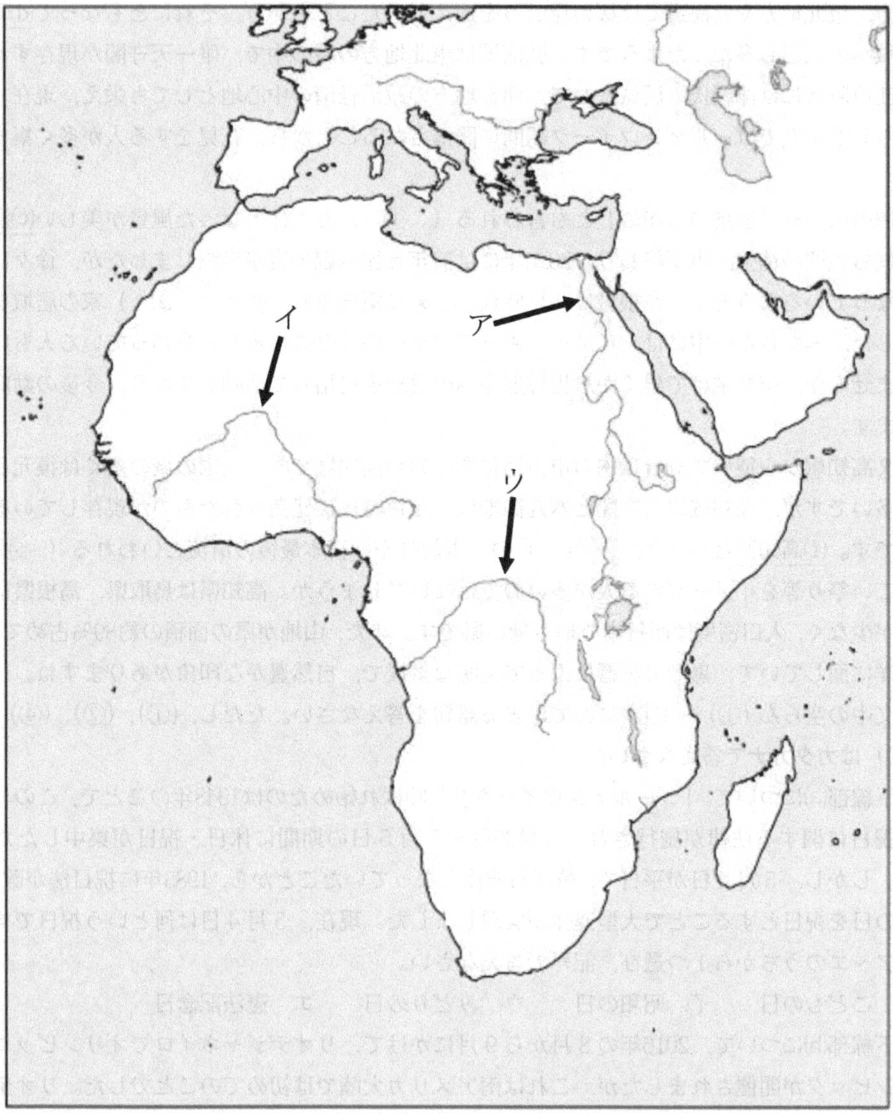

3　次の文を読み，後の問いに答えなさい。

2022年の(a)ゴールデンウイークは，３年ぶりに新型コロナウイルス感染拡大による行動制限のない大型連休となり，多くの観光地が賑わいました。日本各地に城がありますが，一昨年から観光客が増えたところが多かったようなので，いくつか取り上げてみましょう。

(b)2016年４月，(c)熊本県を最大震度７の地震が襲い，熊本城も大きな被害を受けました。修復には数十年かかるとされていましたが，2021年３月に天守閣の復旧工事が完了し，その姿を見に行った人が多かったようです。そもそも，熊本城を本格的な城郭に修築したのは，豊臣秀吉の家臣で，「城作りの名人」の一人に数えられる加藤清正です。完全な修復には長い年月がかかるとは言え，大規模地震に見舞われながら，すでに観光客が訪れるまでになっているのは，加藤清正が築城したからこそかもしれませんね。

一方，東北地方や北海道では桜の見ごろを迎えていたこともあり，それにともなって(d)青森県の弘前城への人出も多かったようです。弘前城は東北地方の城の中で，唯一天守閣が現存する城であり，江戸時代には津軽氏の居城として，津軽地方の政治経済の中心地としても栄え，現在「さくらまつり」が本丸でゴールデンウイーク期間に開催されることから，花見をする人が多く集まっています。

周囲の山々や「近畿の水がめ」とも言われる（　①　）と一体となった風景が美しい(e)滋賀県の彦根城も表門の補強工事が終わり，2020年には前年と比べ観光客が半減しましたが，徐々に回復傾向となっているようです。彦根城は江戸時代はじめに築城され，代々（　②　）家の居城となっていました。みなさんの中には，イメージキャラクターの「ひこにゃん」を知っている人もいるかもしれませんが，市を挙げて早くから世界遺産への登録を目指して活動しており，今後の動向が注目されます。

ＪＲ高知駅から徒歩で30分以内の市街地にあるのが高知城です。全国の城の多くは復元されたものが多いですが，高知城の天守閣と本丸御殿は，江戸時代に建造されたものが現存している唯一の城郭です。(f)高知県というと，（　③　）の一本釣りや，日本最後の清流といわれる（　④　）川，よさこい祭り等をイメージする人が多いのではないでしょうか。高知県は鳥取県，島根県についで人口が少なく，人口密度は西日本で最も低い県です。また，山地が県の面積の約89％占めています。太平洋に面していて，黒潮の影響によって温暖な気候で，自然豊かな印象がありますね。

⑴　文中の空らん（①）～（④）にあてはまる語句を答えなさい。ただし，（①），（②），（④）は**漢字**，（③）は**カタカナ**で答えなさい。

⑵　下線部(a)について，「ゴールデンウイーク」と呼ばれ始めたのは1948年のことで，この年に国民の祝日に関する法律が施行され，４月29日～５月５日の期間に休日・祝日が集中したためでした。しかし，５月４日が平日で，飛び石連休となっていたことから，1985年に祝日法が改正され，この日を祝日とすることで大型連休が実現しました。現在，５月４日は何という祝日ですか。次のア～エのうちから１つ選び，記号で答えなさい。

ア　こどもの日　　イ　昭和の日　　ウ　みどりの日　　エ　憲法記念日

⑶　下線部(b)について，2016年の８月から９月にかけて，リオデジャネイロでオリンピック・パラリンピックが開催されましたが，これは南アメリカ大陸では初めてのことでした。リオデジャネイロの人口は約600万人で，ブラジルではサンパウロに次いで２番目に人口の多い都市であり，観光や港湾都市として栄えています。リオデジャネイロの場所を次のページの地図中のア～エのうちから１つ選び，記号で答えなさい。

⑷　下線部(c)について，次のⅰ）～ⅱ）の各問いに答えなさい。

ⅰ）『令和２年度農林水産省作物統計』によると，熊本県は，夏場によく食べられるウリ科の果実（統計では「果実的野菜」と分類されています）の栽培がさかんで，日本で最も多い約５万ｔが生産されます。この果実は，漢字で「西瓜」と表記されますが，この果実の名を**カタカナ**で答えなさい。

ⅱ）熊本県は九州の中央部に位置し，陸続きでは福岡県・大分県・宮崎県・鹿児島県と隣接し，海を隔てて長崎県とも隣接しています。熊本県と長崎県の間にある海は，九州最大の内湾で，海苔《のり》の生産が盛んです。この海の名を**漢字**で答えなさい。

⑸　下線部(d)について，次のページの図ア～エのうち青森県と**関係のないもの**を１つ選び，記号で答えなさい。

ア

奥入瀬《おいらせ》渓流

イ

岩木山

ウ

十和田湖

エ

男鹿《おが》半島

⑹　下線部⒠について，滋賀県の歴史に関する次のア～エのうち，**誤っているもの**を１つ選び，記号で答えなさい。

ア　滋賀県の旧国名は近江国で，中大兄皇子が難波から遷都した大津宮で，天武天皇として即位しました。

イ　大津市にある石山寺は多くの文学にも登場する寺院で，紫式部が『源氏物語』を書き始めたという伝承もあります。

ウ　信長の妹である市《いち》と結婚した戦国大名の浅井長政の居城である小谷城がありましたが，後に信長と敵対して浅井氏は滅ぼされました。

エ　来日したロシア皇太子（後の皇帝ニコライ２世）が現在の大津市で，警備に当たっていた警察官に襲撃されるという事件がおこりました。

⑺　下線部⒡について，次のⅰ）～ⅱ）の各問いに答えなさい。

ⅰ）2022年２月20日の高知新聞に，「住み慣れた場所で暮らしたい。しかし，その集落としての機能を維持する活動は難しくなっている」という記事が掲載されました。高知県に限らず，日本各地の地方では過疎化が進み，この記事のように維持が困難になっている集落が無数にあります。このような集落を何といいますか。**漢字**で答えなさい。

ⅱ）高知県はかつて「陸の孤島」と言われていました。その理由を次の２つの語句を必ず使用して，簡単に説明しなさい。

四国山地　　高速道路

4 **次の文を読み，後の問いに答えなさい。**

20世紀の日本で活躍した有名な詩人の一人に高村光太郎がいます。彼の代表的な詩集『道程』には，「僕の前に道はない　僕の後ろに道は出来る」で始まる９行の詩が収められています。

道は，古くは約2000年前の地中海を中心とする大帝国が，首都と全土を結ぶ舗装《ほそう》道路を整備し，そこから「すべての道は（　①　）に通ず」ということわざが生まれました。また，約700年前のユーラシア大陸でも，モンゴル民族が広大な地域を支配し，シルクロードと呼ばれる東西を結ぶ交通路を整備して，多くの人々が往来し，多くの物品の貿易が行われました。道は，古くから人によって切り開かれ，人や物，お金や情報をつないできました。

日本の道を見てみると，古くは大和の山辺《やまのへ》の道や(a)熊野三山にお参りする熊野古道が知られ，約1300年前には全国の60以上の国を五畿七道に編成しました。これらの国には(b)中央から役人が派遣され，都と地方の国々を結ぶ道が作られました。この時代の道は，役人の往来を便利にするため，乗り継ぎの馬や食料などが備えられた駅が，約16km ごとに置かれました。また，時代が下って約800年前の鎌倉時代には，幕府の置かれた鎌倉と各国を結んだ鎌倉街道が整えられ，幕府の御家人が緊急の場合に「いざ鎌倉」と幕府のもとに集まることができるようになりました。

約400年前の江戸時代になると，人の往来や商品の流通が活発になり，幕府のある江戸と全国各地を結ぶ(c)五街道が整えられました。代表的な街道が江戸と京都を結んだ東海道です。幕府は，江戸を起点に街道を整備し，多くの宿場町が設けられました。宿場町には，(d)大名が宿泊する本陣《ほんじん》や，一般の人が泊まる旅籠《はたご》などの宿泊施設が建てられ，旅をするのが便利になりました。また，通信手段として(e)飛脚《ひきゃく》の制度も整えられました。街道は，約3.9km ごとに（　②　）が作られ，日陰にもなる松並木が整備されました。宿場町の間には，茶屋などの休憩所もあり，長旅の助けになりました。街道は平坦な道だけでなく，(f)険しい山を越える峠道や，川や湖などを渡る難所もあって，当時の旅はたいへんな苦労を重ねることもあっただろうと思います。
約200年前の東海道の旅をテーマにした読み物に，(g)『東海道中膝栗毛《ひざくりげ》』があります。主人公は江戸に住む弥次郎兵衛と喜多八です。彼らは江戸を出発して東海道をめぐり，伊勢神宮にお参りに行きました。さらに京都や大坂を経て，各地のお寺や神社をめぐりながら江戸に戻りました。『東海道中膝栗毛』は，彼らの道中で起こったさまざまな出来事を面白おかしく滑稽《こっけい》に描いた読み物で，庶民にも多く読まれてベストセラーになりました。また，東海道の風景や宿場町を浮世絵に描いた(h)『東海道五十三次』も，当時のお寺や神社をめぐる旅行ブームを背景にしたものでした。

約150年前になると，明治政府は，江戸時代の街道を引き継ぐ形で(i)国道を定めました。しかし，道路は土と砂利のままで，整備はあまり進みませんでした。約100年前に道路法が制定されると，軍事のためと，来たるべき自動車社会に備えるために，道路の舗装が本格化しましたが，戦争の勃発で軍事用の道路が優先されるようになり，一般用の道路や橋，トンネルなどの整備は進みませんでした。

約80年前に戦争が終わり，(j)高度経済成長期を迎えるころには，自動車の普及で橋やトンネル，舗装道路などの整備が急がれました。東京オリンピックの開催にあわせて，高速道路の建設が始まり，新幹線が開通して，万国博覧会などで日本の経済成長の成果を世界に示すことになりました。現在では，(k)国有鉄道と高速道路公団は分割民営化されましたが，日本全国に高速道路や新幹線網が整えられ，日本経済を支える大動脈となっています。

北嶺中学校には，「道なき未知へ」という青雲寮の寮歌であり，北嶺生の応援歌があります。さまざまな可能性を持ったみなさんの未来は未知そのものかもしれませんが，みなさんが一歩一歩前に踏み出していくことで新しく道ができ，新しい世界が広がっていきます。北嶺中学校に入学して，ともにがんばっていきませんか。

⑴　文中の空らん（①）（②）にあてはまる語句を答えなさい。ただし，（①）は**カタカナ**で，（②）は**漢字**で答えなさい。

⑵　下線部(a)について，紀伊半島南東部の熊野にある三つの大社に，皇族から庶民に至るまで多くの人々がお参りをしたために道ができました。この道は，「紀伊山地の霊場と参詣道」としてユネスコの世界遺産に登録されています。平安時代から鎌倉時代にかけて，富と権力を手に入れた鳥羽上皇や後白河上皇，後鳥羽上皇は，この道を通って20回以上も熊野三山にお参りをしました。この３人のように，天皇の位を退いた後に上皇や法皇となって権力を握り，実権をふるった政治を何といいますか。**漢字**で答えなさい。

⑶　下線部(b)について，古代の律令制のもとで，都から地方に派遣された役職として正しいものを，次のア～エのうちから１つ選び，記号で答えなさい。

ア　国造《くにのみやつこ》　　イ　国司　　ウ　郡司　　エ　里長《さとおさ》

⑷　下線部(c)について，五街道とは東海道を含めた五つの街道を指しますが，残りの４つの街道の中で，最も長い経路の街道として正しいものを，次のア～エのうちから１つ選び，記号で答えなさい。

ア　甲州街道　　イ　奥州街道　　ウ　中山道　　エ　日光街道

⑸　下線部(d)について，宿場町に大名の宿泊施設が設けられたのは，幕府が大名に参勤交代を命じ，大名は江戸と領地を一年交替で往復したためです。この結果，大名はどのような影響を受けましたか。簡単に述べなさい。

⑹　下線部(e)について，明治政府は，イギリスの郵便制度を参考にしつつ，江戸時代以来の飛脚の制度も取り入れて，1871年に新たな郵便制度を創設しました。次の図は，郵便制度の確立に尽力した人物が肖像になっている１円切手です。この人物の名を答えなさい。

⑺　下線部(f)について，街道には馬を使って人や荷物を運ぶ馬《ま》子《ご》とよばれる職業の人たちがいました。彼らが仕事をしながら歌った歌は，現在では民謡となって残っています。その一節に，次のようなものがあります。

（　　　）八里は馬でも越すが　越すに越されぬ大井川 坂は照る照る　鈴鹿は曇る　あいの土山　雨が降る

これは東海道の代表的な難所３カ所を歌っていますが，（　）には関所と宿場のある地名が入ります。この地名を**漢字**で答えなさい。

⑻　下線部(g)について，この本は1802年に初めて出版されてベストセラーになり，その後も著者が何度も取材旅行に出かけ，1822年まで21年間も続編を書き続けました。この作品の著者の名を，次のア～エのうちから１つ選び，記号で答えなさい。

ア　滝沢馬琴　　イ　島崎藤村　　ウ　井原西鶴　　エ　十返舎一九

⑼　下線部(h)について，『東海道五十三次』は，風景を描いた木版画で大人気になった絵師歌川広重の代表的作品です。この作品は，後にモネやゴッホなどの西洋の画家にも大きな影響を与えたといわれています。次のア～エのうちから，**歌川広重の作品でないもの**を１つ選び，記号で答えなさい。

ア

イ

ウ

エ

⑽　下線部(i)について，明治から現在までの国道には，起点と終点を示す道路元標《げんぴょう》が置かれています。右の図は，東京にある主要な７本の国道の起点になる「日本国道路元標」で，これは江戸時代の五街道の起点を引き継いで，明治政府がある橋の上に定めたものです。この「日本国道路元標」の置かれた東京の橋の名として正しいものを，下のア～エのうちから１つ選び，記号で答えなさい。

ア　三条大橋　　イ　京橋

ウ　心斎橋　　　エ　日本橋

(11)　下線部(j)について，戦後の日本政府は，生活に困った人々を救済する制度を整えていきますが，高度経済成長期に入ると，国民が安心して働き暮らせるように，国民全員を対象にした医療保険制度と年金制度を整えました。これは，日本国憲法第25条を具体化した政策です。次の憲法第25条の条文の（　）に適する語句を，**漢字４字**で答えなさい。

第25条　すべて国民は，健康で文化的な（　　）の生活を営む権利を有する。
　　国は，すべての生活部面について，社会福祉，社会保障及び公衆衛生の向上及び増進に努めなければならない。

(12)　下線部(k)について，1987年には日本国有鉄道（国鉄）が分割民営化され，７社のＪＲ（北海道，東日本，東海，西日本，四国，九州，貨物）になりました。また，2005年には４つの高速道路公団が６つの高速道路会社に分割民営化されました。この２回の分割民営化を行った時の内閣総理大臣の組み合わせとして正しいものを，次のア～エのうちから１つ選び，記号で答えなさい。

ア　1987年―中曽根康弘　　2005年―安倍晋三
イ　1987年―中曽根康弘　　2005年―小泉純一郎
ウ　1987年―佐藤栄作　　2005年―安倍晋三
エ　1987年―佐藤栄作　　2005年―小泉純一郎

ア　社会という集団を作り、個々の能力を生かした役割分担をすることで、個体の弱さを補いながら、生きぬいてきた。

イ　互いに傷つけ合わないという独自の法律や道徳を作り、強固に統合された社会を形成することで、生きぬいてきた。

ウ　多様な経験から得られる様々な知恵を集めて共有し、それらの知恵を生かして助け合うことで、生きぬいてきた。

エ　劣ったものを含むすべての個体が生き残れるように、弱者を守るための仕組みを構築することで、生きぬいてきた。

オ　他の生物に劣る身体能力はあえて退化させ、知恵という人間特有の能力を伸ばしていくことで、生きぬいてきた。

知恵を出し合って助け合うときには、経験が大切になる。経験が豊富な高齢者や危険を経験した傷病者の知恵は、人類が生き抜く上で参考になったのだろう。色々な人がいれば、それだけ色々な意見が出るし、色々なアイデアが生まれる。

そうして、人類は知恵を出し合い、知恵を集めて、知恵を伝えてCハッテンをしてきたのだ。

自然界は優れたものが生き残り、劣《おと》ったものは滅んでいくのが掟《おきて》である。

もっとも、何が優れているかという答えはないから、生物は多様性のある集団を作る。しかし、年老いた個体や、病気やケガをした個体は、生き残れないことが多い。

しかし、人間の世界は、年老いた個体や病気やケガをした個体も、「多様性」のDイチインにしてきた。それが人間の強さだったのだ。

人間の世界には「弱い者をいじめてはいけない」とか、「人間同士で傷つけ合ってはいけない」とか、生物の世界とは違った法律や道徳や正義感がある。

残念ながら有史を振り返れば、人々が殺し合う戦争や弱い者が虐《しいた》げられる歴史は繰り返されている。しかし、それでも人は、そのようなことは悪いことだ、人々は愛し合い助け合うのが本来の姿なのだと心の底で信じている。

それはけっして人間が慈愛《じあい》に満ちた生き物だったからだけではない。それは長い人類史の中で人間が少しずつ培《つちか》ってきたものでもある。③そうしなければ人間は自然界で生きていけなかったのだ。

（稲垣栄洋『ナマケモノは、なぜ怠《なま》けるのか？』）

㈠ ――A～Dのカタカナを漢字に改めなさい。

㈡ 〔1〕～〔4〕を補う言葉として最もふさわしいものを、次のア～クより選び、記号で答えなさい。同じ記号を二度以上選んではいけません。

ア だから　イ つまり　ウ そのうえ　エ たとえば
オ そして　カ しかし　キ ちなみに　ク ところで

㈢ 〔X〕を補う一文として最もふさわしいものを、次のア～オより選び、記号で答えなさい。

ア 帯に短し、たすきに長し。
イ どんぐりの背比べ。
ウ 船頭多くして船山に上る。
エ あちらを立てれば、こちらが立たず。
オ 背に腹はかえられない。

㈣ ――①「どうして、私たちには、個性があるのだろう」とありますが、筆者は、生物にとって「たくさんの個性」とは何であると述べていますか。生物が個性を持つ理由をふまえて、四十五字以内で説明しなさい。

㈤ ――②「ゾウはみんな鼻が長い」という例をあげることで、筆者はどういうことを述べようとしていますか。その答えに当たる十三字の表現を、「ということ」に続くように本文よりぬき出しなさい。

㈥ ――③「そうしなければ人間は自然界で生きていけなかったのだ」とありますが、人間はどのように自然界を生きぬいてきたと、筆者は述べていますか。最もふさわしいものを、次のページのア～オより選び、記号で答えなさい。

が短いという個性はない。キリンもそうだ。首が短いキリンはいない。チーターはみんな足が速い。人間は足が速かったり、遅かったりするのに、チーターはどれも足が速い。どうして、足の遅いチーターはいないのだろう。

それはチーターにとって足が速いことが答えだからである。答えがあるときには、生物はその答えに向かって進化をする。獲物を追いかけて捕らえるチーターにとって足が速い方が有利である。「足が遅いよりも足が速い方が良い」というのが、チーターにとっての答えだ。だから、チーターの足の速さに個性はないのである。

ゾウも鼻が長いことが正解だ。キリンも首が長いことが正解だ。答えがあるときに、そこに個性は必要ないのである。

それでは答えがないときはどうだろう。何が正解かわからない。何が有利かわからない。そのときに生物はたくさんの答えを用意する。それが「たくさんの個性」であり、遺伝的な多様性なのだ。

人間も同じである。

人間の目の数は、二つである。そこに個性はない。答えがあるものに個性はないのだ。

しかし、人間の能力には個性がある。顔にも個性がある。性格にも個性がある。

生物はいらない個性は作らない。

個性があるということは、そこに意味があるということなのだ。

人間は足の速い人と、足の遅い人がいる。

それは、足の速さに正解がないからだ。

足が速い方がいいに決まっていると思うかもしれないが、そうではない。

生物の能力は「トレードオフ」と言って、どれかが良いとどれかが悪くなるようにバランスが取れている。〔 2 〕、足が長ければ歩幅が大きくて速く走れるかもしれない。〔 3 〕、重心が高くなるので、不安定になって、転びやすくなるかもしれない。背が高ければ遠くまで見渡せてBテンテキを見つけやすいかもしれないが、草陰に隠れるときには、背が低い方がいい。

どちらが良いかわからないのであれば、どちらも用意しておくのが生物の戦略だ。

〔 X 〕

人間に足の速い人と足の遅い人がいるということは、足が速いことはそうでなければ生きていけないというほど重要ではないということだ。もちろん、足が速いことはすばらしいことだけれど、他の能力で足が遅いことはカバーできる。他の能力を捨ててまで、チーターのように人類みんなで足が速くならない方が良いというのが、おそらくは人間の進化なのだ。

ただし、それだけではない。

人類には人類の特殊な事情がある。

生物としての人間の強みは何だったろう。

それは、「弱いけれど助け合う」ということだ。

ふしぎなことに、古代の遺跡からは、歯の抜けた年寄りの骨や、足をけがした人の骨が見つかるらしい。〔 4 〕、狩りには参加できないような高齢者や傷病者の世話をしていたのだ。

人間は他の生物に比べると力もないし、足も遅い弱い生物である。だから知恵を出し合って生き抜いてきた。

三　次の文章を読んで、あとの問いに答えなさい。

どうして神さまは、「個性」など生み出したのだろう。

①どうして、私たちには、個性があるのだろう。

「オナモミ」という雑草がある。

トゲトゲした実が服にくっつくので「くっつき虫」や「ひっつき虫」とも呼ばれている。実を服につけて飾りにしたり、手裏剣《しゅりけん》のように投げ合って遊んだりした人もいるかもしれない。

オナモミのトゲトゲしたものは、タネではなく実である。この実の中にはタネが入っている。

オナモミの実の中には、二つの種子が入っている。

この二つの種子は性格が違う。二つの種子のうち、一つはすぐに芽を出すせっかち屋、そしてもう一つは、なかなか芽を出さないのんびり屋である。

このせっかち屋の種子とのんびり屋の種子は、どちらがより優れていると言えるだろうか？

早く芽を出した方が良いような気もするが、そうでもない。

急いで芽を出しても、成長にＡテキした時期かどうかがわからないのだ。仮にテキした時期だったとしても、問題はある。オナモミは雑草である。気まぐれな人間が、いつ草取りをするかわからない。その場合は、ゆっくりと芽を出した方が良いかもしれない。

早く芽を出す種子と、遅く芽を出す種子はどちらが優れているのだろう？

そんなことは、わからない。

早く芽を出す方が有利なときもあるし、遅く芽を出す方が成功するときもある。

〔　1　〕オナモミは、性質の異なる二つの種子を用意しているのである。

私たち人間は、状況判断を迫られるとどちらが優れているのか、比べたがる。

どちらが良いのか、答えを求めたがる。

しかし、実際には答えのないことが多い。

本当は答えなどないのに、人間はさも答えがあるようなフリをしている。そして、さもわかったようなフリをして、「これは良い」とか、「それはダメだ」と言っている。

わかったつもりでいるだけなのだ。

本当は答えなどない。

何が優れているかなど本当はわからない。

答えがないとすれば、どうすれば良いのだろうか。

それは簡単である。オナモミの例に見るように、両方用意しておけば良いのである。

答えがわからないから、たくさんの選択肢《せんたくし》を用意する。

それが生物たちの戦略なのである。

生物がたくさんの選択肢を用意することは「遺伝的多様性」と呼ばれている。

しかし、不思議なことがある。

自然界の生物は遺伝的多様性を持つ。

それなのに、「みんなが同じ」という生き物も多い。

多少の個体差はあるものの、たとえば、②ゾウはみんな鼻が長い。鼻

しその写真は正《まさ》しく彼の注文通りに［　3　］のである。その時私は中《あて》が外れた人のように、しばらく自分の顔を見詰めていた。私にはそれがどうしても手を入れて笑っているように拵《こしら》えたものとしか見えなかったからである。

私は念のため家《うち》へ来る四五人のものにその写真を出して見せた。彼等《かれら》はみんな私と同様に、どうも作って［　4　］という鑑定《かんてい》を下した。

私は生れてから今日《こんにち》までに、人の前で笑いたくもないのに笑って見せた経験が何度となくある。その偽《いつわ》りが今この写真師のために復讐《ふくしゅう》を受けたのかも知れない。

彼は気味のよくない苦笑を洩《も》らしている私の写真を送ってくれたけれども、その写真を載せると云った雑誌は遂《つい》に届けなかった。

（夏目漱石『硝子戸《がらすど》の中』）

【注】＊マグネシア……当時はフラッシュとして、マグネシウムを主成分とした粉を燃やしていた。

㈠　――Aのカタカナを漢字に改め、――B・Cの読み方をひらがなで答えなさい。

㈡　［1］～［4］を補う表現として最もふさわしいものを、次のア～クより選び、記号で答えなさい。同じ記号を二度以上選んではいけません。

ア　みた　　イ　いたために

ウ　いなかった　　エ　笑わせたものらしい

オ　いた　　カ　いた如《ごと》くに

キ　笑っていた　　ク　笑っている筈がない

㈢　――①「『写真は少し困ります』と答えた」とありますが、筆者はなぜそうしたのですか。四十字以内で説明しなさい。

㈣　――②「頂い」、――③「御座います」について、

Ⅰ　誰から誰への敬意を表していますか。次のア～オから選んで、記号で答えなさい。

ア　筆者　　イ　読者　　ウ　筆者の家族　　エ　雑誌社の男

オ　卯年の正月号を買うだろう人達

Ⅱ　同じ意味の、敬語でない言葉に改めなさい。

（例　おっしゃった→　言っ）

㈤　――④「御約束」とは、話し手が筆者にした、どういう約束ですか。十五字以内で説明しなさい。

㈥　――⑤「前よりも猶笑う気になれなかった」とありますが、筆者はなぜそう感じたのですか。最もふさわしいものを、次のア～オより選び、記号で答えなさい。

ア　何度もたのまれるとつい笑って見せてしまうかもしれないと、かつての経験を思い出して用心しはじめたから。

イ　上辺だけ丁寧な言葉を繰り返されて、相手の男には筆者の意向を尊重する気など全くないのだとわかったから。

ウ　電話を受けた時は丁寧だった相手の態度にひどく横着なものを感じ、引き受けなければよかったと思ったから。

エ　電話で話した時は雑誌社の方針を誤解していたと反省したが、やはりこの雑誌には載りたくないと思ったから。

オ　一枚目は相手の注文に取り合わなかったが、今度も断れば、おそらく向こうで手を加えるだろうと思ったから。

㈥　――③「ある新しい熱情」とは、どういう思いを指していますか。最もふさわしいものを、次のア～オより選び、記号で答えなさい。

ア　有吉の死を忘れないために、あらゆる作家の言葉を死に結びつけて考えたい、という思い。

イ　大昔に亡くなった多くの作家たちの、作品に宿っている永遠の命に触《ふ》れたい、という思い。

ウ　作家たちが物語にちりばめた答えをたよりに、命のはかなさについて考えたい、という思い。

エ　それぞれの限りある時間の中で、作家たちの残した貴重な言葉に耳を傾《かたむ》けたい、という思い。

オ　有吉の両親が明かさなかった死の真相を、作家たちの死に重ねてつき止めたい、という思い。

二　次の文章を読んで、あとの問いに答えなさい。

電話口へ呼び出されたから受話器を耳へあてがって用事を訊《き》いて見ると、ある雑誌社の男が、私《わたくし》の写真を貰《もら》いたいのだが、何時《いつ》撮りに行って好《い》いか都合を知らしてくれろというのである。私は①「写真は少し困ります」と答えた。

私はこの雑誌とまるで関係を有《も》って［　1　］。それでも過去三四年の間にその一二冊を手にした記憶はあった。人の笑っている顔ばかりを沢山載《の》せるのがその特色だと思った外に、今は何にも頭に残っていない。けれども其所《そこ》にわざとらしく笑っている顔の多くが私に与えた不快の印象はいまだに消えずにいた。それで私は断わろうとしたのである。

雑誌の男は、卯年《うどし》の正月号だから卯年の人の顔を並べたいのだという希望を述べた。私は先方のいう通り卯年の生《うま》れに相違なかった。それで私はこう云《い》った。――

「あなたの雑誌へ出すために撮る写真は笑わなくっては不可《いけな》いのでしょう」

「いえそんな事はありません」と相手はすぐ答えた。あたかも私が今までその雑誌の特色を誤解して［　2　］。

「当り前の顔で構いませんなら載せて②頂いても宜《よろ》しゅう御座《ござ》います」

「いえそれで結構で御座いますから、どうぞ」

私は相手と期日の約束をした上、電話を切った。

中一日置いて打ち合せをした時間に、電話を掛けた男が、綺麗《きれい》な洋服を着て写真機を携えて私の書斎《しょさい》に這入《はい》って来た。私はしばらくその人と彼のAジュウジしている雑誌について話をした。それから写真を二枚撮って貰った。一枚は机の前に坐《すわ》っているB平生の姿、一枚は寒い庭前《にわさき》の霜の上に立っている普通の態度であった。書斎は光線が能《よ》く透《とお》らないので、機械を据《す》え付けてから＊マグネシアを燃した。その火の燃えるすぐ前に、彼は顔を半分ばかり私の方へ出して、「御約束では③御座いますが、少しどうか笑って頂けますまいか」と云った。私はその時突然微《かす》かな滑稽《こっけい》を感じた。然《しか》し同時に馬鹿な事をいう男だという気もした。私は「これで好いでしょう」と云ったなり先方の注文には取り合わなかった。彼が私を庭のC木立の前に立たして、レンズを私の方へ向けた時もまた前と同じ様な鄭寧《ていねい》な調子で、「④御約束では御座いますが、少しどうか……」と同じ言葉を繰り返した。私は⑤前よりも猶《なお》笑う気になれなかった。

それから四日ばかり経《た》つと、彼は郵便で私の写真を届けてくれた。然

ならないのか、ぼくには判らなかった。それを考えると、なぜかぼくは何かに祈りたくなるのだった。

　有吉が死んでからは、ぼくと草間とはⅣ疎遠《そえん》になった。草間はその猛烈な勉強ぶりにいっそう拍車《はくしゃ》を［　3　］始めたし、ぼくはぼくで、③ある新しい熱情に駈《か》られて小説に読みふけるようになったからだ。その熱情とは、すでにとうの昔にこの世からいなくなった多くの作家たちが、生きているときに何を書かんとしたのかを知りたいという願望だった。死人が小説を書ける筈などなかったから、ぼくが捜《さが》し出そうとしていたことは馬鹿げたお遊びに近かった。だが、その馬鹿げたお遊びは、有吉の死がぼくに与えた後遺症だったのだ。ぼくはまもなく後遺症から立ち直り、あらゆる物語を「死」から切り離して考えるようになった。すべては「死」を裏づけにしていたが、「死」がすべてである物語は存在しなかったからである。

（宮本輝『星々の悲しみ』）

【注】＊1　有吉……草間と高校時代から行動を共にしている予備校生。二人とも「ぼく」と同い年で同じ予備校に通っており、二人で図書館にいた時に「ぼく」を見かけて声をかけ、親しくなった。

＊2　カミュ……アルベール・カミュ（Albert Camus 一九一三～一九六〇）。フランスの作家。

㈠ ――A～Cのカタカナを漢字に改めなさい。

㈡ ［1］～［3］を補う言葉として最もふさわしいものを、次のア～カより選び、記号で答えなさい。同じ記号を二度以上選んではいけません。

ア　上げ　イ　かけ　ウ　奮っ　エ　振っ　オ　そろえ　カ　そむけ

㈢ 〰〰Ⅰ～Ⅳのここでの意味として最もふさわしいものを、次のア～オよりそれぞれ選び、記号で答えなさい。

Ⅰ　言葉をついで

ア　言葉に続けて　イ　言葉の途中《とちゅう》で　ウ　言葉を伝えて　エ　言葉を返して　オ　言葉に甘《あま》えて

Ⅱ　別れしな

ア　別々に　イ　別れぎわ　ウ　別れても　エ　別れがたく　オ　別れたあと

Ⅲ　暮れなずむ

ア　刻一刻と暮れていく　イ　またたく間に暮れた　ウ　気持ちまで暗くする　エ　すっかり暗くなった　オ　暮れそうで暮れない

Ⅳ　疎遠に

ア　よそよそしく　イ　全く話さなく　ウ　行き来が少なく　エ　話がかみ合わなく　オ　互《たが》いを避《さ》けるように

㈣ ――①「嬉しそうに囁いた」とありますが、誰が、なぜ嬉しそうだったのですか。三十字以内で説明しなさい。

㈤ ――②「読書すら放擲して考えつづけたことは、それだった」とありますが、「ぼく」はこの時、十一月十日の有吉について、どういうことを考えていましたか。三十字以内で説明しなさい。

「お前、何のために、そんなに意地みたいに本を読んでるんや？」
　ぼくは答えようがなかったから、苦笑いを浮かべて手を振《ふ》ると、川沿いの道をとぼとぼ歩いて行った。
　ぼくと草間は九月末と十月の半ばにも有吉を見舞った。薬の副作用で下痢がつづいているらしかったが、有吉の様子に変わったところは見られなかった。ところが、十一月十日、四度目の見舞いにひとりでおもむいたとき、ぼくは有吉の病状が尋常《じんじょう》なものではなかったことを知った。十日程前に移ったとかで、有吉は病棟の端《はし》にある個室のベッドに臥《ふ》していた。たったひと月あまりの間で、有吉は変わり果ててしまっていた。顔はふたまわりほど小さくなり、膝《ひざ》から下がむくんでいた。薄い胸の下に膨《ふく》れた腹があった。ぶ厚い蒲団《ふとん》を掛けてあっても、有吉の体の異常さがうかがえたのである。附き添っていた母親は、ぼくが病室に入ると、ちょっと売店に用事があるからと言って出て行った。ぼくは言葉を喪《うしな》って、早々に退散するきっかけを見つけ出そうと落ち着きなく椅子に腰かけていた。Aショトウの夕暮が落ちて来ていた。有吉はあおむけに寝て、首を窓に向けたまま、ぼくに話しかけようともせず、じっとⅢ暮れなずむ空に目を向けていた。ぼくが何か喋《しゃべ》らなくてはならぬと思い、言葉を選んでいると、
「きのう、草間が来たよ」
　有吉は顔を［　2　］たまま聞き取りにくい声で言った。
「俺、何をやっても、あいつには勝たれへんような気がしてたけど、やっぱりそうやったなァ」
「草間のやつ、俺の妹に気があるんやけど、妹はお前のことが好きなんや」
「……俺は、犬猫以下の人間や」
　ぼくは驚いて、臥している有吉の耳から顎《あご》にかけての翳《かげ》を見つめた。
「なんで、そんなことを言うんや？」
　有吉はそれには答えず、深いため息をついた。有吉が窓の向こうから目を離さないのは、顔を見られたくないからかも知れないと思い、ぼくは立ちあがってドアの横の小さな鏡に自分を映した。ぼくは何かに祈りたかった。俺は犬猫以下の人間やと有吉が呟《つぶや》いたとき、ぼくは烈《はげ》しい恐怖と憂愁に、夕暮の彼方から手招きされているような気持にBツツまれたのだった。逃れようのない決定的な絶望に勝つためには、人間は祈るしかない筈《はず》だった。ぼくが立ちあがったのは帰るためだと有吉は思ったらしく、はじめて顔を向けて、
「またな」
と言った。ぼくがぼんやりと立ちつくしていると、有吉はもう一度、
「またな」
と言って、笑った。
　有吉はそれから二十日後の、十一月三十日の明け方に死んだ。死んでから、ぼくと草間は、有吉のCチョウが癌《がん》にやられていたことを知った。手遅れの癌で、両親は最期まで誰にも真相を明かさなかったのである。
　自分が、いままさに死にゆかんとしていることを知らないままに死んでいく人間などいないと、ぼくは思う。そうでなければ、人間が死ぬ必要などどこにもないではないか。人間は、そのことを思い知るために、死んでいくのだ。有吉の死後、ぼくが②読書すら放擲《ほうてき》して考えつづけたことは、それだった。だが何のために、そんなことを思い知らなくては

【国　語】（六〇分）〈満点：一二〇点〉

【注意】字数が指定されている場合は、句読点や記号も1字として数えて下さい。

一　次の文章は、一九六五年の大阪を舞台にした小説の一節です。十八歳の予備校生である「ぼく」は、中之島《なかのしま》の図書館に通いつめて、読書に熱中する日々を送っていました。読んで、あとの問いに答えなさい。

読書に、ある種の歓《よろこ》びと充実を感じるようになったのは、九月に入ってからだった。そしてちょうどその頃、ぼくは＊1有吉が腰の病気で入院したことを知った。腰の中心部に集まっている神経の病気らしく、草間は電話口で何やら難しい病名を言った。ぼくはデパートの食料品売場をさんざん歩き廻《まわ》ったあげく、結局メロンを一個お見舞いに買って、草間との待ち合わせ場所へ急いだ。草間も同じように、メロンがひとつ入った箱を持って待っていた。

「こんなときでもないと、こういう贅沢《ぜいたく》な果物を腹いっぱい食えるチャンスはないからなァ」

と草間は言った。

ぼくたちは、暑い日差しの中を歩いた。桜橋から出入橋《でいりばし》まで行き、交差点を左に折れて堂島川の方へ十五分ばかり行くと、川沿いに大学の附属病院が見えて来た。日陰はひんやりしていたが、直射日光はまだ夏のもので、草間の鼠色《ねずみいろ》のポロシャツの背が汗で黒ずんでいた。有吉は六人部屋の、いちばん奥のベッドにいた。そこからは川が見え、淀屋橋《よどやばし》へつづいていくオフィス街のにぎわいが眺められた。

「親父が、病気のときは神経を使うな、もう一年浪人をしてもええから、いっさい勉強はしたらあかんて言いよるんや。来年落ちたら、家の運送屋を手伝わせるて言うとったのに、えらい変わりようや」

有吉はベッドの横の台に積んだ十数冊の参考書を足の甲で軽く押すと、

「こんなしょうもない腰の病気で、また一年間を棒に〔　1　〕たり出来んよ。来年は滑り止めに、S大の医学部も受けることにした」

そう言って笑った。

「S大なら、勉強せんでも通るでェ。有吉の実力やったら百パーセント合格やがな」

草間のⅠ言葉をついで、ぼくは何か励ましになるようなことをと思い、

「優秀な医者になるには、自分も多少は病気を経験しといたほうがええんや。病人の気持がちゃんと判《わか》るがな」

と言った。そして、どんな具合なのか症状を訊いた。有吉は体の向きを変え、腰の真ん中を押さえて、ここに鉄の玉が詰まっているみたいな感じなのだと説明した。

「一種の神経痛みたいなもんらしいけど、ちゃんと治療しとかんと、一生の持病になってしまうそうや」

それから、長く伸びた頭髪の乱れをなおしながら①嬉《うれ》しそうに囁《ささや》いた。

「おい、医者はカッコええぞォ。患者にも看護婦にも、もう絶対的な優位に立ってる。こんなええ職業はほかにない。ただ、想像以上の肉体労働やから、体を鍛えとかんとあかんぞォ」

ぼくは病院を出ると草間と別れた。草間は受験勉強があったし、ぼくは＊2カミュの小説のつづきを読まなくてはならなかったからだ。Ⅱ別れしな、草間は不思議そうな顔つきで言った。

MEMO

大切なことはメモしておこうネ！

2024年度

解　答　と　解　説

《2024年度の配点は解答欄に掲載してあります。》

＜算数解答＞

[1]　(1)　$9\frac{293}{299}\left[\frac{2984}{299}\right]$　(2)　$9.12\left[9\frac{3}{25}\right]$　(3)　$3.5\left[3\frac{1}{2}\right]$　(4)　ア　45分　イ　55秒

[2]　(1)　①　(あ)　A　エ　B　キ　C　シ　(い)　A　ウ　B　カ　C　ス
(う)　A　イ　B　ク　C　セ　②　D　テ　E　ネ
(2)　80％増し　(3)　31通り　(4)　314cm^2　(5)　97問

[3]　(1)　250円　(2)　2750円　(3)　3640円　(4)　1500円

[4]　(1)　ア　時速12.98km　(2)　イ　3時間　ウ　58分　(3)　①　エ　3時間
オ　20分　②　カ　49回　③　キ　23分　ク　4秒

[5]　(1)　①　頂点　A, D, E, H　長さ　14.13cm　②　辺　AD, EH　面積　42.39cm^2
(2)　①　頂点　D　長さ　15.7cm　②　辺　AD, DH　面積　30.615cm^2

○推定配点○

[3]　各5点×4　他　各4点×25([1](4), [2](1)①(あ)～(う), ②, [4](2), (3)①・③, [5](1)①頂点, ②辺, (2)②辺　各完答)　計120点

＜算数解説＞

[1]　(四則計算，単位の換算)

(1)　$16-7+\{(19+23)\times13-11\times23\}\div(13\times23)=9\frac{293}{299}$

(2)　$4\times0.25\times2\times(1.414\times2+1.732)=2\times4.56=9.12$

(3)　$\square=\left(\frac{22}{21}+\frac{5}{84}\right)\times\frac{14}{3}-1\frac{2}{3}=(31-10)\div6=3.5$

重要　(4)　(4時間29分21秒－129分156秒)÷3＝(3時間87分141秒－129分156秒)÷3＝1時間29分47秒－43分52秒＝45分55秒

重要　[2]　(演算記号，数の性質，割合と比，場合の数，平面図形，論理)

(1)　①　(あ)　$9\times6-3\times6=54-18=36=6\times6$より，AエBキCシ　(い)　$8\times5+3\times8=40+24=64=8\times8$より，AウBカCス　(う)　$4\times7\times7\times9=2\times3\times7\times2\times3\times7=42\times42$より，AイBクCセ　②　$276\times286=(23\times4\times3)\times(13\times11\times2)=(44\times46)\times(3\times13)$より，DテEネ

(2)　修正後の，今年の売り上げ目標金額…
昨年の売り上げ×(1＋1.25)×0.8＝昨年の売り上げ×1.8
したがって，求める割合は80％増し

(3)　1＋1＋1＝3…1通り　1＋1＋4＝6…3通り　1＋1＋7＝9…3通り　1＋2＋3＝6…3×2×1＝6(通り)　1＋4＋7＝12…6通り　2＋3＋4＝9…6通り　2＋3＋7＝12…6通り
したがって，全部で1＋3×2＋6×4＝31(通り)

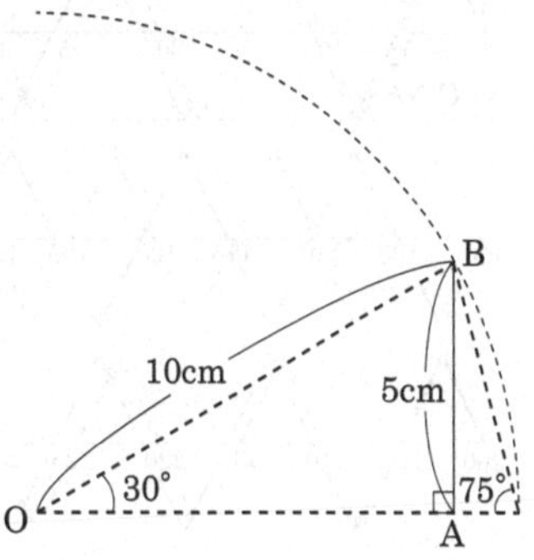

(4)　円の半径…右図より，5×2＝10(cm)　したがって，円

の面積は10×10×3.14＝314(cm²)

(5)　A君の場合の問題数…5×19＋1＝96(問)以上100問以下　　B君の場合の問題数…7×13＋1＝92(問)以上98問以下　　問題数の範囲…96・97・98問　したがって，求める問題数は素数の97問

3　(割合と比，場合の数，論理，表)

商品	P	Q	R	S
ショップA	470円	940円	1380円	2240円
ショップB	500円	1000円	1500円	2500円

ショップA

1回の合計金額が2000円未満の場合…送料400円

1回の合計金額2000円以上の場合…送料無料

ショップB

送料無料

ポイント…支払い合計金額の10％(小数点以下は切り上げ)

重要　(1)　PとRを買う場合

ショップA…470＋1380＋400＝2250(円)

ショップB…500＋1500＝2000(円)

したがって，金額の差は2250－2000＝250(円)

(2)　R1500円とQ1000円を購入するとき…支払い金額は1500＋1000＝2500(円)　　この後，P500円を購入するとき…支払い金額は500－2500×0.1＝250(円)　　したがって，支払い金額の和は2500＋250＝2750(円)

(3)　ショップBでQ1000円の後，P500円を購入するとき…支払い金額は1000＋500－1000×0.1＝1400(円)　　ショップA…S2240円　　したがって，支払い金額の和は最低の1400＋2240＝3640(円)

やや難　(4)　支払い金額の和が最低の場合

ショップAでS2240円を購入し，ショップBでR1500円，Q1000円，P500円を購入する…2240＋1500＋1000＋500－2500×0.1＝4990(円)

支払い金額の和が最高の場合

ショップAでR1380円，Q940円，P470円を購入し，ショップBでS2500円を購入する…1380＋940＋470＋400×3＋2500＝6490(円)

したがって，これらの金額の差は6490－4990＝1500(円)

図1

4　(速さの三公式と比，旅人算，単位の換算，概数)

重要　(1)　$50 \div 3\frac{51}{60} = 50 \times 20 \div 77 \fallingdotseq 12.98$(km)

図2

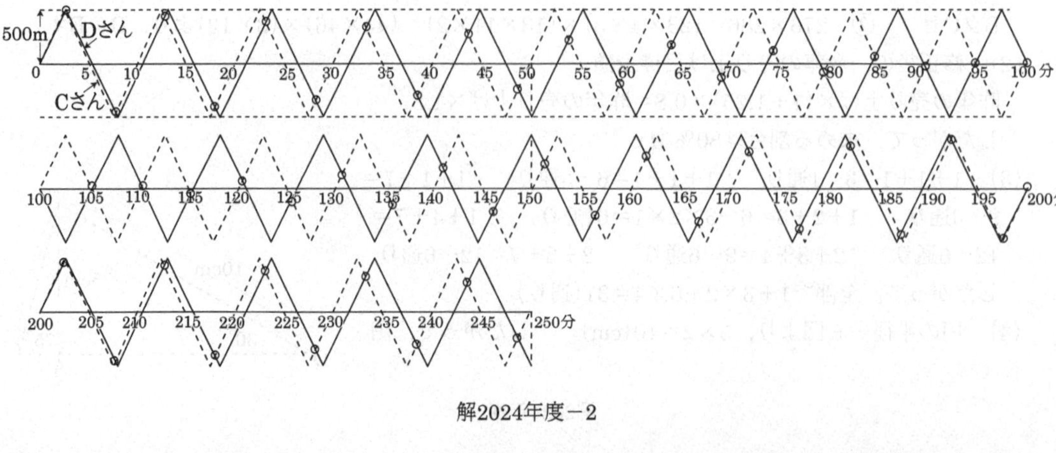

や難

(2)　$30\div14+10\div12+10\div10=3\frac{1}{7}+\frac{5}{6}=3\frac{41}{42}$(時間)，$60\times41\div42\fallingdotseq58$(分)より，3時間58分

(3)　Cさん…500mを2.5分で進む　　Dさん…9500mを50分で進む

①　グラフ(図2)より，Cさんは$200\times200=40000$(m)を200分で進み，Dさんは$190\times200=38000$(m)を200分で進むので，スタートして200分後すなわち3時間20分後には2人が進んだ距離の差はコース1周分，$40000-38000=2000$(m)になる。

②　グラフ(図2)と①より，2人がすれ違う回数は$20\times2-1+10=49$(回)

③　Cさんが4500m進む時刻…$4500\div200=22.5$(分)　　Dさんが4500m進む時刻…$4500\div190=23\frac{13}{19}$(分)　　CさんとDさんの速さの比…$200:190=20:19$　　したがって，右図より，5回目に2人がすれ違う時刻は$22.5+(23\frac{13}{19}-22.5)\div(19+20)\times19=22.5+\frac{15}{26}=23\frac{1}{13}$(分後)　　すなわち，23分4秒後

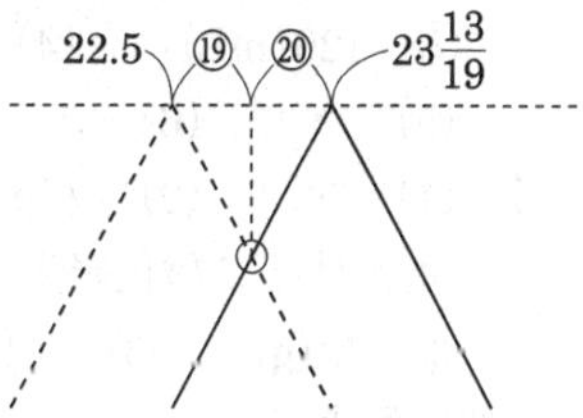

5　(平面図形，図形や点の移動，立体図形)

図1

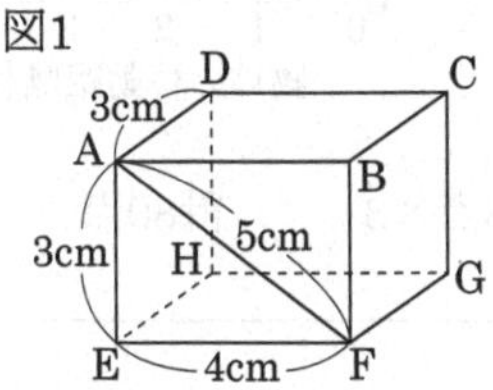

図2

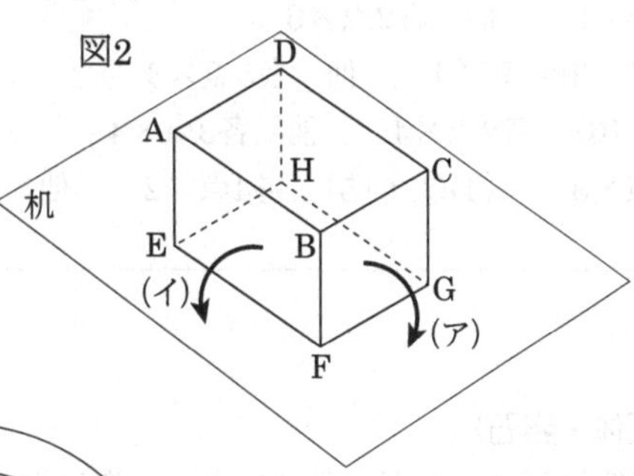

図ア

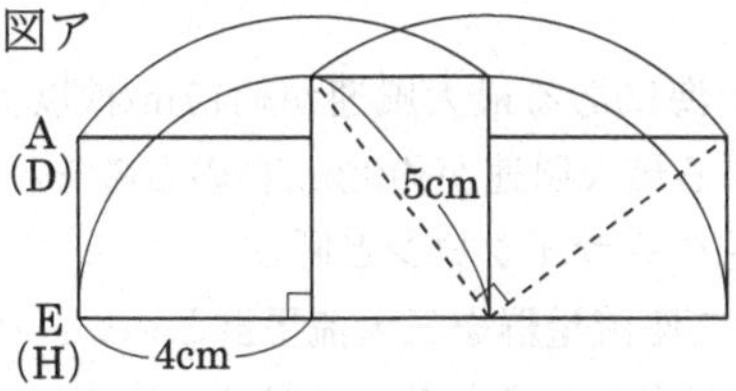

図イ

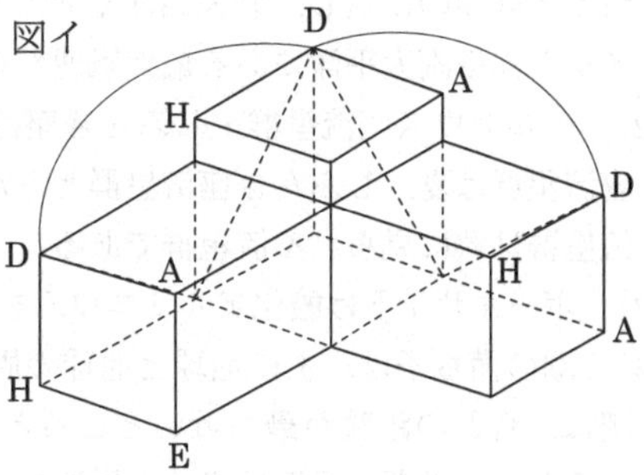

図ウ

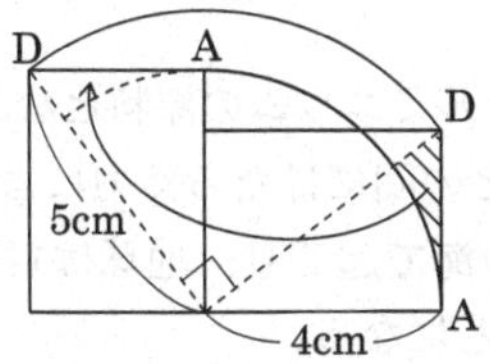

重要

(1)　①　頂点…図アより，A, D, E, H　　　長さ…$(4+5)\times2\times3.14\div4=4.5\times3.14=14.13$(cm)

②　辺…①より，AD，EH　　面積…①より，$3\times14.13=42.39$(cm^2)

や難

(2)　①　頂点…図イより，D　　長さ…$5\times2\times2\times3.14\div4=5\times3.14=15.7$(cm)

②　辺…①より，AD，DH　　面積…①より，$3\times5\times2\times3.14\div4+(5\times5-4\times4)\times3.14\div4=9.75\times3.14=30.615$(cm^2)

★ワンポイントアドバイス★

2(3)「7枚のカードと3ケタの3の倍数」はミスしやすく，(4)「円の面積」は問題の図の意味をつかめるかどうかがポイントである。その他，3(4)，4(3)，5(2)も難しいレベルの問題である。

＜理科解答＞

1 (1) ① ハリケーン　② サイクロン　(2) ア　(3) エ　(4) イ
(5) ① イ　② ア　(6) カ

2 (1) オ　(2) イ，ウ，カ　(3) ① 4.5(g)
② 右図　(4) キ

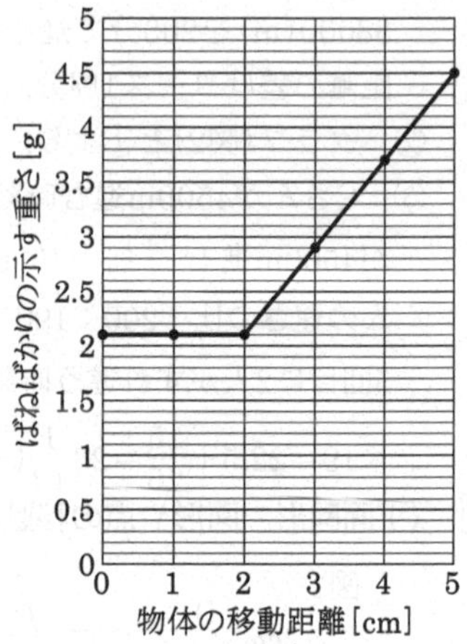

3 (1) カ　(2) オ　(3) ① 50(%)
② 420(mL)　(4) 炭水化物　30(g)　脂肪　8(g)
(5) オ　(6) エ

4 (1) ア　(2) バイオ　(3) ウ
(4) ① 二酸化炭素　220(g)　水　135(g)
② 60(g)　③ 0.15　(5) 20(℃)

○推定配点○

1 (4)・(6) 各4点×2　他 各2点×6
2 (1) 2点　(2) 3点(完答)　他 各5点×3
3 (1)・(2)・(5)・(6) 各2点×4　他 各3点×4
4 (1)～(3) 各1点×3　(4)③・(5) 各4点×2　他 各3点×3　計80点

＜理科解説＞

1 (地学総合―気象・天体・岩石)

(1) 勢力の強い熱帯低気圧は，北西太平洋や南シナ海にある最大風速が約17m/秒以上のものを台風と呼ぶのに対し，北大西洋や北太平洋東部にある最大風速が約33m/秒のものをハリケーン，インド洋や南太平洋にある最大風速が約17m/秒のものをサイクロンと呼ぶ。

(2) ペルセウス座流星群・しぶんぎ座流星群・ふたご座流星群を三大流星群といい，ペルセウス座流星群は夏，しぶんぎ座流星群とふたご座流星群は冬に見られる。オリオン座流星群としし座流星群は秋に見られる流星群である。

(3) ボーキサイトは酸化アルミニウムをふくむ鉱物で，アルミニウムの原料となる。

(4) 潮の満ち干は，主に地球と地球の周りを公転する月との間にはたらく力によって起こる。満潮は，月との距離が最も近いところと最も遠いところの海で起こり，地球は1日に1回自転しているため，満潮と干潮は多くの場所で1日に2回起こることになる。

基本 (5) 満月は，地球から月のかがやいている面全体が見えるときの月で，位置関係は太陽－地球－月の順(イ)になる。新月は，地球からは月のかがやいている部分は全く見えず，光の当たっていない面が地球に向いているときの月で，位置関係は太陽－月－地球の順(ア)になる。ウの位置関係のとき，地球からは右半分がかがやいた月(上弦の月)が見え，エの位置関係のとき，地球からは左半分がかがやいた月(下弦の月)が見える。

重要 (6) 気圧は空気の重さによって生じる圧力なので，空気がうすくなる上空では，気圧は地上に比べて小さくなる。地上の空気のかたまりが上昇していくと，周りからの圧力が小さくなっていくため，空気のかたまりは膨張する。空気は膨張すると温度が低くなるため，空気中の水蒸気は水滴に変化し，水滴の集まりが雲となる。

2 (物理総合―時事問題・光の性質・浮力・音の性質)

(1) 2023年のノーベル物理学賞は，1秒の100京分の1(1兆分の1のさらに100万分の1)にあたる

「アト秒」の間だけ光を出す実験手法を開発した欧米の科学者に贈られた。マイクロ・ナノ・ピコ・フェムト・アトは小さな数につけられるもので，マイクロはミリの1000分の1，ナノはマイクロの1000分の1，ピコはナノの1000分の1，フェムトはピコの1000分の1，アトはフェムトの1000分の1の意味である。

基本 (2)　光の3原色は青・緑・赤で，この3原色を合わせると白色の光となる。

重要 (3)　①　液体中の物体には，おしのけた体積と同じ体積分の液体の重さと同じ大きさの浮力がはたらく。物体の体積は1(cm)×1(cm)×3(cm)＝3(cm^3)で，エタノール3cm^{3}の重さは0.8×3＝2.4(g)だから，物体には2.4gの浮力がはたらくことになる。よって，物体をエタノールに沈め
や難 る前の重さは2.1＋2.4＝4.5(g)となる。　②　液体中の物体にはたらく浮力の大きさは，液体中にある物体の体積によって決まる。そのため，深さが変化してもエタノール中にある物体の体積が変化しない，物体の移動距離が0～2cmの間は浮力の大きさは変化せず，ばねばかりの示す値も2.1gのまま一定となる。物体が1cm液面から出ると，エタノール中の物体の体積は1(cm)×1(cm)×1(cm)＝1(cm^3)小さくなるので，浮力は0.8g小さくなる。よって，物体の移動距離が3cmのとき，ばねばかりの示す値は，2.1＋0.8＝2.9(g)，物体の移動距離が4cmのとき，ばねばかりの示す値は，2.9＋0.8＝3.7(g)，物体の移動距離が5cmのとき，ばねばかりの示す値は，3.7＋0.8＝4.5(g)となる。

や難 (4)　風の影響を受けて，北のB点に進む音の速さは340－6＝334(m/秒)，南のC点に進む音の速さは340＋6＝346(m/秒)となる。また，スピーカーは3秒間で北に10(m/秒)×3(秒)＝30(m)進むので，Bに向かう音の最後は1020－30＝990(m)，Cに向かう音の最後は1020＋30＝1050(m)の距離を進むことになる。これらのことから，Bに向かう音は990(m)÷334(m/秒)＝2.964…(秒)より，3秒より短い時間でBに到達し，Cに向かう音は1050(m)÷346(m/秒)＝3.034…(秒)より，3秒より長い時間でCに到達することがわかる。よって，音が聞こえる時間は，B地点では3秒より短く，C点では3秒より長くなる。

3　(人体―血液・呼吸)

(1)　ヒトの血液中の赤血球には，鉄をふくむタンパク質ヘモグロビンがふくまれている。赤血球が赤く見えるのは，ヘモグロビン中に鉄をふくんだヘムと呼ばれる赤色の色素をもつからである。

(2)　エビやイカの血液中の酸素を運ぶタンパク質はヘモシアニンと呼ばれる青色の色素である。ヘモシアニンが青色を示すのは，ふくまれている銅(銅イオン)が青色を示すからである。

(3)　①　肺から送り出されたヘモグロビンの95％が酸素と結びついていて，肺にもどってきた血液では，送り出されたヘモグロビンの45％が酸素と結びついていたことから，からだの細胞に酸素を渡したヘモグロビンの割合は95－45＝50(％)とわかる。　②　1分間に送り出される血液は60(mL)×70(回)＝4200(mL)で，血液100mL中のヘモグロビンすべてが酸素と結びついたときの酸素が20mLなので，これらと①から，体の細胞にわたした酸素の量は$4200(\mathrm{mL})\times\frac{20(\mathrm{mL})}{100(\mathrm{mL})}\times\frac{50}{100}=420(\mathrm{mL})$

や難 (4)　表より，炭水化物が酸素を1.0L使うと，二酸化炭素は$0.8(\mathrm{L})\times\frac{1.0}{0.8}=1.0(\mathrm{L})$放出される。また，脂肪が酸素を1.0L使うと，二酸化炭素は$1.4(\mathrm{L})\times\frac{1.0}{2.0}=0.7(\mathrm{L})$放出される。酸素40Lがすべて炭水化物に対して使われたとすると，放出される酸素の量は40Lとなるが，実際に放出される二酸化炭素の量は35.2Lであり，40－35.2＝4.8(L)少ない。炭水化物に使われる酸素1Lが脂肪に使われると，放出される二酸化炭素の量は1.0－0.7＝0.3(L)少なくなることから，脂肪に使われた酸素の量は4.8÷0.3＝16(L)とわかり，炭水化物に使われた酸素の量は40－16＝24(L)とわか

る。炭水化物1gに対して使われる酸素は0.8Lだから，24Lの酸素が使われるときの炭水化物の重さは24÷0.8＝30(g)，脂肪1gに対して使われる酸素は2.0Lだから，16Lの酸素が使われるときの脂肪の重さは16÷2.0＝8(g)である。

(5)　オ…カニは水中でも陸上でもえらで呼吸する。

重要 (6)　エ…吸気にふくまれる酸素の体積の割合は約21％，二酸化炭素の体積の割合は約0.03％で，呼気にふくまれる酸素の体積の割合は約16％，二酸化炭素の体積の割合は約4％である。よって，吸気の酸素の体積の割合は，呼気の二酸化炭素の体積の割合より大きい。

4　(燃焼―エタノールの燃焼)

(1)　アルコール発酵では，糖が酵母のはたらきによってエタノールと二酸化炭素に分解される。

(2)・(3)　トウモロコシやサトウキビなどを発酵させてつくったエタノールをバイオエタノールという。バイオエタノールが燃焼したときに発生する二酸化炭素は，植物が光合成をするときに吸収したものと考え，二酸化炭素の吸収量と排出量を等しくして，二酸化炭素の出入りが実質なかったとする考え方をカーボンニュートラルという。

(4)　①　表より，エタノール23gを完全に燃焼させると，二酸化炭素が44g，水が27g発生することから，エタノール115gを完全に燃焼させたとき，二酸化炭素は$44(g)\times\frac{115}{23}=220(g)$，水は$27(g)\times\frac{115}{23}=135(g)$発生する。　②　二酸化炭素にふくまれるⒸとⓄの重さの割合は3：8なので，エタノール115gを完全に燃焼させて発生した二酸化炭素220gにふくまれるⒸの重さは$220(g)\times\frac{3}{3+8}=60(g)$　**やや難**　③　表より，ガソリン10gを完全に燃焼させると，二酸化炭素が32g，水が12g発生することから，ガソリン50gを完全に燃焼させたとき，二酸化炭素は$32(g)\times\frac{50}{10}=160(g)$，水は$12(g)\times\frac{50}{10}=60(g)$発生する。二酸化炭素160gにふくまれるⒸの重さは$160(g)\times\frac{3}{3+8}=\frac{480}{11}$，水12gにふくまれるⒽの重さは$60(g)\times\frac{1}{1+8}=\frac{20}{3}$である。よって，ガソリン50g中にⒸは$\frac{480}{11}$g，Ⓗは$\frac{20}{3}$gふくまれることがわかり，Ⓒの重さの総量を1とすると，Ⓗの重さの総量は$\frac{20}{3}\div\frac{480}{11}=\frac{11}{72}=0.152\cdots$より，0.15となる。

重要 (5)　エタノール23gを完全に燃焼させたときに発生する熱の量が161kcalなので，エタノール50gを完全に燃焼させると$161(kcal)\times\frac{50}{23}=350(kcal)$の熱が発生する。0℃の氷1gを0℃の水1gに変えるのに必要な熱の量は80calなので，0℃の氷1kgの場合は80kcal必要となるから，0℃の氷3.5kgを0℃の水に変えるのに必要な熱の量は80(kcal)×3.5＝280(kcal)とわかる。これらのことから，発生した350kcalの熱のうち，280kcalが氷を水に変えるのに使われ，350－280＝70(kcal)が水の温度を変えるのに使われたことになる。水1gを1℃上げるのに必要な熱の量は1calなので，水1kgの場合は1kcal必要となり，70kcalで3.5kgの水は70÷3.5＝20(℃)上がることになる。

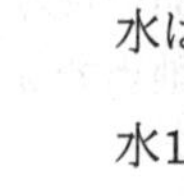

★ワンポイントアドバイス★

出題される単元は幅広く，時事問題も出題されることから，かたよりなくいろいろな分野についてしっかり学習しておこう。また，やや複雑な計算問題も出題されるので，多くの計算問題に取り組み確実に正解できるようになっておこう。

＜社会解答＞

1　(1)　①　夏目漱石　②　ハザードマップ　(2)　線状降水帯　(3)　忘れたころ
(4)　ユーラシア大陸から吹く冷たい北西の季節風が，日本海を流れる対馬海流の上空を通過する時に多くの水蒸気を含み険しい山々にぶつかって(大雪を降らす)　(5)　ウ
(6)　ⅰ）坂上田村麻呂　ⅱ）ア　ⅲ）地熱(発電)　ⅳ）下田(港)
ⅴ）徳川吉宗

2　(1)　①　毛利元就　②　トウモロコシ　(2)　(ⅰ)　レアメタル　(2)　(ⅱ)　元々あるものを再利用する。輸入先を複数国に分散させる。　(3)　イ・エ　(4)　イ
(5)　ⅰ）EU　ⅱ）ア　(6)　ⅰ）ウ　ⅱ）ウ　(7)　エ　(8)　ナイル(川)・ア

3　(1)　①　琵琶湖　②　井伊　③　カツオ　④　四万十　(2)　ウ　(3)　イ
(4)　ⅰ）スイカ　ⅱ）有明(海)　(5)　エ　(6)　ア　(7)　ⅰ）限界(集落)
ⅱ）高く険しい四国山地で他県と隔てられ，高速道路の開通も遅く交通も不便だったから。

4　(1)　①　ローマ　②　一里塚　(2)　院政　(3)　イ　(4)　ウ　(5)　経済的に負担が大きくなり，幕府に逆らえなくなった。　(6)　前島密　(7)　箱根　(8)　エ
(9)　ア　(10)　エ　(11)　最低限度　(12)　イ

○推定配点○
1　(4)　3点　他　各2点×10　2　(1)・(2)　各2点×4　他　各1点×8
3　(2)・(3)・(5)・(6)　各1点×4　他　各2点×8
4　(1)・(2)・(6)・(7)・(11)　各2点×6　(5)　3点　他　各1点×6　計80点

＜社会解説＞

1　(日本の地理・歴史融合―「災害」を起点とした問題)

基本　(1)　①　夏目漱石の代表作には「こころ」「それから」等もある。　②　ハザードマップを作成するためには，その土地の成り立ちや地形の特徴等の防災地理情報が必要である。

(2)　線状降水帯とは，長さ50～300km程度，幅20～50km程度の線状に伸びている降水域である。

(3)　災害の起こるタイミングは読めず，寺田はこの文章の中で日頃から防災を心がける必要性を説いている。

重要　(4)　北西からの季節風はシベリア気団の影響によるものである。なお，夏は小笠原気団のある南東からの季節風の影響で，太平洋側の降水量が多くなる。

(5)　ア　旧石器時代は土器を使用していない。　イ　磨製石器は縄文時代に使用されていた。
エ　青銅器は弥生時代に使用されていた。

(6)　ⅰ）坂上田村麻呂は初代征夷大将軍である。　ⅱ）宇治川の戦いは1184年1月，一の谷の戦いは1184年2月，屋島の戦いは1185年2月，壇ノ浦の戦いは1185年3月にそれぞれ起こった。
ⅲ）日本国内最大の地熱発電所は大分県の八丁原発電所である。　ⅳ）日米和親条約で下田のほかに函館も開港された。　ⅴ）徳川吉宗は江戸時代の三大改革の最初である享保の改革を断行した。

2　(地理―「3」を起点とした問題)

(1)　①　毛利元就は山陰・山陽10か国と九州・四国の一部をも領有する一大勢力を形成した。
②　トウモロコシは全世界の熱帯から温帯にかけて広く栽培されている。

(2)　ⅰ）米中の経済的対立等といった要因もあり，半導体素材として使用するレアメタルが高騰

重要 しており，世界経済に影響を及ぼしている。　ii）「再利用」「リスク分散」「安定的な供給網の確保」といった切り口でまとめる必要がある。

(3)　ア　ローマはイタリアの首都である。　ウ　ブリュッセルはベルギーの首都である。

(4)　最も割合が高いのが火力発電，2011年の東日本大震災により割合が減っているのが原子力発電，残ったのが水力発電という流れで特定していきたい。

(5)　i）EUはマーストリヒト条約締結により，1993年に発足した。　ii）イ　2000年代スペインは経済的に低迷しているので不適。　ウ　北欧の説明となる。　エ　スペインではなく，中国や東南アジア諸国である。

重要 (6)　i）アはインドネシア，イ・エは中国が代表的な産地である。　ii）最も少ないのが日本，最も多いのがアメリカ合衆国，残りが中国という流れで特定していきたい。

(7)　エ「80％以上が生産農家の利益」が不適。

(8)　イはニジェール川，ウはコンゴ川である。

3 (地理―「ゴールデンウィーク」を起点とした問題)

(1)　①　琵琶湖の湖水は京阪神地方の上下水道，工業・灌漑用水としても利用されている。　②　幕末には井伊直弼が大老として権勢を誇っていた。③　高知県内でカツオ漁が有名なのは，黒潮町・中土佐町などである。　④　四万十川は高知県南西部を流れる四国第2の河川である。

(2)　アは5月5日，イは4月29日，エは5月3日となる。

重要 (3)　アはブラジリア，ウはサンディエゴ，エはブエノスアイレスとなる。

基本 (4)「すいかの名産地」という歌もある。

(5)　エ　男鹿半島は秋田県にある。

(6)　ア　中大兄皇子は後に天智天皇となった。

重要 (7)　i）限界集落とは地域人口の50％以上が65歳以上の集落のことをいう。　ii）「四国山地の険しさ→高速道路開通の遅れ」という因果関係を盛り込む必要がある。

4 (日本と世界の歴史―「道」を起点とした問題)

(1)　①　ローマ帝国は西洋古代最大の帝国である。　②　一里塚の起源は古代中国にある。

基本 (2)　院政は平安時代の白河上皇の時代に始まった。

(3)　アは律令制開始前の時代の役職，ウ・エは土着の人物が就いた役職である。

(4)　アは約208km，イは約195km，ウは526km，エは約147kmとなる。

重要 (5)「経済的負担の増大→発言権の低下」という因果関係をおさえる必要がある。

(6)　前島密は明治初期の新聞事業育成にも貢献し，「郵便報知新聞」を創刊した。

(7)　箱根は箱根峠を筆頭に交通の難所として知られていた。

(8)　アは南総里見八犬伝，イは破戒，ウは好色一代男等を代表作として持つ。

(9)　アは葛飾北斎の富岳三十六景である。

(10)　アは京都，イは東京，ウは大阪の橋である。(イは消失)

(11)　生存権は社会権の一つである。

(12)　中曽根内閣と小泉内閣の時に規制緩和が進み，「小さな政府」となった。佐藤内閣は中曽根内閣よりも前の時代，安倍内閣は小泉内閣よりも後の時代となる。

★ワンポイントアドバイス★

本校の問題は設問数が多く，記述問題も出題されるので，時間配分を意識した実践トレーニングをしっかりしておこう。

＜国語解答＞

一 (一) A 初冬 B 包 C 腸 (二) 1 エ 2 カ 3 イ (三) Ⅰ ア Ⅱ イ Ⅲ オ Ⅳ ウ (四) (例) 有吉が，医者になろうと入院前より強く思うようになったから。 (五) (例) 有吉がまもなく訪れる死を自覚していたに違いない，ということ。 (六) エ

二 (一) A 従事 B へいぜい C こだち (二) 1 ウ 2 カ 3 キ 4 エ (三) (例) わざとらしい笑顔ばかり載せている雑誌に，不快感を覚えたことを思い出したから。 (四) ② Ⅰ ア(から)エ(へ) Ⅱ もらっ ③ Ⅰ エ(から)ア(へ) Ⅱ ある (五) (例) 自然な表情を写すという約束。 (六) イ

三 (一) A 適 B 天敵 C 発展 D 一員 (二) 1 ア 2 エ 3 カ 4 イ (三) エ (四) (例) 何が正しいかわからないときに，あらゆる状況に対応するために用意する，遺伝的な多様性。 (五) 答えがあるものに個性はないということ。 (六) ウ

○推定配点○

一 (四)・(五) 各8点×2 (六) 5点 他 各2点×10

二 (三) 8点 (五) 6点 (六) 5点 他 各2点×11((四)Ⅰ各完答)

三 (四) 10点 (五)・(六) 各5点×2 他 各2点×9 計120点

＜国語解説＞

一 **(小説－心情・細部の読み取り，空欄補充，ことばの意味，漢字の書き取り，記述力)**

基本 (一) Aは冬の初めのこと。Bの音読みは「ホウ」。熟語は「包囲」など。Cは体の内部にある消化器。

(二) 1の「棒に振る」はそれまでの努力や苦心の結果をむだにすること。2の「顔をそむける」は顔を横に向けて見ないようにする様子。3の「拍車をかける」は今までよりも一段と速めること。

(三) Ⅰは前の言葉を受けて続けること。Ⅱは別れるちょうどその瞬間。Ⅲは日が暮れそうでなかなか暮れないでいる状態。Ⅳは行き来が少なくなり，音信や訪問が久しく途絶えていること。

やや難 (四) 「『こんなしょうもない……』」と言い，――①のようにして医者を目指そうとしていることを有吉は話しているので，これらの内容をふまえ，「有吉」が医者になろうと入院前より強く思うようになっていることを説明する。

(五) ――②の「それ」は「自分が，いままさに死にゆかんとしていることを知らないままに死んでいく人間などいない」ということを指しており，このことは十一月十日に見舞った後に有吉が死んだことで考えていることをふまえて，十一月十日の有吉について「ぼく」が考えていたことを説明する。

重要 (六) ――③直後で③の「熱情」は「とうの昔にこの世からいなくなった多くの作家たちが，生きているときに何を書かんとしたのかを知りたいという願望」であることが描かれているのでエが適当。このことをふまえていない他の選択肢は不適当。

二 **(随筆文－細部の読み取り，空欄補充，漢字の読み書き，敬語，記述力)**

基本 (一) Aは仕事としてたずさわること。Bは，ふだん，いつも，という意味。Cは何本かまとまって生えている木。

(二) 1は，写真の依頼があった雑誌とは関係をもっていなかったが手にした記憶はあった，という文脈なのでウが入る。2は「まるで」という意味の「あたかも」があるので，たとえを表すカ

が入る。3は雑誌の男の「笑って頂けますすまいか」という注文通りに，ということなのでキが入る。4は彼等も写真が「笑っているように拵えたものとしか見えなかった」「私」と同様に，ということなのでエが入る。

（三）――①直後で「（雑誌に）わざとらしく笑っている顔の多くが私に与えた不快の印象はいまだに消えずにいた」と述べていることをふまえ，①の理由を具体的に説明する。

（四）Ⅰ・Ⅱ ――②は筆者から雑誌社の男に対する「もら（って）」の尊敬語。――③は雑誌社の男から筆者に対する「ある」の丁寧語。

やや難 （五）「『あなたの……』」から始まる筆者と雑誌社の男のやりとりから，――④は「『当り前の顔』」の写真を撮るということなので，「自然な表情を写すという約束。」というような内容で説明する。

重要 （六）――⑤直前で，筆者との約束に反して「『……少しどうか笑って頂けますまいか』」と丁寧にくり返す雑誌社の男の様子が描かれているのでイが適当。――⑤直前の内容をふまえていない他の選択肢は不適当。

三 （論説文－要旨・大意・細部の読み取り，接続語，空欄補充，ことわざ，漢字の書き取り，記述力）

基本 （一）Aはぴったりと当てはまるさま。Bはその生物を食べたり攻撃したりする他の生物。Cは勢いや力がのび広がること。Dは団体や組織などを構成しているひとり。

（二）1は直前の内容を理由とした内容が続いているのでア，2は直前の内容の具体例が続いているのでエ，3は直前の内容とは相反する内容が続いているのでカ，4は直前の内容の要旨が続いているのでイがそれぞれ入る。

（三）Xは，物事は両立しにくく，一方をよくすればもう一方が悪くなるという意味のエが適当。アは物事が中途半端で何の役にも立たないことのたとえ。イはみんな同じようなもので，たいしたものはいないことのたとえ。ウは指示する人間が多すぎて見当違いの方向に物事が進んでしまうことのたとえ。オは大切なものを守るために，わずかのことは犠牲にしても仕方がないこと。

やや難 （四）「それでは答えが……」で始まる段落で「何が正解かわからない。……そのときに生物はたくさんの答えを用意する。それが『たくさんの個性』であり，遺伝的な多様性なのだ」と述べていることをふまえ，生物が個性を持つ理由とともに「たくさんの個性」について指定字数以内でまとめる。

（五）――②のある段落から続く4段落で，②である「ゾウ」，「首が短いキリンはいない」，「チーターはどれも足が速い」，「人間も同じで……そこに個性はない」と述べて，「答えがあるものに個性はない（13字）」ということを述べている。

重要 （六）――③の「人間」について「人類には……」～「そうして，人類は……」で始まる段落までで，「生物としての人間の強みは……『弱いけれど助け合う』ということ」「人間は……知恵を出し合って生き抜いてきた」「経験が豊富な高齢者や……傷病者の知恵は，人類が生き抜く上で参考になった」といったことを述べているのでウが適当。これらの内容をふまえていない他の選択肢は不適当。

★ワンポイントアドバイス★

随筆文では，体験を通して筆者が述べようとしていることを明確に読み取ろう。

2023年度

★★★★★★★★★★★★★★★★★★★★★★★★

入　試　問　題

2023年度

北嶺中学校入試問題

【算　数】（60分）　＜満点：120点＞

【注意】 1　答えはすべて，解答用紙の指定された位置に書いて下さい。答えが分数になるときは，できるだけ約分して答えて下さい。

2　コンパス，定規，分度器は使用できません。机の上にはおかないで下さい。

1　次の □ に当てはまる数を求めなさい。

(1)　$117 \div (2 \times 19) \div 26 \times 76 \div 3 = \square$

(2)　$0.37 \times 6 - 1.4 \times 0.27 - 0.51 \times 1.9 = \square$

(3)　$\left(\frac{11}{12} - \frac{9}{10}\right) \div \left(\frac{7}{8} - \frac{5}{6} + \frac{3}{4} - \frac{1}{2}\right) \div \left(\frac{9}{11} - \frac{5}{7} + \frac{1}{3}\right) = \square$

(4)　$5 \times 1.25 + 3 \times \frac{1}{4} = \left\{1.6 + \left(\frac{1}{3} - \frac{1}{5}\right) \div \frac{1}{10}\right\} \times \left(2\frac{1}{2} \times 0.7 + \square\right)$

2　次の各問いに答えなさい。

(1)　A，Bは１以上の整数とします。「Aを何個かかけてBになるAの個数」のことを

（A☆B）

と表すことにします。ただし，Aは２個以上かけるものとします。例えば

$3 \times 3 \times 3 \times 3 = 81$なので（３☆81）＝４

です。このとき，次の □ に当てはまる数を答えなさい。

（２☆4096）−（３☆729）＝２×（５☆ □ ）

(2)　３つの品物A，B，Cがあります。価格はすべて消費税込《こ》みとします。

Aを３個とBを２個買うと400円，

Bを３個とCを２個買うと390円，

Aを２個とCを３個買うと560円

でした。このとき，A，B，Cをそれぞれ１個ずつ買うと合計いくらになりますか。

(3)　ある仕事を仕上げるのにA一人では12日間，B一人では18日間，C一人では24日間かかります。この仕事をAとBの二人で６日間したあとで，残りをC一人で仕上げました。C一人で仕事をしたのは何日間ですか。

(4)　みかん４個とりんご２個のあわせて６個を，4つの組に分ける方法は何通りありますか。（ただし，各組にはみかん・りんごは合計１個以上あるとします。）

(5)　半径10㎝，弧《こ》の長さが10㎝のおうぎ形があります。図の「角あ」の大きさを求めなさい。ただし，円周率は3.14とし，小数第二位を四捨五入して小数第一位まで求めなさい。

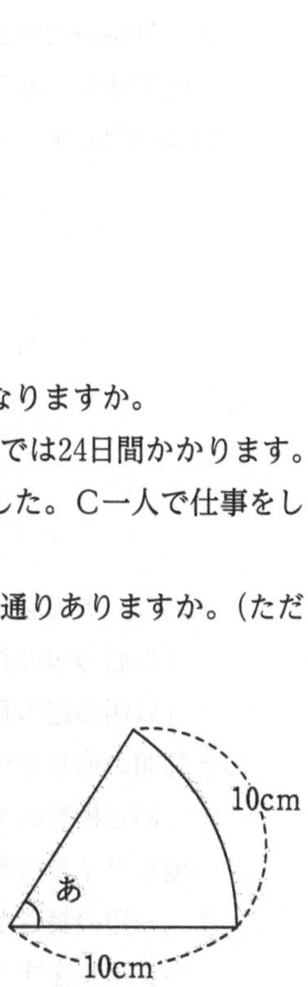

3　一辺の長さが1㎝の正方形のタイルをすきまなく，また，重なることなく並べて作った正方形の形を「形A」とし，一辺にタイルを3枚以上並べた形Aから，外側の上下左右の部分のタイルを一列以上等しく残し，内側の部分のタイルをすべて取り除いた形を「形B」とします。

図1

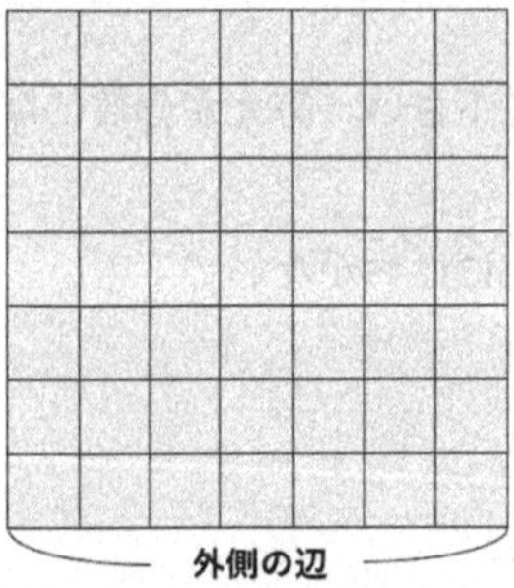

図2

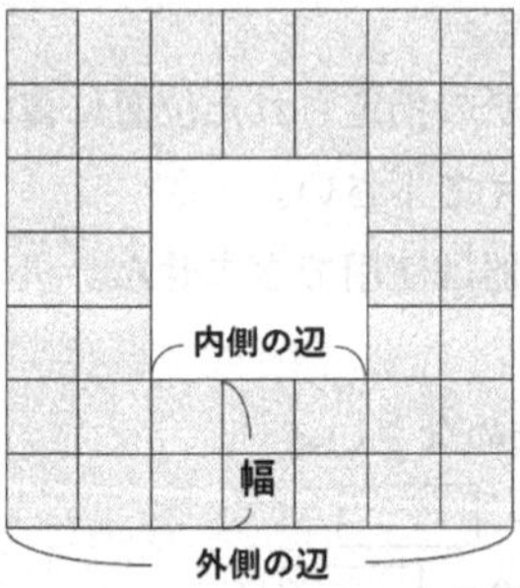

図3

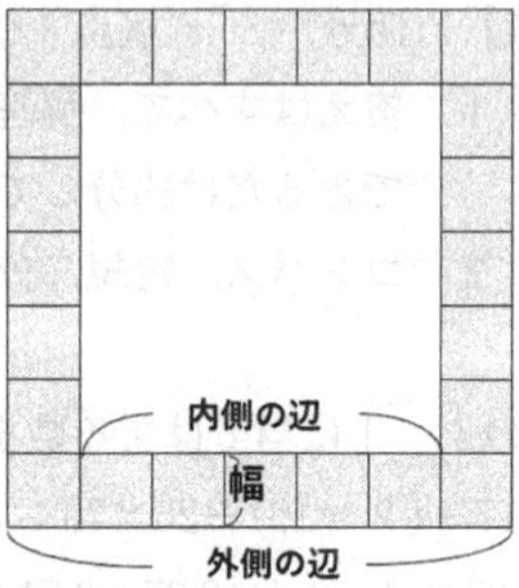

図1，図2，図3のように，形Aと形Bの外側の一辺を「外側の辺」とします。
図1の形A，図2と図3の形Bの外側の辺の長さはいずれも7㎝です。

また，図2，図3の形Bのように，タイルが取り除かれてできた内側の部分の正方形の一辺を「内側の辺」とし，外側の辺と内側の辺の間の長さを「幅《はば》」とします。
図2の形Bの内側の辺の長さは3㎝，幅は2㎝であり，図3の形Bの内側の辺の長さは5㎝，幅は1㎝です。次の問いに答えなさい。

⑴　①　ある形Bは，内側の辺の長さは11㎝，幅が4㎝でした。この形Bのタイルの数は何枚かを答えなさい。

②　外側の辺の長さが□㎝である形Aを作ったのち，この形Aの回りを52枚のタイルで一周囲んだところ，一回り大きい形Aができました。□に当てはまる数を求めなさい。

⑵　同じ枚数のタイルを用いて，長さや幅が異なる形Bを作ることができる場合があります。

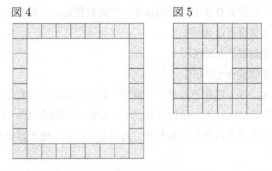

図4

図5

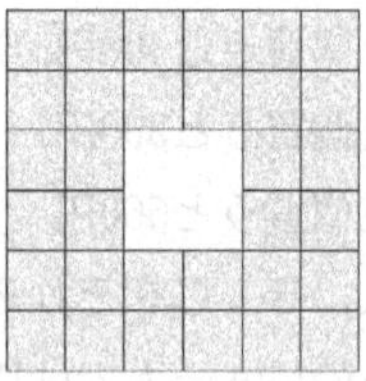

例えば，上の図4，図5のように，32枚のタイルを用いて，
「外側の辺の長さが9㎝，内側の辺の長さが7㎝，幅が1㎝の形B」
「外側の辺の長さが6㎝，内側の辺の長さが2㎝，幅が2㎝の形B」
の2種類の形Bを作ることができます。

①　同じ枚数のタイルを用いて，長さや幅が異なる**4種類**の形Bを作ることができる場合，必要なタイルの数は，最小で何枚かを答えなさい。

②　一辺の長さが1㎝の赤・青2種類の正方形のタイルが，同じ枚数だけあります。まず，赤いタイルをすべて用いて，幅が6㎝の赤い形Bを作ることができました。次に，青いタイル

をすべて用いて，幅が３cmの青い形Ｂを作ることができました。このとき，赤い形Ｂの外側の辺の長さと，青い形Ｂの内側の辺の長さが等しくなったので，赤い形Ｂは青い形Ｂの内側にある正方形の部分にちょうどすきまなく収まりました。赤いタイルは何枚ありますか。

４ 一辺の長さが６cmの立方体ABCDEFGHがあります。この立方体を

３点Ｂ，Ｄ，Ｅを含む平面，３点Ｂ，Ｄ，Ｇを含む平面，

３点Ｂ，Ｅ，Ｇを含む平面，３点Ｄ，Ｅ，Ｇを含む平面

の４つの平面で切ると，形も大きさも同じ４つの三角すいと，すべての面が同じ大きさの正三角形でできた三角すいに分けられます。このうち，すべての面が正三角形でできた三角すいを正四面体といいます。この正四面体BDEGについて，次の問いに答えなさい。ただし，三角すいの体積は，

$$底面積 \times 高さ \times \frac{1}{3}$$

で求められます。

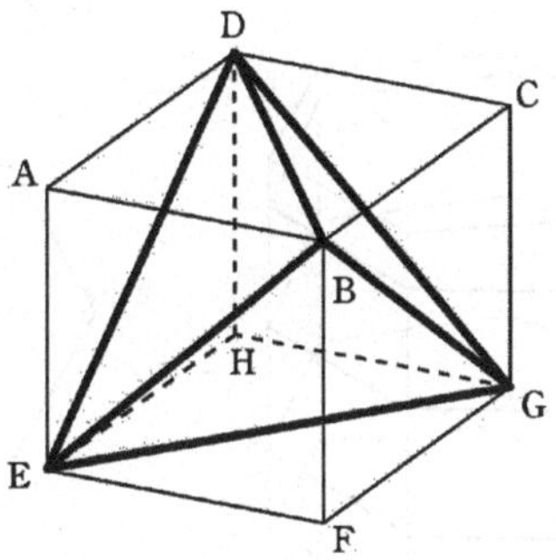

⑴ 正四面体BDEGの体積を求めなさい。

⑵ 正四面体BDEGの辺EBの真ん中の点をＬ，辺EDの真ん中の点をＭとします。２点Ｌ，Ｍを含む平面で正四面体BDEGを切ると，体積が等しい２つの立体に分けられました。このときの切り口の図形の面積を求めなさい。

⑶ 辺EGの真ん中の点をＮとします。正四面体BDEGについて頂点Ｅに集まる３つの辺EB，ED，EGの真ん中の点Ｌ，Ｍ，Ｎを通る平面で頂点Ｅを含む三角すいを切り落とします。同じように，頂点Ｂ，Ｄ，Ｇについても，各頂点に集まる３つの辺の真ん中の点を通る平面で，頂点を含む三角すいを切り落とします。正四面体BDEGから４つの三角すいを切り落として残った立体は，すべての面が同じ大きさの正三角形でできた立体になります。次の問いに答えなさい。

① 残った立体の体積を求めなさい。

② 残った立体の１つの面を「面あ」とし，「面あ」の正三角形のどの辺にも頂点にもふれていない面に色を塗《ぬ》りました。このとき，この立体の展開図になっていて，さらに，色の塗られた面の位置が正しいものを，次のページの㋐～㋕からすべて選びなさい。

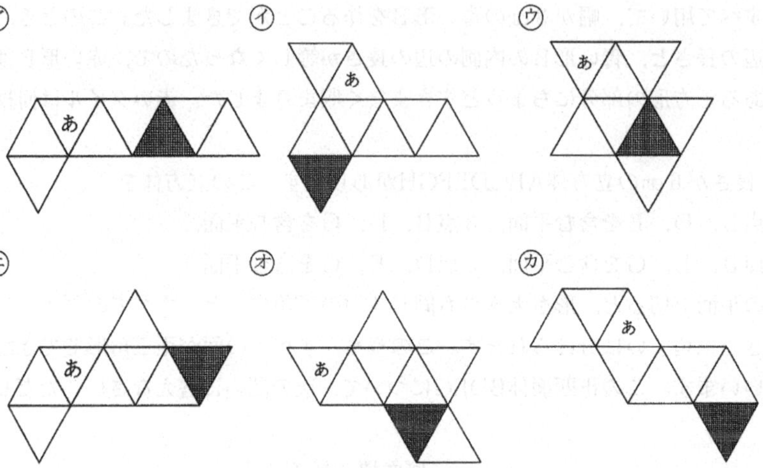

5

図1

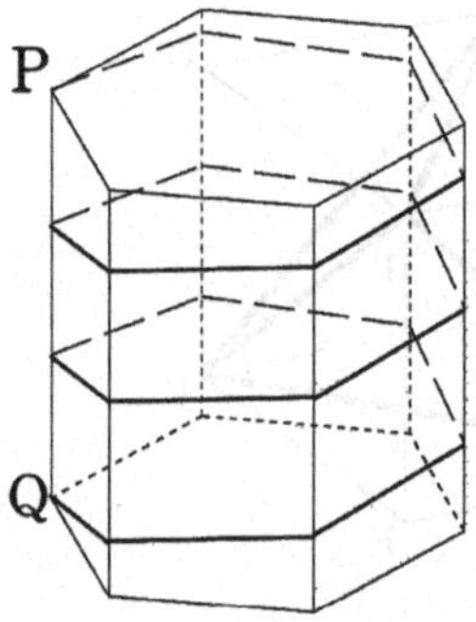

図2

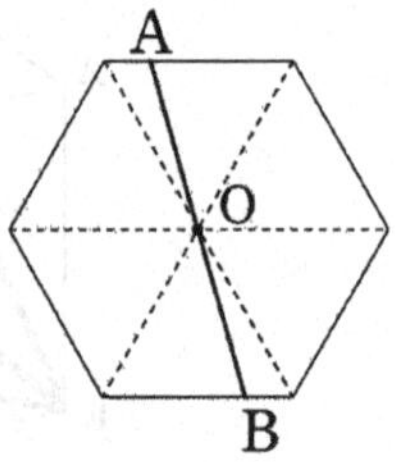

図1のような底面が正六角形である六角柱の形をした建物の側面にそった坂道があります。この坂道は地上から屋上まで高さ9mで，ちょうど3周しています。この坂道の長さは90mで，すべて水平面に対する傾《かたむ》きが等しいことがわかっています。ただし，道の幅《はば》は考えないものとします。

⑴　Aさんは地点Pから秒速1mでこの坂道を下りました。B君はAさんと同時に地点Qから秒速0.5mでこの坂道を登り始めましたが，B君はAさんと**正反対の位置**を通るたびに秒速を0.5mずつ速くしました。

ただし，**正反対の位置**とは，図2のように建物を真上から見たとき，Aさんのいる位置とB君のいる位置を結んだ直線が，図2の点Oを通るような位置を指します。このとき，次の問いに答えなさい。

①　B君の速さが秒速1mに変わったのは，出発してから何秒後ですか。

②　B君はAさんと出会うまでに，速さを何回変えましたか。

③　B君とAさんは，出発して何秒後に，地上から何mのところで出会いましたか。

⑵　⑴でB君がAさんと出会った後もB君は坂道を登り続け，次に**正反対の位置**にきたとき，B君はAさんと出会ったときの速さから秒速を0.5m速くし，坂道を下り始めました。B君が地点Qに戻ってくるのはB君が地点Qを出発してから何秒後ですか。

ただし，坂道を下っているときも登っているときと同じように，B君はAさんと**正反対の位置**を通るたびに秒速を0.5mずつ速くするものとします。

【理　科】（40分）　＜満点：80点＞

【注意】　字数が指定されている場合は，句読点や記号も１字として数えて下さい。

1　次の問いに答えなさい。

⑴　冬の夜空に見られる「冬の大三角」をつくっている星を次の**ア**～**ク**から**三つ**選び，記号で答えなさい。

ア　シリウス　　**イ**　アンタレス　　**ウ**　スピカ　　**エ**　ベテルギウス

オ　デネブ　　**カ**　プロキオン　　**キ**　ベガ　　**ク**　アルタイル

⑵　夜空に光る星は色が異なって見えます。この色のちがいは星の表面温度のちがいによるものです。次の**ア**～**ウ**の色に見える星について，表面温度が**高いものから順に**記号を並べて答えなさい。

ア　赤色　　**イ**　青白色　　**ウ**　黄色

⑶　現在，アメリカ航空宇宙局（NASA）は各国と協力して，約半世紀ぶりに再び月面に人類を着陸させることを計画しています。この計画の名称（めいしょう）を次の**ア**～**カ**から一つ選び，記号で答えなさい。

ア　パイオニア計画　　**イ**　アルテミス計画　　**ウ**　アポロ計画

エ　マーキュリー計画　　**オ**　ディスカバリー計画　　**カ**　ルナ計画

⑷　次の①～⑤の文が正しい場合は○，誤っている場合には×の記号を，それぞれ答えなさい。

①　北の方向から南の方向へふく風を北寄りの風と呼ぶ。

②　日本の冬の気圧配置では，日本列島の東側に低気圧，西側に高気圧が発達することが多い。

③　気象衛星「ひまわり」から見た場合，ニュージーランドに接近したサイクロンでは，空気がその中心に向かって反時計回りにふきこむ。

④　地震（じしん）の規模の大きさは震度（しんど）で表す。

⑤　地震が発生した地下の場所のことを震央（しんおう）という。

⑸　天気予報で「１時間に80ミリの雨が降った」といった場合は「雨水が地面にしみこんだり流れ出たりしないとすると，１時間に雨水が80㎜の高さまでたまる」ことを意味します。この場合，１時間に１m^2当たり何Ｌの雨水が降ったことになりますか。ただし，答えが小数になるときは，小数第一位を四捨五入して**整数**で答えなさい。

⑹　１光年とは光が真空中を１年の間に進む距離（きょり）のことです。１光年はおよそ何㎞になりますか。最も適するものを次の**ア**～**カ**から一つ選び，記号で答えなさい。ただし，光は１秒で30万㎞進み，１年を360日とします。

ア　155億㎞　　**イ**　1550億㎞　　**ウ**　１兆5500億㎞

エ　933億㎞　　**オ**　9330億㎞　　**カ**　９兆3300億㎞

2　次の問いに答えなさい。

⑴　プラスドライバーでネジを回すときのことを説明した，以下の文の空らん**A**～**C**に入る語句として，最も適するものを次の**ア**～**ウ**からそれぞれ一つずつ選び，記号で答えなさい。

プラスドライバーの先端（せんたん）は［A］，ネジの穴に引っかかっている部分は

B ，手でにぎる部分は C としてはたらいていて，プラスドライバーを使うと，ネジを小さな力で回すことができるようになっています。

ア　支点　　イ　力点　　ウ　作用点

⑵　図のように，糸に小さなおもりをつけて，いろいろな振り子（ふりこ）を作り，おもりが右はしの位置から右はしの位置にもどってくるまでの時間を測定しました。糸の長さが1ｍ，おもりの重さが10ｇ，振れ幅（ふれはば）が10㎝の振り子で測定した時間と**同じだったもの**を次のア～キから**すべて**選び，記号で答えなさい。ただし，糸の重さや空気の影響（えいきょう）は考えないものとします。

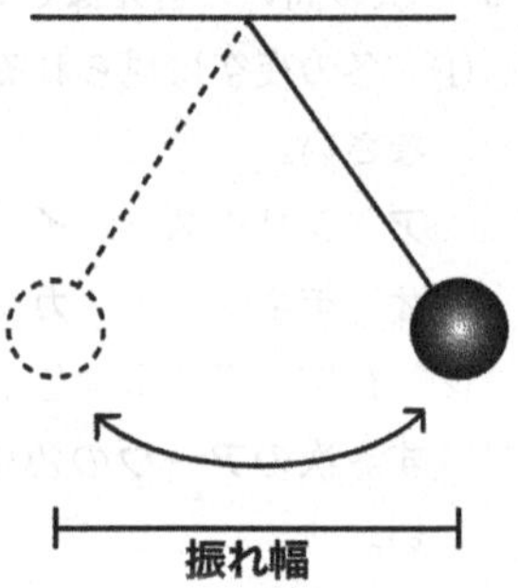

ア　糸の長さが1ｍ，おもりの重さが10ｇ，振れ幅が5㎝の振り子。
イ　糸の長さが1ｍ，おもりの重さが20ｇ，振れ幅が10㎝の振り子。
ウ　糸の長さが1ｍ，おもりの重さが20ｇ，振れ幅が5㎝の振り子。
エ　糸の長さが2ｍ，おもりの重さが10ｇ，振れ幅が10㎝の振り子。
オ　糸の長さが2ｍ，おもりの重さが10ｇ，振れ幅が5㎝の振り子。
カ　糸の長さが2ｍ，おもりの重さが20ｇ，振れ幅が10㎝の振り子。
キ　糸の長さが2ｍ，おもりの重さが20ｇ，振れ幅が5㎝の振り子。

⑶　図のような，5㎝間かくで穴が9ヶ所あいている棒があります。その棒の真ん中の穴に糸をつけて，おもりをぶら下げずに天じょうからつるすと，棒は水平な状態で静止しました。また，図のように，四つのおもりをA～Dの位置に糸でぶら下げても，棒は水平な状態で静止しました。このとき，図中のAの位置にぶら下げたおもりの重さは何ｇになりますか。
　ただし，おもり以外のものの重さは考えないこととします。

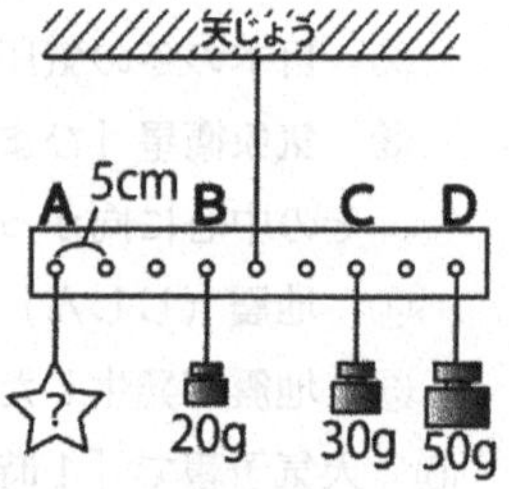

⑷　電池2個と豆電球2個をつないだとき，豆電球が最も明るく点灯するものを次の図ア～エから一つ選び，記号で答えなさい。ただし，使用する電池と豆電球は，すべて同じものとします。

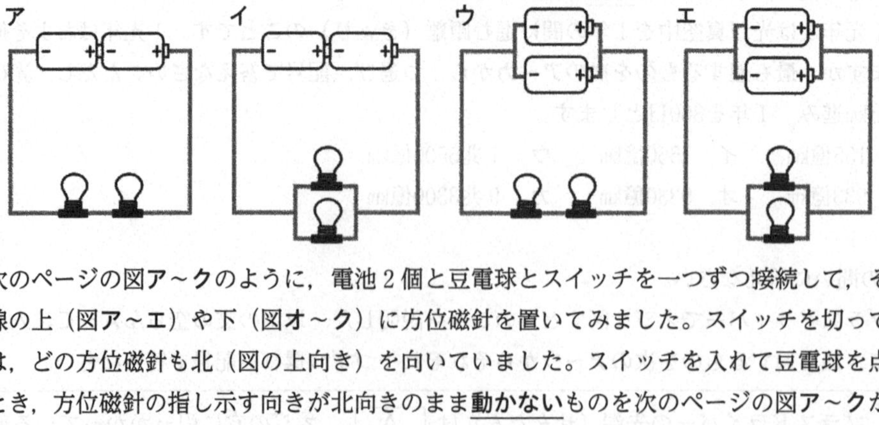

⑸　次のページの図ア～クのように，電池2個と豆電球とスイッチを一つずつ接続して，その中の導線の上（図ア～エ）や下（図オ～ク）に方位磁針を置いてみました。スイッチを切っているときは，どの方位磁針も北（図の上向き）を向いていました。スイッチを入れて豆電球を点灯させたとき，方位磁針の指し示す向きが北向きのまま<u>動かない</u>ものを次のページの図ア～ク**からすべて**選び，記号で答えなさい。

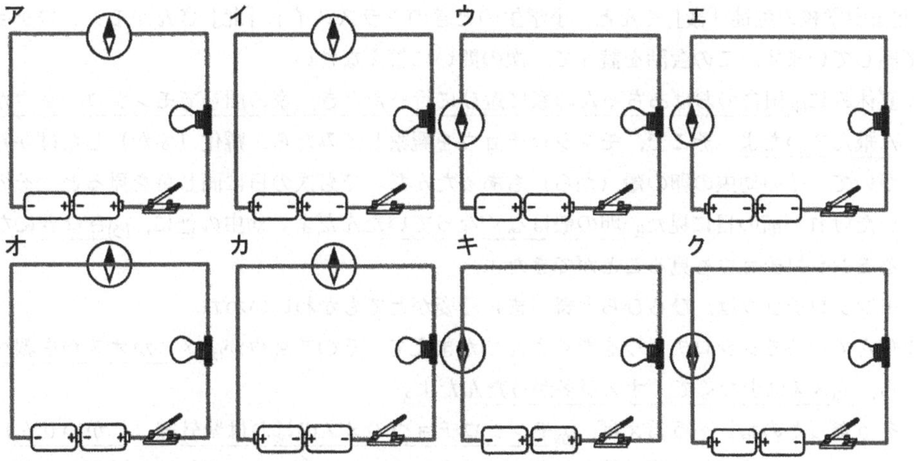

(6) ピアノの鍵盤（けんばん）は白鍵（はっけん）と黒鍵（こっけん）が並んでいて，左から右に音の高さが半音ずつ上がるように作られています。同じように，ギターでは「フレット」という金属の棒が指板に取り付けられていて，弦（げん）を指でおさえる位置をフレット一つ分だけずらして弦の振動（しんどう）する部分の長さを短くすると，弦の音の高さが半音上がるように作られています。ギターの弦には番号が付いていて，図の下側から順に1弦～6弦と言います。ギターでは，弦を指でおさえずに6弦をはじくとピアノのbの鍵盤の「ミ」，5弦をはじくとピアノのcの鍵盤の「ラ」，4弦をはじくとピアノのdの鍵盤の「レ」の音がそれぞれ鳴ります。また，指板のAの部分で弦を指でおさえて5弦をはじくとピアノのaの鍵盤の「ド」の音が鳴ります。この「ド」の音よりも高い「ミ」の音を鳴らすために，指で弦をおさえる指板の位置はどこですか。図中のア～トから二つ選び，記号で答えなさい。

ただし，答えるときに「㋐」のように○を書く必要はありません。

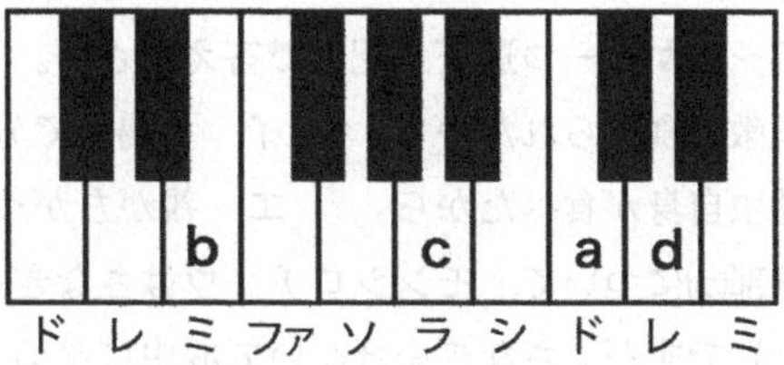

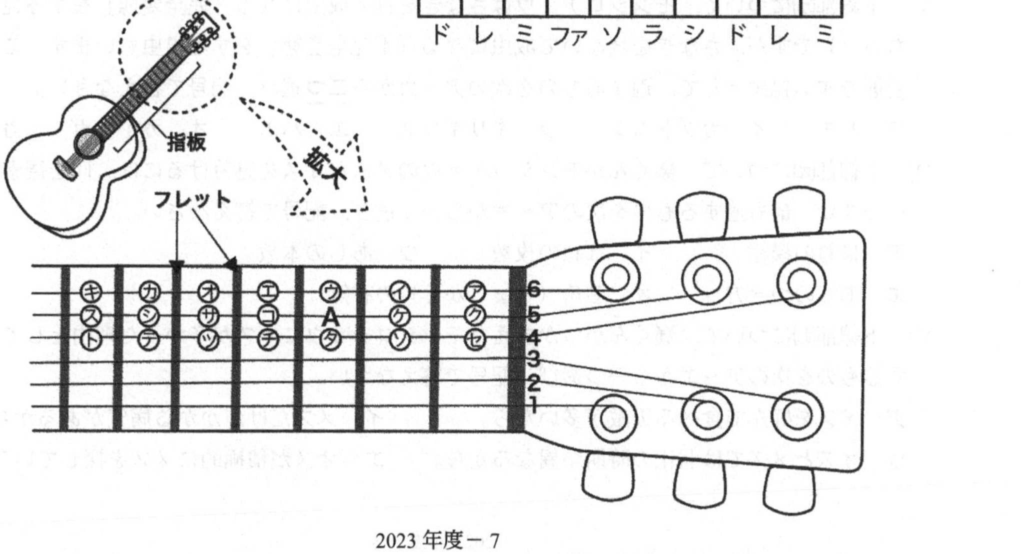

3　北嶺中学校の生徒「**嶺**」くんと，小学生のときのクラスメイト「**北**」さんがモンシロチョウについて話しています。この会話を読んで，次の問いに答えなさい。

嶺：夏休みに(あ)田舎のおばあちゃんの家に遊びに行ったとき，家の周りでモンシロチョウがたくさん飛んでいたよ。そこで，モンシロチョウを観察してみたら，孵化（ふか）したばかりの幼虫がいて，その幼虫の卵の殻（から）もあったんだ。でも次の日に同じ葉を見ると，その幼虫はいたけれど前の日に見た(い)卵の殻はなくなっていたんだよ。幼虫の他に，(う)さなぎになっているモンシロチョウも見ることができたよ。

北：モンシロチョウは，ひらひらと舞（ま）う姿がとてもかわいいわね。

嶺：飛んでいるモンシロチョウをたくさんつかまえて，そのチョウが(え)メスかオスかを調べてみたら，(お)メスは少なくて，オスが多かったんだよ。

北：そうだったのね。そう言えば，(か)モンシロチョウのメスのはねは紫外線（しがいせん）を反射させて，オスのはねは紫外線を吸収するのよ。モンシロチョウは紫外線を見ることができるから，私たちとモンシロチョウでは，はねの見え方がちかっているのね。だから，モンシロチョウはメスとオスを簡単に見分けることができて，オスはメスを見つけやすいのよ。

嶺：ぼくたちは紫外線を見ることができないけど(き)モンシロチョウの眼ってすごいんだね。

北：最近，日本にいるチョウが減っているという話をニュースで聞いたわ。理由はいろいろあるみたいだけど，農薬の使用，(く)里山環境（かんきょう）の変化，外来生物の侵入（しんにゅう），シカによる食害，地球温暖化などで，チョウが生活できる環境が減ってきているのが原因みたいね。

(1)　下線部(あ)について，**嶺**くんのおばあちゃんの家の周りはどのような環境だと考えられますか。最も適するものを次の**ア**～**オ**から一つ選び記号で答えなさい。

ア　ブナが多く見られる森林　　**イ**　イネを育てている田んぼ　　**ウ**　ウシを放牧している草原
エ　ハマヒルガオが育つ海岸　　**オ**　ダイコンを育てている畑

(2)　下線部(い)について，モンシロチョウの卵の殻がなくなっていた理由として，最も適するものを次の**ア**～**エ**から一つ選び，記号で答えなさい。

ア　天敵に食べられたから。　**イ**　太陽光で分解されたから。
ウ　幼虫自身が食べたから。　**エ**　親がちがう場所に運んだから。

(3)　下線部(う)について，モンシロチョウはさなぎを経て成虫になる「完全変態」をする昆虫（こんちゅう）ですが，さなぎを経ないで成虫になる「不完全変態」をする昆虫もいます。この不完全変態をする昆虫として，適するものを次の**ア**～**カ**から二つ選び，記号で答えなさい。

ア　ハチ　**イ**　カブトムシ　**ウ**　キリギリス　**エ**　ハエ　**オ**　カイコガ　**カ**　トンボ

(4)　下線部(え)について，**嶺**くんがモンシロチョウのメスとオスを見分けるには，何を観察するとよいですか。最も適するものを次の**ア**～**オ**から一つ選び，記号で答えなさい。

ア　はねの模様　　**イ**　はねの枚数　　**ウ**　あしの本数
エ　あしのつき方　　**オ**　触角（しょっかく）の有無

(5)　下線部(お)について，**嶺**くんがつかまえたモンシロチョウにオスが多かった理由として，最も適するものを次の**ア**～**エ**から一つ選び，記号で答えなさい。

ア　メスを好んで食べる天敵が多いから。　　**イ**　メスだけがかかる病気があるから。
ウ　オスとメスでは羽化の時期が異なるから。　**エ**　オスが積極的にメスを探しているから。

(6)　下線部(か)について，モンシロチョウのはねについて説明した，以下の文の空らんAに入る，最も適する語句を**ひらがな**で答えなさい。また，空らんBと空らんCに入る語句の組み合わせとして，最も適するものを次のア～エから一つ選び，記号で答えなさい。

モンシロチョウのはねには，色や模様をつくる［A］粉があり，メスとオスでは，この［A］粉の構造がちがいます。このことから，メスとオスのはねでは，紫外線の反射の仕方がちがい，モンシロチョウから見ると，メスのはねの方がオスのはねよりも［B］見えています。もし，［B］見えているモンシロチョウのはねに紫外線を吸収する日焼け止めクリームをぬることができたなら，そのモンシロチョウは，他のモンシロチョウから見ると，［C］に見えると考えられます。

	ア	イ	ウ	エ
空らんB	明るく	明るく	暗く	暗く
空らんC	メス	オス	メス	オス

(7)　下線部(き)について，モンシロチョウの眼は六角形の小さな「個眼」がたくさん集まってできています。このような眼を何と言いますか。**ひらがな**で答えなさい。

(8)　下線部(く)について，里山について説明した文として，最も適するものを次のア～エから一つ選び，記号で答えなさい。

ア　農業人口が減って使われなくなった農地の広がるところ。
イ　大規模な森林伐採（ばっさい）が進んでいるところ。
ウ　人の手が適度に入っている農地や雑木林があるところ。
エ　人の手がまったく入ったことのない広大な森林があるところ。

4　固体の水酸化ナトリウムを水に溶かして，(あ)水酸化ナトリウム水溶液（すいようえき）をつくると，熱が発生して水溶液の温度が上がります。また，水酸化ナトリウム水溶液と塩酸を混ぜ合わせると(い)中和の反応が起こり，そのときも熱が発生します。このことについて，次に示す**【実験1】**～**【実験3】**を行いました。それぞれの実験では，使用するすべてのものの温度を室温と同じにしてから実験をはじめていて，**【実験1】**と**【実験3】**では，固体の水酸化ナトリウムは水や塩酸にすべて溶（と）けました。また，水溶液の種類に関わらず，**すべての水溶液1gの温度を1℃上げるために必要な熱の量と，水1gの温度を1℃上げるために必要な熱の量は等しい**ものとし，発生した熱は水溶液の温度を上昇（じょうしょう）させることだけに使われるものとします。

【実験1】

固体の水酸化ナトリウムを水に溶かして100gと200gの水溶液を作りました。そのときの上昇温度は表1のようになりました。

表1

水酸化ナトリウムの重さ [g]	1	2	1	2
水溶液の重さ [g]	100	100	200	200
水溶液の上昇温度 [℃]	2.4	4.8	1.2	2.4

【実験２】

２％の水酸化ナトリウム水溶液50ｇをビーカー①～⑥にそれぞれ用意し，そこにさまざまな濃（こ）さの塩酸50ｇを入れて混ぜ合わせました。そのときの水溶液の上昇温度を表２にまとめました。（ビーカー①の塩酸の濃さ０％とは，水50ｇのことです。）

表２

ビーカー	①	②	③	④	⑤	⑥
塩酸の濃さ [%]	0	0.45	0.9	1.35	1.8	2
水溶液の上昇温度 [°C]	0	0.7	1.4	2.1	A	2.8

【実験３】

表３のように，さまざまな濃さの塩酸をビーカー⑦～⑨に用意し，そこに固体の水酸化ナトリウムを溶かして，水溶液の重さを100ｇにしました。そのときの結果を表３にまとめました。

表３

ビーカー	⑦	⑧	⑨
塩酸の濃さ [%]	B	2	3.75
塩酸の重さ [g]	99	98	96
水酸化ナトリウムの重さ [g]	1	2	4
水溶液の上昇温度 [°C]	5.2	C	20.8
反応後の水溶液の液性	中性	D	E

⑴　下線部(あ)について，水溶液は酸性，中性，アルカリ性の三つの液性に分けられます。水酸化ナトリウム水溶液と同じ液性を示すものとして，適するものを次の**ア**～**カ**から二つ選び，記号で答えなさい。

ア　重そう水　　**イ**　砂糖水　　**ウ**　食酢（しょくす）

エ　過酸化水素水　　**オ**　石けん水　　**カ**　ミョウバン水

⑵　下線部(い)について，次の**ア**～**オ**の中で中和の反応が**起こらない**ものを一つ選び，記号で答えなさい。

ア　消臭剤（しょうしゅうざい）に含（ふく）まれるクエン酸がにおいの原因であるアンモニアと反応する。

イ　胃薬に含まれる炭酸水素ナトリウムが胃液と反応する。

ウ　温泉で湯の花が生じるとき硫黄（いおう）を含んだ気体どうしが反応する。

エ　炭酸カルシウムがうすい塩酸と反応する。

オ　石灰水に二酸化炭素をふきこむと石灰水が白くにごる。

⑶　**【実験１】**について，固体の水酸化ナトリウム4.5ｇを195.5ｇの水に溶かしたとき，その水溶液の上昇温度は何℃になりますか。ただし，答えが小数になるときは，小数第二位を四捨五入して**小数第一位**まで答えなさい。

⑷　**【実験２】**について，表２の空らん**A**に当てはまる水溶液の上昇温度は何℃になりますか。ただし，答えが小数になるときは，小数第二位を四捨五入して**小数第一位**まで答えなさい。また，表２をもとにして，解答用紙のグラフに，ビーカー②～⑥の塩酸の濃さと水溶液の上昇温度を示す

点を**5点**描（えが）き，あらかじめ描かれているビーカー①の点（塩酸の濃さ０％で水溶液の上昇温度０℃の点）を含めて，となり合う点と点を直線で結びなさい。

下書き用のグラフ

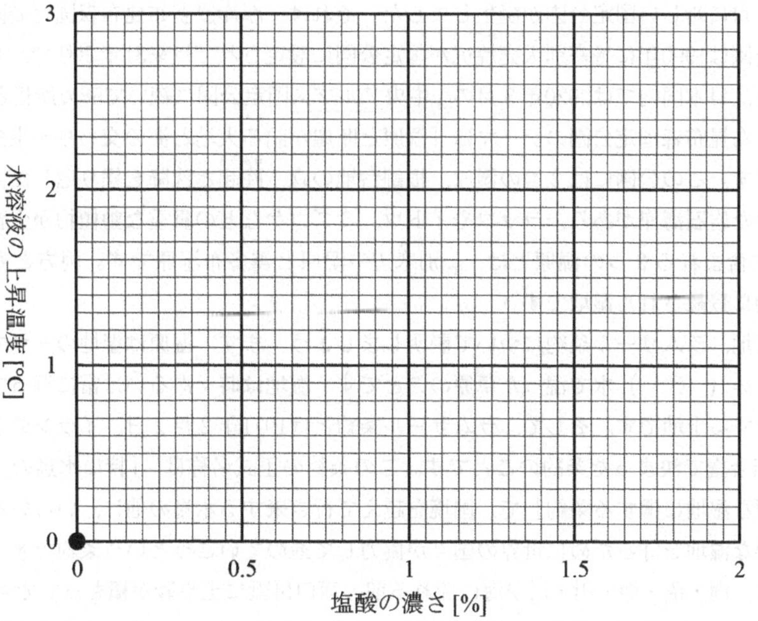

⑸ **【実験１】**と**【実験２】**より，固体の水酸化ナトリウム１ｇを水に溶かして100ｇの水溶液をつくったときに発生した熱の量を「１」としたとき，１ｇの水酸化ナトリウムが溶けている水溶液に塩酸を反応させて中和し，100ｇの中性の水溶液をつくったときに発生した熱の量はいくらになりますか。ただし，答えが小数になるときは，小数第三位を四捨五入して**小数第二位**まで答えなさい。

⑹ **【実験３】**について，表３の空らん**B**と空らん**C**に当てはまる数値をそれぞれ答えなさい。ただし，答えが小数になるときは，空らん**B**は小数第三位を四捨五入して**小数第二位**まで，空らん**C**は小数第二位を四捨五入して**小数第一位**まで答えなさい。

⑺ **【実験３】**について，表３の空らん**D**と空らん**E**に当てはまる水溶液の液性の組み合わせとして，最も適するものを次の**ア～ケ**から一つ選び，記号で答えなさい。

	D	E
ア	酸性	酸性
イ	酸性	中性
ウ	酸性	アルカリ性
エ	中性	酸性
オ	中性	中性
カ	中性	アルカリ性
キ	アルカリ性	酸性
ク	アルカリ性	中性
ケ	アルカリ性	アルカリ性

【社　会】（40分）　＜満点：80点＞

【注意】　字数が指定されている場合は，句読点や記号も１字として数えて下さい。

1　次の文を読み，後の問いに答えなさい。

2021年３月に新しい国定公園が誕生しました。それは，厚岸《あっけし》霧多布《きりたっぷ》昆布森《こんぶもり》国定公園です。北海道内の国定公園は1990年に暑寒別《しょかんべつ》天売《てうり》焼尻《やぎしり》が国定公園に設定されて以来31年ぶりで，６カ所目となります。また，日本国内では2020年３月の(a)中央アルプス国定公園に続いて58カ所目となりました。

厚岸霧多布昆布森国定公園のテーマは「湿原と断崖が語る大地と海の交わり～生命あふれる湿原と海～」です。この公園には２つの湿原，根釧台地の森，隆起《りゅうき》と沈降《ちんこう》を繰り返した大地が海に浸食されてできた岩石海岸があり，ラッコやイトウ，ミズゴケなどの貴重な動植物が生育しています。この公園に含まれる２つの湿原とは，(b)別寒辺牛《べかんべうし》湿原と霧多布《きりたっぷ》湿原です。両方とも1993年にラムサール条約に登録された湿地です。

湿原と湿地，ラムサール条約について説明しましょう。まず，湿原は湿地の一つで，塩分をほとんど含まない（　①　）水で湿った草原のことです。湿地は時々あるいは常に湿っていたり，水につかったりする土地です。そして，ラムサール条約とは1971年２月２日，イランのラムサールで開かれた国際会議で決まった条約のことです。この条約の正式名称は，「特に水鳥の生息地として国際的に重要な湿地に関する条約」で，国境を越えて行き来する水鳥の他に，いろいろな動植物が生育する重要な湿地を守るために世界の国々が協力して進めていこうという条約です。また，この条約で湿地は，湖・沼・池・川・川が海に流れる前の河口付近に土や砂が積もってできた（　②　）・干潟・砂浜・(c)マングローブ林・(d)サンゴ礁など(e)とても様々で，（　①　）水でも海水でも湿った土地を含みます。それから，自然のものばかりでなく，人が作ったものも入ります。例えば，水田・ダム湖・ため池・養殖場などがあげられます。

日本で登録されたラムサール条約の湿地とは，多種多様な湿地の中で水の深さ・水鳥の数や絶滅のおそれのある動植物の存在などの国際基準を満たし，かつ(f)日本での登録条件がみたされている湿地です。ラムサール条約は，採択から今年で約50年になります。日本は1980年に加盟しました。(g)条約に登録されている湿地は，北海道内では13カ所で日本国内では53カ所にのぼっています。

さて，別寒辺牛湿原と霧多布湿原のような自然の湿原が，国内で最も多く残っているのが北海道です。湿原面積の約80％が北海道にあり，その内の80％が北海道の東部に分布します。北海道の湿原は大部分が泥炭地《でいたんち》です。泥炭とは，たくさんの木や草が枯れた後に分解されず，ほぼそのままの状態で地中に積み重なったものをいいます。

かつて，本州以南にもたくさんの湿地がありましたが，弥生時代ころから水田へ変えられてきました。北海道の湿地も，明治時代からの開拓によって減少し，国内の湿地は都市化や工業化によってさらに減り続けています。近年では，(h)湿地の減少は，地域や国内の自然破壊だけでなく，地球規模の気候の大きな変化につながるといわれています。ラムサール条約の取り組みは，「湿地の保全と再生，湿地の賢明な利用，それらが実行できる交流・学習・啓発」です。私たちも暮らしの身近にある湿地に出かけて，動植物とその生育している土地，水，気候などを考えていきましょう。

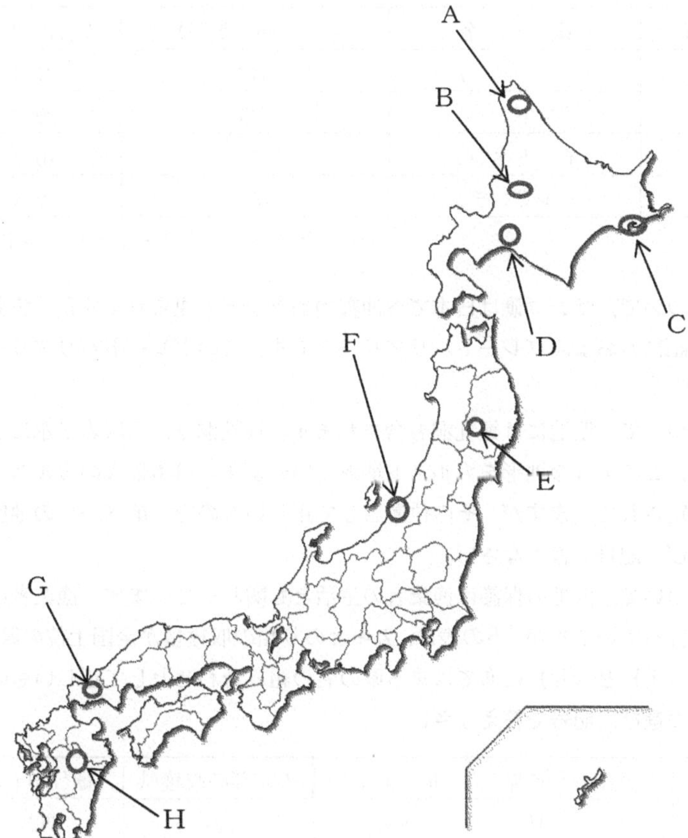

⑴　文中の空らん（①）（②）にあてはまる語句を**漢字**で答えなさい。ただし，（①）は**1字**です。

⑵　下線部(a)に関して，中央アルプスは，日本の屋根といわれる日本アルプスの１つです。日本アルプスを構成する山脈を北から並べた場合，どのような順番になりますか。次のア～カのうちから正しいものを１つ選び，記号で答えなさい。

ア　赤石山脈　－　飛驒山脈　－　木曽山脈
イ　赤石山脈　－　木曽山脈　－　飛驒山脈
ウ　飛驒山脈　－　赤石山脈　－　木曽山脈
エ　飛驒山脈　－　木曽山脈　－　赤石山脈
オ　木曽山脈　－　赤石山脈　－　飛驒山脈
カ　木曽山脈　－　飛驒山脈　－　赤石山脈

⑶　下線部(b)について，この２つの湿原が含まれる地域を，上の地図中のＡ～Ｄのうちから１つ選び，記号で答えなさい。

⑷　下線部(c)について，暖かい海の浅瀬に生育しているマングローブ林では，エビの養殖が見られます。次のページの表は，日本がエビを輸入している国のうち，輸入量が上位の４か国を示しています。表中の空らん（　）にあてはまる国は，東南アジアにある国で，1960年代の半ばから1970年代の半ばにかけて，アメリカ合衆国を中心とする国々との大きな戦争がありました。この国の名を答えなさい。

順　位	国　　名	金　額（億円）	割合（%）
1	（　　　　）	342	21.4
2	インド	325	20.3
3	インドネシア	267	16.7
4	アルゼンチン	158	9.9

『データブック・オブ・ザ・ワールド 2022』

⑸　下線部(d)について，サンゴ礁は日本でも沖縄の島々などで見られますが，世界最大のサンゴ礁は，長さ2300㎞にもおよぶグレートバリアリーフです。このグレートバリアリーフがある国の名を答えなさい。

⑹　下線部(e)について，湿地には鍾乳洞《しょうにゅうどう》も含まれます。鍾乳洞は，石灰岩が水によって溶《と》かされてできた洞窟で，このような地形をカルスト地形といいます。日本最大のカルスト地形は，特別天然記念物に指定されていますが，その位置として正しいものを，前ページの地図中のＥ～Ｈのうちから１つ選び，記号で答えなさい。

⑺　下線部(f)について，湿地の保護は漁業者の生活とも関わっています。漁業者は各地で養殖や栽培漁業などを行っていますが，下の表は，カキとのり類の収穫量が全国上位の県を示しています。表中の空らん（ⅰ）と（ⅱ）にあてはまる県の名の組み合わせとして正しいものを，下のア～エのうちから１つ選び，記号で答えなさい。

順　位	カキの収穫県	量（100ｔ）	のり類の収穫県	量（100ｔ）
1	広　　島	991	（　ⅱ　）	652
2	（　ⅰ　）	214	兵　　庫	531
3	岡　　山	122	福　　岡	393
4	兵　　庫	74	熊　　本	331
5	岩　　手	63	（　ⅰ　）	116

『データブック・オブ・ザ・ワールド 2022』

ア　ⅰ―宮城　ⅱ―佐賀　　イ　ⅰ―宮城　ⅱ―秋田
ウ　ⅰ―長崎　ⅱ―佐賀　　エ　ⅰ―長崎　ⅱ―秋田

⑻　下線部(g)に関して，次のⅰ）～ⅱ）の各問いに答えなさい。

ⅰ）日本国内で最初に登録された湿原は，北海道の東部にあります。この湿原の名を漢字で答えなさい。

ⅱ）1993年に世界自然遺産に登録された屋久島の永田浜は，2005年にラムサール条約にも登録されました。この湿地は砂浜の海岸で，毎年５月から８月になると，ある生物が産卵のためにやってくる地として有名です。この生物は何ですか。

⑼　下線部(h)について，次のⅰ）～ⅱ）の各問いに答えなさい。

ⅰ）私たちは，湿地を守ることによって，災害にあうことを少なくできます。湿地のどのようなところが，どのような災害の防止になるのですか。文章にして説明しなさい。

ⅱ）地球温暖化のような気候変動に対する取り組みで，日本や世界の国々は「カーボンニュートラル」や「カーボンゼロ」といった目標を掲げています。これは，ある物質の排出を全体としてゼロにする，という意味です。私たちの身の回りにある，この物質は何ですか。**漢字**で答えなさい。

2 次の文は，北嶺中学校１年生の太郎くんが書いた日記です。これを読み，後の問いに答えなさい。

今日は学校の帰りに，近所の100円均一ショップに行きました。この店では，名前の通りほとんどのものが100円で売られていて，(a)消費税を入れても110円で買い物をすることができます。地理の授業で先生が，「ある商品を生産するときにかかるお金（経費）の中で，労働者に支払うお給料の割合が高い場合，その商品は先進国ではなく発展途上国で作られることが多いんだよ」と話していたことを思い出し，定価100円の商品の生産国に注目してみました。すると商品のタグには，このようなことが書いてありました。

これはそれぞれ「中国製」「タイ製」を表しています。中国はともかく，タイという国についてはよく知らなかったので，調べてレポートで発表することにしました。

タイについて　まとめ

場所：東南アジアのうち，(b)ユーラシア大陸に国がある（下の図をみてください）

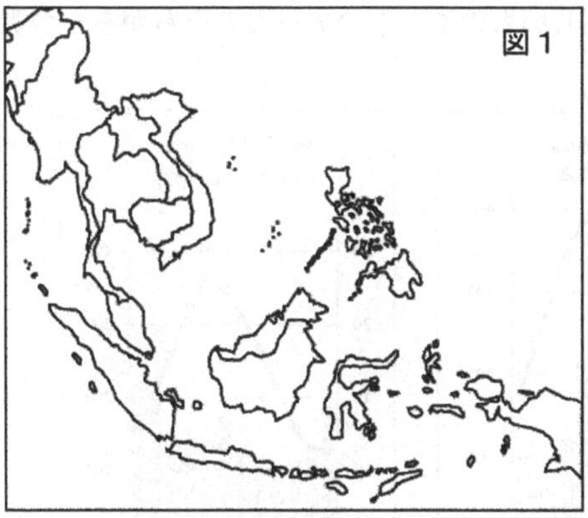

図１

正式名称：タイ王国

面積：約51万km^2（日本の約1.4倍）

平均気温：約29℃（熱帯の気候）

人口：6980万人（2020年）

首都：(c)バンコク

宗教：仏教徒が多い（国民の83％が信仰）

言語：タイ語

合計特殊出生率：1.53（2018年）

平均寿命：76.9歳（2018年）

○(d)お米やキャッサバという芋のような作物，ココナッツなどの生産量が多い。お米の生産量は，世界のトップ10に入っている！

○最近は工業も発展し，とくに(e)自動車（乗用車）の生産量はアジアで８位！

○日本との関わりも深く，海外に住んでいる日本人のうち長期滞在者の数は，（　①　），中国に次いで３位！（長期滞在者とは，仕事などで３か月以上その国に滞在しており，いずれ自分の国に帰る予定の人を指します。）

○「微笑みの国」と呼ばれていて，(f)世界中から多くの観光客が訪れている！

いろいろ調べていくと，タイをはじめ，(g)東南アジアの国々は日本との関係がとても強いということがよくわかりました。（　②　）＝東南アジア諸国連合と日本との貿易金額も近年どんどん増えているようです。その影響で，タイは経済成長が進んでいるので，100円で売られるものばかりではなく，タイで作られたオリジナルの自動車やロボットが日本に登場する日もそんなに遠くないのではないかと思いました。これからも世界の国々についてたくさん調べ，大学生になったら世界の国々を旅行したいと思いました。

⑴　文中の空らん（①）にあてはまる国名を，（②）に「東南アジア諸国連合」の略称を，それぞれ答えなさい。なお，（②）の略称はアルファベットでもカタカナでもよい。

⑵　**図１**の中のうちから，タイに該当する範囲を鉛筆で塗りつぶしなさい。

⑶　下線部(a)に関して，日本ではじめて消費税が導入されたのは1989年のことでした。これについて，次のⅰ）～ⅱ）の各問いに答えなさい。

ⅰ）現在の消費税率は10％ですが，導入された当初の税率は何％でしたか。

ⅱ）消費税が導入された1989年に起こった世界の出来事として**適当でないもの**を，次のア～エのうちから１つ選び，記号で答えなさい。

ア　中国で民主化運動が激しくなり，天安門事件が起こりました。

イ　アフガニスタンに侵攻していたソ連軍の撤退が完了しました。

ウ　ベルリンの壁が開放され，同じ年に東西冷戦が終結しました。

エ　アメリカで同時多発テロが発生し，多数の死者が出ました。

⑷　下線部(b)に関して，世界でもっとも長い川はナイル川ですが，ユーラシア大陸でもっとも長い川の名を答えなさい。

⑸　下線部(c)に関して，次の雨温図Ａ～Ｃはバンコクと，シャンハイ（中国），新潟のいずれかのものです。Ａ～Ｃの都市の名の組み合わせとして正しいものを，下のア～カのうちから１つ選び，記号で答えなさい。

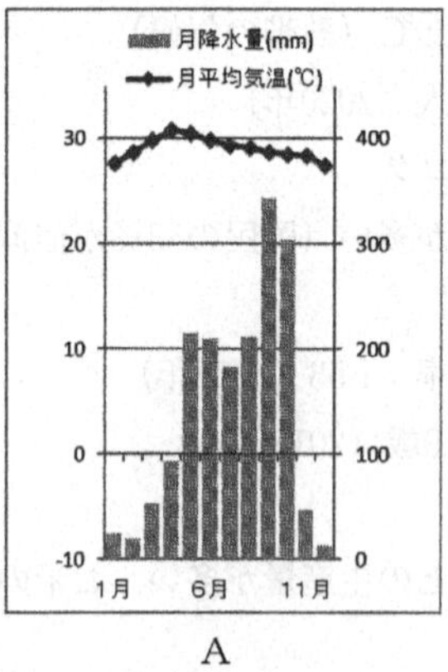

Ａ

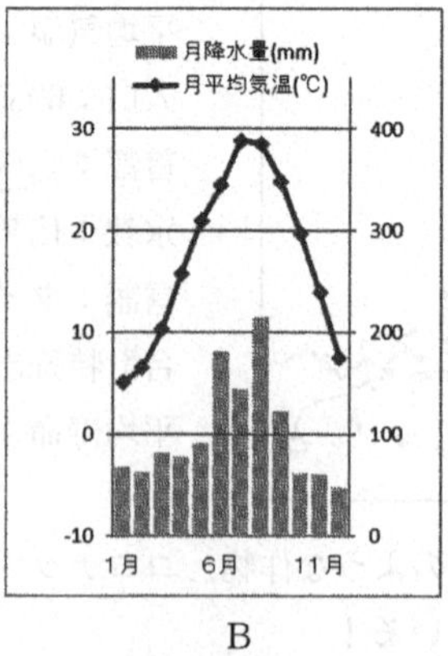

Ｂ

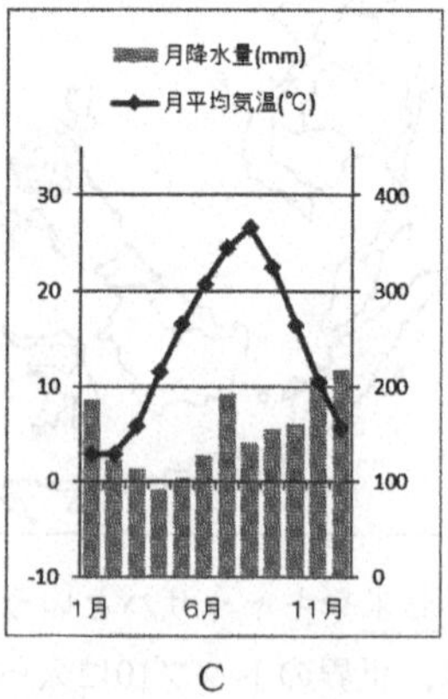

Ｃ

ア　Ａ—シャンハイ　Ｂ—バンコク　Ｃ—新潟

イ　Ａ—シャンハイ　Ｂ—新潟　Ｃ—バンコク

ウ　Ａ—バンコク　Ｂ—シャンハイ　Ｃ—新潟

エ　Ａ—バンコク　Ｂ—新潟　Ｃ—シャンハイ

オ　Ａ—新潟　Ｂ—バンコク　Ｃ—シャンハイ

カ　Ａ—新潟　Ｂ—シャンハイ　Ｃ—バンコク

(6)　下線部(d)に関して，お米（稲）は，もともと暖かい地方の原産ですが，日本では品種改良の努力が重ねられ，本州北部や北海道などの涼しい地方でもたくさん収穫できるようになりました。しかし，年によっては夏の気温が上がらないなどの原因によって冷害が起こり，不作になったこともありました。次のグラフ**A**～**C**は，北海道，岩手県，茨城県のいずれかの1958年から2018年までのお米の生産量を示しています。**A**～**C**と道・県の組み合わせとして正しいものを，下のア～カから１つ選び，記号で答えなさい。

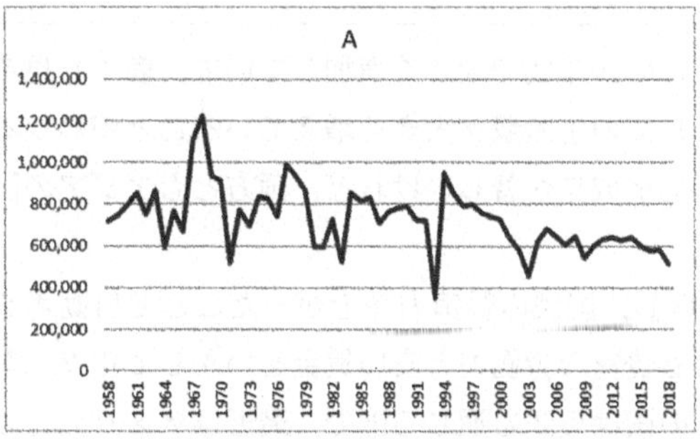

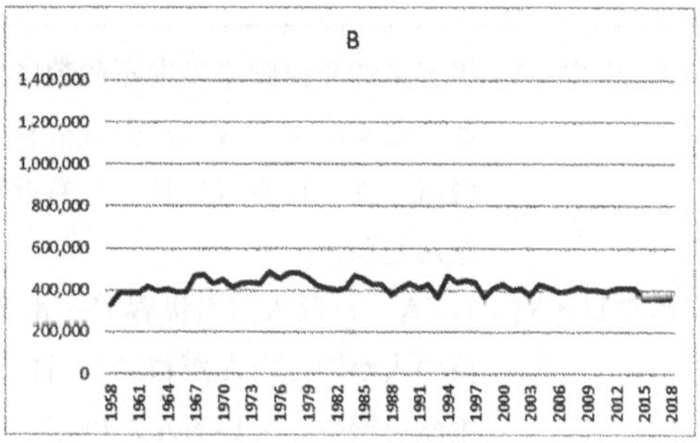

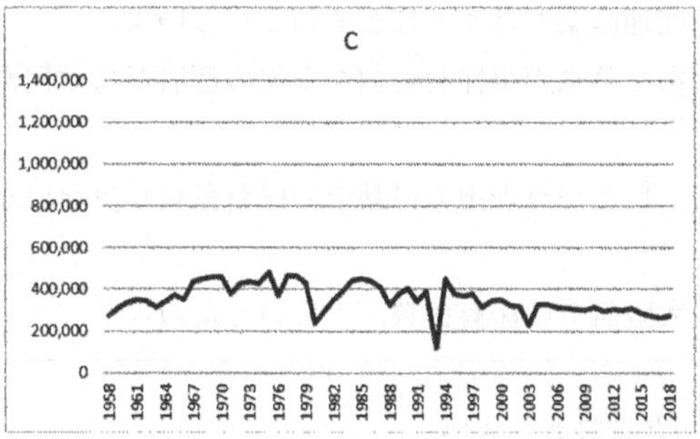

（農林水産省統計より作成）

ア　**A**―北海道　**B**―岩手県　**C**―茨城県　　イ　**A**―北海道　**B**―茨城県　**C**―岩手県
ウ　**A**―岩手県　**B**―北海道　**C**―茨城県　　エ　**A**―岩手県　**B**―茨城県　**C**―北海道
オ　**A**―茨城県　**B**―北海道　**C**―岩手県　　カ　**A**―茨城県　**B**―岩手県　**C**―北海道

(7)　下線部(e)に関して，次の**表１**および**表２**を見たキボウ君とホクレイ君は，次のページのような会話をしました。これについて後のⅰ）～ⅱ）の各問いに答えなさい。

表１　自動車の生産台数（単位は千台）

年次／国名	1990		2020			
	乗用車	商用車	乗用車	商用車	合計	世界全体に占める割合（%）
（　A　）	87	383	19, 994	5, 231	25, 225	32. 5
アメリカ	6, 078	3, 707	1, 927	6, 869	8, 822	11. 4
日本	9, 948	3, 539	6, 960	1, 108	8, 068	10. 4
ドイツ	4, 661	290	3, 515	227	3, 742	4. 8
（　B　）	177	188	2, 851	543	3, 394	4. 4

表２ 日本における１世帯あたり乗用車保有台数の下位３都府県

下位	都府県名（保有台数）
１位	東京都（0.45）
２位	大阪府（0.66）
３位	神奈川県（0.72）

※表１および表２はともに『データブック・オブ・ザ・ワールド2022』

キボウ君：世界全体で自動車の生産台数は，この30年間で大きく増加していて，**表１**を見ると，とくに（　Ａ　）や（　Ｂ　）での生産量が大きく増えていることがわかるね。（　Ａ　）も（　Ｂ　）も近年経済成長が著しいけれど，両方ともアジアの国なんだね。

ホクレイ君：（　Ａ　）は人口も世界で一番多いし，国民の経済力が上がったことで自動車を持つ人が増えたんだね。（　Ｂ　）も豊富な労働力と安い賃金をいかして年々工業生産を増やしているんだけど，この国は英語も通じる国で，最近はアメリカとの関係を強くして，コンピューター関連産業もさかんにしているらしいよ。

キボウ君：**表２**も興味深い統計だね。１世帯あたり乗用車保有台数が下位の都府県には何か共通する特徴があるのかな。

ホクレイ君：東京や大阪などの都市部は【　Ｃ　】という理由で自動車の保有台数が少ないんじゃないかな。

キボウ君：なるほど，そういう理由で東京都や大阪府では保有台数が少ないんだね。

ｉ）**表１**中の空らん（Ａ）（Ｂ）にあてはまる国名を答えなさい。

ⅱ）会話文中の【Ｃ】には，東京や大阪などの都市部で自動車の保有台数が少ない理由が入ります。その理由を考えて，【Ｃ】に適するように文にして答えなさい。

⑻ 下線部(f)に関して，次のｉ）～ⅱ）の各問いに答えなさい。

ｉ）観光客が多く集まる理由はいくつかありますが，なかでも世界遺産などのような観光資源があることも理由の一つです。日本は，25の世界遺産が登録されていますが（2022年），次のア～エのうちから，**世界遺産に登録されていないもの**を１つ選び，記号で答えなさい。

ア（富士山）

イ（原爆ドーム）

ウ(大仙古墳)

エ(名古屋城)

ⅱ）タイは観光客が多く訪れる国として知られており，その数は2019年には，およそ4000万人でした。その観光客の数を国別に見ると，中国が第１位で，第２位もアジアの国でした。次の情報①～③は，その第２位のアジアの国に関する情報です。これらの情報をもとに，2019年にタイを訪れた観光客が２番目に多かった国の名を，下のア～エのうちから１つ選び，記号で答えなさい。

情報①　この国はタイと同じ東南アジアに属し，地理的にタイととても近い

情報②　日本はこの国から機械類のほか，天然ガスなどの資源も多く輸入している

情報③　この国の人口はおよそ3000万人であり，その多くがイスラム教徒である

ア　マレーシア　イ　シンガポール　ウ　フィリピン　エ　ミャンマー

⑼　下線部(g)に関して，次の表は，2019年の東南アジア，北アメリカ，オセアニアの３つの地域と日本との輸出額と輸入額，およびそれぞれの割合を示したものです。表中のＡ～Ｃにあてはまる地域名の組み合わせとして正しいものを，下のア～カのうちから１つ選び，記号で答えなさい。

	輸出額(億円)	割合(%)	輸入額(億円)	割合(%)
A	20,534	2.7	55,868	7.1
B	184,342	24.0	109,349	13.9
C	115,783	15.1	117,567	15.0

『データブック・オブ・ザ・ワールド 2022』

ア　A―東南アジア　B―北アメリカ　C―オセアニア

イ　A―東南アジア　B―オセアニア　C―北アメリカ

ウ　A―北アメリカ　B―東南アジア　C―オセアニア

エ　A―北アメリカ　B―オセアニア　C―東南アジア

オ　A―オセアニア　B―東南アジア　C―北アメリカ

カ　A―オセアニア　B―北アメリカ　C―東南アジア

3　次の文を読み，後の問いに答えなさい。

東京の(a)上野恩賜《おんし》公園には，パンダで有名な上野動物園をはじめ，世界遺産に登録されている国立西洋美術館，さらに東京都美術館や東京国立博物館，東京芸術大学などがあり，日本の文化・芸術の一大集積地となっています。なかでも東京国立博物館は，日本や世界の歴史に関わる展示品が多く，それらの研究も行われています。また，通常の展示とは別に約２ヶ月ごとに特別展も実施しています。その例をいくつか挙げてみましょう。2020年には，「(b)桃山―天下人の100年」，「法隆寺

と(c)百済《くだら》観音」，2019年には，（　①　）成立1300年特別展「(d)出雲と大和」，日中文化交流協定締結40周年記念特別展「(e)三国志」などが開催されました。また昨年は，創立150年記念事業として，特別展「国宝　東京国立博物館のすべて」が開催され，所蔵する国宝89件すべてが展示されました。この特別展はたくさんの人が訪れたので，みなさんの中にも行った人がいるかも知れませんね。東京国立博物館は有名で大規模な博物館ですが，それぞれの地域にも小さな博物館や資料館などがたくさんありますから，ぜひ興味のある所へ足を運んでみてください。

話題は変わりますが，上野という地名は日本各地に多くあります。例を挙げてみます。三重県の北西部にある伊賀市には，「忍者の里」で知られる伊賀上野という地があります。元は上野市でしたが，(f)2004年の市町村合併により伊賀市となりました。伊賀上野は伊賀上野城を中心とする城下町で，忍者博物館や忍者体験ができるところなど，忍者による観光振興が行われ，多くの観光客が訪れるようになっています。とくに(g)外国人観光客の割合が高いそうです。伊賀市の北には県をまたいで，滋賀県（　②　）市があります。

忍者と言えば「伊賀流と（　②　）流」はよく知られており，すぐ近くにあることから，伊賀市に限らず，このあたり一帯がかつては「忍者の里」だったことをうかがわせてくれますね。また，伊賀市は俳人として有名な(h)松尾芭蕉の生誕地でもあり，市内には銅像や句碑《くひ》，芭蕉翁《おう》記念館などがあり，忍者以外の歴史も学ぶことができます。

伊賀上野の他にも，埼玉県や長野県，愛知県，兵庫県，大分県などにも上野という地名があります。また，読み方が「うえの」ではありませんが，群馬県はかつて上野（こうずけ）国という名称でした。群馬県には，日本に旧石器時代が存在したことを示した岩宿遺跡や，近代日本の産業遺跡であり世界遺産でもある富岡製糸場など多くの歴史遺産があります。また(i)1333年，鎌倉に攻め込んで幕府を滅ぼした御家人が本拠とした地でもあります。このように地名をきっかけに歴史を学ぶというのも面白いですよね。

⑴　文中の空らん（①）は，舎人親王《とねりしんのう》が中心となって作成され，720年に完成した歴史書があてはまります。この書物は全30巻からなり，神代《じんだい》（神話の時代）から持統天皇までの歴史を，中国の歴史書の書き方にならって年代順に記す編年体《へんねんたい》で書かれ，作成にあたっては，それまでの歴史書だけでなく，朝鮮半島関係や地方の伝承・伝説，寺院の由来など，多くの材料が用いられました。
　（①）にあてはまる歴史書の名を**漢字**で答えなさい。

⑵　文中の空らん　（②）にあてはまる市は，江戸時代に東海道五十三次で49番目の宿場町土山宿《つちやましゅく》，50番目の宿場町水口宿《みなくちしゅく》が設けられ，街道の要衝《ようしょう》として栄えました。また，市内では中世から続く伝統的な信楽焼《しがらきやき》の陶器《とうき》生産が盛んで，2019年９月末～2020年３月末までＮＨＫで放送された連続テレビ小説「スカーレット」では，信楽を舞台に，主演の戸田恵梨香さんが陶芸家として描かれました。この市も伊賀市と同様に，忍者屋敷や忍術村など，「忍者の里」を観光の目玉として宣伝しています。（②）にあてはまる市の名を**漢字**で答えなさい。

⑶　下線部(a)に関して，上野恩賜公園内には寛永寺《かんえいじ》という天台宗の寺院があり，東京タワー近くの増上寺《ぞうじょうじ》とならんで徳川将軍家の墓所となっています。寛永寺に関する次のⅰ）とⅱ）の各問いに答えなさい。

ⅰ）徳のある高僧を示す称号を「大師《だいし》」と言いますが，天台宗の開祖には，死後およそ40年を過ぎたころに，清和《せいわ》天皇から「伝教大師」の称号が与えられました。この称号を与えられた天台宗の開祖の名を，次のア～エのうちから１つ選び，記号で答えなさい。また，その僧が中心とした寺院のある山の名を，オ～クのうちから１つ選び，記号で答えなさい。

ア　最澄　　イ　法然　　ウ　親鸞《しんらん》　　エ　日蓮

オ　高野山　　カ　比叡山　　キ　羽黒山　　ク　身延山

ⅱ）1868年４月，戊辰《ぼしん》戦争において江戸城は戦わずして新政府軍に明け渡されました。これを「江戸城無血開城」と言いますが，これに不満を持ち，新政府軍への抵抗をさけんだのが，徳川慶喜を警護し，江戸の治安維持にあたる部隊でした。この部隊は寛永寺に立てこもり，新政府軍を迎え撃ちましたが，わずか一日で鎮圧されました。この戦いを上野戦争と言いますが，この部隊の名として正しいものを次のア～エのうちから１つ選び，記号で答えなさい。

ア　白虎隊　　イ　新撰組　　ウ　彰義隊　　エ　奇兵隊

⑷　下線部⒝に関して，桃山文化を代表する画家に狩野永徳がいます。次のア～エのうちから，狩野永徳の作品を１つ選び，記号で答えなさい。

⑸　下線部⒞について，百済は４世紀前半に成立した朝鮮半島の国の一つで，660年に滅亡しました。百済は倭と比較的友好な関係だったため，多くの人々が倭へ渡来し，様々な先進的な大陸の文化や技術を伝えました。そのため，660年に百済が滅亡すると，その再興のために倭は朝鮮半島へと出兵し，唐・新羅連合軍と交戦しましたが，これに大敗しました。次の地図中のア～エのうちから，百済の位置を１つ選び，記号で答えなさい。

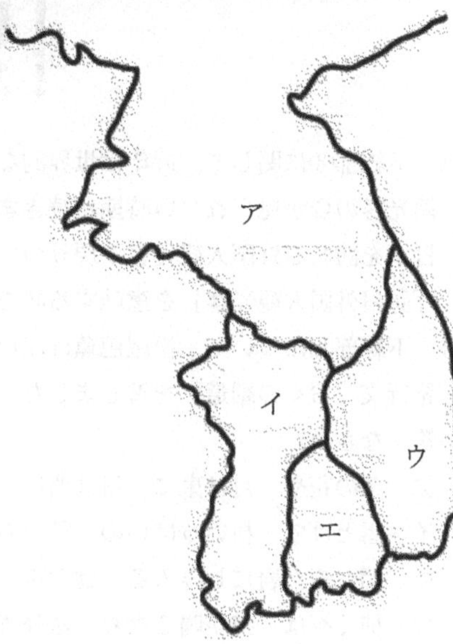

⑹　下線部(d)に関して，出雲とは現在の島根県に相当する旧国名ですが，隠岐《おき》と石見《いわみ》も現在の島根県に相当する旧国名です。そのうち隠岐には，約800年続く日本で最も古い闘牛と言われる「隠岐の牛突《うしづ》き」という伝統行事があります。この行事の始まりは，1221年の承久の乱に敗れ，隠岐に流されてきた上皇を慰《なぐさ》めるために始まったとも伝えられています。承久の乱で隠岐に流された上皇の名を**漢字**で答えなさい。

⑺　下線部(e)に関して，「三国志」の時代は日本では弥生時代の後半にあたります。その当時の日本の様子を記した中国の歴史書が『魏志倭人伝』で，そこには約30の小国が連合した国家を，占いの力にすぐれた女王の卑弥呼が治めた国について書かれています。この卑弥呼が治めた国の名を**漢字**で答えなさい。

⑻　下線部(f)に関して，2004年９月，当時の小泉純一郎首相が北朝鮮との国交正常化交渉を進展させるために北朝鮮を訪問し，金正日《キムジョンイル》総書記との間で「日朝平壌《ピョンヤン》宣言」が調印されました。日朝間の国交正常化は，多くの未解決な問題があるため，その後も進展を見せていませんが，当時の国民が驚いた光景が，次の図に丸で囲んだ５人の人々が，羽田空港で飛行機から降りてくる姿でした。この図は，日朝関係におけるどのような問題に関わる光景かを文にして説明しなさい。

⑼　下線部(g)に関して，近年は世界的な新型コロナウイルス感染拡大により，日本国内でも外国人観光客の姿が見られない時期が続きました。しかし，昨年10月に外国人の入国制限が緩和され，日本を訪れる外国人観光客が戻りつつあります。この「外国人が観光のために日本に来ること」「訪日外国人観光客」を意味する語を何といいますか。**カタカナ６字**で答えなさい。

⑽　下線部(h)について，松尾芭蕉は江戸時代前半の俳人で，俳諧を和歌と対等の地位に引き上げ，紀行文『おくの細道』を著しました。次のア～エのうちから松尾芭蕉の俳諧を１つ選び，記号で答えなさい。

ア　菜の花や　月は東に　日は西に

イ　雪とけて　村いっぱいの　子どもかな

ウ　閑さや　岩にしみ入る　蝉の声

エ　柿くへば　鐘が鳴るなり　法隆寺

⑾　下線部(i)について，鎌倉では，防備を固めた幕府軍の抵抗も激しかったので，攻略は難航しました。後に記された『太平記』では，この御家人が稲村ケ崎の海岸で，黄金作りの太刀を海に投じたところ，龍神が呼応して潮が引く「奇蹟」が起こったという話が記されています。次の図は，後の時代に，その様子を描いたものです。本当に奇蹟が起こったかどうかは歴史のロマンとして，この御家人が，鎌倉に攻め込んで幕府を滅亡に追い込んだのは史実です。この御家人の名を**漢字**で答えなさい。

4　**次の先生と生徒Ａ・Ｂの会話を読み，後の問いに答えなさい。**

生徒Ａ：先生，21世紀になってからも，戦争や，政治的な主張や宗教のちがい，経済的な理由などにより国外に脱出する人々が多いことを学びました。また，アメリカ合衆国でも，ラテンアメリカから不法に入国する人々が大きな政治問題になっていることも学びました。日本も，過去に日本人が国外に移住したことで大きな問題になったことがあるのですか。

先　生：江戸時代の末に，鎖国をしていた日本が開国を迫られ，大混乱したことを覚えていますね。その様子は(a)「泰平の眠りを覚ます上喜撰《じょうきせん》（蒸気船）たった四はいで夜も寝られず」と風刺されました。日本は1854年に結んだ日米和親条約によって開国しましたが，(b)日本人の海外への渡航や往来が正式に認められたのは1866年のことでした。この後，日本人の海外への移住が始まりましたが，明治になってからは，日本の領土の拡大とともに，東アジアや太平洋の島々に日本人が移住するようになり，さらに東南アジアやアメリカ大陸にまで広がりました。次のページのグラフを見ながら，日本人の海外移住の歩みを見ていきましょう。

（国際協力事業団「戦前の海外移住推移年譜」）

生徒Ｂ：1880年代の中ごろまでは，日本人の海外移住はあまり多くないですね。

先　生：そうですね。この時期は，日本国内での移住が多かったようです。薩摩藩や長州藩の出身者を中心とする新政府側の人々の移住だけでなく，(c)戊辰《ぼしん》戦争に敗れた旧幕府側の人々にも，国内の移住の動きがみられました。会津藩や仙台藩の藩士の一部が北海道に移住したのが一例です。さらに，(d)明治政府はロシアとの国境を改めて定める一方，屯田兵の制度を設けました。その後，本州・四国・九州から多くの農民が北海道に移住し，開拓を進めました。

生徒Ａ：1880年代の中ごろから海外へ移住する人が増え始めたのはどうしてですか。

先　生：このころの日本は，全国的な凶作《きょうさく》であったうえ，(e)政府の財政政策によって多くの農民の生活が苦しくなりました。このような農民の一部は，政府などの紹介によって，(f)ハワイやアメリカ西海岸などに移住しました。この時に移住した人は多い年で３万人を超えたといいます。20世紀に入ると，移住先で事業に成功する日本人も現れ，そのためアメリカ国内での反日感情が高まり，1924年にアメリカへの日本人の移住が禁止されました。これ以降，(g)ブラジルをはじめとする南アメリカへ移住する人々が急増し，その後の10年間に，年２万人前後の日本人が農業の働き手として南アメリカに移住しました。

生徒Ｂ：日本の領土の拡大による日本人の移住は，いつごろから始まったのですか。

先　生：日本は，日清戦争で(h)台湾・澎湖《ほうこ》諸島・遼東半島を獲得しました。このうち台湾では，現地の人々の抵抗もありましたが，西日本の農民を中心に移住が本格化しました。日露戦争では，北緯50度以南の樺太（サハリン）を獲得し，遼東半島南部も得て中国東北地方への進出の拠点にしました。また，朝鮮半島に対しても，1910年に植民地とし，日本からの農民の移住が進められました。しかし実際には，現地の強い反発で思うように進まず，植民地となった朝鮮半島の人々を小作人として雇《やと》うことが多かったようです。第一次世界大戦後の（　①　）講和会議では，(i)ドイツ領であったサイパン島などの島々を日本が治めることになりました。ここでも日本人の移住が奨励《しょうれい》され，日本の太平洋進出の拠点になりました。

生徒Ａ：日本の領土になったところに，多くの日本人が移住したのですね。

先　生：1930年代の日本では，昭和恐慌や東北・北海道の冷害による大凶作に悩まされ，農村が荒れ果てました。一方，(j)国内人口は増え続け，農地の不足が問題にされました。1931年に日本軍が（　②　）事変を起こし，中国東北地方を実質的に支配するようになると，1930年代には国が農民の移住をおし進め，中国東北地方などに20万人以上の人々が送られました。彼らは開拓に従事し，食料増産につとめましたが，実態は，現地の農民から土地を安く買いとったことも多かったと言われ，現地での関係はよくありませんでした。

生徒Ｂ：外国だけでなく，日清戦争以降に獲得・占領した地域にも，たくさんの日本人が移住していたのですね。

先　生：しかし，日本が第二次世界大戦に敗れると，彼らは日本本土に引き揚げることになりました。終戦の時点で，日本の植民地や占領地には約660万人の日本人がいたと言われています。戦後４年間でその多くが日本本土に戻り，復興に力を尽くしました。こうして現代日本の原型ができあがったのですね。

⑴　文中の空らん（①）（②）にあてはまる語句を答えなさい。

⑵　下線部(a)について，これは黒船来航時の混乱した様子をよんだものです。右の図は，この時に黒船を率いて浦賀に来航したアメリカ艦隊の司令長官です。この人物の名を答えなさい。

⑶　下線部(b)について，現在の私たちは，国外へ旅行するときには，パスポート（旅券）が必要になります。現在の日本の国内でパスポート（旅券）を発行するのは，ある省庁の大臣ですが，何という省庁の大臣ですか。この省庁の名を**漢字**で答えなさい。

⑷　下線部(c)に関連して，通説では「明治政府が府や県を設置するとき，どの土地が新政府側につき，どの土地が旧幕府側についたかを後世にわかるように，新政府側の府や県の名と府県庁の所在都市の名を同じにし，旧幕府側を異なるようにした」と言われることがあります。しかし実際には，それぞれの事情があって決められたようです。このような府や県の設置について，明治政府は1871年に，旧幕府の領地と全国の約300の藩を新たに府と県に編成し，その長官として府知事や県令を中央から派遣して，地方を直接統治するように改革しました。この改革を何といいますか。**漢字**で答えなさい。

⑸　下線部(d)について，次のⅰ）～ⅱ）の各問いに答えなさい。

ⅰ）明治政府は1875年にロシアとの間に国境を画定する条約を結び，樺太（サハリン）をロシア領，千島列島全体を日本領としました。この時，新たに日本領になった島はどこですか。次のア～エのうちから１つ選び，記号で答えなさい。

ア　得撫《うるっぷ》島　　イ　択捉《えとろふ》島　　ウ　国後《くなしり》島　　エ　歯舞《はぼまい》群島

ⅱ）明治政府が北海道に屯田兵制度を設けた目的として**適当でないもの**を，次のページのア～エのうちから１つ選び，記号で答えなさい。

ア　ロシアの北海道への南下に備えるため

イ　日本のシベリア出兵の拠点にするため

ウ　経済的に貧しくなった士族を救済するため

エ　北海道の開拓を進めるため

(6)　下線部(e)について，明治政府は，殖産興業や士族反乱を鎮圧するために必要な費用を，紙幣を大量に発行することによって調達したので，通貨の価値が下がって物価が上がるインフレーションが起こるなど，経済が混乱しました。政府はこれを収拾するため，発行された紙幣を回収・整理して通貨の価値を上げて物価を下げる政策をとりました。この結果，経済は悪化し，米や生糸などの農産物の価格が下落したため，農民は生活が苦しくなりました。このときの政府の政策によって起こされた経済の現象を何といいますか。**カタカナ**で答えなさい。

(7)　下線部(f)と(g)について，ハワイやブラジルに渡った日本人の多くは農業の働き手となりました。この時期にハワイとブラジルで栽培された主な農産物の組み合わせとして正しいものを，次のア～エのうちから1つ選び，記号で答えなさい。

ア　ハワイ―香辛料　　　ブラジル―天然ゴム

イ　ハワイ―コーヒー豆　ブラジル―香辛料

ウ　ハワイ―天然ゴム　　ブラジル―サトウキビ

エ　ハワイ―サトウキビ　ブラジル―コーヒー豆

(8)　下線部(h)に関して，日本は下関条約でこれらの領土を獲得しましたが，下関について述べた次の文ア～エのうちから，正しいものを1つ選び，記号で答えなさい。

ア　平清盛は博多から畿内にいたる瀬戸内海の航海安全を祈り，厳島神社に経典を奉納しました。

イ　壇ノ浦の戦いで，源義仲率いる源氏の軍勢が平氏の軍勢を破り，滅ぼしました。

ウ　長州藩の外国船砲撃に対して，四か国の連合艦隊が砲台を占領しました。

エ　アメリカ大統領の仲介で，日本と清との間で講和条約が結ばれました。

(9)　下線部(i)について，日本がこの地域を治めることになったのは，第一次世界大戦後に設立された国際機関によって，この地域の統治を任されたためでした。この国際機関は，ジュネーブに本部を置き，国際平和と国際協力を目的とするもので，アメリカ合衆国大統領であったウィルソンによって提唱されました。また，日本はこの国際機関の常任理事国になりましたが，後に脱退することになります。この国際機関の名を**漢字**で答えなさい。

(10)　下線部(j)に関連して，次のページのア～エの4つの図は「人口ピラミッド」とよばれるもので，日本の1930年・1945年・1990年・2020年の年齢別・男女別の人口を示したものです。人口ピラミッドは，中央より左側が男性の，右側が女性の人口を表します。この中で，1945年の人口ピラミッドはどれですか。次のア～エのうちから1つ選び，記号で答えなさい。また，その人口ピラミッドを選んだ理由を，その背景も含めて答えなさい。

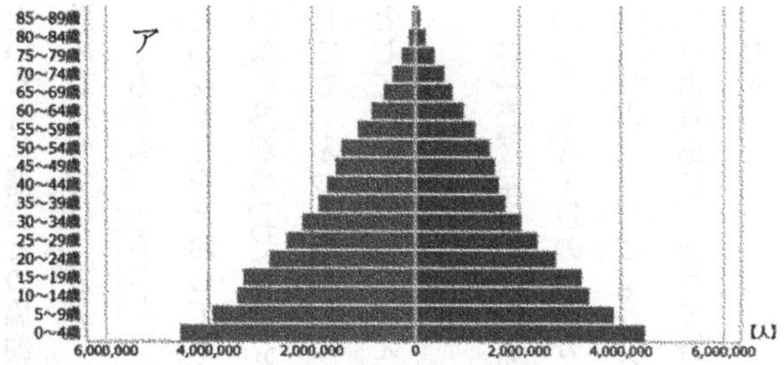

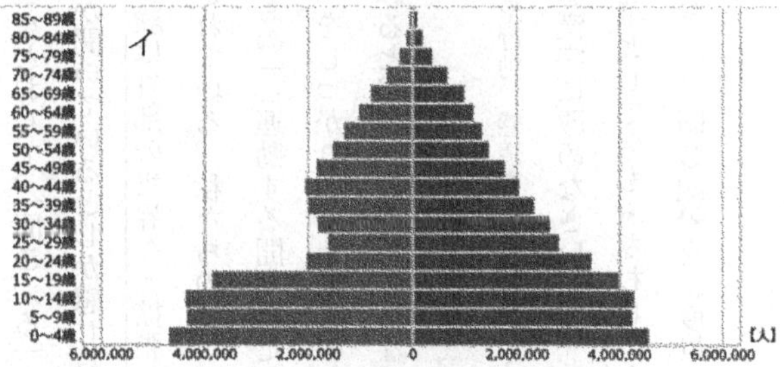

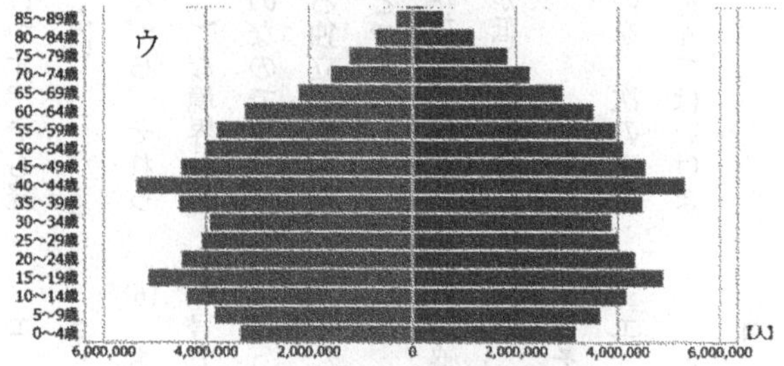

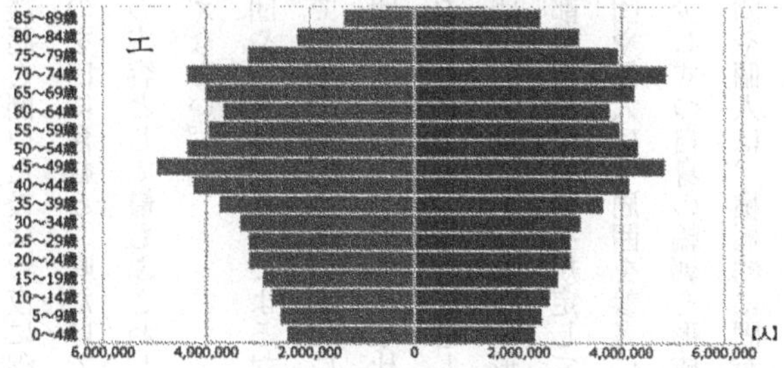

（総務省統計局「国勢調査」「人口調査」）

る「わたし」がはっきりと感じられる。

道具を使うかどうかだけではありません。私たちは音を自分の耳で聞いていると感じます。でも当然ですが、その音の振動を伝えているのは空気です。空気がまわりに充満しているからこそ、音が届く。音はそれを発するものの振動とそれを伝える空気の振動、その震えを知覚する耳という身体器官との協働作業をとおして、「聞こえる」わけです。でも経験のレベルでは、「わたし」が聞いているとしか感じられない。

そもそも②「わたし」の経験は外部の世界へと拡張しながら、それらとの交わりをとおして構成されている。私たちの〈　4　〉な境界は、つねに外部の「わたし以外のもの」と連動する開かれたものなのです。それでも、ふつうは「わたし」をしっかりとした輪郭のある独立した存在として経験できる。考えてみると、けっこう不思議なことです。

（松村圭一郎『はみだしの人類学』）

【注】＊統合失調症……思考や行動、感情をまとめていく力が低下する病気。

㈠ ――A～Dのカタカナを漢字に改めなさい。

㈡ 〈1〉～〈4〉を補う言葉として最もふさわしいものを、次のア～クより選び、記号で答えなさい。同じ記号を二度以上選んではいけません。

ア　内面的　イ　画一的　ウ　絶対的　エ　身体的
オ　一般的　カ　現実的　キ　歴史的　ク　主体的

㈢ ――①「さまざまな仕組み」には、どのような目的がありますか。空白行ではさまれた段落（一五〇年前～同じです。）をふまえて、四十字以内で説明しなさい。

㈣ ――②「『わたし』の経験は外部の世界へと拡張し」について、このことの具体例として最もふさわしいものを、次のア～オより選び、記号で答えなさい。

ア　病気で苦しんでいる時、体を通常時より重く感じることがある。
イ　靴をはいて泥をふんだ際に、地面の感触を得ることができる。
ウ　偉人の伝記を読むと、その人の人生が実感とともに理解される。
エ　怪談話を聞いた後は、夜に幽霊《ゆうれい》が出るような気がしてしまう。
オ　ものを口に含むと、味だけでなく、食感や香りまで理解できる。

㈤ 本文の内容として最もふさわしいものを、次のア～オより選び、記号で答えなさい。

ア　集団や個人は、差異による対立を生まないよう、周囲と協同することで自他の輪郭をあいまいにする、戦略的な存在である。
イ　集団や個人は、どのような比較であってもただ一つの同じ性質を感じなければ自身の輪郭を感じられない、危険な存在である。
ウ　集団や個人は、あらゆる変形を受け入れ、周囲との関係をもとにその都度自身の輪郭を規定していく、流動的な存在である。
エ　集団や個人は、周囲を参考にしながら古くからの文化や経験をもとに少しずつ自身の輪郭を形成していく、孤独な存在である。
オ　集団や個人は、積極的に固有性を主張することで周囲との違いを明確にし、自身の輪郭を補強する、身勝手な存在である。

室に着物を着ている人は一人もいません。ふんどしをつけている人も、歌舞伎役者も、ちょんまげ頭の人もいません。

だれもその「日本文化」にあてはまらなくても、それらが日本人の固有の文化だと信じて疑わない。不思議なことです。もともと武士階級の侍なんて、全人口からみればごくわずかでしたし、庶民はキヌの着物を身につけることが禁じられていました。極端な話、いまも昔も一部にしか存在しなかった要素であっても、日本人の文化だと考えることは可能なのです。

「日本人」というのは「器《うつわ》」であって、何がその「なかみ」として差異を構成するのかは時代によって変化します。そうしてなかみが変化しても、日本人という容《い》れ物、つまり境界そのものは維持される。それは日本人ではない人たちとのあいだに境界線が引かれているからです。

もし世界中に日本人しかいなくなったら、「日本人」というカテゴリー（＝容れ物）に意味はなくなります。「日本人」は、「日本人ではない人たち」との関係においてはじめて「日本人」でいられるのです。

さらに「日本人」という境界は、つねに存在する（　3　）なものではありません。たとえば、私たちはよく関西人はどうだとか、関西人のなかでも京都人はこうで、大阪人はこうだといった言い方をします。そのとき「日本人」としてのまとまりは無視されます。

「関西と関東は文化が違う」と言うとき、そこに明確な差異があることを疑う人はいません。その関西人と関東人の比較では、京都人と大阪人の違いは意識されなくなり、同じ関西人としてキンシツな存在にされます。どういう境界線で比較するかで、「差異」そのものが変わるのです。

集団と集団との境界をはさんだ「関係」が、その集団そのものをつくりだしていく。「つながり」によって集団間の差異がつくられ、集団内の一貫性が維持される。

ある輪郭をもった集団は単独では存在できません。別の集団との関係のなかで、その差異の対比のなかで、固有性をもつという確信が生まれ、それが集団の一体感を高める。それは、「わたし」が「他者」との交わりのなかで変化してもなお、「他者」との境界線をはさんで「わたし」であり続けるのと同じです。

他者との差異が集団としての一体感や持続性を生み出すように、「わたし」という存在の輪郭も、ひとつの感情や身体経験をひとまとめにしておくために必要とされます。他者と交わることで輪郭が溶《と》け出して交じり合ってしまうからこそ、その輪郭を固めるDソウチが必要とされるのだと言ってもいいかもしれません。

精神科医の木村敏《びん》（一九三一〜二〇二一）は、*統合失調症は「わたしがわたしである」ということに確信を持てなくなったときに生まれる病気だと言います（『自分ということ』）。「わたし」という存在の感覚は、だれにとってもあたりまえに感じられるものではなく、それが失われることもある。私たちはその輪郭を維持しないと、とても生きづらくなるのです。

「わたし」の輪郭を維持する。そのことを身近な例に引きつけて考えてみましょう。たとえば、杖《つえ》を使って歩いている人にとって、杖は身体の一部のように感じられるはずです。メガネをかけているとき、そこで「見ている」のは「メガネ」ではなく、「わたし」だと思っているのも同じです。「わたし」の眼だけでは見えていないにもかかわらず、見てい

しの中で、少しずつものを認識していく、ということ。

エ　幼児が、文字を読めないうちから大人の音読を毎日くり返し聞くことで、認識できる言葉を増やしてゆく、ということ。

オ　大人が、様々な本を手にする子供達を観察することで、他の動物の持っていない素晴らしい力を実感する、ということ。

三　次の文章を読んで、あとの問いに答えなさい。

かつては東北の方言と九州や沖縄の方言はまったく異なっていて、互いにコミュニケーションをとるのも困難でした。共通語を全国に浸透《しんとう》させるには長年の努力が必要でした。日本人だから最初から同じだったわけではなく、Aキンシツな日本人を「つくる」必要があったのです。アメリカの政治学者のベネディクト・アンダーソン（一九三六～二〇一五）は、国民国家は古くから変わらず存在したわけではなく、近代化の過程で想像される共同体としてつくりだされてきたと述べました（『想像の共同体ナショナリズムの起源と流行』）。国境に囲まれた土地に住む国民というまとまりを私たちがあたりまえに思えるようになるには、国の中心から発信される出版などのメディアの発達、国語の成立や辞書の編纂《へんさん》、全国統一の国民教育など、①さまざまな仕組みによって、その「想像の共同体」を支える必要があったのです。

もちろん私たちの実感レベルでは、日本人には古くから固有の文化があり、日本人らしい性質がずっと昔から維持されてきたというイメージが〈　1　〉です。それが想像の産物にすぎないなんて言われると、いやな気分になる。「わたしたち」の存在が否定されたような感じがします。それは「わたしたち」の存在の輪郭《りんかく》を維持したいという思いがあるからです。

でも、その輪郭の連続性を支えているさまざまな「日本文化」には、最近になって一般化したり、海外に由来したりするものが少なくありません。Bキヌの着物も、瓦屋根も、畳の間も、一般庶民の生活に浸透しはじめたのは明治以降のことです。綱引きや火祭り、お盆や節供《せっく》などの年中行事には中国大陸や朝鮮半島の文化と共通するものがたくさんあります。

それは日本人が外来の文化をうまく変形しながら取り入れるのに長《た》けていたからだ――。そんな声が聞こえてきそうですが、それはかならずしも日本人だけに限られた現象とは言えません。

歴史学者のエリック・ホブズボーム（一九一七～二〇一二）らが編集した『創られた伝統』は、一九～二〇世紀にかけての欧米やその植民地の研究事例をもとに、さまざまな国や地域の「伝統」が長い年月を経たものではなく、ごく最近になって成立したり、ときに捏造《ねつぞう》されたりしたものだという、ショッキングな指摘をしました。「伝統というものは常に〈　2　〉につじつまのあう過去と連続性を築こうとするものである」。ホブズボームはCジョロンにそう書いています。

一五〇年前といまの日本人の暮らしは、まったく違います。しかも一五〇年前の日本列島に暮らした人びとは、もうだれ一人残っていません。日本人は、みんな入れ替わっている。それでもなお日本人や日本文化はずっと続いている。そんな意識が私たちにはあります。

学生に「日本文化とは何ですか？」と聞くと、みんな同じように答えます。着物や華道、茶道、相撲、歌舞伎、侍、侘《わ》び寂《さ》び……。でも、教

B　なり　ア　何でも言いなりになる
イ　自分なりにやってみる
ウ　一目見るなり泣き出した
エ　座りこんだなり動かない
オ　大なり小なり成長がある

(二)　～～～Ⅰ～Ⅴのここでの意味として最もふさわしいものを、次のア～オよりそれぞれ選び、記号で答えなさい。

Ⅰ　心外だ　ア　自分勝手だ
イ　驚かせたい
ウ　話にならない
エ　とんでもない
オ　思った通りだ

Ⅱ　勘定　ア　手
イ　耳
ウ　考え
エ　視界
オ　予定

Ⅲ　ほんとの　ア　物語としての
イ　原作者らしい
ウ　現実味のある
エ　原書の通りの
オ　実話に基づく

Ⅳ　懸念した　ア　注意した
イ　確認した
ウ　想像した
エ　提案した
オ　心配した

Ⅴ　そらで　ア　最初から
イ　自分一人で
ウ　節をつけて
エ　実物なしで
オ　ぼんやりと

(三)　――①「読めない」、――②「読める」という二つの表現において、「読む」とは、絵本の中の何をどうすることを意味していますか。「読む」という言葉を使わずに、それぞれ十五字以内で説明しなさい。

(四)　――③「この吸引力」とは、何の、どのような力ですか。三十字以内で説明しなさい。

(五)　――④「八カ月の子どもに、その絵本ははやいなどということをいわないでよかった」とありますが、筆者はなぜそう思ったのですか。最もふさわしいものを、次のア～オより選び、記号で答えなさい。

ア　うさぎを見たことがない幼児でも、絵の中に何か好きなものを見つければ、そのシリーズを楽しめることを教わったから。
イ　形から読みとるという、人間にだけ与えられている力は、小学校に入る前に鍛《きた》えなければならないと気づかされたから。
ウ　長時間話を聞くことのできない幼児も、「さーかす」だけは、親のいない時に一人で楽しんでいることを教わったから。
エ　絵本を毎日読んでもらっていると、一歳前の幼児も、文字を認識して抽象思考にたどりついている様子を目にしたから。
オ　絵を手がかりにしてものと言葉を結びつけ、観念を作り上げてゆく作業は、生後すぐに始まっていることを理解したから。

(六)　――⑤「快い経験」について、どういうことを「快い」と言っているのですか。最もふさわしいものを、次のア～オより選び、記号で答えなさい。

ア　幼い子供が、兄や姉のまねをして父や母に絵本を渡し、ページをめくってもらいながら色や形をながめる、ということ。
イ　若い親が、我が子の喜びそうな絵本を何冊か選んで並べておき、子供にせがまれるたびに読んで聞かせる、ということ。
ウ　幼児が、絵をながめながらそれに合わせた声を聞き、そのくり返

まだつづいているかと聞いてみると、その子に読んでやる文は、だんだんながくなって、ある日、

「おんがくたいも　せいぞろい
　あおいぼうしに　あおいふく」

のところにきたら、突然、「ぼち！」といって、絵をゆびさしたという話をしてくれた。

その子にとっては、帽子は、外出のたびに、かならずかぶせられる、外出とは切っても切れない関係にある、とくべつ意味のあるものだったそうだが、その子はそれを、絵のなかにある「ぼち」と同種のものと認識したのであった。

この一連の話を聞いて、私は、④八カ月の子どもに、その絵本ははやいなどということをいわないでよかったと思った。

この幼児たちにとって、この絵本は、最初、何かおもしろい形がはっきりした色で描かれていて、それを手にすると、身辺のおとなが何か節をつけていってくれるもの——つまり、形と音とがともなったものであったにちがいない。そして、それをくり返し、読めとせがんだのは、それが⑤快い経験であったからにちがいない。

描かれているものや、読んでもらうことが、ちんぷんかんぷんであっても、幼児のまわりには、現実に、ちんぷんかんぷんのことがあって、そういうものにぶつかっていくあいだに、子どもは知ったり、発見したりして喜ぶのにちがいない。

それにしても、人間に絵が読めるということは、なんというすばらしいことかと、私は思った。犬や鳥は、目や耳があんなに鋭敏《えいびん》なのに、絵はわからない。犬や鳥は、色をつかって、ある形がかかれているのを見ても、そこから何のいみもくみとれない。けれども、一歳二、三カ月の子どもは、「ぼち！」を認識する。

そして、その子は、現実に見たものを、頭の中でもう一ど、Ｖそらで組み立てる作業——どんなほかの動物もできない作業——を、どんどん頭のなかでつみ重ねていって、やがて、現実の形や絵、いまのはやりのことばでいえば、イメージの力をかりないでも、イメージを思いうかべることもできれば、そこから進んで抽象観念にまで到達することができる。

そして、その作業は、けっして学校へいって、勉強といわれるものがはじまってから、はじまるのではなくて、生まれるとまもなく、その第一歩の活動がはじまっているのだということは、子どもたちを見ていると、いやでも教えられないわけにはいかない。

（石井桃子「子どもにとって、絵本とは何か」）

【注】＊かつら文庫……一九五八年、筆者が東京都杉並区荻窪《おぎくぼ》にある自宅の一室に開いた、子供のための図書室。児童書がまだ少なかった時代に、約三五〇冊の蔵書と自由に読める場所を提供し、貸し出しも行った。二〇〇八年に筆者が亡くなった後も、その志を継いで活動が続けられている。

㈠　——A「つけ」、——B「なり」を、本文と同じ意味で使っているものを、次のア～オよりそれぞれ一つずつ選び、記号で答えなさい。

A　つけ
　ア　備えつけの家具
　イ　聞きつけない言葉
　ウ　胸に刻みつけたい
　エ　急いでかけつけた
　オ　何かにつけて言う

もいい、じぶんでは、字が読めなかったけれど、おとなの世界には文字があることは十分に承知していた。その子にとってさえ、絵がよい場合、文字はこれほどⅡ勘定《かんじょう》にはいらなかったのである。

それから、まもなく、この子よりずっと幼い子どもと絵本の関係について、かなりはっきり知らされたのは、二年ほどまえ、デンマークのブルーナというひとのあらわした「ちいさなうさこちゃん」という本のシリーズを訳したのちのことだった。このシリーズは、私が翻訳《ほんやく》した外国の絵本のなかでも、一ばん年少の子どもたちのための本で、絵は単純明快、ことばも、まだⅢほんとのストーリーを形づくらない、うたのようなものだった。

このシリーズ八冊ができあがった時、私は、これを、私の家の子ども図書室、「*かつら文庫」の本棚の上にならべた。私たち、この文庫のせわをするおとなは、新しい本をだす時、よく、こうして、本をだまってならべておいて、子どもの手のだしぐあいで、その本が、どのくらい子どもの興味をひくか、ひかないかを見ようとする。

おどろいたのは、ブルーナの本は、三、四歳の子から、小学六年生までが、文庫にはいってくるBなり、手にとったということだった。③この吸引力が、まず私たちに、この本はよく勉強してみる価値があることを教えてくれた。

この本が出てまもなく、ある若い女のひとが、生後八カ月の甥《おい》に、「うさこちゃん」の本を贈ったという話をしてくれた。

「おもしろいですよ。じいとおとなしく見ていて、読んでやると、だまってきいているんです。またページをくると、またじいと見て、聞いているんです。」

私は、何ぼ何でも、八カ月では早すぎると思ったが、だまっていた。私が早すぎると思ったのは、おそらく、その子は、うさぎも見たことがないだろうし、読んでやることばもわからないだろうし、ちんぷんかんぷんのことを与えられているのではないかとⅣ懸念《けねん》したからだが、だまっていたのは、その子は、案外、それを喜んでいたのかもしれないし、またもう少ししたら、その後のようすを聞いてみようと思ったからだった。

ところが、それから、数カ月して、べつの女の人、ある若い母親が、「おもしろいことを見せる」といって、小さいむすめ（十一カ月）をつれてきた。

若い母親は、五、六人のおとなの間に、その女の子をおき、「うさこちゃん」のシリーズのなかの「さーかす」を、その子のそばにおいた。すると、その子は、その本をもって、すぐわきにいた父親のところにはっていって、ひざにつかまって、父親の顔を見あげた。父親は、その本を読みはじめた。

この本では、右のページが色ずりの絵になっていて、左のページに四行のうたがついている。十一カ月の子どもの注意は、四行の文字を読むあいだ、集中できない。一行ほど読むと、ページをめくれと催促《さいそく》する。

こうして、「さーかす」の最後のページまでくると、赤ん坊は、その本をもって、となりのおとなのところにいって、また読めというしぐさをした。こうして、そこにいるおとなに全部読ませてから、この子は満足して坐《すわ》りこんだ。これが、この子の、にいちゃんのまねをしてはじめた、夕食後の日課なのだそうであった。

それから五カ月（その子一年四カ月）して、その母親に、あの行事は、

㈥ 筆者の心境の説明として最もふさわしいものを、次のア～オより選び、記号で答えなさい。

ア 【文章Ⅰ】では学芸会の晴れ舞台を懐かしみ、【文章Ⅱ】では小林先生とのやりとりを通して、父の死という、あまりに突然の出来事を受け止めかねていた「ぼく」を、我ながら痛ましい思いで見つめている。

イ 【文章Ⅰ】では先生や友人との活発なやりとりを描き、【文章Ⅱ】の、小林先生や母の話にもほとんど言葉を返せなくなってしまった様子と比べて、当時の複雑な心境がよみがえり、いたたまれなくなっている。

ウ 【文章Ⅱ】で父の死にも動揺せず、小林先生の話を落ち着いて聞いている「ぼく」を、【文章Ⅰ】で舞台作りやジュースに興奮している「ぼく」と比べ、急に大人になってしまったことを切なく思っている。

エ 【文章Ⅱ】で小林先生の話をきっかけに、【文章Ⅰ】の頃の胸中を「ぼく」自身が改めて理解してゆく様子を描き、「ぼく」をそっと気づかいながら劇に打ちこませてくれた小林先生に、改めて感謝している。

オ 【文章Ⅰ】で劇の指導に熱中する小林先生を描き、【文章Ⅱ】ではその先生に、「ぼく」を役から外した方がよいのではという迷いのあったことを明らかにして、むしろ救いになった大役をありがたく思っている。

二 次の文章を読んで、あとの問いに答えなさい。

二、三年まえ、私は、三冊の本をもって、四歳何カ月かの男の子のある家にいったことがある。二冊は、日本語の本であり、一冊は英語の本で、日本語の方は、おみやげであり、英語のは、ただ見せてもってかえるつもりであった。

男の子は、いつも私から本をもらいAつけていたから、私が包みから本をだすと、さっそくにこにこしてやってきて、お話を読んでもらう時独特の顔で、「ふん、ふん」とあいづちをうちながら聞きだした。

一つの本がおわると、すぐまた一つをとりあげて、「こんどは、これ」といった。

三冊読みおわって、私が英語の本をしまいかけると、その子は、びっくりして、

「どうして、それ、しまっちゃうの?」と聞いた。

「だって、これ、英語だから、おいていっても、①読めないから。」

私がいうと、その子は正直にⅠ心外だという顔をして、その本をめくり、絵と私の顔を見くらべて、

「ぼく、ほら、②読めるよ。ほら、読めるよ」といった。

そこに描かれている絵は、その子に全部読めたから、私が読めないというのは、その子にしてみれば、まちがいだったのである。

幼児にとって、絵は、おとなの文字――つまり、考えたり、感じたりの材料になってくれるもの――であり、または、それ以上のものかもしれないということを、その時ほどはっきり見せつけられたことはなかった。

その男の子は、四歳にもなっていたから、もうかなりなまいきなこと

られていた。父の具合が悪いということは先生にも言わずにいた。言えば心配してぼくはあのマヌケな大男の役からはずされてしまうかもしれない、と思ったからだ。

本当は父が元気になって、あの学芸会に母と一緒にきて貰《もら》いたかった。でもあの日、家からは誰も来ることができなかったし、②そういう話をぼくもしなかった。

母が新しいお茶をいれ、お茶菓子を持ってきたところで、小林先生はえらく恐縮して「これをいただいてもう失礼しますので」と少し腰を浮かせて言った。

ぼくたちの動きを察したように庭で犬のジョンがガサゴソ動き、小さく鳴いた。

（椎名誠『家族のあしあと』）

【注】＊小林先生……「ぼく」の担任でもある若い男の先生。五学年全体で作る劇を担当し、重要な役に「ぼく」を選んだ。

(一) ――A・Bのカタカナを漢字に改めなさい。

(二) 〈1〉～〈5〉を補う言葉として最もふさわしいものを、次のア～ソより選び、記号で答えなさい。同じ記号を二度以上選んではいけません。

ア 多難な　イ 無責任な　ウ 底知れない
エ お茶をにごす　オ 堂々としている　カ 頑固《がんこ》な
キ 生意気な　ク もどかしい　ケ もったいぶる
コ 洋々としている　サ 冷静な　シ 真面目な
ス 恥ずかしい　セ びっくりする　ソ 歴然としている

(三) 〰〰Ⅰ～Ⅳのここでの意味として最もふさわしいものを、次のア～オよりそれぞれ選び、記号で答えなさい。

Ⅰ 凝っていた
ア 工夫していた
イ 片寄っていた
ウ 気負っていた
エ 謎《なぞ》めいていた
オ 目立っていた

Ⅱ なかなか
ア かえって
イ 簡単には
ウ どうしても
エ 思った通り
オ 予想以上に

Ⅲ ことわり
ア おわびを言い
イ わけを説明し
ウ お茶を遠慮《えんりょ》し
エ お悔《く》やみを述べ
オ 席を外してもらい

Ⅳ してやったり
ア どうにか切りぬけた
イ 主役を支えてあげた
ウ 上手にごまかされた
エ 期待通り演じ切った
オ 教えたかいがあった

(四) ――①「そんな話」とは、どんな話ですか。三十字以内で説明しなさい。

(五) ――②「そういう話」とは、どんな話ですか。二十字以内で説明しなさい。

生は出演者や舞台の裏で手伝っていた裏方児童全員に一本ずつ、子供ではなかなか買えないバヤリースオレンジをふるまってくれた。

けれど、家に帰って①そんな話を家族に楽しく聞かせるわけにはいかなかった。臥《ふ》せっていることの多かった父の具合が日に日に悪くなっていたからだ。往診してくれた医者は入院をすすめたが、〈　3　〉父にはその気持ちはなく、医者の往診があるときだけ底力を出していつもより元気そうにしているのよ、と母は困ったような顔をして兄や姉たちに話していた。

秋がすぎ、冬になると父はもう布団から起きることもなくなり、ぼくや弟は家にいるときは大きな声をだしてはいけない、と言われていた。

父の病気は当初重い「肺炎」と聞かされていたが、それだけではなくおおもとは結核のようだった。それは下の子供たちには知らされていなかった。本格的な冬に入ってから嫌な響きのする咳《せき》が続き、苦しそうだった。子供心にも父は重い病気にかかってしまっているのだ、ということがわかってきていた。

【文章Ⅱ】

葬儀から一週間ぐらいした土曜日の午後に突然小林先生がやってきた。

恐縮している母に、少し話をしたいと思いましてね、とⅢことわり、ぼくは客間で先生と向かいあった。

小林先生は少しだけ笑顔を浮かべ「いろいろたいへんだったなあ」と最初に言った。

ぼくは先生が家にやってきた理由がまだよく分からず、あいまいにうなずいた。たしかに家族を見ているとたいへんな一週間だったけれど、父は長いこと自由に歩きまわることもできない病人でもあったので、交通事故で急に他界したわけでもないからある程度覚悟みたいなものはできていた。でもそれを言うのは〈　4　〉ようだったので黙ってまたうなずいた。

先生は、ゆっくりした口調でいろいろな話をした。世間話のようなものから父親が早くに亡くなってしまったけれどがんばって立派な仕事をなしとげた人の話など、いろいろだった。

早くにお父さんを亡くしてしまうといろいろ辛《つら》いことを乗り越えていかなければならない状況にも直面するけれど、今しっかりと前を向いて進んで行けば、これまでと変わらず君の人生は前途〈　5　〉ことを忘れないように。

そういう話をいろんな方向からしてくれた。話は一時間ぐらい続いたが、ぼくはずっと聞いているほうが多かった。ぼくがあまりにもシンとして聞いているので先生はどうもこれではまずいと思ったのか、話を急に変えた。笑い顔が少しまじっていた。

「それにしても去年の秋の学芸会『三年寝太郎』での君の活躍は素晴らしかったね。職員のあいだでも話題になっていたからね。ああいうのを主役をすっかり食ってしまった、というんだよ。Ⅳしてやったり、とぼくも思ったからね」

あの劇の練習から学芸会当日までいろんな事があったけれどぼくは劇の練習をすることに集中している時間が嬉《うれ》しかった。家で臥せっていることが多くなった父の力のない咳を聞いてシンとしている日々から逃れ

【国 語】（六〇分）〈満点：一二〇点〉

【注意】 字数が指定されている場合は、句読点や記号も1字として数えて下さい。

一 次の文章は、筆者（「ぼく」）が子供の頃を回想した小説の、二つの部分です。【文章Ⅰ】は小学五年生十月の学芸会当日から十二月までを、【文章Ⅱ】は翌年一月のある日を、それぞれ描いています。読んで、あとの問いに答えなさい。

【文章Ⅰ】

午後の真ん中へんがぼくの出る劇「三年寝太郎」だった。演出の＊小林先生は大学の頃になにか演劇関係のサークルに入っていたようで、舞台の作りかたからしてとてもⅠ凝《こ》っていた。それはリハーサルのときにだんだんわかってきた。まず、いままでの学芸会の劇と照明がぜんぜん違っていて、夕方とか朝などが本当のような色合いになり、ぼくはそれだけで感動してしまった。さらにカラスの鳴き声とか遠くの村祭りの太鼓や笛の音などもそれ用に作られたものを借りてきてあって、その操作は裏方の児童がやっていた。

シャックリのマヌケな大男役のぼくは一時間前から顔に化粧され、顔全体は土色に、頬《ほお》などは、まいったなあ、と思うくらい丸く赤く塗られ、その上にものすごく大きな黒いテンテンをつけられ人間テントウ虫みたいにされた。最後に手拭《てぬぐ》いで頬かぶりをすると、自分でも誰だかわからないような顔になっていたから（　1　）気持ちはあまりなくなっていった。

最初の頃は新聞紙で作られていた体を大きくするためのヨロイみたいなものもボール紙で同じように自分たちで作った。これはけっこう難しく三人の裏方の友達が手伝ってくれた。その上に古い敷布に色を塗って野良着みたいにしたのをAハオリ、高下駄《たかげた》を履《は》くと学年でぼくが一番せいたかノッポでもあったので自分でも（　2　）くらいの大男になり、小林先生に言われたように全身を大きく上下にゆすりながら「ギョッ」「ギョッ」と大声をだしてシャックリをする。その恰好《かっこう》で歩いてみると、ほかの出演者や裏方がみんな手を叩《たた》いて笑った。

ぼくは、寝てばかりいて悪がしこいコトばかり考えている寝太郎がつかまってむしろBマきにされ、川に流される運命となり、二人の農夫に担がれてくるタイミングで舞台そででスタンバイしている。担がれながらも寝太郎はうまいことを言って担いできた二人を金のあるところに行かせ、農道にいったん下ろさせることに成功し、寝太郎はその隙《すき》になんとか逃げられないかと考えている。

そこにぼくが出ていくのだ。

「暗い道は何も見えなくてあぶねえなあ」などと言いながら例の体の上下を大きく動かす「ギョッ」をやる。

最初の「ギョッ」で多くの観客が笑い、その笑い声に最初はぼくが圧倒されてしまった。寝太郎とのセリフのやりとりはちょっとだけあるのだがぼくは短いセリフを言いながら「ギョッ」のほうもやらねばならずⅡなかなか忙しい。

「ギョッ」は観客も期待しているらしく笑い声はますます大きくなっていき、寝太郎のセリフが笑い声で観客に聞こえないくらいになった。

ぼくはたいへんいい気分になり、演劇って面白いものだなあ、と思った。その劇はその日一番面白いという評判になり、終わったあと小林先

MEMO

大切なことはメモしておこうネ！

2023年度

解 答 と 解 説

《2023年度の配点は解答欄に掲載してあります。》

＜算数解答＞

1 (1) 3 (2) 0.873 (3) $\frac{66}{505}$ (4) $\frac{7}{11}$

2 (1) 125 (2) 270円 (3) 4日 (4) 7通り (5) 57.3

3 (1) ① 240枚 ② 12 (2) ① 96枚 ② 216枚

4 (1) 72cm^3 (2) 18cm^2 (3) ① 36cm^3 ② ㋑・㋕

5 (1) ① 10秒後 ② 3回 ③ 42秒後，4.8m (2) $69\frac{2}{3}$秒後

○推定配点○

2，5 各6点×10 他 各5点×12(4(3)②完答) 計120点

＜算数解説＞

1 (四則計算)

(1) $117\times4\div6\div26=9\times4\div6\div2=3$

(2) $3\times(0.74-0.126-0.323)=3\times(0.74-0.449)=0.873$

(3) $\frac{1}{60}\times\frac{24}{7}\times\frac{231}{101}=\frac{66}{505}$

(4) $\square=7\div\frac{44}{15}-\frac{7}{4}=\frac{7}{11}$

重要 ### 2 (演算記号，数の性質，割合と比，仕事算，場合の数，平面図形，概数)

(1) (2☆4096)＝{2☆(64×64)}＝12　(3☆729)＝{3☆(27×27)}＝6
2×(5☆□)＝12－6＝6　(5☆□)＝3　したがって，□＝5×5×5＝125

(2) A，B，Cを5個ずつ買うと400＋390＋560＝1350(円)
したがって，1個ずつ買うと1350÷5＝270(円)

(3) 全体の仕事量が12，18，24の最小公倍数72のとき，1日の仕事量がAは72÷12＝6，Bは72÷18＝4，Cは72÷24＝3
したがって，C1人で仕事をしたのは{72－(6＋4)×6}÷3＝4(日)

図1

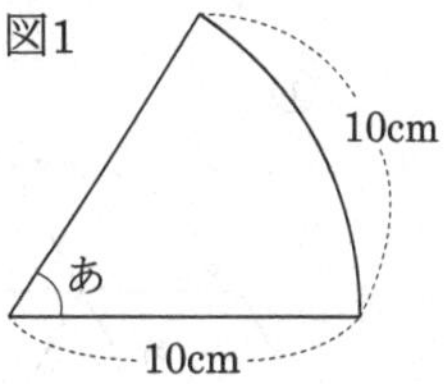

やや難 (4) みかんを○，りんごを●で表すと，以下の7通りがある。
(○，○，○，○●●)(○，○，●，○○●)(○，●，●，○○○)
(○，○，○○，●●)(○，●，○○，○●)
(○，○，○●，○●)(●，●，○○，○○)

(5) 角あ…360÷(20×3.14)×10＝180÷3.14≒57.3(°)(図1)

図2

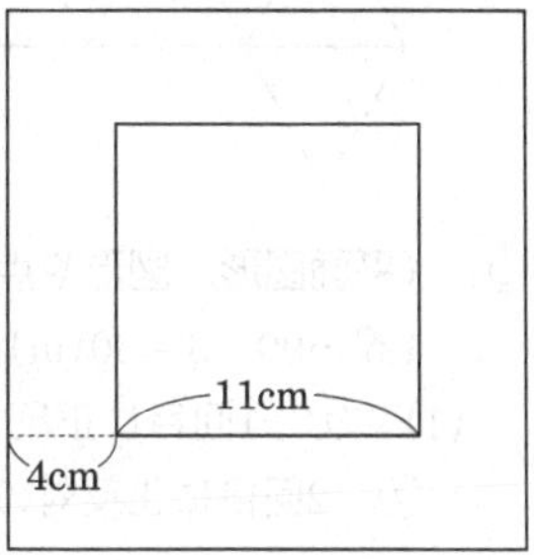

3 (図形，方陣算，数の性質，場合の数)

重要 (1) ① 図2より，形Aの1辺は11＋4×2＝19(cm)　したがって，形Bは19×19－11×11＝(19＋11)×(19－11)＝240(枚)
② 52÷4－1＝12

やや難 (2) ① 約数の個数が8個の最小の数…24　1×24，2×12，3×8，4×6　したがって，最少のタイルの枚数は24×4＝96(枚)

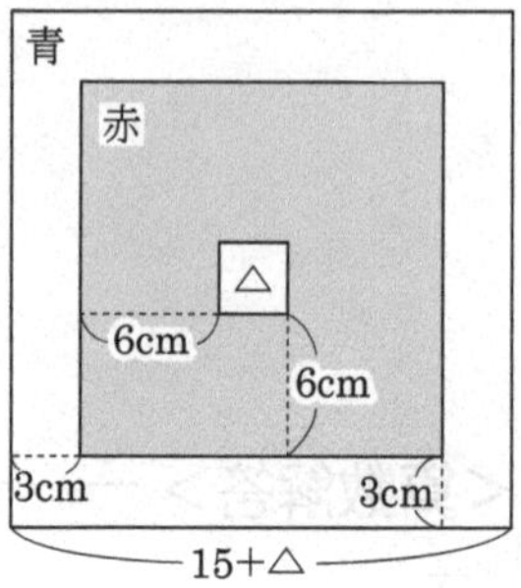

② 右図において，3×(15＋△)と6×(6＋△)が等しく，15＋△は6＋△の2倍，12＋△×2である。したがって，△＝15－12＝3(cm)，赤いタイルは6×(6＋3)×4＝216(枚)

重要 4 (平面図形，相似，立体図形)

図1

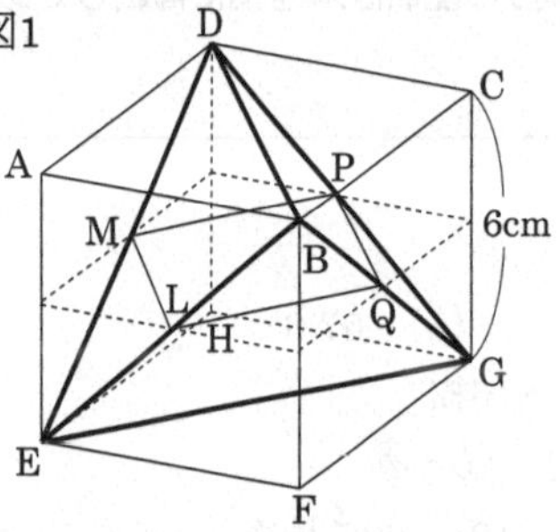

図2

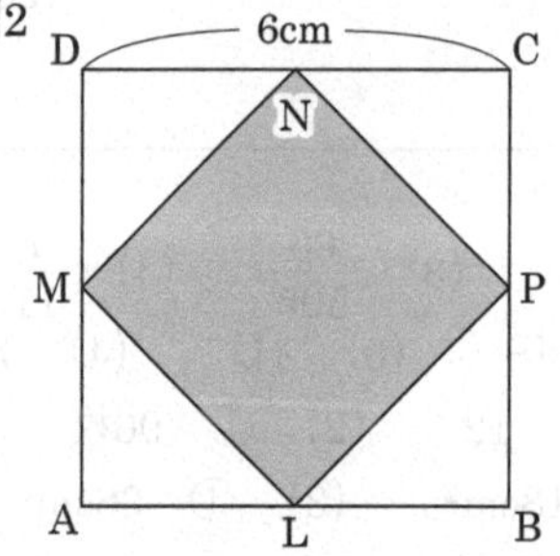

(1) 図1より，6×6×6－6×6÷2×6÷3×4＝36×2＝72(cm^3)

(2) 図1において，高さ3cmの位置で立方体を水平に切断すると，正四面体BDEG以外の部分の体積も半分に切断されているので，正四面体の体積も半分に切断されている。したがって，切り口の正方形LMPQの面積は6×6÷2＝18(cm^2)(図2)

(3) ① 正四面体E－LMNとE－BDGの相似比は1：2，体積比は1：8　したがって，求める体積は72÷8×(8－1×4)＝36(cm^3)(図3)

図3

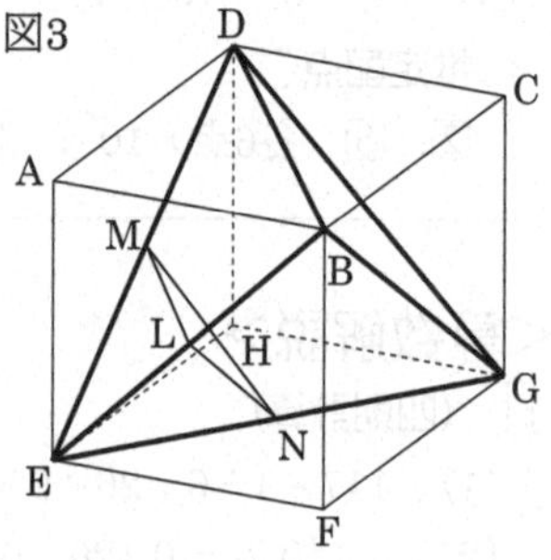

② ㋐と㋒…重なる面がある

㋓と㋔…面あの頂点と黒い面の頂点が重なる。したがって，㋑・㋕が正しい

㋐

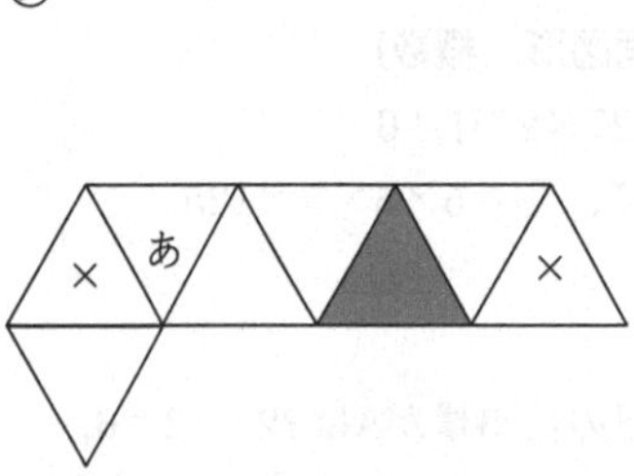

㋑

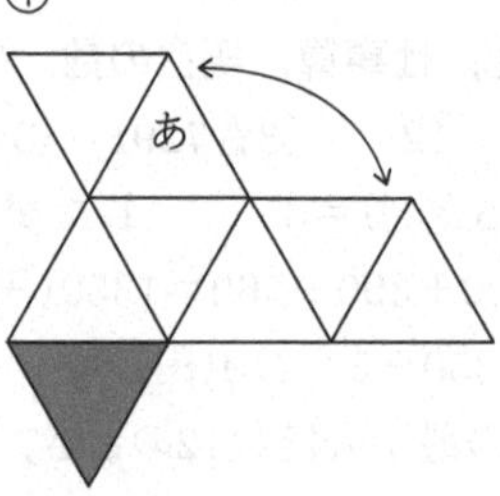

㋒

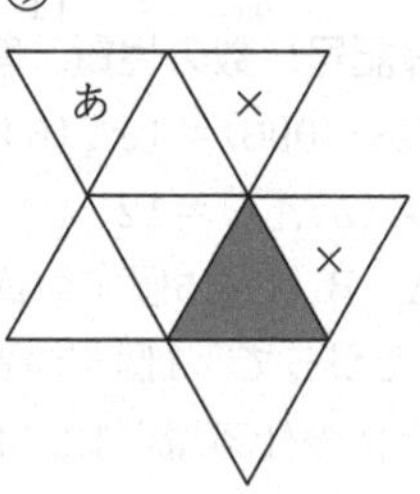

㋓

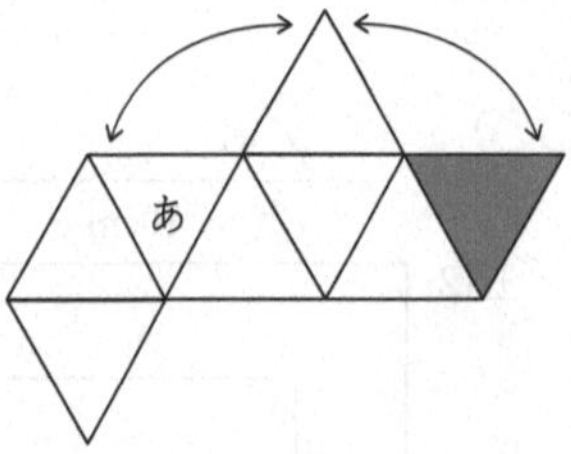

㋔

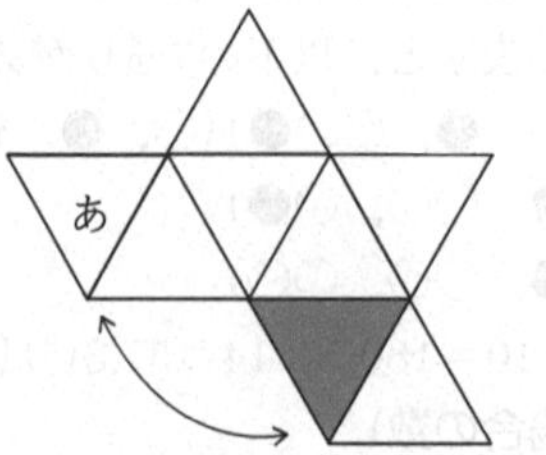

㋕

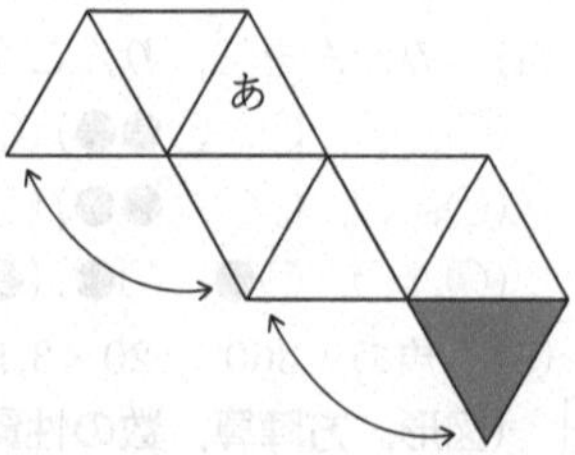

やや難 5 (平面図形，図形や点の移動，立体図形，速さの三公式と比，旅人算，割合と比)

1周…90÷3＝30(m)

(1) ① 1回目に正反対(線対称)の位置になる時刻…30÷2÷(1＋0.5)＝10(秒後)

② 2回目に正反対の位置になる時刻…10＋30÷(1＋1)＝25(秒後)

3回目に正反対の位置になる時刻…$25+30\div(1+1.5)=37$(秒後)

ここまでで2人が進んだ距離の和は$0.5+1\times2=2.5$(周)　したがって，距離の和が3周になるまでにB君の速さが変わったのは3回

③　2人が出会った時刻…②より，$37+15\div(1+2)=42$(秒後)　したがって，出会った高さは$9-9\div90\times1\times42=4.8$(m)

図1

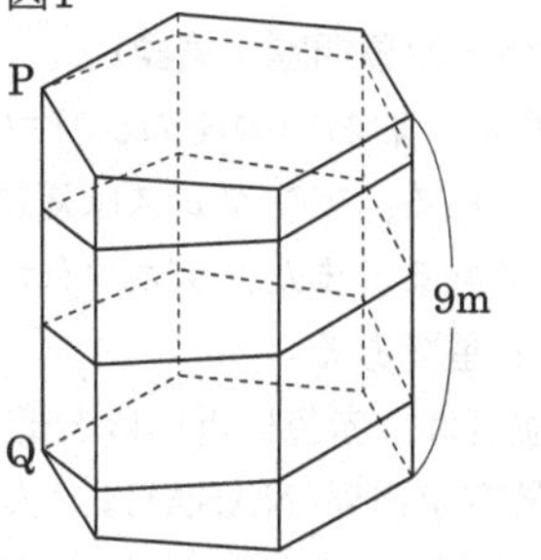

図2

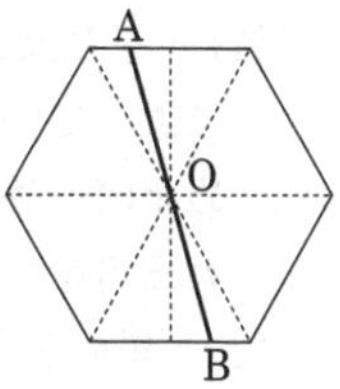

(2)　4回目に正反対の位置になる時刻…$37+30\div(1+2)=47$(秒後)　このとき，B君が進んだ距離は$3\div9\times4.8+2\times(47-42)\div30=1\frac{14}{15}$(周)

5回目に正反対の位置になる時刻…$47+30\div(2.5-1)=67$(秒後)　このとき，QからのB君の位置は$1\frac{14}{15}-2.5\times(67-47)\div30=\frac{4}{15}$(周)　したがって，Qに戻る時刻は$67+30\times\frac{4}{15}\div(2.5+0.5)=67+2\frac{2}{3}=69\frac{2}{3}$(秒後)

★ワンポイントアドバイス★

2(4)「みかんとりんごを4つの組に分ける方法」はミスしやすく，3(2)①は「約数の個数」に気づかないと苦戦する。4「立方体と正四面体」はよく出る問題であり，ここで差がつきやすい。5は難しいレベルの問題である。

＜理科解答＞

1　(1)　ア，エ，カ　(2)　イ→ウ→ア　(3)　イ　(4)　①　○　②　○　③　×　④　×　⑤　×　(5)　80(L)　(6)　カ

2　(1)　A　ア　B　ウ　C　イ　(2)　ア，イ，ウ　(3)　60(g)　(4)　イ　(5)　ア，イ，オ，カ　(6)　ス，ソ

3　(1)　オ　(2)　ウ　(3)　ウ，カ　(4)　ア　(5)　エ　(6)　A　りん　BとC　イ　(7)　ふくがん　(8)　ウ

4　(1)　ア，オ　(2)　ウ　(3)　5.4(℃)　(4)　A　2.8(℃)　B　右図　(5)　1.17　(6)　B　0.91　C　10.4　(7)　イ

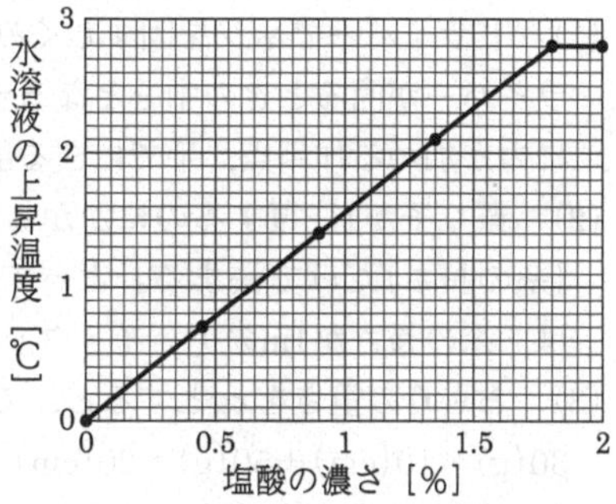

○推定配点○

1　(4)　各1点×5　他　各3点×5((1)，(2)各完答)　2　(5)，(6)　各4点×2(各完答)　他　各3点×4((1)，(2)各完答)　3　(1)，(5)　各3点×2　他　各2点×7((3)完答)　4　(4)～(6)　各3点×4((4)完答)　他　各2点×4((1)完答)　計80点

＜理科解説＞

1　(地学総合―天体・時事問題・気象)

基本　(1)　冬の大三角は，おおいぬ座のシリウス，オリオン座のベテルギウス，こいぬ座のプロキオンによってつくられる。アンタレスは夏に見られるさそり座の一等星，スピカは春に見られるおとめ座の一等星である。また，デネブ(はくちょう座)，ベガ(こと座)，アルタイル(わし座)は夏の大三角をつくる星である。

基本　(2)　星の表面温度は，赤色に近いほど低く，青白色に近いほど低い。

(3)　アメリカ航空宇宙局(NASA)は，人類を月面に着陸させる計画であるアルテミス計画を実施していて，2022年11月にアルテミス1号が打ち上げられた。パイオニア計画は惑星探査，アポロ計画は有人の月面探査，マーキュリー計画は有人宇宙飛行，ディスカバリー計画は太陽系探査を目的とした，それぞれアメリカの計画である。ルナ計画は，無人月面探査を目的とした旧ソビエト連邦の計画である。

基本　(4)　①　風向は，風のふいてくる方角を表している。　②　日本の冬は，日本列島の東側に低気圧，西側に高気圧が発達することが多く，このような気圧配置を西高東低の気圧配置という。

③　サイクロンは発達した低気圧のひとつである。低気圧の中心付近の空気の動きは，北半球では反時計回りに中心に向かってふきこむが，南半球では時計回りに中心に向かってふきこむ。

④　地震の規模はマグニチュードで表される。震度はゆれの大きさを表す。　⑤　地震が発生した地下の場所を震源という。震央は，震源の真上の地表の点である。

(5)　1時間でたまる水の高さは 80(mm)＝0.08(m)なので，1時間に1m^2あたりにたまる水の体積は1(m^2)×0.08(m)＝0.08(m^3)となり，1(m^3)＝1000(L)から，0.08(m^3)＝80(L)

(6)　光が1秒で30万km進み，1年を360日とすると，1年で光が進む距離は 30万(km/秒)×(60×60×24×360)(秒)で求めることができる。ここで，1年＝360日＝(24×360)(時間)＝8640(時間)なので，1年を約8600時間とすると，1年＝8600(時間)＝(60×8600)(分)＝516000(分)となる。さらに，1年を約520000分とすると，1年＝52万(分)＝(60×52万)(秒)＝3120万(秒)なので，1年は約3000万秒とみなすことができる。30万×3000万＝(30×3000)×(1万×1万)＝9万×1億＝9(兆)だから，1秒で30万km進む光は，3000万秒で約9兆km進むことができると考えることができ，選択肢カの「9兆3300億km」が最も適するものと考えられる。

2　(物理総合―てこ・振り子・回路と電流・電流と磁界・音の性質)

(1)　ドライバーでネジを回すしくみはてこの原理を利用している。ドライバーの先端はネジとドライバーが回るときの中心となる支点，ネジの穴にひっかかっている部分はドライバーからネジに力が加わる作用点，手でにぎる部分はドライバーに力を加えている力点である。

重要　(2)　振り子が1往復するのにかかる時間は，おもりの重さや振れ幅には関係なく，振り子の長さ(糸の長さ)だけで決まる。よって，図の振り子と1往復するのにかかる時間が同じであるものは，糸の長さが1mのア・イ・ウである。

重要　(3)　おもりの重さをxgとすると，てこのつり合いの関係から，x(g)×20(cm)＋20(g)×5(cm)＝30(g)×10(cm)＋50(g)×20(cm)　　x＝60(g)

重要　(4)　2個の電池を直列につなぐと，電池1個のときよりも回路に流れる電流は大きくなる。また，2個の豆電球を並列につなぐと，豆電球1個のときよりも回路に流れる電流は大きくなる。これらのことから，豆電球が最も明るく点灯するのは，電池2個が直列につながれ，豆電球2個が並列につながれている回路イである。

やや難　(5)　回路に流れる電流によって導線のまわりに磁界ができる。それぞれの回路で方位磁針にはたらく磁界の向きは，アとカでは図の上向き，イとオでは図の下向き，ウとクでは図の左向き，エとキでは図の右向きである。これらのうち，方位磁針が北向きのまま動かないのは，地球による磁界の向きと電流による磁界の向きが一致して強め合うアとカ，地球による磁界の向きと電流による磁界の向きが逆向きで打ち消し合うイとオである。

(6)　高い「ミ」は，ピアノのdの「レ」より半音2つ分高いので，4弦の2フレット目の㋞をおさえ，ピアノのcの「ラ」より半音7つ分高いので，3弦の7フレット目の㋜をおさえる。

3 (動物―モンシロチョウ)

基本 (1)　モンシロチョウはキャベツやダイコンなどのアブラナ科の植物の葉に卵をうみつけることから，嶺くんのおばあちゃんの家のまわりはダイコンを育てている畑がある環境だと考えられる。

(2)　ふ化してすぐのモンシロチョウの幼虫は，自分が入っていた卵の殻を食べる。

基本 (3)　キリギリスなどのバッタのなかまやトンボのなかまは，さなぎの時期のない不完全変態の昆虫である。

(4)　モンシロチョウのメスとオスでははねの模様にちがいがあり，前ばねの黒い模様のはばが，メスのほうがオスよりも広くなっている。

(5)　モンシロチョウのオスは積極的にメスを探して飛び回るため，メスよりもオスのほうが多く見かけられる。

(6)　オスのはねは紫外線を吸収しやすいため暗く見え，メスのはねは紫外線を反射しやすいため明るく見える。そのため，明るく見えているメスのはねに紫外線を吸収する日焼け止めクリームをぬると，光を反射せず暗く見えるようになってオスに見えると考えられる。

(7)　六角形の小さな個眼が集まってできた眼を複眼といい，明るさや色，形などを知ることができる。

(8)　里山は，人間の生活する地域に近く，適度に人の手が入った自然が残る農地や雑木林である。

4 (水溶液―中和と熱)

(1)　水酸化ナトリウム水溶液の液性はアルカリ性である。重そう水と石けん水の液性はアルカリ性，砂糖水は中性，食酢と過酸化水素水，ミョウバン水は酸性である。

(2)　ア…クエン酸は酸性，アンモニアの水溶液はアルカリ性なので，中和の反応が起こる。
イ…炭酸水素ナトリウムの水溶液はアルカリ性，胃液は酸性なので，中和の反応が起こる。
ウ…温泉で発生する硫黄を含んだ気体である硫化水素や二酸化硫黄の水溶液は酸性であるので，これらの反応は中和の反応ではない。　エ…炭酸カルシウムの水溶液はアルカリ性，うすい塩酸は酸性なので，中和の反応が起こる。　オ…石灰水はアルカリ性，二酸化炭素の水溶液(炭酸水)は酸性なので，中和の反応が起こる。

(3)　実験1の結果から，水溶液の上昇温度は，水酸化ナトリウムの重さに比例し，水溶液の重さに反比例することがわかる。よって，水酸化ナトリウムが1g，水溶液が100gのときの上昇温度が2.4℃だから，水酸化ナトリウム4.5gを195.5gの水の溶かしたときの上昇温度は，水溶液の重さが $4.5+195.5=200(\text{g})$ であることに注意して，$2.4(℃)\times\frac{4.5(\text{g})}{1(\text{g})}\times\frac{100(\text{g})}{200(\text{g})}=5.4(℃)$

(4)　実験2で，ビーカー①～④の結果から，塩酸の濃さが0～1.35％の間は，塩酸の濃さと水溶液の上昇温度は比例していることがわかる。塩酸の濃さが0.9％のとき，水溶液の上昇温度は1.4℃なので，塩酸の濃さが2％のときの水溶液の上昇温度は，$1.4(℃)\times\frac{2(\%)}{0.9(\%)}=3.1\cdots(℃)$ になると考えられるが，塩酸の濃さが2％のビーカー⑥の水溶液の上昇温度が2.8℃であることから，塩酸がある濃さ以上になると上昇温度が一定になることがわかる。塩酸の濃さが1.8％のときの水溶液の上昇温度は，$1.4(℃)\times\frac{1.8(\%)}{0.9(\%)}=2.8(℃)$ になると考えられ，塩酸の濃さが2％のビーカー⑥の水溶液の上昇温度が2.8℃と等しいことから，塩酸の濃さが1.8%までは，塩酸の濃さと水溶液の上昇温度は比例し，1.8%を超えると上昇温度は2.8℃で一定になることがわかる。

やや難 (5)　(4)より，2%の水酸化ナトリウム水溶液50gと1.8%の塩酸50gがちょうど中和して水溶液が中性になることがわかる。できた水溶液の重さは50＋50＝100(g)で，水溶液の上昇温度は2.8℃である。実験1で，水溶液の重さが100g，水溶液の上昇温度が2.4℃のときに発生した熱の量が「1」であることから，水溶液の重さが100gで水溶液の上昇温度が2.8℃のときに発生する熱の量は，$1\times\frac{2.8(℃)}{2.4(℃)}=1.166\cdots$より，1.17

やや難 (6)　B　実験2で用いた2%の水酸化ナトリウム水溶液50g中には，水酸化ナトリウムが 50(g)×0.02＝1(g)ふくまれている。また，(4)・(5)より，実験2では，ビーカー⑤のときに混ぜ合わせてできた水溶液が中性になったことから，1.8%の塩酸50g中にふくまれる塩化水素 50(g)×0.018＝0.9(g)が水酸化ナトリウム1gとちょうど反応することがわかる。ビーカー⑦の水酸化ナトリウムは1gなので，ちょうど反応する塩化水素は0.9gとわかる，塩酸の重さが99gであることから，濃さは 0.9(g)÷99(g)×100＝0.9090…より，0.91%とわかり，Bには0.91があてはまる。
C　水酸化ナトリウム2gとちょうど反応する塩化水素は，$0.9(g)\times\frac{2(g)}{1(g)}=1.8(g)$である。2%の塩酸98gにふくまれる塩化水素は 98(g)×0.02＝1.96(g)だから，ビーカー⑧では，水酸化ナトリウムはすべて反応し，塩化水素が 1.96－1.8＝0.16(g)残ることがわかる。ビーカー⑦の結果より，水酸化ナトリウム1gが中和したときの水溶液の上昇温度が5.2℃なので，ビーカー⑧の水溶液の上昇温度は $5.2(℃)\times\frac{2(g)}{1(g)}=10.4(℃)$である。

(7)　(6)より，ビーカー⑧では未反応の塩化水素(塩酸)が残っていることから水溶液は酸性である。ビーカー⑨について，3.75%の塩酸96gにふくまれる塩化水素は96(g)×0.0375＝3.6(g)である。また，水酸化ナトリウム4gとちょうど反応する塩化水素は $0.9(g)\times\frac{4(g)}{1(g)}=3.6(g)$である。よって，ビーカー⑨では，水酸化ナトリウムと塩化水素(塩酸)はちょうど反応し，水溶液は中性になっていることがわかる。

★ワンポイントアドバイス★

幅広い単元から多くの問題が出題され，計算が必要な問題も複数出題されることから，幅広い分野についてやや深いところまで学習し，計算問題にも多く取り組んですばやく正確に解答できるようになっておこう。

<社会解答>

1　(1)　①　淡　②　三角州　(2)　エ　(3)　C　(4)　ベトナム　(5)　オーストラリア　(6)　G　(7)　ア　(8)　i)　釧路(湿原)　ii)　ウミガメ　(9)　i)　水を蓄えられて自然のダムとなることから，洪水などの防止になる。　ii)　二酸化炭素

2　(1)　①　アメリカ　②　ASEAN[アセアン]　(2)　右図　(3)　i)　3(%)　ii)　エ　(4)　長江　(5)　ウ　(6)　イ

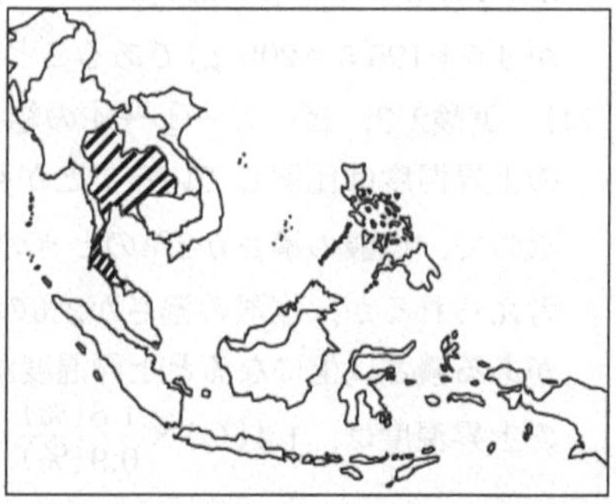

(7)　ⅰ)　A　中国　　B　インド　　ⅱ)　公共交通機関が発達している　　(8)　ⅰ)　エ　ⅱ)　ア　　(9)　カ

3　(1)　日本書紀　　(2)　甲賀(市)　　(3)　ⅰ)　ア・カ　　ⅱ)　ウ　　(4)　ア　　(5)　イ　　(6)　後鳥羽(上皇)　　(7)　邪馬台国　　(8)　北朝鮮に拉致された被害者(5人)が帰国したこと。　　(9)　インバウンド　　(10)　ウ　　(11)　新田義貞

4　(1)　①　パリ　　②　満州　　(2)　ペリー　　(3)　外務省　　(4)　廃藩置県　　(5)　ⅰ)　ア　　ⅱ)　イ　　(6)　デフレーション　　(7)　エ　　(8)　ウ　　(9)　国際連盟　　(10)　イ　戦争があったため，兵隊に行った男性が多く亡くなっているから。

○推定配点○

1　(4)・(5)・(8)・(9)ⅱ)　各2点×5　　(9)ⅰ)　3点　　他　各1点×6

2　(3)ⅱ)・(5)・(6)・(8)・(9)　各1点×6　　(7)ⅱ)　3点　　他　各2点×7

3　(6)・(7)・(9)・(11)　各2点×4　　(8)　3点　　他　各1点×7((3)ⅰ)完答)

4　(2)～(4)・(6)・(9)　各2点×5　　(10)　記述3点　　他　各1点×7　　計80点

<社会解説>

1　(日本の地理－湿原，湿地)

(1)　①　塩分を大量に含んでいる水は，鹹水(かんすい)という。　②　三角州はデルタともいう。

(2)　飛騨山脈，木曽山脈，赤石山脈の別名はそれぞれ，北アルプス，中央アルプス，南アルプスである。

(3)　この2つの湿原は，北海道東部に位置する。

(4)　ベトナム戦争は，ベトナム統一を目指す民族解放運動とこれを阻止しようとしたアメリカとの間の戦争である。

(5)　グレートバリアリーフは，オーストラリア北東のクイーズランド州東海岸沿いに連なっている。

(6)　日本最大のカルスト地形は，山口県にある秋吉台である。

重要　(7)　カキの収穫は，瀬戸内・三陸海岸沿いで盛んである。

(8)　ⅰ)　釧路湿原は，日本最大級の湿原である。ⅱ)　ウミガメは，海洋性のカメの総称である。

(9)　ⅰ)　近年，日本各地で豪雨等による洪水被害が増えており，改めて見直されてきている。
ⅱ)　二酸化炭素は温室効果ガスの代表例である。

2　(総合－タイ・中国・インド等と日本との関係)

(1)　①　アメリカは日本人が長期滞在しやすい制度が整備されている。　②　ASEANは，政治・経済・社会文化の発展・安定などを目的として1967年に発足された。

(2)　タイはインドシナ半島の中央部に位置する。

(3)　ⅰ)　消費税は，1997年に3%から5%に，2014年に8%に，2019年に10%に変更された。
ⅱ)　エ　アメリカ同時多発テロは，2001年の出来事である。

(4)　長江は揚子江ともよばれ，ナイル川，アマゾン川に次いで世界で三番目に長い川である。

(5)　バンコクは高温多雨であり，シャンハイは夏と冬の寒暖差が大きく，新潟は冬に降水(雪)量が多い。

(6)　生産量が最も多いAが北海道で，1990年代前半に冷害の影響で生産量を落としたCが岩手県で，残ったBが茨城県となる。

重要　(7)　ⅰ)　A　中国の人口は14億人を超えている。　B　インドは中国に次いで世界で二番目に人口が多い。　ⅱ)　東京や大阪等の都市部では，鉄道やバスの交通網が充実しており，本数も多い。

(8) ｉ) 名古屋城内には重要文化財はあるが，世界遺産には登録されていない。 ⅱ) イ シンガポールは人口約440万人の都市国家である。 ウ フィリピンは人口約8500万人で，7000以上の島からなる国である。 エ ミャンマーは国民の約9割が仏教徒である。

重要 (9) 輸出額が最多のBが北アメリカで，輸出入額が最少のAがオセアニアで，残ったCが東南アジアとなる。

3 (日本の歴史－「上野」に関連した問題)

(1) 日本書紀は奈良時代の歴史書で，六国史の一つである。712年に編さんされた古事記と合わせて「記紀」とよばれている。

やや難 (2) 甲賀市は滋賀県南部に位置する市で，2004年に水口・土山・甲賀・甲南・信楽の5つの町が合併して発足した。

重要 (3) ｉ) イ 法然は浄土宗の開祖である。 ウ 親鸞は浄土真宗の開祖である。 エ・ク 日蓮は日蓮宗の開祖で，身延山久遠寺を拠点とした。 オ 空海(弘法大師)は真言宗の開祖で，高野山金剛峰寺を拠点とした。 ⅱ) ア 白虎隊は戊辰戦争の際に会津で結成された。 イ 新撰組は近藤勇・土方歳三らによって結成された。 エ 奇兵隊は高杉晋作らによって長州で結成された。

(4) ア 狩野永徳の作品である「唐獅子図屛風」である。

(5) 地図上のアが高句麗で，ウが新羅で，エが加羅である。

(6) 後鳥羽上皇が承久の乱後に失脚し，六波羅探題が設置され，鎌倉幕府による西国支配が強まった。

(7) 邪馬台国の所在地について，「近畿説」と「北九州説」の間で長年の論争となっている。

(8) 「拉致問題」は日朝間における長年の懸案事項であり，未だ解決に至っていない。

(9) 当初は東京五輪・パラリンピックに向けてインバウンドの増加が図られていたが，新型コロナウイルス感染拡大によってその計画は実現しなかった。現在に至るまで感染終息の目途が立っておらず，観光業の先行きも不透明の状況である。

(10) ア 与謝蕪村の俳諧である。 イ 小林一茶の俳諧である。 エ 正岡子規の俳諧である。

(11) 新田義貞らが鎌倉を攻め，足利尊氏らが京都の六波羅探題を攻め，鎌倉幕府が滅亡した。

4 (日本と世界の歴史－「移住」を切り口とした問題)

基本 (1) ① 第一次世界大戦後のパリ講和会議でベルサイユ条約が締結され，敗戦国ドイツの戦後処理等について取り決められた。 ② 満州事変は1931年の柳条湖事件を契機に勃発し，翌年に日本は一方的に満州国を成立させた。

(2) 江戸幕府は異国船打ち払い令(1825年制定)により，日本への接近を図る欧米列強に対して排他的な対応をしていたが，ペリー率いる黒船来航により開国を余儀なくされた。

(3) 外務省は，外交政策・通商航海・条約等の対外関係事務を担当する省庁である。

(4) 明治政府は，版籍奉還(1869年)・廃藩置県(1871年)によって，中央集権化を進めていった。

(5) ｉ) 幕末に結ばれた日露和親条約で千島列島の得撫島以北はロシア領とされていたが，樺太千島交換条約により，千島列島全体が日本領となった。 ⅱ) イ シベリア出兵は，第一次世界大戦後の出来事である。

(6) この財政政策は，大蔵卿の松方正義が主導したデフレ政策であったので，「松方財政」「松方デフレ」ともいわれている。

(7) 香辛料はヨーロッパで中世期に，中国で宋・元時代に普及した。天然ゴムの主な生産地は東南アジアである。

(8) ア 厳島神社は広島県にある。 イ 壇ノ浦の戦いで源氏を率いていたのは，源義経である。 エ アメリカ大統領の仲介で結ばれたのは日本とロシアとのポーツマス条約である

(9)　日本は満州事変後の1933年に国際連盟を脱退し，それ以後国際的な孤立を深めていった。

重要 (10)　第二次世界大戦後まもなく，日本国内では「ベビーブーム」といわれる出生数増加の時期を迎え，この時期に生まれた世代を「団塊の世代」という。

★ワンポイントアドバイス★

過去問演習を通して，本校特有の「長めのリード文・設問文」に慣れていき，量に圧倒されないようなトレーニングをしよう。

＜国語解答＞

一　(一)　A　羽織　　B　巻　　(二)　1　ス　　2　セ　　3　カ　　4　キ　　5　コ
(三)　Ⅰ　ア　　Ⅱ　オ　　Ⅲ　イ　　Ⅳ　エ　　(四)　(例)　学芸会の劇に出演し，大好評を得てとても面白かった，という話。　(五)　(例)　父と母に学芸会を見に来てほしいという話。　(六)　エ

二　(一)　A　イ　　B　ウ　　(二)　Ⅰ　エ　　Ⅱ　ウ　　Ⅲ　ア　　Ⅳ　オ　　Ⅴ　エ
(三)　(例)　①　英語の意味を理解すること。　②　絵の意味を理解すること。
(四)　(例)　ブルーナの絵本の，幅広い年令の子供達に強い興味を持たせる力。
(五)　オ　　(六)　ウ

三　(一)　A　均質　　B　絹　　C　序論　　D　装置　　(二)　1　オ　　2　キ　　3　ウ　　4　エ　　(三)　(例)　外国人との関係による差異から，日本人としてのまとまりを実感させる，という目的。　(四)　イ　　(五)　ウ

○推定配点○

一　(四)　7点　　(五)　7点　　(六)　5点　　他　各2点×11
二　(三)　各6点×2　　(四)　7点　　(五)・(六)　各5点×2　　他　各2点×7
三　(三)　10点　　(四)・(五)　各5点×2　　他　各2点×8　　計120点

＜国語解説＞

一　**(小説－心情・情景・細部の読み取り，指示語，空欄補充，ことばの意味，漢字の書き取り，記述力)**

基本 (一)　――Aは衣服などを体の上に軽くかけるようにして着ること。Bの音読みは「カン」。熟語は「圧巻」など。

(二)　1は「自分でも誰だかわからないような顔になっていたから」スの気持ちは「あまりなくなっていた」ということ。2は「自分でも」セの「大男」になったということ。3はカの父は医者のすすめる入院の気持ちはなかったということ。4は出すぎた言動をするという意味のキが適当。5の「前途洋々」は可能性や希望に満ちているさま。

(三)　――Ⅰの「凝る」はいろいろと工夫すること。Ⅱは予想を上回るさまを表す。Ⅲは前もって知らせたり，説明したりすること。Ⅳはうまく思い通りの結果を得た様子を表す。

重要 (四)　――①は直前までで描かれているように「学芸会」のことで，「ぼく」が出演した劇が「そ

の日一番面白いという評判にな」ったこと，「ぼく」が「演劇って面白いものだなあ，と思った」ことをふまえて，具体的に説明する。

（五）——②は直前の「本当は父が元気になって，あの学芸会に母と一緒にきて貰いたかった」ことなので，この部分を指定字数以内にまとめる。

やや難 （六）【文章Ⅰ】では重い病気の父や家族に学芸会の劇が大好評だった話を楽しく聞かせるわけにはいかなかったこと，【文章Ⅱ】では父を亡くした「ぼく」をはげましてくれる小林先生の話から，劇の練習に集中している時間が嬉しかったという「ぼく」の心情がそれぞれ描かれているので，これらの描写をふまえたエが適当。アの「懐かしみ」「受け止めかねていた『ぼく』を……痛ましい思いで」，イ・オの【文章Ⅱ】の説明，ウの「急に大人になってしまった」はいずれも不適当。

二 （論説文－要旨・大意・細部の読み取り，指示語，ことばの意味，記述力）

基本 （一）——Aとイは動詞の連用形について「いつもそうしている」という意味を表す接尾語。アはあらかじめ用意してあること。ウはしっかりとどめること。エは到着すること。オは「～に関連して」という意味。Bとウは「～するとすぐに」という意味。アは「～する通り」，イは「～に応じて」，エは「～するまま」，オはいくつか列挙する意味。

（二）——Ⅰは思い通りでなく残念なこと。Ⅱはいろいろと考え合わせて判断を下すこと。Ⅲは絵本や本の内容のことなのでアが適当。Ⅳは気になって心配すること。Ⅴは実物を見ないで記憶だけで，という意味。

（三）——①は英語が読めない，すなわち英語が理解できない，ということ，②は描かれている絵の意味が理解できる，ということをそれぞれ説明する。

やや難 （四）——③は「ブルーナの絵本」を「三，四歳の子から，小学六年生までが……手にとった」ことを指しているので，これらの内容を指定字数以内にまとめる。

重要 （五）最後の3段落で——④の説明として，絵を読むことで現実に見たものを言葉として認識して抽象観念にまで到達する作業は，生まれてまもなくはじまっているということを述べているのでオが適当。これらの段落内容をふまえていない他の選択肢は不適当。

（六）——⑤は，絵本に描かれているおもしろい形を大人たちが節をつけていってくれるのをくり返すことで幼児たちはものを認識していく，ということなのでウが適当。⑤前後の内容をふまえていない他の選択肢は不適当。

三 （論説文－要旨・大意・細部の読み取り，空欄補充，記述力）

基本 （一）——Aは同じような質を備えているさま。Bの音読みは「ケン」。熟語は「正絹」など。Cは本論への導入部分として最初に述べられる論説。Dは特定の目的に必要な仕組みやしかけ。

（二）1は広く全体に通じる状態であるさまを表すオ，2は過去にその事実が存在するさまを表すキ，3はゆるぎない状態であるさまを表すウ，4は人のからだに関わるさまを表すエがそれぞれ適当。アは物事の内部や精神に関わるさま。イは一様にそろっていて個性や特徴がないさま。カは現実のものであるさま。クは自分の意志や判断に基づいて行動するさま。

やや難 （三）「『日本人』というのは……」で始まる段落や「集団と集団との……」から続く2段落などで，「日本人」と「日本人ではない人たちとのあいだに境界線が引かれている」ことで「日本人という……境界そのものは維持される」こと，「境界をはさんだ……『つながり』によって集団間の差異がつくられ」，「差異の対比のなかで……集団の一体感を高める」などと述べていることをふまえ，外国人との差異から日本人としてのまとまりを国民に実感させるという，——①の目的を具体的に説明する。

（四）——②は「杖」や「メガネ」を身体の一部のように感じられることなのでイが適当。道具を通した経験を「わたし」の経験として感じていることを説明していない他の選択肢は不適当。

重要 （五）「他者との差異……」で始まる段落で「他者と交わることで輪郭が溶け出して交じり合ってしまうからこそ，その輪郭を固めるソウチが必要とされるのだ」，最後の段落で「『わたし』の経験は外部の世界へと拡張しながら……構成され……境界は，つねに外部の『わたし以外のもの』と連動する開かれたものなのです」と述べていることから，これらの内容をふまえて「集団や個人は……流動的な存在である」と説明しているウが適当。そのときの周囲との関係によって境界を規定していくということを説明していない他の選択肢は不適当。

★ワンポイントアドバイス★

論説文では，本文のテーマに対する筆者の考えを明確に読み取っていこう。

MEMO

大切なことはメモしておこうネ！

2022年度

★★★★★★★★★★★★★★★★★★★★★★★

入　試　問　題

2022年度

北嶺中学校入試問題

【算　数】（60分）〈満点：120点〉

【注意】 1　答えはすべて，解答用紙の指定された位置に書いて下さい。答えが分数になるときは，できるだけ約分して答えて下さい。

2　コンパス，定規，分度器は使用できません。机の上にはおかないで下さい。

1　次の□に当てはまる数を求めなさい。

(1)　$(349-17\times 13)\times 0.0625=\square$

(2)　$1\div\left\{1+1\div\left\{1+1\div\left(1+\dfrac{3}{4}\right)\right\}\right\}=\square$

(3)　$\dfrac{38}{63}\div\left\{\left(5\dfrac{5}{6}-3\dfrac{2}{3}\right)\div\square\times\dfrac{11}{21}\right\}=\dfrac{8}{33}$

(4)　1時間26分52秒×3＋14時間10分36秒÷3＝□時間□分□秒

2　次の各問いに答えなさい。

(1)　2時から3時の間で，時計の短針と長針が反対方向をさして一直線になるのは2時何分であるか答えなさい。ただし，答えが整数にならない場合は分数で答えなさい。

(2)　A，B，C，Dの4人の所持金について，4人のうち2人の所持金を合計してみたところ，次の6通りになりました。

1986円，2394円，2792円，2816円，3214円，3622円

このとき，4人の所持金の合計を答えなさい。

(3)　ある数の約数をすべて足すと280になり，約数の逆数をすべて足すと$\dfrac{70}{27}$になりました。ある数を答えなさい。

(4)　次のように，あるきまりにしたがって数を並べていきます。

1段目				1			
2段目			4	7	10		
3段目		13	16	19	22	25	
4段目	28	31	·	·	·	·	·
⋮				⋮			

このとき，10段目の真ん中の数を答えなさい。

(5)　次の図において，四角形ABCDは平行四辺形で，点E，Fは辺BCを3等分する点です。このとき，平行四辺形ABCDの面積は三角形AGHの面積の何倍であるか答えなさい。

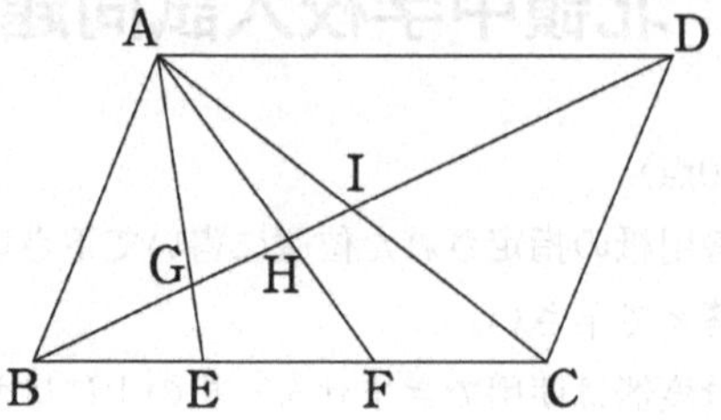

3　H工場には3種類の装置㋐㋑㋒があり，それぞれの装置が別々に同じ製品を作っています。これらの装置は午前9時から午後5時までの8時間休まず製品を作り続け，1日あたりあわせて23520個の製品を作ります。しかし，停電や断水が発生すると，その間は以下の①～⑤のように製品を作る量が通常と比べて変化し，工場全体で作ることができる量も減ってしまいます。

①　停電の間は，装置㋐と㋑は製品を作る量が通常の$\frac{2}{3}$になり，装置㋒は製品を作ることが全くできなくなります。

②　断水の間は，装置㋐は製品を作ることが全くできなくなり，装置㋑と㋒は製品を作る量が通常の$\frac{1}{2}$になります。

③　停電と断水が同時に発生している間は，装置㋐と㋒は製品を作ることが全くできなくなり，装置㋑は製品を作る量が通常の$\frac{1}{10}$になります。

④　1日中停電が続き，断水がない日には，あわせて9600個の製品を作ることができます。

⑤　1日中断水が続き，停電がない日には，あわせて7680個の製品を作ることができます。

次の各問いに答えなさい。

(1)　午前中に2時間の停電があり，午後に2時間の断水がある日には，あわせて何個の製品を作ることができますか。

(2)　通常，装置㋐㋑㋒は1日あたり，それぞれ何個の製品を作ることができますか。

(3)　ある日，午前9時から午後1時まで停電があり，午前10時から午後3時まで断水もありました。この日，あわせて何個の製品を作ることができましたか。

4 たてが3 cm，横が4 cmの長方形があり，図のように，たて，横それぞれ1 cmおきに辺と平行な線が引かれています。たてと横の線が交わる点（交点）のうち対角線XYより上側にある点をA～Iとします。点Pは点Xを出発し，対角線XYより上側にある線にそって，上方向か右方向に秒速1 cmで動き，点Yまで移動します。また，点Qは点Pと同時に点Xを出発し，対角線XYより下側にある線にそって，上方向か右方向に秒速1 cmで動き，点Yまで移動します。次の各問いに答えなさい。

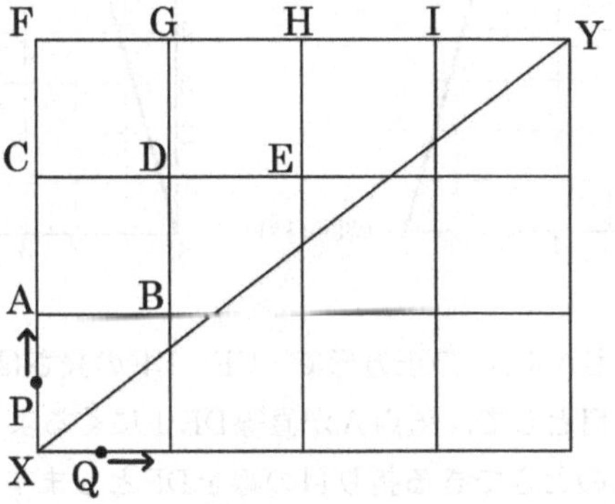

(1) 下の文の［ア］，［ウ］に当てはまる交点をA～Iから選びなさい。また，［イ］，［エ］に当てはまる数を求めなさい。

「点Pが交点Aから交点Iまでのどれかと重なっているときについて，三角形PXYの面積が最も大きくなるのは，点Pが交点［ア］と重なるときで，面積は［イ］cm^2である。また，三角形PXYの面積が最も小さくなるのは，点Pが交点［ウ］と重なるときで，面積は［エ］cm^2である。」

(2) 点Pが点Yに到着するまでに，三角形PXYの面積が常に3 cm^2以下となるような点Pの進み方を，以下のあ～おから1つ選び，記号で答えなさい。

あ X→A→C→F→G→H→I→Y
い X→A→C→D→G→H→I→Y
う X→A→C→D→E→H→I→Y
え X→A→B→D→G→H→I→Y
お X→A→B→D→E→H→I→Y

(3) 点Pが点Yに到着するまでに，三角形PXYの面積が3 cm^2となる回数は最も多くて何回か答えなさい。

(4) 下のグラフは，横軸《じく》を時間，たて軸を面積として，四角形PXQYの面積の変化を表しています。

① 点P，点Qがある進み方をしたとき，四角形PXQYの面積が図1のグラフのようになりました。このときの点Pの進み方を，以下のあ～おから1つ選び，記号で答えなさい。

あ X→A→C→F→G→H→I→Y
い X→A→C→D→G→H→I→Y
う X→A→C→D→E→H→I→Y
え X→A→B→D→G→H→I→Y
お X→A→B→D→E→H→I→Y

② 四角形PXQYの面積が図2のグラフのようになる点P，点Qの進み方の組み合わせは何通りあるか答えなさい。

図1

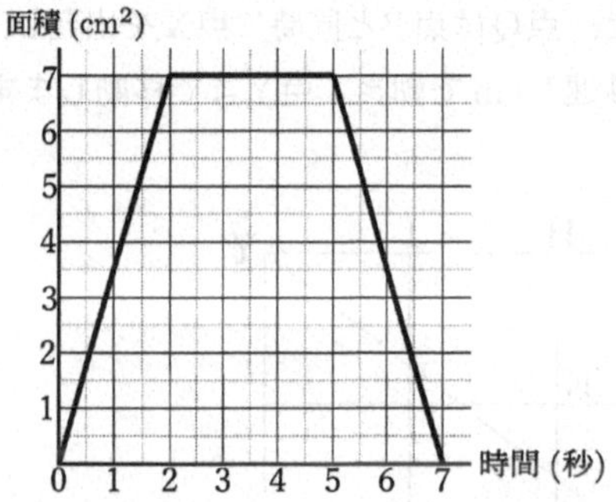

図2

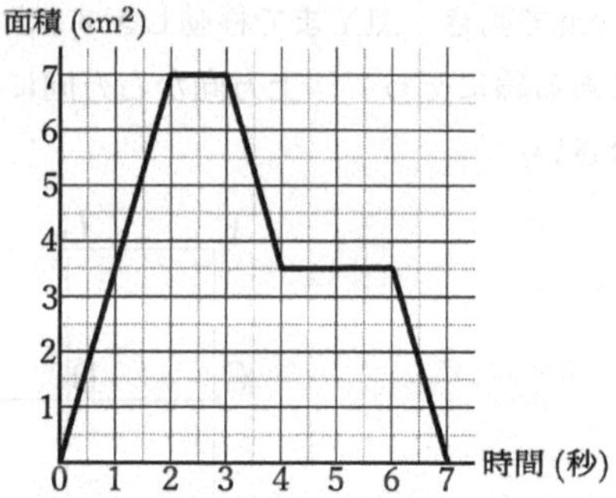

5 四角形ABCDは1辺の長さが4 cmの正方形で，CE，DEの長さはそれぞれ3 cm，5 cmです。いま，点Dを通る直線を折り目として，頂点Aが直線DE上にくるように折ったとき，頂点Aは点Gに重なるとします。またこのときできる折り目の線をDFとします。さらに点Gを通り，辺ABに平行な線がDFと交わる点をHとします。次の各問いに答えなさい。

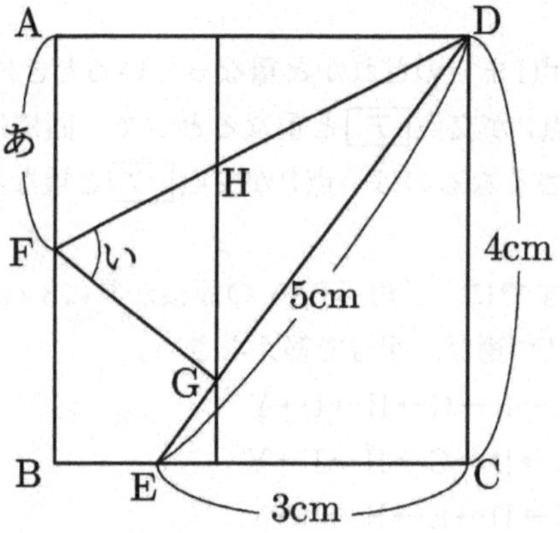

(1) AFの長さ（ 図の「あ」 ）を求めなさい。

(2) 3点D，E，Fを通る円の面積を求めなさい。ただし，円周率は3.14とします。

(3) 図において，角「い」と同じ大きさの角がある点を，FをのぞくA～Hからすべて選びなさい。1つもない場合は「なし」と書きなさい。

(4) 三角形DGHの面積を求めなさい。

【理　科】（40分）〈満点：80点〉

【注意】字数が指定されている場合は，句読点や記号も１字として数えて下さい。

1　次の問いに答えなさい。

(1)　(あ)石灰水(せっかいすい)に二酸化炭素を吹(ふ)きこんだところ，石灰水が白くにごりました。その白くにごった石灰水を蒸発させたところ，１種類の(い)固体が残りました。(う)この残った固体を５本の試験管に分けて，それぞれにうすい塩酸を加えたところ(え)気体が発生しました。

①　下線部（**あ**）について，石灰水にフェノールフタレイン溶液(ようえき)を２，３滴(てき)加えたとき，石灰水は何色に変化しますか。最も適するものを次の**ア**～**オ**から一つ選び，記号で答えなさい。また，その色の変化から，石灰水の性質は**酸性**，**中性**，**アルカリ性**のいずれかを答えなさい。

ア　無色　　**イ**　赤色　　**ウ**　青色　　**エ**　黄色　　**オ**　緑色

②　下線部（**い**）について，この固体が多く含(ふく)まれているものとして，適するものを次の**ア**～**ク**から**三つ**選び，記号で答えなさい。

ア　ベーキングパウダー　　**イ**　卵のから　　**ウ**　砂糖　　**エ**　ダイヤモンド
オ　ホタテの貝がら　　**カ**　ロウソク　　**キ**　石膏(せっこう)　　**ク**　真珠(しんじゅ)

③　下線部（**う**）について，この残った固体を0.1 g，0.3 g，0.5 g，0.7 g，0.9 gずつ５本の試験管に分け，それぞれに同じ濃(こ)さのうすい塩酸を100 cm^3ずつ加えました。そのときに発生した気体の体積を調べて，以下の表１にまとめました。もし，この残った固体４gを試験管に取り，同じ濃さのうすい塩酸を1000 cm^3入れたら，発生する気体の体積は何cm^3ですか。ただし，答えが小数になるときは，小数第一位を四捨五入して**整数**で答えなさい。

表１

残った固体の重さ [g]	0.1	0.3	0.5	0.7	0.9
発生した気体の体積 [cm^3]	24	72	120	120	120

④　下線部（**え**）について，この気体の性質として，最も適するものを次の**ア**～**カ**から一つ選び，記号で答えなさい。

ア　空気より軽い気体で，水にとけにくく，火を近づけると燃える。
イ　空気より軽い気体で，水にとけやすく，刺激臭(しげきしゅう)がする。
ウ　空気と同じくらいの重さの気体で，水にとけにくく，火を近づけても燃えない。
エ　空気と同じくらいの重さの気体で，水にとけにくく，火を近づけると燃える。
オ　空気より重い気体で，水に少しとけて，火を近づけても燃えない。
カ　空気より重い気体で，水にとけやすく，刺激臭がする。

(2)　次の**ア**～**カ**の中で，水蒸気（気体の水）が液体の水に変化したことを**示していないもの**を**二つ**選び，記号で答えなさい。

ア　ドライアイスの周りに，白いけむりのようなものが見えた。
イ　お湯を沸(わ)かしているやかんの口から，白い湯気が出ていた。
ウ　冬の寒い日に，車の窓ガラスに霜(しも)がついて白くなった。

エ　冬の寒い日に，吐(は)く息が白くなった。

オ　ガラスのコップに氷水を入れると，コップの外側が白くくもった。

カ　明け方に霧(きり)が白く現れていたが，気温が高くなると消えた。

(3)　物質は温度によって，固体，液体，気体の状態に変化します。固体から液体に変化するときの温度を融点(ゆうてん)，液体から気体に変化するときの温度を沸点(ふってん)といいます。6種類の物質の融点と沸点を，以下の表2にまとめました。液体の状態にしたア～オの5種類の物質について，液体の窒素(ちっそ)を使って固体に変化させることが<u>できないもの</u>を<u>二つ</u>選び，記号で答えなさい。ただし，十分な量の液体の窒素があるものとします。

表2

	物質名	融点 [℃]	沸点 [℃]
	窒素	−210	−196
ア	水素	−259	−253
イ	アンモニア	−78	−33
ウ	エタノール	−115	78
エ	水銀	−39	357
オ	酸素	−218	−183

2　次の問いに答えなさい。

(1)　プランクトンは小形の魚に食べられ，さらに小形の魚は大形の魚に食べられます。このように，生物どうしは，「食べる・食べられる」の関係でつながっています。図は，川と陸の生物の「食べる・食べられる」の関係を表したものです。図中の矢印は，矢印の向きへ食べられることを表しています。

（例　A ← B はAがBを食べることを表す。）

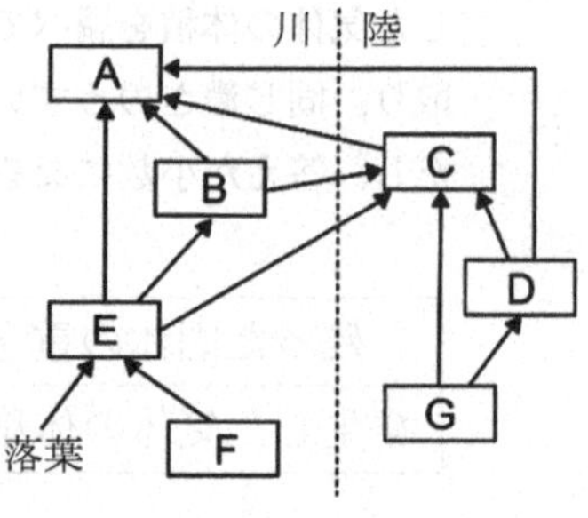

図

①　図中の B ， D に入る生物として，最も適するものを次のア～キからそれぞれ一つずつ選び，記号で答えなさい。ただし，図中の A ～ G には，次のア～キの生物のいずれかがあてはまるものとします。

ア　イネ（陸上植物）　　**イ**　シオグサ（藻(も)の仲間）

ウ　トビケラ（落葉食・藻食の昆虫(こんちゅう)）　　**エ**　バッタ（草食の昆虫）

オ　カマドウマ（雑食の昆虫）　　**カ**　アマゴ（肉食の魚類）

キ　カゲロウ（肉食の水生昆虫）

②　ハリガネムシは水中で産卵(さんらん)し，ふ化したハリガネムシの幼虫はカゲロウの幼虫の体内に入りこみます。そのカゲロウの幼虫が成虫になって陸上に移動した後，カマドウマに食べられると，その体内でハリガネムシが成長し成虫になります。ハリガネムシの成虫はカマドウマの行動をあやつり，水中に飛びこませて，肛門(こうもん)から水中に脱出(だっしゅつ)します。ある川での調査によると，アマゴなどの肉食の魚類が1年間で取りこむエネルギーの約60%は，ハ

リガネムシによってあやつられて水中に飛びこんだ，カマドウマなどの陸上の昆虫によるものでした。ハリガネムシが存在しなくなった場合，図中の生物の関係やそれを取り巻く環境(かんきょう)に生じる変化として，**考えられないもの**を次の**ア**～**オ**から一つ選び，記号で答えなさい。ただし，[A]の数や[A]の平均的なからだの大きさに変化はないものとします。

ア　Bの数が減少する。　　**イ**　Dの数が増加する。

ウ　Eの数が減少する。　　**エ**　Fの数が増加する。

オ　落葉の食べられる量が減少する。

(2)　ヒトの肝臓(かんぞう)は肝細胞(かんさいぼう)という小さな部屋のようなものが集まってできています。その肝細胞を一辺が0.02 mmの立方体としたとき，肝臓1 cm^3あたりに含(ふく)まれる肝細胞の数として，最も適するものを次の**ア**～**ク**から一つ選び，記号で答えなさい。ただし，ヒトの肝臓は肝細胞がすき間なく並んでいるものとします。

ア　125万個　　**イ**　250万個　　**ウ**　1250万個　　**エ**　2500万個

オ　1億2500万個　　**カ**　2億5000万個　　**キ**　12億5000万個　　**ク**　25億個

(3)　ヒト（成人）の肝臓について，**誤りを含むもの**を次の**ア**～**カ**から**二つ**選び，記号で答えなさい。

ア　からだに有害なアンモニアを分解している。

イ　少し切り取られても再生することができる。

ウ　血液中に含まれる尿素(にょうそ)をこしとって排出(はいしゅつ)している。

エ　胆汁(たんじゅう)という消化液をつくっている。

オ　ヒトの腹部にある臓器のうちで最も重い。

カ　背中側の左右に一つずつある。

(4)　表はヒトの吸気と呼気の中に含まれる酸素と二酸化炭素の体積の割合を示しています。吸気に含まれる酸素から，呼気に含まれる酸素を差し引いた分だけ，酸素は体内に取りこまれます。同じように，呼気に含まれる二酸化炭素から，吸気に含まれる二酸化炭素を差し引いた分だけ，二酸化炭素は体内から排出されます。1回の呼吸での吸気と呼気の体積はそれぞれ500 cm^3で，1分間の呼吸回数が15回とすると，1分間で体内に取りこまれた酸素の体積と，1分間で体内から排出される二酸化炭素の体積では，どちらがどれだけ大きいですか。ただし，答えが小数になるときは，小数第一位を四捨五入して**整数**で答えなさい。

表

	吸気	呼気
酸素の体積の割合 [%]	21	16.5
二酸化炭素の体積の割合 [%]	0.04	4

3　地球上の(あ)さまざまな地形は，地球内部の構造や動きによって形成されると考えられています。例えば，地下の岩石の一部がとけてマグマが発生し，このマグマが地表に噴出(ふんしゅつ)すると(い)火山が形成されます。地球は地球全体（半径約6400 km）から見ると，うすい皮のような「地殻(ちかく)」という厚さが約6～50 kmの岩石で覆(おお)われていると考えられています。地殻の下は「マントル」という重たい岩石が深さ約2900 kmまであります。地殻とマントルは重さが違(ちが)うために，マントルの上に(う)「地殻」が浮(う)いたような状態になっていると考えられています。そのため，(え)1万年以上前の氷期に氷で地面が覆われていた北欧(ほくおう)のスカンジナビア半島は，氷がとけてその分の重さがなくなったために，1万年前よりも地面が約300 mも隆起(りゅうき)していることが確認(かくにん)されています。

(1)　下線部（あ）について，地質学的に価値があり，その環境を保護しながら，教育や観光に役立てる活動を行っていて，ユネスコなどの専門の機関にその重要性を認定されている地域があります。このような地域を何といいますか。**カタカナ**で答えなさい。

(2)　下線部（い）について，火山の形はマグマの粘り気(ねばりけ)を決めている「ある物質」の量によって変わることが知られています。「ある物質」はガラスの原料としても使われているものです。「ある物質」に含まれている成分（元素）として，適するものを次の**ア～コ**から**二つ**選び，記号で答えなさい。

ア　炭素　　**イ**　水素　　**ウ**　酸素　　**エ**　窒素　　**オ**　塩素
カ　硫黄(いおう)　　**キ**　ケイ素　　**ク**　フッ素　　**ケ**　ヨウ素　　**コ**　ホウ素

(3)　下線部（う）について，地殻を木片(もくへん)，マントルを水に例えて，木片を水に浮かべて考えてみます。図1は，10 cm×10 cm×8 cmの直方体の木片を水に浮かべたときの様子で，図2は，図1を真横から見たときの様子です。木片は10 cm×10 cmの面が常に水平に保たれた状態で浮いています。このときに，木片の水面から出ている部分の高さ（図2中の「？cm」の部分）は何cmですか。ただし，答えが小数になるときは，小数第二位を四捨五入して**小数第一位**まで答えなさい。なお，**水に入れた木片は，おしのけた水の重さの分だけ重さが軽くなるために，浮くことができます**。また，水1 cm^3 の重さは1 g，木片1 cm^3 の重さは0.6 gとします。

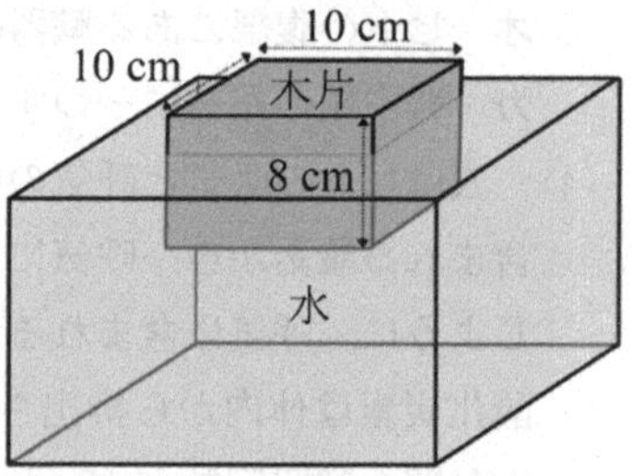

図1

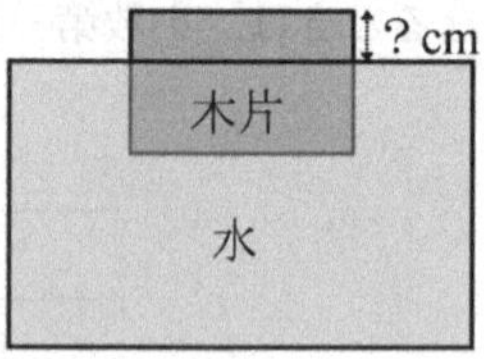

図2

(4)　図２の状態から，この木片の上におもりをのせて，図３のように，木片全体がちょうど水に沈(しず)むようにしました。このときにのせたおもりは何gですか。ただし，答えが小数になるときは，小数第一位を四捨五入して**整数**で答えなさい。

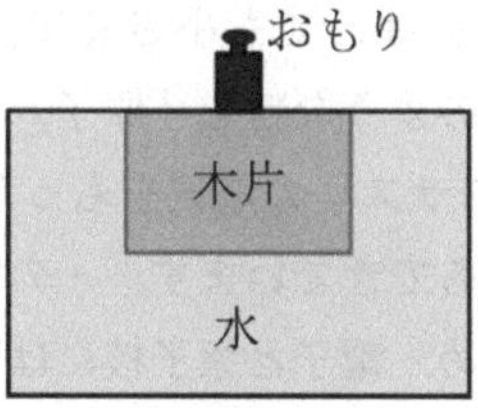

図３

(5)　下線部（え）について，この現象を図２の状態から図４のように，木片の上に氷をのせて考えてみます。木片の上面の10 cm×10 cmにちょうど重なるような，厚さが1cm，2cm，3cmの直方体の氷をのせたときに，木片の水面から出ている部分の高さ（図４中の「？cm」の部分）はそれぞれ何cmですか。解答用紙のグラフに，氷をのせていないとき（氷の厚さが0cm）の高さと，氷の厚さが1cm，2cm，3cmのときの高さを示す点を**4点**描(えが)き，となり合う点と点を直線で結びなさい。ただし，高さが小数になるときは，小数第二位を四捨五入して**小数第一位**までにしてからグラフに点を描きなさい。なお，氷1cm^{3}の重さは0.9gとします。

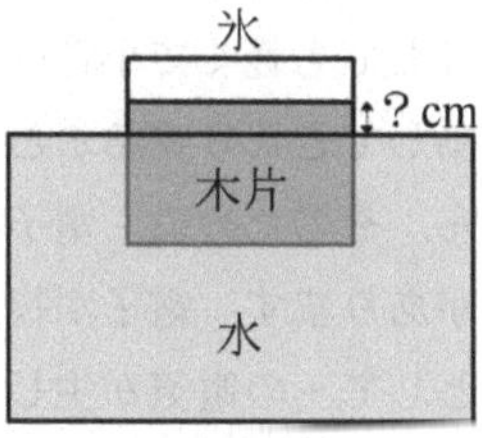

図４

下書き用のグラフ

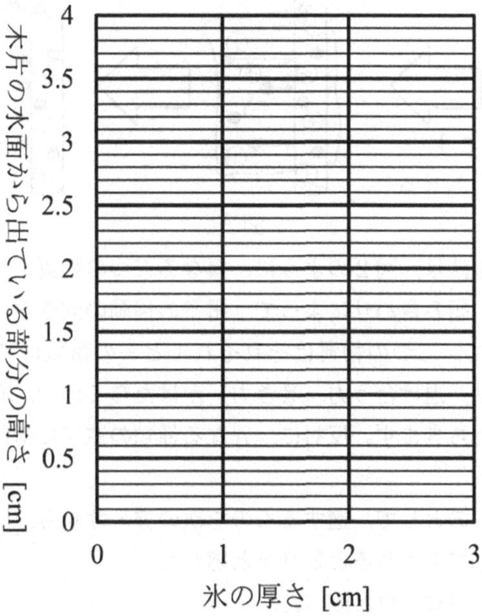

(6)　(5) において，ある厚さの氷をこの木片の上にのせると，図３のように，木片全体がちょうど水に沈みました。このときの氷の厚さは何cmですか。ただし，答えが小数になるときは，小数第二位を四捨五入して**小数第一位**まで答えなさい。

4 物質はとても小さくて，目で見ることができない粒(つぶ)からできています。このような粒を「原子」といいます。図１は原子の構造を表していて，原子は＋（プラス）の電気をもった原子核(げんしかく)と，－（マイナス）の電気をもった電子からできています。＋の電気と－の電気の間には引き合う力（引力）がはたらくため，電子と原子核には引力がはたらいて，月と地球の関係のように，電子は原子核の周りを回っています。原子は＋と－の電気を同じ量だけもっているため，物質は全体としては＋でも－でもない，電気をもたない状態になっています。

図１

電子はとても軽くて小さいため，原子核から離(はな)れて外に移動したり，反対に外から原子核の周りに移動してきたりすることができます。原子核は電子に比べると重くて大きいので，動くことはできません。そのために，電子の移動によって，物質全体としての＋と－の電気の量が同じではなくなることがあります。電子が物質の外に移動して，＋の電気の量が－の電気の量よりも多くなれば，物質全体として＋の電気が生じます。反対に電子が物質の中に移動して，－の電気の量が＋の電気の量よりも多くなれば，物質全体として－の電気が生じます。このように，物質に生じている＋や－の電気のことを「静電気」といい，物質に電気が生じることを「帯電する」といいます。

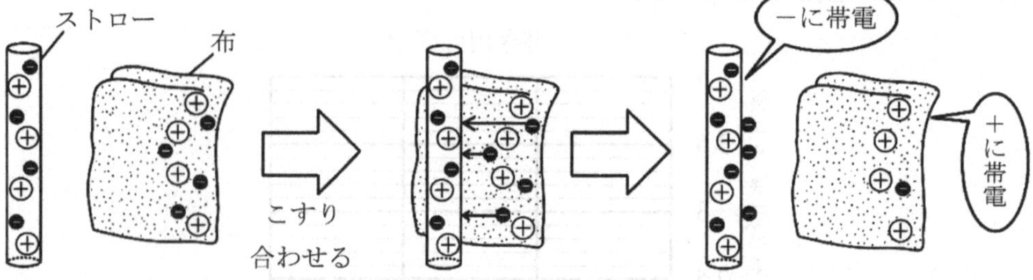

図２

電子を移動させる簡単な方法は，図２のように，異なる二つの物質（ストローと布）をこすり合わせることです。二つの物質の組み合わせによって，電子の移動の向きが決まっていて，こすり合わせた表面の間で電子が移動して，二つの物質はそれぞれ＋と－の電気に帯電します。＋の電気どうしや，－の電気どうしの間には，退け合う力（せき力）がはたらくので，同じ種類の電気に帯電した物質どうしには，せき力がはたらきます。反対に，異なる種類の電気に帯電した物質どうしには引力がはたらきます。

(1) 静電気と関係が深いものとして，適するものを次の**ア**～**オ**から三つ選び，記号で答えなさい。

ア 車から降りた後にドアをさわるとビリッと感じた。

イ 雨の日に雷(かみなり)がゴロゴロと鳴った。

ウ 吸盤(きゅうばん)をガラスに押(お)しつけるとピッタリとくっついた。

エ セーターをぬぐとバチバチと音がした。

オ リニアモーターカーがフワッと浮いて動いた。

(2) 毛皮とポリ塩化ビニル棒をこすり合わせると，毛皮とポリ塩化ビニル棒に静電気が発生して，ポリ塩化ビニル棒は－に帯電しました。また，絹の布とガラス棒をこすり合わせても静電気が発生しました。このポリ塩化ビニル棒とガラス棒を近づけると，二つの棒の間に引力がはたらきました。この結果からわかることとして，最も適するものを次の**ア**～**エ**から一つ選び，記号で答えなさい。

ア　ガラス棒が－に帯電していることから，絹の布も－に帯電している。
イ　ガラス棒が－に帯電していることから，絹の布は＋に帯電している。
ウ　ガラス棒が＋に帯電していることから，絹の布は－に帯電している。
エ　ガラス棒が＋に帯電していることから，絹の布も＋に帯電している。

金属も原子からできていて，図３のように，帯電していない金属は＋と－の電気が同じ量だけあります。金属は電気を通しやすい性質があり，電子は金属全体の中を動くことができます。＋に帯電した物質を金属に近づけると，金属内の電子に引力がはたらきます。すると，電子の一部は金属内を移動して物質に近いほうに集まり，そこには－の電気が現れます。そのために，物質から遠いほうには，電子が少なくなってしまうことで，＋の電気が現れるようになります。このような状態でも，金属内の＋と－の電気は同じ量のままなので，金属全体としては，帯電していないままです。

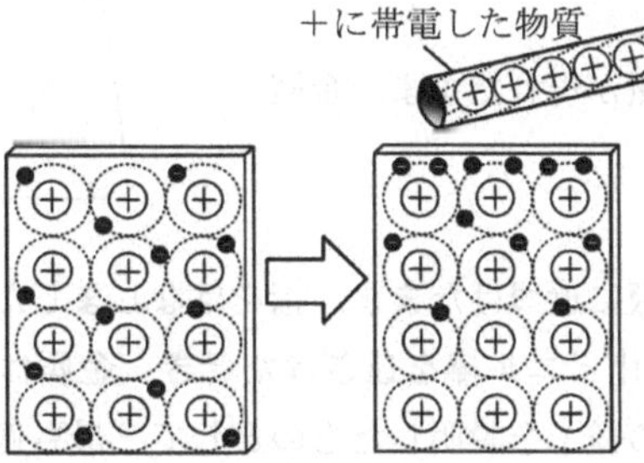

図３

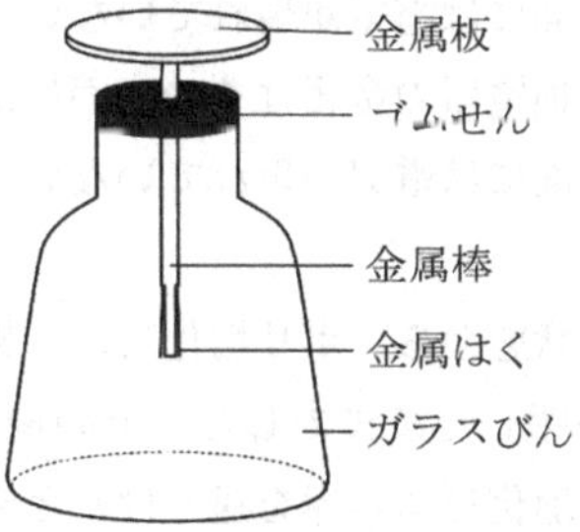

図４

このような現象を利用して，物質が帯電しているかどうかを調べる装置に「はく検電器」があります。図４のように，はく検電器は金属板，金属棒，２枚の金属はく（とてもうすい金属）でできた金属部分を，ゴムせんに通してガラスびんに入れたものです。２枚の金属はくはほんの少しの風でも動いてしまうため，ガラスびんは風よけになっています。また，ガラスびんは金属部分（金属板・金属棒・金属はく）の表面に現れた電気が逃(に)げてしまうことを防ぐ役割もあります。はく検電器の金属はくに電気が現れると，金属はくにせき力がはたらいて，金属はくが開きます。はく検電器は金属はくの動きを見ることで，金属板に近づけた物質が帯電しているかどうかを確認することができます。

(3)　金属部分（金属板・金属棒・金属はく）全体が帯電していないはく検電器を用意しました。図５のように，－に帯電したポリ塩化ビニル棒を，金属板に近づけると，金属はくが開きました。このときの電気の様子を説明したものとして，最も適するものを次の**ア**～**エ**から一つ選び，記号で答えなさい。ただし，電子は金属部分全体を動くことができるものとします。

ア　はく検電器の金属部分の電子が金属はくに移動し，金属板の表面には＋の電気が現れ，金属はくの表面には－の電気が現れた。
イ　はく検電器の金属部分の電子が金属はくに移動し，金属板の表面には－の電気が現れ，金属はくの表面には＋の電気が現れた。
ウ　はく検電器の金属部分の電子が金属板に移動し，金属板の表面には＋の電気が現れ，金属はくの表面には－の電気が現れた。
エ　はく検電器の金属部分の電子が金属板に移動し，金属板の表面には－の電気が現れ，金属はくの表面には＋の電気が現れた。

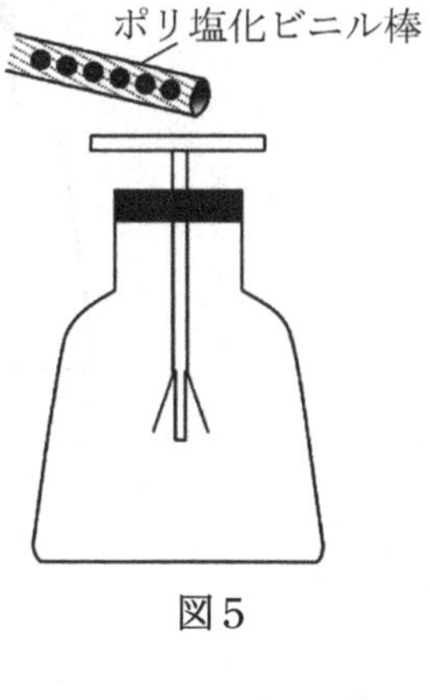

図５

(4)　図５の状態から，図６のように，－に帯電したポリ塩化ビニル棒を金属板に近づけたまま，帯電していない指で金属板にさわりました。すると，金属はくが閉じました。このときの電気の様子を説明したものとして，最も適するものを次の**ア**～**エ**から一つ選び，記号で答えなさい。ただし，ヒトのからだも金属と同じように電気を通しやすく，指で金属板にさわると，電子は指を通ってはく検電器の内外に出入りできるものとします。

ア　はく検電器の金属板の表面には＋の電気が現れたまま，金属はくの表面には電気が現れていない。

イ　はく検電器の金属板の表面には－の電気が現れたまま，金属はくの表面には電気が現れていない。

ウ　はく検電器の金属はくの表面には＋の電気が現れたまま，金属板の表面には電気が現れていない。

エ　はく検電器の金属はくの表面には－の電気が現れたまま，金属板の表面には電気が現れていない。

図６

(5)　図６の状態から，ポリ塩化ビニル棒を金属板に近づけたまま，指をはなしました。すると，金属はくが閉じたままでした。その後，ポリ塩化ビニル棒を遠ざけたとき，金属はくが開きました。ポリ塩化ビニル棒を遠ざけたときの電気の様子を説明したものとして，最も適するものを次の**ア**～**エ**から一つ選び，記号で答えなさい。

ア　電子がはく検電器の金属板から金属部分全体に広がり，金属部分が全体として－に帯電した。

イ　電子がはく検電器の金属はくから金属部分全体に広がり，金属部分が全体として－に帯電した。

ウ　電子がはく検電器の金属板から金属部分全体に広がり，金属部分が全体として＋に帯電した。

エ　電子がはく検電器の金属はくから金属部分全体に広がり，金属部分が全体として＋に帯電した。

(6)　図７のように，金属部分が全体として＋か－のどちらかに帯電しているはく検電器は，金属はくが開いた状態になりました。次に，はく検電器の金属板に，－に帯電したポリ塩化ビニル棒をゆっくりと近づけていったところ，金属はくが閉じました。そして，さらに近づけていくと再び開きました。

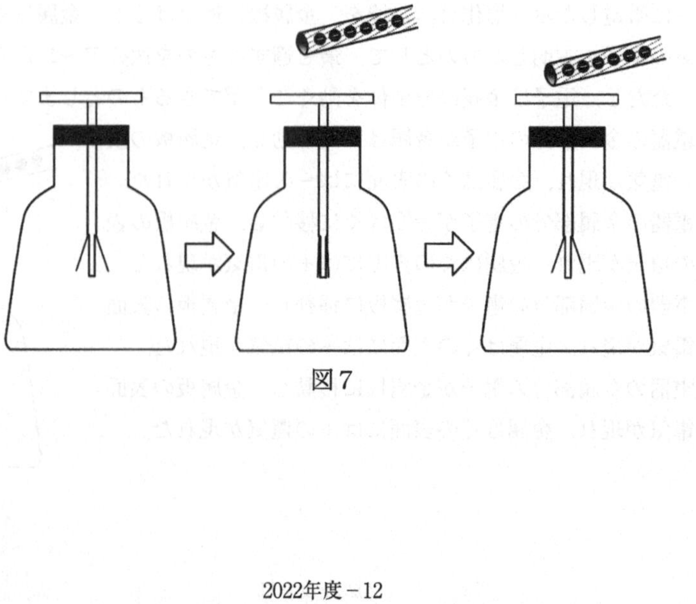

図７

① はじめの状態での (A)はく検電器の金属部分が全体として帯電していた電気の種類と，金属はくがいったん閉じたときの (B)金属はくの表面に現れる電気の種類の組み合わせとして，最も適するものを次のア～カから一つ選び，記号で答えなさい。ただし，「０」とは電気が現れていないことを意味します。

	ア	イ	ウ	エ	オ	カ
(A)	＋	＋	＋	－	－	－
(B)	＋	0	－	＋	0	－

② 金属はくが再び開いたときの (A)はく検電器の金属部分が全体として帯電している電気の種類と，(B)金属はくの表面に現れる電気の種類の組み合わせとして，最も適するものを次のア～ケから一つ選び，記号で答えなさい。ただし，(A) の「０」とは帯電していないことを，(B) の「０」とは電気が現れていないことを意味します。

	ア	イ	ウ	エ	オ	カ	キ	ク	ケ
(A)	＋	＋	＋	0	0	0	－	－	－
(B)	＋	0	－	＋	0	－	＋	0	－

【社　会】（40 分）〈満点：80 点〉

【注意】 字数が指定されている場合は，句読点や記号も１字として数えて下さい。

1　次の文を読み，後の問いに答えなさい。

日本は四方を海に囲まれた島国で，日本を囲む海は（　①　）海，太平洋，日本海，(a)東シナ海の４つです。日本列島の近海には，深さ約 200 m までの平坦な部分が広がっており，これを大陸棚といいます。ここにはプランクトンが多く，恵まれた漁場となっているだけでなく，天然ガスなどの資源もあると考えられています。また，(b)日本列島の周辺を流れる海流には４つあり，寒い北から流れてくる２つの海流は寒流，暖かい南から流れてくる２つの海流が暖流です。寒流と暖流のぶつかるエリアも好漁場となっています。

日本は海に囲まれているだけでなく，国内には多くの湖沼《こしょう》や河川《かせん》などがあります。きれいな水は農業・工業などの産業用水や，飲料水などとして用いられ，日本人の生活や経済レベルの向上に不可欠なものでした。

さらに水に関係する観光スポット，最近ではパワースポットとして注目されている場所も少なくありませんね。例えば代表的なものとして日本三景があります。日本三景とは，古くは江戸時代初期，儒学者として幕府に仕《つか》えた林春斎《しゅんさい》（鵞峰《がほう》）の著した『日本国事跡考《じせきこう》』に登場する風光明媚《ふうこうめいび》な景勝地で，現在の(c)宮城県の松島，京都府の（　②　），(d)広島県の宮島を指しています。三景に共通するのは海です。現在でも多くの人々に親しまれ，人気のある観光地で，すでに行ったことがある人は再び，まだ行ったことのない人はぜひ行ってみたいと思っているのではないでしょうか。

日本三景に対して(e) 1916 年，実業之日本社という出版社が発行していた『婦人世界』という雑誌の読者投票で決定したのが日本新三景です。これは(f)北海道の大沼公園，静岡県の三保松原《みほのまつばら》，大分県の耶馬渓《やばけい》のことで，それぞれ沼・海・川に関係しています。特に三保松原は，2013 年に「富士山―信仰の対象と芸術の源泉」としてユネスコの世界文化遺産に登録されたことでも知られていますね。

さらに水に関するパワースポットと言えば，滝もあります。1990 年，当時の環境庁（現在の環境省）と（　③　）が後援し，緑の文明学会など３団体が企画して一般の応募から「日本の滝百選」が選定されました。その中でも，栃木県日光市の華厳滝《けごんのたき》，(g)和歌山県那智《なち》勝浦町の那智滝《なちのたき》，兵庫県神戸市の布引滝《ぬのびきのたき》は日本三大神滝《こうたき》として古くから多くの人々を魅了《みりょう》する景勝地となってきました。どれくらい古くからかと言えば，例えば布引の滝は，(h) 在原業平《ありわらのなりひら》が主人公とされる平安時代に作られた最初の歌物語にも登場するなど，古い文学作品の舞台にもなっています。

(i)感染症の世界的拡大や緊張する国際関係の中にある私たちですが，一日でも早く平穏な日を迎え，当たり前のように景勝地を訪れることができる日常を取り戻したいですね。

（１）文中の空らん（　①　）～（　③　）に適する語句を答えなさい。なお，（　③　）には農林水産省の外局の１つで，森林の健全な育成を通じて，国土保全など公益的機能を高度に発揮させることなどの役割を担う省庁が入ります。

（２）下線部(a)に関して，次の各問いに答えなさい。

i）東シナ海とは，英語で「East China Sea」と言います。その中の「China」は，紀元前 221 年に中国を初めて統一した「秦《しん》」という国の名に由来するという説があります。中国を初めて統一した秦の王が最初に用いた，王より上の地位を表す語を，**漢字２字**で答えなさい。

ii）中国では，人口の多数は漢民族ですが，数多くの少数民族がいる国でもあります。少数民族のうち，中国南西部に広がる高原地帯で，牧畜や大麦の栽培を中心とした農耕を営む民族がいます。この民族の政治･宗教（仏教）の最高位の指導者であったダライ＝ラマ14世は，中国からインドへ逃《のが》れ，その後，1989年にノーベル平和賞を受賞しました。この少数民族の名を，次のア～エのうちから１つ選び，記号で答えなさい。

ア　ウイグル族　　イ　モンゴル族　　ウ　チベット族　　エ　チョワン族

（３）下線部(b)について，日本列島周辺を流れる海流のうち，日本海を北上する暖流は，サハリンや沿海州の沖合で向きを変え，寒流となって日本海に流れ込んでくると言われます。この日本海を南下する寒流の名を答えなさい。

（４）下線部(c)と(d)について，次の図ア～カのうちから，宮城県と広島県の**いずれにも関係のないものを２つ選び**，記号で答えなさい。

ア（伊達政宗像）

イ（天童市将棋資料館）

ウ（気仙沼ふかひれスープ）

エ（もみじ饅頭）

オ（大和ミュージアム）

カ（錦帯橋《きんたいきょう》）

（5）下線部(e)について，次の文は1916年に雑誌『中央公論』に発表された論文の一部です。文中の空らん（　　）に当てはまる語と，この論文を発表した政治学者の組み合わせとして正しいものを，下のア～エのうちから1つ選び，記号で答えなさい。

> いわゆる（　　　）とは，法律の理論上の主権が誰にあるかということは問わず，ただその主権を行使するにあたって，主権者は一般民衆の利福および意向を重んずることを方針とするべきであるという主義である。

ア　民本主義 ― 吉野作造　　　イ　民本主義 ― 美濃部達吉
ウ　天皇機関説 ― 吉野作造　　エ　天皇機関説 ― 美濃部達吉

（6）下線部(f)について，大沼公園は道南と呼ばれる北海道南部の函館市に近く，次の地図中の矢印で示した半島にあります。この矢印で示した北海道南西部の半島の名を答えなさい。

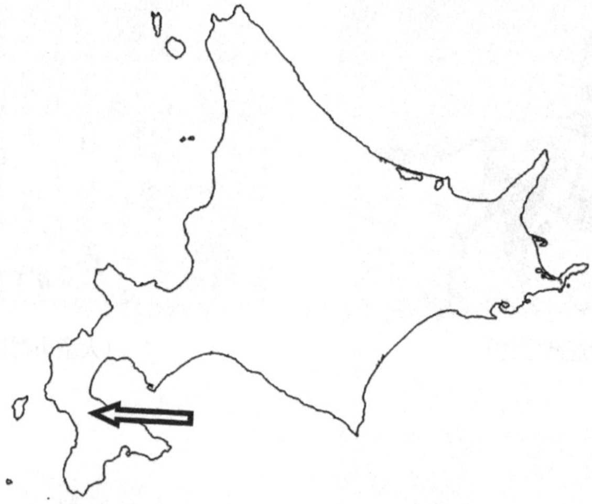

（7）下線部(g)について，和歌山県では農業生産物のうち6割以上を果実が占めるため，「果樹王国」とも言われます。次の表の（Ａ）と（Ｂ）に当てはまる果実の組み合わせを，下のア～カのうちから1つ選び，記号で答えなさい。

	果実収穫量の全国順位（平成30年度　農林水産省「作物統計」）							
	（Ａ）		（Ｂ）		かき		もも	
	全国	773,700t	全国	112,400t	全国	208,000t	全国	113,200t
1位	**和歌山**	155,600t	**和歌山**	73,200t	**和歌山**	39,200t	山梨	39,400t
2位	静岡	114,500t	群馬	5,470t	奈良	28,300t	福島	24,200t
3位	愛媛	113,500t	三重	2,090t	福岡	15,900t	長野	13,200t
4位	熊本	90,400t	神奈川	1,810t	岐阜	13,900t	山形	8,070t
5位	長崎	49,700t	長野	1,770t	愛知	13,500t	**和歌山**	7,420t

ア　A―みかん　B―なし　　　イ　A―うめ　B―いちご
ウ　A―みかん　B―うめ　　　エ　A―なし　B―みかん
オ　A―いちご　B―みかん　　カ　A―なし　B―うめ

（8）下線部(h)について，在原業平は当時の和歌の名手で，「六歌仙《ろっかせん》」の一人に数えられています。その在原業平の恋愛談を中心とする120余りの短編集である，この歌物語の名を答えなさい。

（9）下線部(i)について，2021年4月，日本の菅首相とアメリカ合衆国のバイデン大統領による日米首脳会談が行われ，その成果として日米首脳共同声明が発表されました。その中に，緊張する東シナ海を念頭に，「両岸問題の平和的解決を促す」という表現が盛り込まれましたが，中国はこれに猛反発しました。中国が猛反発した理由を説明しなさい。

2　次の文を読み，後の問いに答えなさい。

現在の世界には，およそ80億の人々が暮らしています。そして，その80億人は全員の顔が違うのと同じように，様々な考えを持ったり，(a)肌の色が違うなどの外見的な特徴をもったりしています。世界で人はみな，互いの権利を認め合いながら生活をしています。もちろん80億もの人がいるので，すべての物事について全員が納得するように決定したり，80億人すべてが一つの場所に集まって話し合ったりすることは不可能です。

多くの問題をかかえながらも，現実的には80億の人々は，それぞれ国家に所属し，生活を共にしています。では，国家の構成員である国民は，みんなが同じ生活をしているでしょうか。

世界には(b)およそ200の国家がありますが，日本だけで1億以上の人が居住しています。そのうち北海道には約530万の人が生活しており，さらに(c)札幌市には200万近い人々が住んでいます。しかし，札幌市に居住する約200万人をとってみても，みんなが同じ考えや生活様式を持っているわけではありません。

例を挙げて考えてみましょう。みなさんは「(d)米」と「パン」とではどちらが好きでしょうか。毎日お米のご飯を食べないと元気が出ないという人もいれば，毎食パンの方がいいという人もいることでしょう。また，スポーツでは野球が好きだという人もいれば，サッカーの方が好きな人もいるでしょう。勉強では，理科と社会だと社会の方が得意だという人も多いかもしれません。このように考えると，無数にある「カテゴリー」（枠組み）のすべてが共通している人というのは，たとえ家族であっても一人もいないのではないかということが想像できます。

さて，人を文化というカテゴリーで分類したとき，一定の共通性を持つ集団のことを「民族」と呼びます。先ほどの例では，「米を主に食べる民族」「サッカーが好きな民族」などに分類することができます。しかし，このように考えると，無数のカテゴリーの分だけ民族が存在するということになります。そのため，一般的には，先ほどのカテゴリーのうち，「円滑な社会生活を営む上で，これは共通性を持っていた方が都合が良いだろう」と思われる点で民族を分類するケースが多いです。その分類方法の典型的な例は，「言語」と「宗教」です。

言語は，私たちの日常生活に欠かせないものです。世界の言語の数は，諸説ありますが，6,000語とも7,000語ともいわれます。その中で，生まれて最初に身につける言語（第一言語といいます）として最も多く使用されている言語は中国語で，約13億人とされます。2番目に多いのは（　①　）語の約4.4億人，3番目は英語で約3.7億人と言われています。（　①　）語は，ヨーロッパの国である（　①　）のほか，メキシコ以南のラテンアメリカの多くの国々で使用されています。近年は，アメリカ合衆国でも，この言語を用いる人々が増えてきました。

（　①　）語や英語のような多くの国々で用いられる言語とは逆に，その国の外では第一言語として使用されることの少ない日本語のような言語もあります。日本語のように，国民のほぼすべてがその国の言語を用いるのは，世界でも珍しいかもしれません。しかし，その日本にも，北海道地方の先住民族である（　②　）がいるように，複数の民族によって国民が構成される国家です。

次に宗教について考えてみましょう。世界の宗教人口は73.4億人（2016年）と言われており，重複があるとしても世界人口とほぼ同じと言われています。宗教人口の内訳は(e)キリスト教徒が最も多く25億人，イスラム教徒が17億人，仏教徒が5億人などとなっていますが，宗教の考え方はその地域の生活文化に連動しており，宗教によっては厳しい禁忌《きんき》（禁じられていること）や制限などがあることが知られています。例えば，イスラム教徒は，宗教上の規則に従った方法で処理されていない肉を食べることが禁止されており，(f)適切に処理された食べ物だけを食べることが許されています。また，同じ宗教でも考え方の違いによってさらに細かく分類することがあります。例えば，キリスト教は，（　③　）のローマ教皇（法王）を頂点とするカトリックや，ドイツやオランダ，北ヨーロッパ等で信仰されるプロテスタント，主に東ヨーロッパで信仰される東方正教（正教会）というように区別されます。

さて，これまで見てきたように，この世界には実に多くの民族が居住していることが分かります。どの民族にとっても住みやすい世の中を作っていくためには，宗教や言語などのほか，様々な生活様式の違いを互いに認め，尊重することが大事だということがわかると思います。しかし，世界を見渡すと，例えば宗教の違いから対立が表面化し，話し合いで決着がつかず，(g)国家間の戦争が起こったり，国内の戦争である内戦が起こってしまう例も見られます。それらを根本的に解決する手段はあるのか，どうすれば世界中の人々にとって住みやすい世の中を作ることができるのか，そのようなことを考えるのが今後を生きていくみなさんの大きな仕事の一つと言えるでしょう。

（1）文中の空らん（　①　）～（　③　）に適する語句を答えなさい。なお，（　①　）と（　③　）には，国名を答えなさい。

（2）下線部(a)に関して，人類の形質の上でのちがい，つまり人類を遺伝的に分類したものを人種と呼びます。われわれ現生人類は，新人と呼ばれる人類の子孫とされますが，新人はアフリカ大陸で誕生したと考えられています。その後，新人の一部は北方に移動し，現在の白色人種の先祖になったと言われています。この人種を「コーカソイド」と呼びます。他方，アフリカ大陸から東に移動して，現在の中国人や日本人，さらにはアメリカ大陸の先住民の先祖となったものが，黄色人種と呼ばれています。この黄色人種を何といいますか。**カタカナ**で答えなさい。

（3）下線部(b)に関して，次のⅰ）～ⅲ）の各問いに答えなさい。

ⅰ）問題に誤りがあり削除

ⅱ）国際社会の平和と安全の維持や，各国の友好の促進などを目的に，1945年に国際連合が設立されました。次の図は，1945年から2014年までの国際連合の加盟国数を，世界の地域（州）ごとに分類したものです。図中のA～Cは，ヨーロッパ，アジア，アフリカのいずれかを示します。A～Cのそれぞれが示す州の名の組合せとして正しいものを，下のア～カから1つ選び，記号で答えなさい。

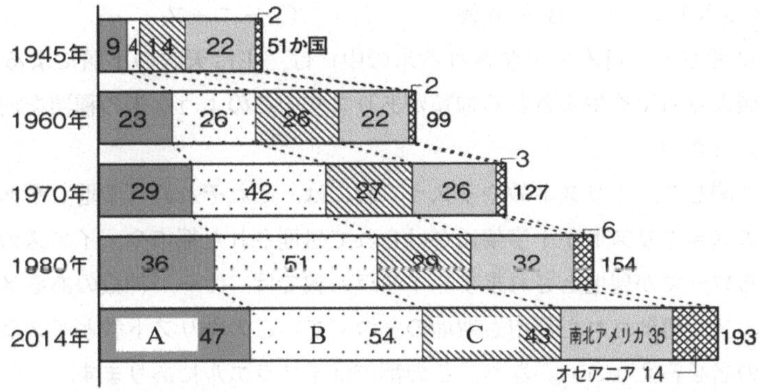

ア　A－ヨーロッパ　　B－アジア　　C－アフリカ
イ　A－ヨーロッパ　　B－アフリカ　　C－アジア
ウ　A－アジア　　B－ヨーロッパ　　C－アフリカ
エ　A－アジア　　B－アフリカ　　C－ヨーロッパ
オ　A－アフリカ　　B－アジア　　C－ヨーロッパ
カ　A－アフリカ　　B－ヨーロッパ　　C－アジア

ⅲ）国家の主権がおよぶ範囲を「領域」と言いますが，領域内でなくても排他的経済水域のように，領域を越えて沿岸国の権利が広く認められている範囲が存在します。この排他的経済水域について，次の語句をすべて使用して，簡潔に説明しなさい。

【　鉱産　　200　　沿岸国　】

（4）下線部(c)に関して，以下のA～Cの雨温図は，札幌市，札幌市とほぼ同緯度にあるフランスのニース，および札幌市と経度の近いオーストラリアのメルボルンのいずれかのものです。A～Cと都市名の組み合わせとして正しいものを，下のア～カから1つ選び，記号で答えなさい。

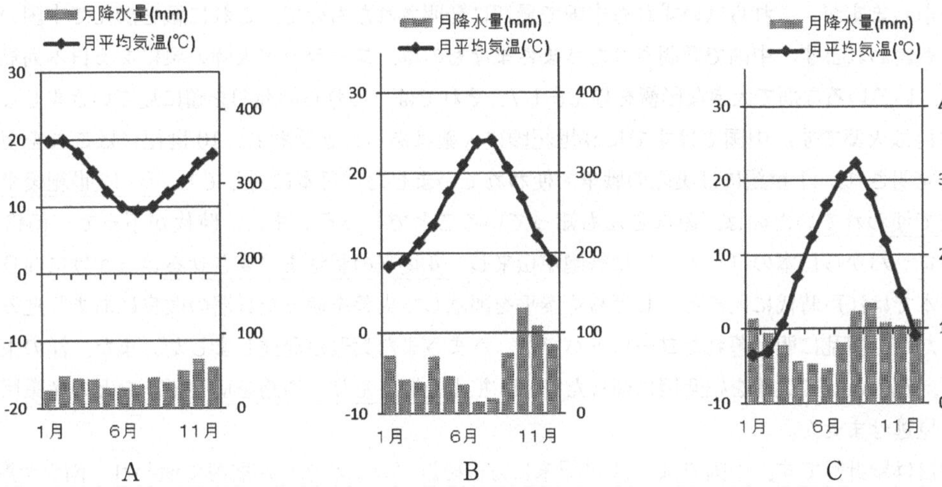

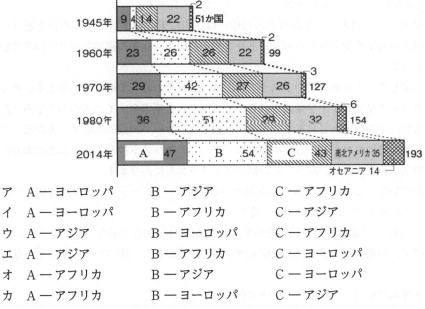

ア　A —札幌　　B —ニース　　C —メルボルン
イ　A —札幌　　B —メルボルン　　C —ニース
ウ　A —ニース　　B —札幌　　C —メルボルン
エ　A —ニース　　B —メルボルン　　C —札幌
オ　A —メルボルン　　B —ニース　　C —札幌
カ　A —メルボルン　　B —札幌　　C —ニース

（5）下線部(d)に関して，日本で生産される米の中には，主に天候の不順による不作を避ける目的で，他の地域よりも早く生産される種類があります。このような米の種類を何といいますか，**漢字3字**で答えなさい。

（6）下線部(e)に関して，キリスト教やイスラム教には，それぞれの「聖地」があります。キリスト教では，イエス＝キリストが十字架にかけられて処刑された都市や，イエスの弟子であったペテロの墓があるローマが聖地とされます。イスラム教では，カーバ神殿のあるメッカが第一の聖地ですが，イエスが処刑された都市も聖地の一つです。このキリスト教とイスラム教の両方の聖地である都市の名を答えなさい。なお，この都市はイスラエルにあります。

（7）下線部(f)について，このような食べ物を何といいますか。「フード」という語を後につけて，「～フード」という形で，**カタカナ**で答えなさい。

（8）下線部(g)に関して，20 年以上の内戦を経《へ》て，2011 年7月に独立を果たしたアフリカの国で，東にエチオピア，南東にケニアなどと国境を接する内陸国の名を，次のア～エから1つ選び，記号で答えなさい。

ア　ソマリア連邦共和国　　イ　ガーナ共和国
ウ　南アフリカ共和国　　エ　南スーダン共和国

3　次の文を読み，後の問いに答えなさい。

みなさんは，歴史の本を開いて(a)「中国の四大発明」「ルネサンスの三大発明」という語句を目にしたことはありませんか。長い人類の歴史の中で，(b)石器の製作や火の使用が始まりましたが，これらの発明は単に新しい物や方法を発明しただけではなく，さまざまな分野で大きな影響を与えてきたと考えられ，このように取り上げられています。ルネサンスの三大発明とは，火薬・羅針盤・活版印刷術を指しますが，これらはいずれも中国で最初に発明されたもので，これに紙を加えて中国の四大発明とも言われます。中国で発明されたさまざまなものは，ユーラシア大陸の東にある日本列島にも伝わり，いろいろな面で大きな影響を与えました。それでは，これらの発明を順に見ていきましょう。

一番目は火薬です。中国ではすでに9世紀頃に火薬はあったと言われ，10 世紀にはこれを使った兵器も発明され，11 世紀には実際の戦争で使われていました。日本に対しても，(c)13 世紀後半の蒙古襲来で使われていたのは，みなさんも知っていることでしょう。また，時代が下って，1543 年にはヨーロッパから日本の（　①　）に鉄砲が伝来し，(d)従来の戦法を一変させるきっかけになりました。日本では江戸時代に入ると，しばらく泰平を謳歌《おうか》して火薬を使った兵器の改良はあまり進みませんでしたが，戦乱に明け暮れたヨーロッパでは，さまざまな兵器が発達しました。また，洋の東西を問わず，花火として火薬を娯楽用に使ったり，(e)鉱山を掘ったり，道路を切り拓くなどの産業用に使う面も見逃せません。

二番目は羅針盤です。中国では，11 世紀末に方位磁針（コンパス）が航海に使われ，南シナ海・インド洋を通って，14 世紀には(f)地中海沿岸のイタリアにも伝わり改良されました。この羅針盤の改良は，天文学や海図製作の発達，船の改良とあわせて，遠洋航海を可能とし，西ヨーロッパ諸国の海洋進出をあと押ししました。(g)日本でも，16 世紀後半～ 17 世紀前半に東アジア・東南アジア方面に渡航した船の中には，西ヨーロッパの航海術や船の構造を取り入れたものがありました。その後，鎖国下の日本では遠洋航海は認められませんでしたが，(h)沿岸の海運は活発で独自の発達を遂げました。18 世紀末からヨーロッパ諸国やアメリカの船が開国・通商を求めて日本沿岸に現れると，江戸幕府はその対応を迫られ，近代の幕開けにつながりました。

三番目は活字を使った活版印刷術です。中国では，７～８世紀頃すでに木版印刷があり，11 世紀頃には多くの本が印刷されて普及し，活字の印刷術も発明されました。これらの印刷術は朝鮮半島や日本へも，早い段階で伝わりました。日本では，印刷の方法には諸説ありますが，製作年代が判明している日本最古の印刷物として(i)「百万塔陀羅尼《ひゃくまんとうだらに》」（764～770 年）が作られました。朝鮮半島や日本などのアジア東部の印刷技術の発達とヨーロッパの印刷技術の関連については，まだよくわかっていませんが，15 世紀中頃，ドイツでは金属活字による活版印刷術で多くの書物が出版され，16 世紀に始まるキリスト教の宗教改革に大きな影響を与えました。こういった動きに対抗して，旧来のキリスト教勢力はアジアなどに熱心に布教するようになり，16 世紀後半には，日本にヨーロッパの活版印刷術が伝わりました。しかし，(j)日本では金属活字の活版印刷術があまり普及せず，木版印刷を主流とする文化・教育活動が盛んになりました。日本で活版印刷が本格的に普及するのは，明治時代以降になります。

最後に，活版印刷術と密接な関係にある紙の発明です。世界各地でさまざまなものに文字などの記録が残っていますが，記録を残す素材が高価であったり，重かったり，手間ひまがかかるなどの欠点がありました。中国では，紀元前から紙があったようですが，２世紀中頃に製紙法が改良されて普及しました。(k)日本でも，７世紀には紙が伝来し，８世紀には使用が始まっています。同じ頃，中国からイスラム世界に製紙技術が伝わり，12 世紀にはヨーロッパに伝わりました。製紙技術は印刷術の発達にともなって発展を遂げてきましたが，20 世紀に入ると，写真や映画やコンピューターなどで記録を残す技術が発達し，現在では紙の役割が限られるようになってきました。

以上，四つの発明の歴史を見てきましたが，これだけ見ても幅広い分野に関わり，技術の革新が，社会に対して，さまざまな影響を与えてきたことがわかります。「必要は発明の母」ということわざがありますが，それぞれの時代の要請で次々に発明を生み出し，いろいろな分野に影響を与え，現在に至っていることがわかりますね。みなさんはどう考えますか。

（１）空欄（　①　）について，鉄砲はある島に伝来しました。空欄に適する島の名を**漢字**で答えなさい。

（２）下線部(a)に関して，現代社会では，発明されたものは，発明した人の知的財産として保護されます。知的財産には，発明の他，研究者による論文や，芸術家や文学者の作品なども含まれます。現在の日本において発明は，担当する官庁に出願して認められると，発明者の知的財産として 20 年間（一部は 25 年間）保護されます。このように保護される発明に関する権利を何権といいますか。「権」の字を含めて**漢字３字**で答えなさい。

（３）下線部(b)に関して，次のページのＡ～Ｃの石器はいずれも日本の遺跡で出土したものです。出土地や名称を参考にして，製作された石器の古い順に記号を並べ替えなさい。

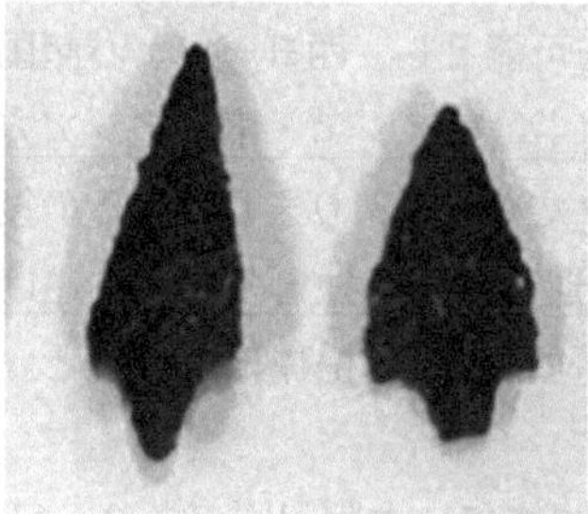

A　三内丸山遺跡の鏃《やじり》(矢の先)

B　岩宿遺跡の石斧

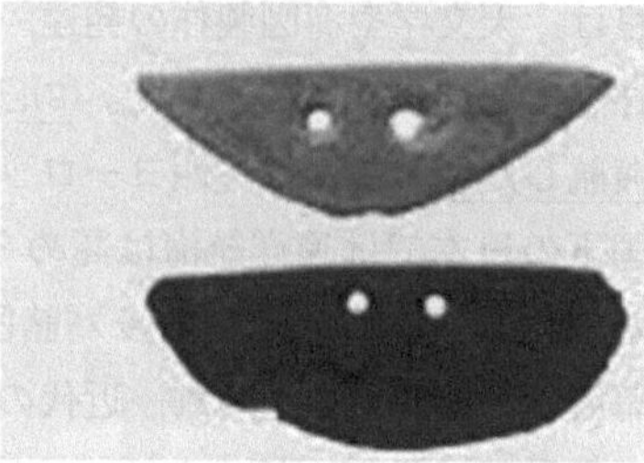

C　吉野ヶ里遺跡の石包丁

（4）下線部(c)について，左下の図は，蒙古襲来の様子を描いた絵巻物の一部です。中央に描かれているのが，元軍が鎌倉武士を苦しめた火薬を利用した兵器です。近年，長崎県沖で発見された元軍の沈没船から，その兵器が発掘されました（右下の図)。元軍がこの時に用いた，火薬を利用した兵器を何といいますか。**ひらがな4字**で答えなさい。

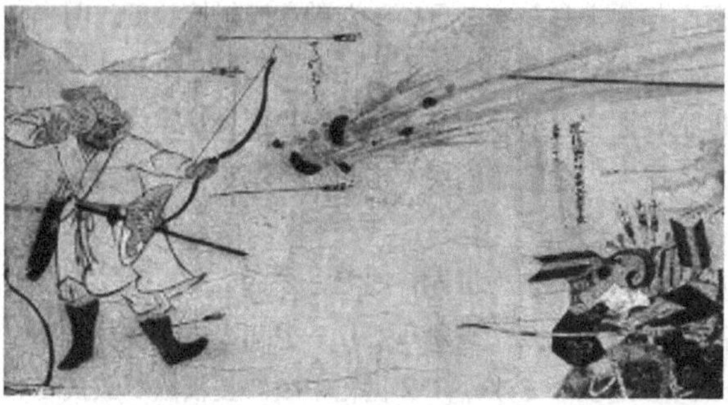

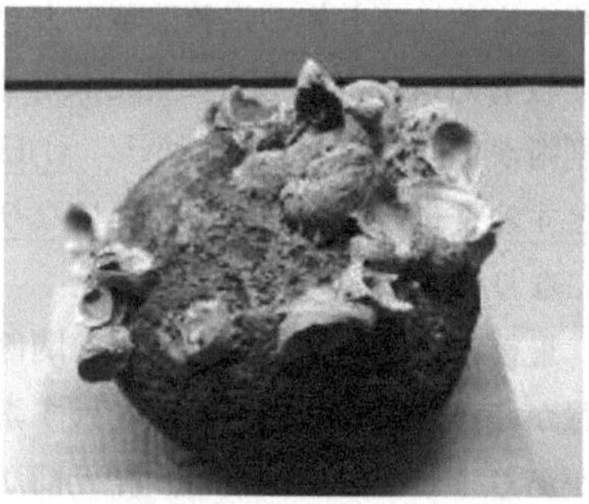

（5）下線部(d)に関して，次の図は，現在の愛知県東部で1575年に行われた戦いの様子を屏風《びょうぶ》に描いたものの一部です。この戦いでは，織田氏・徳川氏の軍勢が，当時の最新兵器であった鉄砲を3,000丁ほど用意し，新戦法の三段撃ちによって，当時最強といわれた武田氏の騎馬隊に大勝しました。鉄砲を組織的に用いたこの戦いは，従来の日本の戦法を一変させるきっかけとなったと言われますが，この戦いの名を**漢字**で答えなさい。

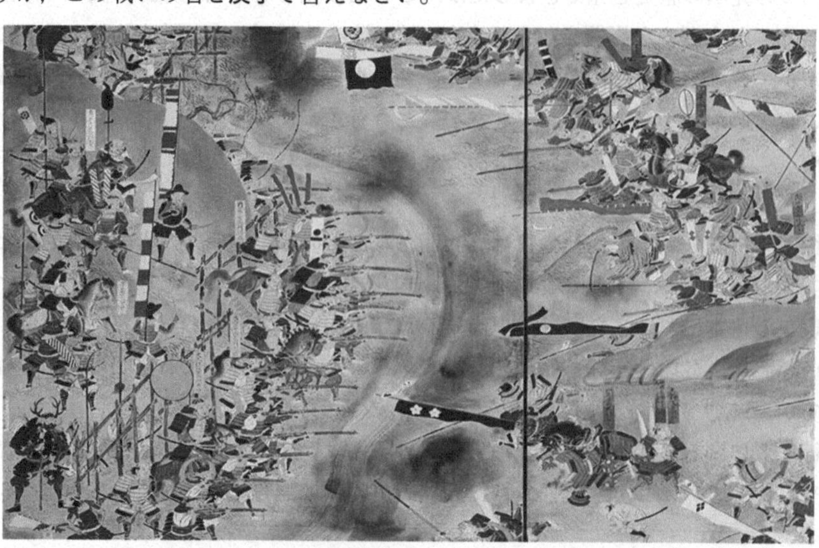

（6）下線部(e)に関して，19 世紀後半スウェーデンの発明家・実業家のアルフレッド・ノーベルはダイナマイトをはじめとするさまざまな爆薬の開発・生産によって大富豪になりました。この爆薬は，鉄道建設や鉱山開発だけではなく，戦争では兵器として多く用いられました。その後，ノーベルは基金を設立して人類のために大きな貢献をした人々に財産を分配することを遺言して亡くなりましたが，1900 年にノーベル財団が設立され，翌年から５部門でノーベル賞が授与され，後に１部門が加わりました。ノーベル賞は，日本人や日本出身者も数多く受賞していますが，2021 年にノーベル物理学賞を受賞した日本出身の人物の名として正しいものを，次のア～エのうちから１つ選び，記号で答えなさい。

ア　吉野　彰　　イ　真鍋　淑郎　　ウ　本庶　佑　　エ　山中　伸弥

（7）下線部(f)に関して，中世のイタリアで栄えた都市の一つにベネチア（ベニス）があります。ベネチア（ベニス）に関して，16 世紀後半に日本にやってきたイエズス会の宣教師たちが，次の史料のような文を残しています。史料中の空らん（　　　）に適する日本の都市の名を**漢字**で答えなさい。

> （　　　）の町は甚《はなは》だ広大にして大なる商人多数あり。この町はベニス市の如く執政官によりて治めらる。
> ガスパル・ヴィレラ『書簡』より
>
> （　　　）は日本のベニスである。大きな町で富裕で，多数の取引があるだけでなく共同市場のようで，つねに各地から人々が集まってきている。
> ルイス・フロイス『日本史』より

（8）下線部(g)に関して，16 世紀末から 17 世紀初頭にかけて，日本人も豊臣秀吉や徳川家康などの海外渡航許可証を得て，東南アジアなどに渡航して貿易を行いました。この貿易に関する文Ａ・Ｂの正誤の組み合わせとして正しいものを，下のア～エのうちから１つ選び，記号で答えなさい。

Ａ　この貿易を南蛮貿易といい，東南アジア各地に日本町が形成されました。

Ｂ　主に西日本の大名や大商人がこの貿易に関わり，銀などが輸出されました。

ア　Ａ―正　Ｂ―正　　イ　Ａ―正　Ｂ―誤
ウ　Ａ―誤　Ｂ―正　　エ　Ａ―誤　Ｂ―誤

（9）下線部(h)について，江戸時代中期には交通網が整備されて，日本各地の海産物も取引されるようになりました。次の文の空欄（　Ａ　）（　Ｂ　）に入る海産物の組み合わせとして正しいものを，下のア～エのうちから１つ選び，記号で答えなさい。

現在の千葉県の九十九里浜でとれた（　Ａ　）は加工されて，近畿地方や東海地方などの綿の栽培地に肥料として売られました。また，蝦夷地でとれた（　Ｂ　）は，日本海沿岸を通って西日本で流通するようになりました。

ア　Ａ―いわし　Ｂ―こんぶ　　イ　Ａ―にしん　Ｂ―こんぶ
ウ　Ａ―いわし　Ｂ―かつお　　エ　Ａ―にしん　Ｂ―かつお

（10）下線部(i)に関して，「百万塔陀羅尼」は，８世紀後半に起きた反乱の戦没者を供養し，国家の動乱を鎮しずめ守護するために，当時の天皇が『陀羅尼経』100 万巻を印刷し，小型の木塔に納めて，南都七大寺をはじめとする 10 の大寺に分けて奉納したものです。このうち，現存するものは４万数千基で，その多くが７世紀初めに建立された「斑鳩寺《いかるがでら》」ともよばれる，大和国北西部の寺院に残されています。この寺院の名を**漢字**で答えなさい。

(11) 下線部(j)に関して，江戸時代になって大きな戦乱がなくなると，武士の子弟は藩校などで学問や武芸を学び，統治者としての心構えを身につけました。一方，江戸時代の後半になると，商人や農民の子供も教育を受けるようになり，大人になってからの生活に役立てました。このような江戸時代後半の商人や農民の子供たちは，どのような教育の場で学び，どのような内容の教育を受けていましたか。簡潔に説明しなさい。

(12) 下線部(k)について，日本で現存する最古の和紙は，8世紀初頭の『正倉院文書』に収められている戸籍に用いられた紙だと言われます。これ以降，日本各地で和紙の生産が確認され，役所の記録や手紙，冊子・書物等に用いられるようになりました。このように紙（和紙）が使用されるようになった頃から，右図のような，地名・日付・品目などを記した木の札によって，納税の記録が残されました。このような短冊状の木の札を何といいますか。**漢字2字**で記しなさい。

4　次の文を読み，後の問いに答えなさい。

皆さんは2024年度に(a)新しい一万円札の肖像画に採用される渋沢栄一を知っていますか。渋沢は「近代日本経済の父」と呼ばれます。そんな彼の生涯を見てみましょう。

渋沢栄一は，江戸時代の(b)天保11年（1840年），現在の埼玉県深谷市に生まれました。渋沢家は(c)藍《あい》玉の製造販売と養蚕《ようさん》を行い，米や麦，野菜なども生産する裕福な農家でした。原料の買い入れと販売を行うので，商業的な才覚が求められ，栄一も父親と共に(d)信濃《しなの》や上野《こうずけ》など周辺の国々まで藍を売り歩き，藍の葉を仕入れる仕事をしていました。

また，栄一は父親から読書をすすめられ，歴史書を中心に学んだようです。一方，剣術も学び，文武両道を実行していました。文久元年（1861年）に江戸に出て儒学者の塾に通いつつ，(e)北辰一刀《ほくしんいっとう》流《りゅう》の道場で剣術の腕をあげました。しかし，剣術の修行をするにつれて勤皇《きんのう》の志士と関係を深めていき，尊王攘夷《そんのうじょうい》の思想に目覚めました。そして，高崎城を乗っ取って武器を奪い，横浜を焼き討ちにし，長州と連携して幕府を倒すという計画をたてます。ところが，親戚《しんせき》一同の懸命な説得により，この計画は中止になりました。

その後，栄一は京都に出ますが，その時期は尊王攘夷派が衰退しており，志士活動に行き詰まりました。しかし，彼の才能を認めていた一橋家の家臣で，要職をつとめる平岡円四郎の勧めにより(f)一《ひとつ》橋慶喜《ばしよしのぶ》に仕えることになります。そして，慶喜が将軍となったことに伴って幕臣となり，慶喜の弟，徳川昭武《あきたけ》が将軍の代理としてパリで行われる万国博覧会に出席するのに伴って，フランスへ渡航します。一行はパリ万博を視察したほか，(g)ヨーロッパ各国を訪問して各地で先進的な産業などを見学すると共に，ヨーロッパの新しい社会を見て驚き，感動しました。ところが，日本では徳川慶喜により大政奉還が行われ，栄一は新政府から帰国の命令を受けて(h)横浜港に帰国することになります。

帰国後は（　①　）に謹慎していた慶喜と面会し，「これからはお前の道を行きなさい」といわれて，フランスで学んだ株式会社の制度を実践することや，1869年に（　①　）で商法会所を設立しました。その後，大隈重信に説得されて大蔵省に入ることになり，貨幣制度や(i)国立銀行条例の制定に携わりましたが，予算編成をめぐって大久保利通などと対立し，1873年に退官してしまいます。それから間もなく官僚の時に設立を指導していた第一国立銀行の頭取に就任した後は，多種多様の企業の設立に関わり，その数は500以上といわれています。

明治時代の日本は，欧米諸国にくらべて実際の生活にすぐに役立つような学問に関心が薄く，商業などの教育があまり行われていませんでした。そこで，渋沢は教育にも力を入れて森有礼と共に商法講習所，(j)大倉喜八郎と商業学校の設立に関わり，私塾の二松学舎の学長になりました。また，男尊女卑の影響が残っていた(k)女子の教育の必要性を考えて，日本女子大学校，東京女学館の設立にも協力します。

一方，東京市養育院の院長として恵まれない子供たちを救うなど社会福祉事業に力を注いだり，欧米を訪問して民間の立場から平和外交を促進したりしました。そして，渋沢栄一は1931年に91歳で亡くなりました。

渋沢栄一の人生は，ＮＨＫの大河ドラマ『青天を衝け』で放送されていましたが，番組名の『青天を衝け』は，若き日の栄一が詠んだ詩の一部に「青空をつきさす勢いでひじをまくって登り，白雲を突きぬける気力で手につばして進む」から引用されています。君たちは入学後に，渋沢が深く関わった日本の制度や資本主義経済のしくみを学んでいきましょう。

（1）文中の空らん（　①　）には，徳川家康が将軍を引退した後に江戸から移り住んだ城があった場所の地名が入ります。この地名は，徳川家康の時代と現在とでは呼び方が異なります。空らん（　①　）に適する，現在の地名（都市名）を**漢字**で答えなさい。

（2）下線部(a)に関して，新しい千円札の肖像画は北里柴三郎です。この人物の業績について述べた文として正しいものを，次のア～エのうちから１つ選び，記号で答えなさい。

ア　熱帯にいる蚊《か》がウィルスを運ぶ黄熱病《おうねつびょう》などを研究し，ノーベル賞の候補にあがりましたが，アフリカで黄熱病にかかり，亡くなりました。

イ　汚染された食べ物や水を通して腸内に侵入する赤痢《せきり》菌を患者の便から発見しました。

ウ　らくだが運んだと言われる天然痘《てんねんとう》ウィルスの予防に牛の病気や患者の膿《うみ》からワクチンを作りました。

エ　患者の血液からペスト菌《きん》を発見し，家屋などの消毒や菌を運ぶネズミの駆除《くじょ》を徹底させました。

（3）下線部(b)に関して，江戸時代の三大改革のうち，天保の改革の内容をあらわしているものを次のア～エのうちから１つ選び，記号で答えなさい。

ア　大阪など上方からの商品を特定の大商人が独占していると判断し，この商人らの組合を解散させました。

イ　財政を立て直すために，大名からも米を納めさせ，そのかわりに参勤交代での江戸の滞在期間を減らしました。

ウ　罪の内容によって死刑・牢屋《ろうや》に投獄・磔《はりつけ》・叩《たた》きなど刑の基準を定めて，裁判を明確にするための法を制定しました。

エ　儒学のうち朱子学を正しい学問として，それ以外の学問を湯島聖堂の学問所で講義や研究することを禁止しました。

（4）下線部(c)について，藍玉とは藍の葉を発酵させて固めたもので，藍染めの原料となります。次の藍を用いたことわざについて，下の各問いに答えなさい。

（　　）は藍より出《い》でて藍より（　　）し

ⅰ）ことわざの中の空らん（　　）には，共通の語句が入ります。この共通の語句を**漢字１字**で答えなさい。

ⅱ）このことわざの意味を，先生と弟子の関係から考えて，簡潔に述べなさい。

（５）下線部(d)に関して，信濃国は現在の長野県，上野国は群馬県にあたります。渋沢栄一の生まれ育ったのは現在の埼玉県の深谷市でしたから，栄一は父親と共に商売で北の方へ行ったことになります。ところで，渋沢栄一の生まれた村は，江戸時代には血洗島《ちあらいじま》村と言われましたが，血洗島村から見て真南にある国はどの国ですか。次のア～エのうちから正しいものを１つ選び，記号で答えなさい。

ア　甲斐国　　イ　相模国　　ウ　下総国　　エ　常陸国

（６）下線部(e)に関して，幕末に剣術の修行で土佐から江戸に出て，この流派を学んだ人物として適当なものを，次のア～エのうちから１つ選び，記号で答えなさい。

ア　土方歳三　イ　近藤勇　ウ　坂本龍馬　エ　宮本武蔵

（７）下線部(f)に関して，一橋慶喜は，生まれたときの姓は「徳川」でしたが，後に一橋家へ養子に出たため，「一橋」の姓を名乗りました。一橋慶喜の生家の徳川家は，徳川一族の中でも名門の御三家の一つでしたが，慶喜の生まれた徳川家は，どこの藩の大名でしたか。藩の名を**漢字**で答えなさい。

（８）下線部(g)に関して，この時に渋沢栄一らは，演劇と音楽によって構成される舞台で，歌劇とも呼ばれるものを見たといわれます。この舞台芸術を何といいますか。**カタカナ３字**で答えなさい。

（９）下線部(h)に関して，この港は，江戸幕府が修好通商条約を結んで開いた貿易港のひとつです。幕末に行われた貿易で，日本から輸出された品物のうち，輸出額の割合が第一位だったものは何ですか。次のア～エのうちから１つ選び，記号で答えなさい。

ア　綿織物　イ　茶　ウ　米　エ　生糸

(10) 下線部(i)について，この「国立銀行」とは，国営の銀行ではなく，民間の銀行でした。この国立銀行とは別に，日本政府は，1882年に中央銀行である日本銀行を設立しました。現在の日本銀行には，３つの大きな役割がありますが，それは「発券銀行」，「銀行の銀行」，およびもう一つはどのような役割ですか。**５文字**で答えなさい。

(11) 下線部(j)に関して，大倉喜八郎は，将来の冬季オリンピックの開催を想定し，自ら費用を出して，スキーのジャンプ台を建設しました。このジャンプ台は1931年に完成しましたが，この年の９月には満州事変がおこり，日本軍は満州の一帯を占領しました。軍は翌年３月に占領した地域に満州国を建国しましたが，この時の首相はこれに反対し，満州国を承認しませんでした。その後，５月中旬に，この首相は若い海軍の軍人らによって暗殺され，これによって大正時代から続いてきた，「憲政の常道」とよばれた政党政治が終わりを告げました。このときに暗殺された首相の名を，次のア～エのうちから１つ選び，記号で答えなさい。

ア　犬養毅　イ　原敬　ウ　桂太郎　エ　伊藤博文

(12) 下線部(k)に関して，新しい五千円札の肖像画になる人物は，明治初期に日本で最初の女子留学生としてアメリカに渡り，帰国後は女子英学塾を設立して女性の教育に尽力しました。この人物の名を**漢字**で答えなさい。

流されず本質を摑《つか》むかである。大局観を持つことである。活字文化は②情報時代にこそ重みを増すのだと思う。

（藤原正彦『祖国とは国語』）

【注】 ＊1 ある審議会……筆者は二〇〇一年から二〇〇四年まで、文部科学省の文化審議会で委員を務めていた。

問一 ——A〜Eのカタカナを漢字に改めなさい。

問二 〈 Ⅰ 〉〜〈 Ⅲ 〉を補う言葉として最もふさわしいものを、次のア〜オよりそれぞれ選び、記号で答えなさい。

Ⅰ ア 思いがけない　イ やむを得ない
ウ うらやましい　エ おもはゆい
オ 素晴らしい

Ⅱ ア 二〇　イ 五〇　ウ 一〇〇
エ 一五〇　オ 二〇〇

Ⅲ ア 芸術的景観　イ 穀物輸出高
ウ 市場価格　エ 国民所得
オ 作付け面積

問三 ——①「例えば日本の食料を考えてみよう」について、筆者はどういうことの例として、食料自給率の話をしたのですか。最もふさわしいものを、次のア〜オより選び、記号で答えなさい。

ア 日本のリーダーは長期的視野に欠けており、どの分野でもその場しのぎの対応に終わっている、ということ。

イ 一つの事実も、見る人それぞれの論理で異なる過程をたどることで、より多角的に分析できる、ということ。

ウ どんな統計も、諸外国や過年度のものと比較してみて初めて、様々な問題点が明らかになる、ということ。

エ 一つの事実が、見る人によって様々にとらえられ、そのとらえ方によって異なる結論を導く、ということ。

オ 日本が欧米諸国と肩を並べるには、論理的思考力よりも伝統的情緒力を高めなければならない、ということ。

問四 ——②「情報時代にこそ重みを増すのだ」について、筆者は、活字文化のどういう働きを重視していますか。三十字以内で説明しなさい。

問五 本文の内容として正しいものを、次のア〜オより一つ選び、記号で答えなさい。

ア 日本人は世界に誇れる伝統文化を持っているが、国際社会への発信力に欠けているために、どの改革も失敗している。

イ 論理的思考に基づく大局観こそ、情報社会のリーダーとして不可欠な資質であり、早急に養成されなければならない。

ウ 論理的思考は情緒力に支えられており、日本人固有の部分よりも、欧米人と重なる部分を大切にしなければならない。

エ 教養の質や深さは、激化する国際競争の中で食料自給率を確保するために、今後一層重要になっていくはずである。

オ 日本人は情緒と教養の低下により伝統的価値観を失ったために、どの分野でも広い視野による方向性を誤っている。

なのである。

①例えば日本の食料を考えてみよう。穀物自給率を見ると、昭和三五年に八二パーセントだったものが平成九年には二八パーセントにまで激減している。ちなみに他の先進国ではその間、フランスが一一六パーセントから一九八パーセント、ドイツが六二パーセントから一一八パーセント、日本と同じ島国のイギリスでさえ五三パーセントから一三〇パーセントといずれも逆に急増させている。

日本の輸入食料で量がもっとも多いのは、順にとうもろこし、小麦、大豆だが、それぞれの九割、五割、八割がアメリカからの輸入である。わが国の農家は輸入品に価格で太刀《たち》打ちできない。そのため、作付けBノベ面積も大きく減少している。

これら統計を見て、祖国愛など古いと思っている地球市民は、「世界はグローバル化していて、各国個別のアンバランスを気にしていたら、世界Cボウエキは縮小する。市場原理を貫くことこそが世界そして日本の繁栄につながる」とまず思うだろう。

今こそ祖国愛と思う人は「国防と食料だけは、他国との協力態勢は当然としても、自ら確保するのが独立国家だ」という考えが頭に浮かぶだろう。家族愛が何より強い人は「輸入先が一国に偏っているし、大きな国際紛争でも起きたら子供たちは一年もたたぬうちに餓死してしまう」とまず背筋を凍らせるだろう。美的感受性やもののあわれが強烈な人は、近頃めっきり荒れてきた田園を思いだし、背景に作付け面積の低下があったのだ、と慨嘆《がいたん》するだろう。

各自の議論の出発点はこのようにして決まる。そこから出発し、地球市民派は「自給率の低落は、市場の力により日本の構造改革が順調に進んでいることを示している。〈　Ⅰ　〉」と論理的に結論するだろう。祖国愛派や家族愛派は「欧州先進国なみとまではいかなくとも、〈　Ⅱ　〉パーセントを目ざし具体的計画を早急に練るべき」と結論するだろう。

美的感受性派やもののあわれ派は、「日本の伝統的な文化、芸術、文学などの根底にあるのは類い稀《まれ》な美意識とものあわれであり、これはわが国が世界に誇る情緒だ。この情緒の母胎は四季の変化に恵まれた日本の美しい自然であり、棚田《たなだ》などの芸術的景観だ。これはどんな犠牲を払ってでも守るべきものだ。〈　Ⅲ　〉が半分になっても食料増産を進め、農業と自然を守るべき」と結論するだろう。

その人の教養とか、それに裏打ちされた情緒の濃淡や型により、大局観や出発点が決まり、そこから結論まで論理で一気に進むということになる。どんな事柄に関しても論理的に正しい議論はゴロゴロある。その中からどれを選ぶか、すなわちどの出発点を選ぶかが決定的で、この選択が教養や情緒でなされるのである。論理は得られた結論の実行可能性や影響を検証する際に、はじめて有用となる。

現在、わが国の政治、経済、社会、教育はどれもうまくいかないでいる。改革につぐ改革がなされているが、一向に功をDソウさず国家はEキキにある。原因は各界のリーダーたちが正しい大局観を失ったことにあり、その底流には国民一般における教養や情緒力の低下があるのではないか。

この回復は活字文化の復興なくしてありえない。真の教養のほとんどと美しい情緒の大半が、読書などを通じて育つからである。情報社会でもっとも大切なのは、いかに情報を得るかでなく、いかに情報に

問一 〰〰A〜Eのここでの意味として最もふさわしいものを、次のア〜オよりそれぞれ選び、記号で答えなさい。

A 空前の
ア 今までにない　イ 予想もしない
ウ 以前から続く　エ 先の見えない
オ さしせまった

B 白々しく
ア さりげなく　イ 投げやりに
ウ いかめしく　エ わざとらしく
オ 真実味がなく

C 一縷の
ア 片時も心から離れない
イ ひたむきに念じている
ウ かすかにつながっている
エ 家族が心を合わせている
オ 他の全てを捨ててもよい

D 心ない
ア 悪気のない　イ いわれのない
ウ なじみのない　エ 配慮《はいりょ》に欠ける
オ 本心と異なる

E さかしい
ア 分をこえた　イ 勢いのある
ウ 完成された　エ おそれ多い
オ ゆるぎない

問二 ――①「千変万化」、――④「後生大事」の読み方を、ひらがなで答えなさい。

問三 ――②「ここ二〇〇年程度にすぎない」について、それ以前の人々は、水をどういうものとして理解してきましたか。本文より、その答えに当たる表現を二つ選び、一つ目は十五字以内で、二つ目は十字以内で、それぞれぬき出しなさい。

問四 ――③「専門が脳神経であることが苦痛であった」について、筆者はなぜそう感じたのですか。三十字以内で説明しなさい。

問五 ――⑤「胸中に残る温かい余韻」とは、筆者の心に残るどういう感情ですか。五十字以内で説明しなさい。

三 次の文章を読んで、あとの問いに答えなさい。

先日の*1ある審議会で、局所的判断や短期的視野を得るには論理や合理や理性だけで間に合うかも知れないが、正しい大局観や長期的視野を得るにはそうはいかない、一見役に立ちそうもない文学、芸術、歴史などの教養、そして誠実、慈愛、勇気、正義感、卑怯《ひきょう》を憎む心、美的感受性、もののあわれ、家族愛、AキョウドA愛、祖国愛、人類愛といった情緒が必要、と私は述べた。これに異論が出たのは予想外だった。

論理というものは、単純化すると、AならばB、BならばC、CならばDと続き、Zまで行くものである。Aを出発し、論理の鎖《くさり》を通り結論のZに達することになる。Aは出発点だから当然、論理的帰結ではなく仮説である。論理は必ず仮説から出発することになる。

この仮説は通常、多くの可能性の中から、その人の価値観、人生観、世界観、人間観といったものにより選ばれる。そしてこれらの基底となるものが、先ほど述べたような教養や情緒、宗教といったもの

診察すると、脳内病変が疑われた。当時勤務していた脳外科の病院で検査をした結果、右頭頂葉の皮質に病変を認め、間違いないと判断された。③専門が脳神経であることが苦痛であった（悪性膠腫《こうしゅ》という脳腫瘍は子供ではまれであるが、当時二年生存率はゼロとされていた）。末期の状態は分かり切っていた。病院では死が隠される。本人の姿ではなくモニターの画面を囲み、心肺停止を待つ臨終は受け入れがたい。なるべく自宅に置き、家族皆で看病した。

そのことを伝え聞いたペシャワールの＊4ＰＭＳ病院の事務長が、④後生大事に小瓶《こびん》に詰めた「ザムザムの水」を届けてくれた。メッカ巡礼の際に持ち帰り、大切に保存しておいたものだ。彼は陸軍の退役少佐（major）であった。軍人でありながら深い信心の持ち主で、額にたこがあった（礼拝の際に額を地面にすりつけるので、これは相当な熱心さを意味する）。曲がったことが嫌いで職員に対しても厳格だったから、口の悪い者は「原理主義者」などと陰口をたたく程であった。

おそらく普段なら、「苦しい時の神頼み」とか、「縁起かつぎの御利益《ごりやく》」くらいにしか考えなかったであろう。だが、このときばかりは、そんな他人事のような言葉の方がB白々しく思えた。対照的に、退役少佐の贈り物には、特別の響きがあった。神癒《しんゆ》があり得るかという、神懸かり的な話ではない。彼は他人の子供のために、心魂を込めて奇跡を祈ったのだ。その心情自体が尊く、理屈はなかった。当方もC一縷《いちる》の望みを託して、毎日数滴ずつをジュースに混ぜて与え、回復を祈った。

医師生活の最後の奉公と見て手を尽くしたが、次男は宣告された通りに死んだ。享年一〇歳であった。ザムザム水の効き目がなかったではないかと、のちにD心ない冗談を言う者もいたが、⑤胸中に残る温かい余韻《よいん》を忘れることができない。我々の持つ世界観、いわゆる「科学的常識」は、しばしば味気ない理屈と計算で構成されている。水を届けた者のまごころがうれしかっただけではない。あの水は、紛《まぎ》れもなく「聖水」であったと思っている。Eさかしい理屈の世界から解放され、その奥に厳然とある温かい摂理《せつり》を垣間《かいま》見られたことに、今でも感謝している——今日も川のほとりで眺める水は、天空を映してあくまで青く、真っ白に砕ける水しぶきが凜《りん》として、とりとめもなく何かを語る。

（中村哲『希望の一滴』）

【注】＊1　川の工事……筆者は一九八四年から、パキスタン北西部のペシャワールを拠点《きょてん》として難民への医療活動を始め、アフガニスタン国内へ活動を広げる中、二〇〇〇年の大干ばつに直面し、「もはや病の治療どころではない」との思いで井戸を掘り始め、二〇〇三年からは大規模な用水路の建設に着手していた。

＊2　満濃池……香川県にある日本最大のため池。奈良時代に造られた。

＊3　山田堰……福岡県の筑後川中流域にある井堰《いせき》（水をせき止める設備）。庄屋古賀百工が江戸時代に改修した。筆者は全国の堰を訪ねた末に、山田堰を何度も視察して研究を重ね、アフガニスタンでの灌漑《かんがい》用水モデルとした。

＊4　ＰＭＳ……筆者の活動を支援するために結成された国際団体（Peace Japan Medical Services 平和医療団・日本）。

か力になってやろう、という考え。

問七 ――④「不老不死になる仙人の術を教えて貰いたい」について、権助はなぜそう考えているのですか。三十字以内で説明しなさい。

問八 次のア～カより、説明に誤りを含むものを二つ選び、記号を五十音順に並べなさい。

ア 医者は、女房に押し切られてしまう一面はあるが、ものごとを常識的に判断する人物である。

イ 医者の女房は、古狐というあだ名の通り、言葉たくみに相手を言いくるめることに長けている。

ウ 医者の女房は、仙術を心得ていることを誰にも打ち明けずに権助を鍛《きた》え、とうとう仙人にした。

エ 権助は、強い思いをひたむきに持ち続けた結果、医者の女房の打算を超えて本当に仙人になった。

オ この小説は、仙人になった「私」の回想として、大阪での二十年間を語る形で書かれている。

カ この小説は、語り手から読者に、大阪を舞台にした昔話を語る、という方法で書かれている。

二 次の文章を読んで、あとの問いに答えなさい。

水の存在感は空気と同様であって、生命のある所どこにでもあり、身近すぎて気づきにくいものである。故に古い時代から、水は万物の根源的な構成要素と見なされてきた。水はまた①千変万化して、一つとして同じ形をとらない。凍れば固体であり、蒸気になれば気体である。水は人知を超えて人間と多様に関わる。沙漠《さばく》で喉《のど》が渇いたときに飲む水は命を支える恵みであり、洪水で押し寄せる水は生命を脅《おびや》かす恐怖である。生命の営みは水の介在《かいざい》なしに起こりえない。しかし、水が一つの物質（H_2O）として理解されるようになったのはごく最近で、②ここ二〇〇年程度にすぎない。

*1川の工事をしていていつも浮かぶ疑問は、古い時代の人々がこの水をどう感じ、どう理解していたのかということである。体系的知識は、今より余程少なかったであろう。それでも、科学以前から水は人間生活に深く関わり、それなりの深い理解があったはずだ。治水によって古代中国を治めた聖人も、*2満濃池《まんのういけ》を改修した弘法大師も、*3山田堰《やまだぜき》を完成した古賀百工も、河川工学や水理学など知らなかったはずだ。

水は人間を律する神の手である。どんな宗教でも、水を清めの媒体《ばいたい》とすることが普通であった。神社では手を清める場所があり、キリスト教会では洗礼の際に水で清める。イスラム教でも礼拝所には必ず体を洗う場所が備えられている。メッカの湧水（ザムザムの水）は特別な恵みがあると解され、巡礼の際に持ち帰る信徒が多いという。

ずいぶん前になるが、九歳の次男が悪性の脳腫瘍《のうしゅよう》に罹《かか》り、余命一年と宣告された。折から現地はA空前の大干ばつで、栄養失調で弱った子供たちが次々と感染症で倒れていた。それを必死で訴えていた矢先である。

忘れもしない二〇〇一年夏、帰宅したとき、「左手が動かない」との訴えを初めて子供から聞いた。左上肢だけの単マヒで、当初は肩関節の脱臼《だっきゅう》かと思った。整形外科では診断がつかなかったので、自分で

問一　次のA～Cは、小説の冒頭《ぼうとう》部分です。それぞれの小説の作者を、後のア～クより選び、記号で答えなさい。

A　親譲りの無鉄砲で小供《こども》の時から損ばかりして居る。

B　或《ある》春の日暮です。唐の都洛陽《らくよう》の西の門の下に、ぼんやり空を仰いでいる、一人の若者がありました。

C　国境の長いトンネルを抜けると雪国であった。夜の底が白くなった。

ア　森鷗外　イ　中島敦　ウ　島崎藤村
エ　芥川龍之介　オ　太宰治　カ　川端康成
キ　夏目漱石　ク　三島由紀夫

問二　〈A〉～〈D〉を補う言葉として最もふさわしいものを、次のア～コより選び、記号で答えなさい。同じ記号を二度以上選んではいけません。

ア　きっと　イ　まるで　ウ　そろそろ
エ　かねがね　オ　あたふた　カ　やっと
キ　よもや　ク　いそいそ　ケ　だんだん
コ　ほくほく

問三　～～～Ⅰ～Ⅲのここでの意味として最もふさわしいものを、次のア～オよりそれぞれ選び、記号で答えなさい。

Ⅰ　せち辛い　ア　人づきあいの難しい
イ　生活するのが大変な
ウ　見るにしのびない
エ　計算高くてけちな
オ　思い通りにいかない

Ⅱ　慇懃に　ア　うわの空で　イ　ぞんざいに
ウ　えらそうに　エ　自分勝手に
オ　ていねいに

Ⅲ　閉口した　ア　口ごもった　イ　やりこめた
ウ　弱りはてた　エ　ごまかした
オ　とりなした

問四　――①「権助の頼みを引き受けてやりました」について、番頭はなぜ引き受けることにしたのですか。三十字以内で説明しなさい。

問五　――②「近所にある医者の所へ出かけて行きました」について、番頭が医者の家を選んだ理由を示す一文を、本文より選び、最初の五字をぬき出しなさい。

問六　――③「それはうちへおよこしよ」について、医者の女房は、どういう考えからこう言ったのですか。最もふさわしいものを、次のア～オより選び、記号で答えなさい。

ア　分別のない田舎者も、立派な医師の家で奉公できるならきっと納得するに違いない、という考え。

イ　右も左もわかっていない若者を自分の元で教育し、いずれ立派に独立させてやろう、という考え。

ウ　仙人になりたいなどと言う若者に単純な興味を持ち、どんな人間か会ってみたい、という考え。

エ　いかにも世間知らずな田舎者をうまく言いくるめて、自分の家でこき使ってやろう、という考え。

オ　途方《とほう》もない要求を持て余している番頭を気の毒に思い、何と

しまうからね」

「はい。どんなむずかしい事でも、きっと仕遂《しと》げて御覧に入れます」

権助は〈　B　〉喜びながら、女房の云いつけを待っていました。

「それではあの庭の松に御登り」

女房はこう云いつけました。もとより仙人になる術なぞは、知っている筈がありませんから、何でも権助に出来そうもない、むずかしい事を云いつけて、もしそれが出来ない時には、又向う二十年の間、唯《ただ》で使おうと思ったのでしょう。しかし権助はその言葉を聞くとすぐに庭の松へ登りました。

「もっと高く。もっとずっと高く御登り」

女房は縁先《えんさき》に佇《たたず》みながら、松の上の権助を見上げました。権助の着た紋附の羽織は、もうその大きな庭の松でも、一番高い梢《こずえ》にひらめいています。

「今度は右の手を御放し」

権助は左手にしっかりと、松の太枝をおさえながら、〈　C　〉右の手を放しました。

「それから左の手も放しておしまい」

「おい。おい。左の手を放そうものなら、あの田舎者は落ちてしまうぜ。落ちれば下には石があるし、とても命はありはしない」

医者もとうとう縁先へ、心配そうな顔を出しました。

「あなたの出る幕ではありませんよ。まあ、私に任せて御置きなさい。――さあ、左の手を放すのだよ」

権助はその言葉が終らない内に、思い切って左手も放しました。何しろ木の上に登ったまま、両手とも放してしまったのですから、落ちずにいる訳はありません。あっと云う間に権助の体は、権助の着ていた紋附の羽織は、松の梢から離れました。が、離れたと思うと落ちもせずに、不思議にも昼間の中空《なかぞら》へ、まるで操り人形のように、ちゃんと立止ったではありませんか？

「どうも難有うございます。おかげ様で私も一人前の仙人になれました」

権助は叮嚀《ていねい》に御辞儀をすると、静かに青空を踏みながら、〈　D　〉高い雲の中へ昇って行ってしまいました。

医者夫婦はどうしたか、それは誰も知っていません。唯その医者の庭の松は、ずっと後までも残っていました。何でも＊6淀屋辰五郎《よどやたつごろう》は、この松の雪景色を眺める為に、四抱《よかか》えにも余る大木をわざわざ庭へ引かせたそうです。

（芥川龍之介『仙人』）

【注】
＊1　口入れ屋……奉公人に仕事を世話する店。現代でいう人材派遣《はけん》会社。
＊2　煙管……刻みタバコを吸うための道具。
＊3　千草の股引……千草は灰色がかった水色のこと。江戸時代、丁稚《でっち》は千草色の股引をはいていた。
＊4　天竺から来た麝香獣……天竺はインドのこと。麝香獣は、香料の材料になる物質を出す、麝香鹿や麝香猫などの動物。
＊5　太閤様……豊臣秀吉のこと。太閤とは関白の位を退いた人を指す。
＊6　淀屋辰五郎……大阪の豪商である淀屋の五代目。宝永二（一七〇五）年、分に過ぎた生活をとがめられ、全財産没収、所払いの処分となる。近松門左衛門の戯曲の題材となった。

房に向いながら、
「お前は何と云う莫迦《ばか》な事を云うのだ？　もしその田舎者が何年いても、一向仙術を教えてくれぬなぞと、不平でも云い出したら、どうする気だ？」と忌々《いまいま》しそうに小言を云いました。
　しかし女房はあやまるどころか、鼻の先でふふんと笑いながら、
「まあ、あなたは黙っていらっしゃい。あなたのように莫迦正直では、このⅠせち辛い世の中に、御飯を食べる事も出来はしません」と、あべこべに医者をやりこめるのです。
　さて明くる日になると約束通り、田舎者の権助は番頭と一しょにやって来ました。今日はさすがに権助も、初の御目見えだと思ったせいか、紋附《もんつき》の羽織を着ていますが、見たところは唯の百姓と少しも違った容子《ようす》はありません。それが反《かえ》って案外だったのでしょう。医者はまるで＊4天竺《てんじく》から来た麝香獣《じゃこうじゅう》でも見る時のように、じろじろその顔を眺めながら、
「お前は仙人になりたいのだそうだが、一体どう云うところから、そんな望みを起したのだ？」と、不審そうに尋ねました。すると権助が答えるには、
「別にこれと云う訳もございませんが、唯あの大阪の御城を見たら、＊5太閤様《たいこうさま》のように偉い人でも、何時か一度は死んでしまう、して見れば人間と云うものは、いくら栄耀栄華《えいようえいが》をしても、はかないものだと思ったのです」
「では仙人になれさえすれば、どんな仕事でもするだろうね？」
狡猾な医者の女房は、隙《す》かさず口を入れました。
「はい。仙人になれさえすれば、どんな仕事でも致します」
「それでは今日から私の所に、二十年の間奉公おし。そうすればきっと二十年目に、仙人になる術を教えてやるから」
「左様でございますか？　それは何より難有《ありがと》うございます」
「その代り向う二十年の間は、一文も御給金はやらないからね」
「はい。はい。承知致しました」
　それから権助は二十年間、その医者の家に使われていました。水を汲《く》む。薪《まき》を割る。飯を炊く。拭き掃除をする。おまけに医者が外へ出る時は、薬箱を背負って伴《とも》をする。――その上給金は一文でも、くれと云った事がないのですから、この位重宝な奉公人は、日本中探してもありますまい。
　が、とうとう二十年たつと、権助は又来た時のように、紋附の羽織をひっかけながら、主人夫婦の前へ出ました。そうしてⅡ慇懃《いんぎん》に二十年間、世話になった礼を述べました。
「就《つ》いては兼ね兼ね御約束の通り、今日は一つ私にも、④不老不死になる仙人の術を教えて貰《もら》いたいと思いますが」
　権助にこう云われると、Ⅲ閉口したのは主人の医者です。何しろ一文も給金をやらずに、二十年間も使った後ですから、今更仙術は知らぬなぞとは、云えた義理ではありません。医者はそこで仕方なしに、
「仙人になる術を知っているのは、おれの女房の方だから、女房に教えて貰うが好《よ》い」と、素っ気なく横を向いてしまいました。
　しかし女房は平気なものです。
「では仙術を教えてやるから、その代りどんなむずかしい事でも、私の云う通りにするのだよ。さもないと仙人になれないばかりか、又向う二十年の間、御給金なしに奉公しないと、すぐに罰が当って死んで

【国　語】〈六〇分〉〈満点：一二〇点〉

【注意】字数が指定されている場合は、句読点や記号も1字として数えて下さい。

一 次の文章を読んで、あとの問いに答えなさい。

皆さん。

私は今大阪にいます、ですから大阪の話をしましょう。

昔、大阪の町へ奉公に来た男がありました。名は何と云ったかわかりません。唯飯炊奉公《ただめしたきぼうこう》に来た男ですから、権助《ごんすけ》とだけ伝わっています。

権助は＊1口《くち》入《い》れ屋《や》の暖簾《のれん》をくぐると、＊2煙管《きせる》を啣《くわ》えていた番頭に、こう口の世話を頼みました。

「番頭さん。私は仙人になりたいのだから、そう云う所へ住みこませて下さい」

番頭は呆気《あっけ》にとられたように、暫《しばら》くは口も利かずにいました。

「番頭さん。聞えませんか？　私は仙人になりたいのだから、そう云う所へ住みこませて下さい」

「まことに御気の毒様ですが、――」

番頭は〈　A　〉何時《いつ》もの通り、煙草をすぱすぱ吸い始めました。

「手前の店ではまだ一度も、仙人なぞの口入れは引き受けた事がありませんから、どうか外《ほか》へ御出《おい》でなすって下さい」

すると権助は不服そうに、＊3千草《ちぐさ》の股引《ももひき》の膝《ひざ》をすすめながら、こんな理窟《りくつ》を云い出しました。

「それはちと話が違うでしょう。御前さんの店の暖簾には、何と書いてあると御思いなさる？　万《よろず》口入れ所と書いてあるじゃありませんか？　万と云うからは何事でも、口入れをするのがほんとうです。それともお前さんの店では暖簾の上に、嘘《うそ》を書いて置いたつもりなのですか？」

成程《なるほど》こう云われて見ると、権助が怒るのも尤《もっと》もです。

「いえ、暖簾に嘘がある次第ではありません。何でも仙人になれるような奉公口を探せと仰有《おっしゃ》るのなら、明日又御出で下さい。今日中には心当りを尋ねて置いて見ますから」

番頭はとにかく一時逃《のが》れに、①権助の頼みを引き受けてやりました。が、何処《どこ》へ奉公させたら、仙人になる修業が出来るか、もとよりそんな事なぞはわかる筈《はず》がありません。ですから一まず権助を返すと、早速番頭は②近所にある医者の所へ出かけて行きました。そうして権助の事を話してから、

「如何《いかが》でしょう？　先生。仙人になる修業をするには、何処へ奉公するのが近路《ちかみち》でしょう？」と、心配そうに尋ねました。

これには医者も困ったのでしょう。暫くはぼんやり腕組みをしながら、庭の松ばかり眺めていました。が番頭の話を聞くと、直《す》ぐに横から口を出したのは、古狐《ふるぎつね》と云う渾名《あだな》のある、狡猾《こうかつ》な医者の女房です。

「③それはうちへおよこしよ。うちにいれば二三年中《うち》には、きっと仙人にして見せるから」

「左様ですか？　それは善い事を伺いました。では何分願います。どうも仙人と御医者様とは、何処か縁が近いような心もちが致しておりましたよ」

何も知らない番頭は、頻《しき》りに御辞儀《おじぎ》を重ねながら、大喜びで帰りました。

医者は苦い顔をしたまま、その後《あと》を見送っていましたが、やがて女

MEMO

大切なことはメモしておこうネ！

2022年度

解 答 と 解 説

《2022年度の配点は解答欄に掲載してあります。》

＜算数解答＞

[1] (1) 8　(2) $\frac{11}{18}$　(3) $\frac{26}{57}$　(4) 9時間4分8秒

[2] (1) 2時43$\frac{7}{11}$分　(2) 5608円　(3) 108　(4) 271　(5) 13$\frac{1}{3}$

[3] (1) 16080　(2) ㋐ 8160個　㋑ 6240個　㋒ 0120個　(3) 9234個

[4] (1) ア F　イ 6　ウ B　エ 0.5　(2) ㉺　(3) 4回

(4) ① ㋐[㋑または㋒]　② 1通り

[5] (1) 2cm　(2) 19.625cm^2　(3) D・H　(4) 2.4cm^2

○推定配点○

[2], [3] 各4点×10　他 各5点×16　計120点

＜算数解説＞

[1] **(四則計算，単位の換算)**

(1) (349－221)×0.0625＝128×0.0625＝8

(2) $1\div\left\{1+1\div\left(1+\frac{4}{7}\right)\right\}=1\div\left(1+\frac{7}{11}\right)=\frac{11}{18}$

(3) $\square=\frac{13}{6}\div\left(\frac{38}{63}\times\frac{33}{8}\times\frac{21}{11}\right)=\frac{13}{6}\times\frac{4}{19}=\frac{26}{57}$

重要 (4) 3時間78分156秒＋12時間129分96秒÷3＝4時間20分36秒＋4時間43分32秒＝9時間4分8秒

[2] **(速さの三公式と比，時計算，割合と比，場合の数，数の性質，数列，平面図形，相似)**

基本 (1) $(60+180)\div\frac{11}{2}=\frac{480}{11}$(分)

重要 (2) 4人のうち2人ずつの所持金の組み合わせでは，各人の所持金が3回ずつ合計される。したがって，4人の所持金の合計は(1986＋2394＋2792＋2816＋3214＋3622)÷3＝5608(円)

重要 (3) 70÷27＝280÷108…108の約数は1，2，3，4，6，9，12，18，27，36，54，108であり，これらの逆数を108で通分すると分子の和が280になる。

重要 (4) 右表において，9段目までの数の個数は9×9＝81(個)であり，10段目の個数は2×10－1＝19(個)であるから，10段目の中央の数は81＋10＝91(番目)　したがって，この数は3×91－2＝271

1
4 7 10
13 16 19 22 25
28 31 ・ ・ ・ ・ ・
⋮

重要 (5) 三角形AGDとEGBの相似比…右図より，3：1
三角形AHDとFHBの相似比…3：2　BDの長さを(3＋1)×(3＋2)＝20とすると，BGは20÷(3＋1)＝5，GHは20÷(3＋2)×2－5＝8－5＝3，HIは20÷2－8＝2
三角形AGH…平行四辺形ABCDの$\frac{1}{4}\div10\times3=\frac{3}{40}$
したがって，平行四辺形の面積は三角形AGHの$\frac{40}{3}$倍

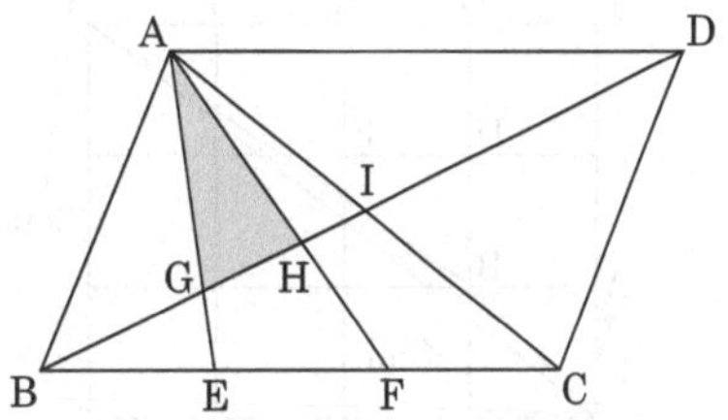

重要 [3] **(割合と比，消去算)**

各装置が1時間に作る個数をそれぞれア・イ・ウとする。正常状態での1時間の個数…ア＋イ＋ウ＝23520÷8＝2940　停電時の1時間の個数…(ア＋イ)×$\frac{2}{3}$＝9600÷8＝1200　断水時の1時間の個数…(イ＋ウ)×0.5＝7680÷8＝960

(1)　正常状態で4時間，停電時の2時間，断水時の2時間の個数…2940×4＋(1200＋960)×2＝11760＋4320＝16080(個)

(2)　(ア＋イ＋ウ)×0.5＝2940×0.5＝1470，(イ＋ウ)×0.5＝960…ア×0.5＝1470－960＝510　したがって，㋐は510×2×8＝8160(個)　(ア＋イ＋ウ)×$\frac{2}{3}$＝2940×$\frac{2}{3}$＝1960，(ア＋イ)×$\frac{2}{3}$＝9600÷8＝1200…ウ×$\frac{2}{3}$＝1960－1200＝760　したがって，㋒は760×$\frac{3}{2}$×8＝9120(個)，㋑は23520－(8160＋9120)＝6240(個)

(3)　停電時間…9時から10時まで1時間→1200個　停電かつ断水の時間…10時から13時まで3時間→6240÷8÷10×3＝234(個)　断水時間…13時から15時まで2時間→960×2＝1920(個)　正常状態の時間…15時から17時まで2時間→2940×2＝5880(個)　したがって，合計1200＋234＋1920＋5880＝9234(個)

[4] **(平面図形，相似，図形や点の移動，グラフ，速さの三公式と比)**

重要 (1)　三角形PXYの面積が最大…線分XYから最も遠くにある交点[ア]はF　面積[イ]は3×4÷2＝6(cm²)　三角形PXYの面積が最小…線分XYから最も近くにある交点[ウ]はB　図アより，イは1－3÷4＝0.25(cm)　面積[エ]は0.25×4÷2＝0.5(cm²)

(2)　交点C・F・Gを通る場合は三角形PXYの面積が3cm²以上になるので，条件に合う(お)を選ぶ。

(3)　三角形PXYの面積が3cm²…AC間・CD間・DG間・交点Hの4回

やや難 (4)　①　2秒後にPが交点Bにあるとき…(1)より，三角形PXYの面積は0.5cm²で四角形PXQYの面積は7cm²にならない。3秒後にPが交点Fにあるとき…(1)より，三角形PXYの面積は6cm²で四角形PXQYの面積は7cm²になる。3秒後にPが交点Dにあるとき…三角形PXYの面積は1.25×4÷2＝2.5(cm²)で四角形PXQYの面積は7cm²になる。4秒後にPが交点Gにあるとき…三角形PXYの面積は3×3÷2＝4.5(cm²)で四角形PXQYの面積は7cm²になる。4秒後にPが交点Eにあるとき…三角形PXYの面積は0.5×4÷2＝1(cm²)で四角形PXQYの面積は7cm²になる。したがって，条件に合う(あ)または(い)または(う)を選ぶ。

②　4秒後にQが交点Jにあるとき…下図において，三角形QXYの面積は1.25×4÷2＝2.5(cm²)　5秒後にQが交点Kにあるとき…三角形QXYの面積は0.25×4÷2＝0.5(cm²)　5秒後にPが交点Hにあるとき…三角形PXYの面積は1.5×4÷2＝3(cm²)　したがって，PはX→A→C→D→E→H→I→Y，QはX→J→K→L→M→N→S→Yと進み，進み方は1通り

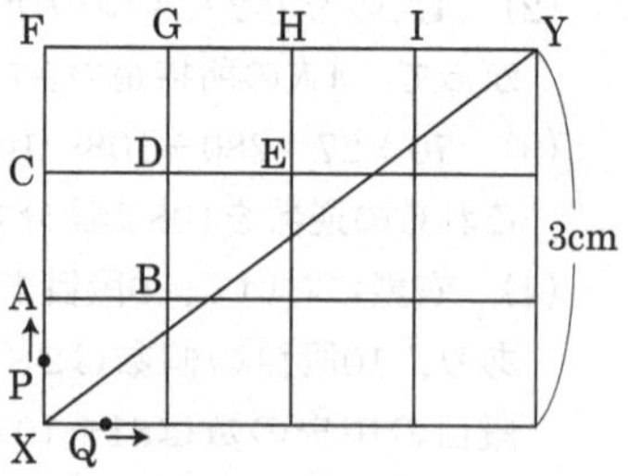

図ア

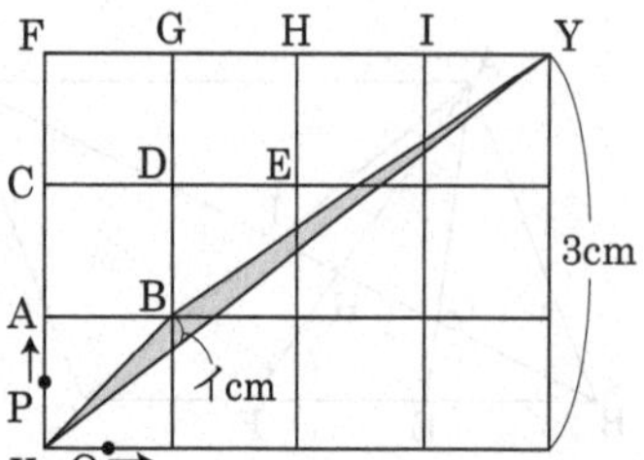

図1

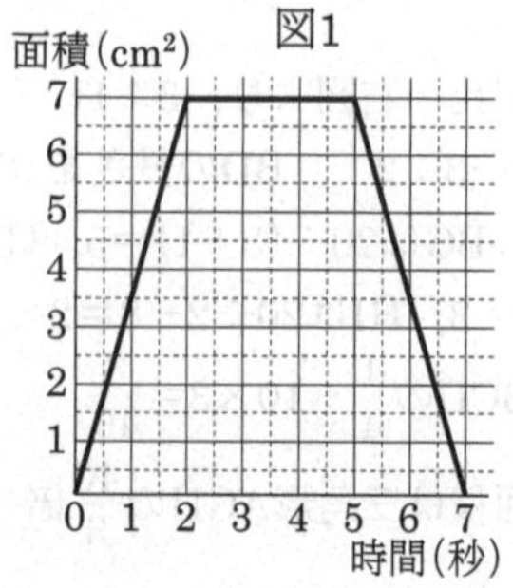

図2

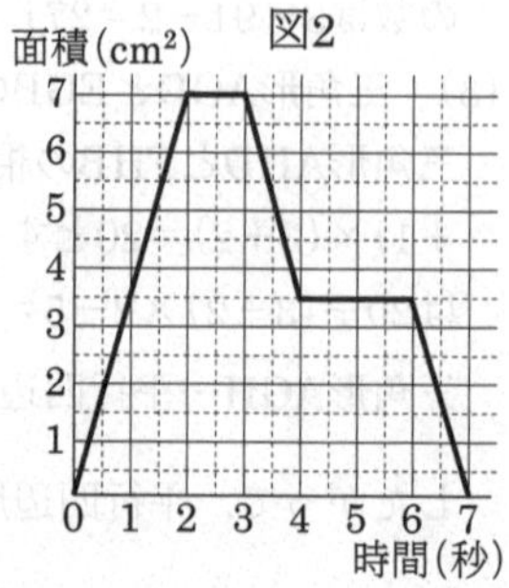

5 (平面図形，相似，割合と比)

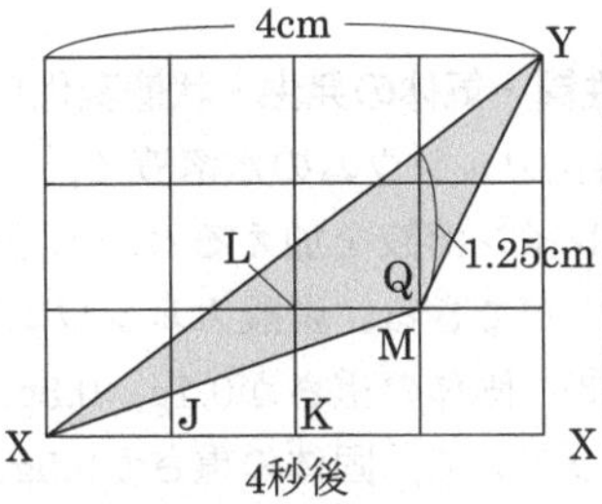

4秒後

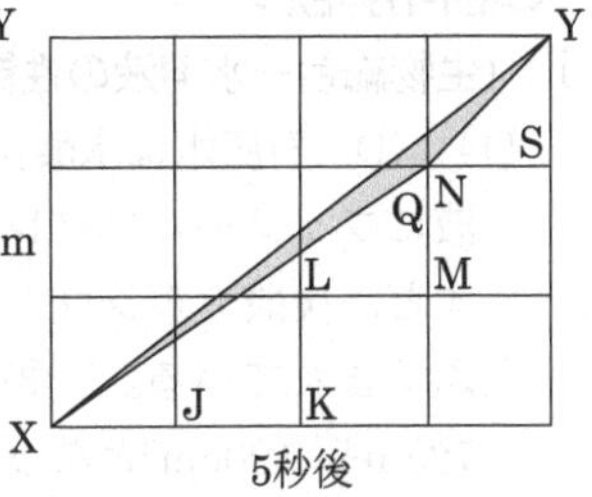

5秒後

や難 (1)　右図より，AF＝GF，直角三角形FEGとFEBにおいてEG＝EBは1cmで，これらの直角三角形は合同であるから，FB＝AF　したがって，AFは4÷2＝2(cm)

重要 (2)　右図において，(1)より，角DFEは直角であり，D・E・Fを通る円の中心はDEの中点と一致し，円の半径は5÷2＝2.5(cm)
したがって，円の面積は2.5×2.5×3.14＝19.625(cm^2)

(3)　右図より，平行線の同位角，錯角が等しいので角「い」(●)に等しい角が，点HとDの周りにある。

(4)　(3)より，右図において三角形GHFは二等辺三角形であり，三角形DGJとDECの相似比は4：5であるからGJは3÷5×4＝2.4(cm)　したがって，三角形DGHは2×2.4÷2＝2.4(cm^2)

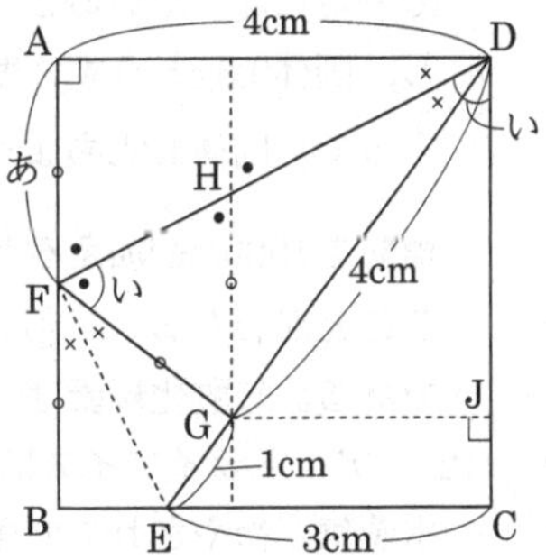

★ワンポイントアドバイス★

2(3)「約数の和280」の問題は，逆数の和の分子70との関連に気づくことがヒントになり，4(2)～(4)「点Pの進み方と面積」は点検に時間がかかり，5「正方形と直角三角形」は，直角三角形の合同に気づかないと難しい。

＜理科解答＞

1　(1)　①　イ，アルカリ(性)　②　イ，オ，ク
③　960(cm^3)　④　オ　(2)　ウ，カ
(3)　ア，オ

2　(1)　①　B　キ　D　エ　②　イ　(2)　オ
(3)　ウ，カ　(4)　酸素(が)41(cm^{3}大きい)

3　(1)　ジオパーク　(2)　ウ，キ
(3)　3.2(cm)　(4)　320(g)　(5)　右図
(6)　3.6(cm)

4　(1)　ア，イ，エ　(2)　ウ　(3)　ア
(4)　ア　(5)　エ　(6)　①　イ　②　ウ

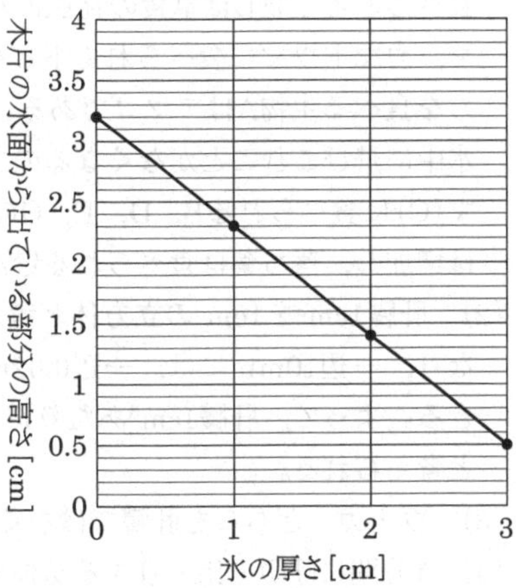

○推定配点○

1　各3点×6　2　(4)　4点　他　各3点×5
3　(1)・(2)　各3点×2　他　各4点×4　4　各3点×7　計80点

＜理科解説＞

1　(生物総合―水溶液の性質・気体の発生・状態変化)

基本　(1)　①　石灰水は水酸化カルシウムの水溶液で，アルカリ性の水溶液である。アルカリ性の水溶液にフェノールフタレイン溶液を加えると，赤色に変化する。　②　石灰水に二酸化炭素を通すと，炭酸カルシウムができる。炭酸カルシウムは，卵のからやホタテの貝がら，真珠に多く
重要　ふくまれている。　③　固体の重さが0.1g，0.3g，0.5gのとき，発生した気体の体積が$24cm^3$，$72cm^3$，$120cm^3$となっていて，固体の重さが0.5gより重くなると発生した気体の体積が$120cm^3$で一定になっていることから，固体の重さが0.5gまでは固体の重さと発生した気体の体積は比例し，固体0.5gとうすい塩酸$100cm^3$がちょうど反応して気体が$120cm^3$発生することがわかる。
よって，固体4gとちょうど反応するうすい塩酸は$100(cm^3)\times\frac{4(g)}{0.5(g)}=800(cm^3)$だから，うすい塩酸を$1000cm^3$加えると固体4gはすべて反応して，気体が$120(cm^3)\times\frac{4(g)}{0.5(g)}=960(cm^3)$発生す
基本　ることがわかる。　④　炭酸カルシウムにうすい塩酸を加えたときに発生する気体は二酸化炭素である。二酸化炭素は空気より重く水に少しとけて，燃えない気体である。

重要　(2)　ア　ドライアイスは二酸化炭素の固体で，白いけむりのようなものはドライアイスによって水蒸気が冷やされてできた水滴が見えたものである。　イ・エ・オ　水蒸気が冷えて水滴になって見えたものである。　ウ　霜は水蒸気が冷やされてできた氷である。　カ　霧は空気中に浮かぶ水滴で，気温が高くなると水滴が水蒸気となって見えなくなるため消える。

(3)　融点は固体が液体になる温度であるが，液体が固体になる温度も融点と同じ温度である。窒素の融点は－210℃，沸点が－196℃であることから，液体の窒素の温度は－210℃と－196℃の間であることがわかる。液体の窒素を使って固体に変化させることができないのは，融点が液体の窒素の温度よりも低い物質なので，水素と酸素があてはまる。

2　(生物総合―食物連鎖・ヒトの体のはたらき)

重要　(1)　①　落ち葉を食べる川の中の生物Eは落葉食のトビケラ，藻食のトビケラに食べられる生物Fは藻の仲間のシオグサ，陸の食物連鎖の始まりの生物Gは植物のイネ，イネを食べて他の生物に食べられる生物Dは草食の昆虫のバッタ，イネやバッタを食べる生物Cは雑食の昆虫のカマドウマ，カマドウマに食べられてトビケラを食べる生物Bは肉食の水生昆虫のカゲロウ，他の動物た
やや難　ちを食べる生物Aはアマゴである。　②　ハリガネムシにあやつられないことで，カマドウマが水中に飛びこむことがなくなるので，カマドウマの数は減少しにくくなる。その結果，カマドウマ(C)に食べられるB，D，E，Gの数は減少し，Eの数が減少することで，Eに食べられるFの数は増加し，落ち葉は食べられる量が減少する。

(2)　肝臓$1cm^3$を$1cm^3$の立方体と考えると，$1cm^3=1cm\times1cm\times1cm=10mm\times10mm\times10mm$となり，一辺10mmには，一辺0.02mmの立方体が10÷0.02＝500個並んでいると考えることができる。よって，肝臓$1cm^3$あたりに一辺0.02mmの幹細胞は，500×500×500＝125000000個あると考えられる。

基本　(3)　ウ・カ　どちらも肝臓ではなく腎臓に関しての説明である。

(4)　1分間に呼吸で出入りする気体の体積は，$500(cm^3)\times15=7500(cm^3)$である。また，表から，取りこまれた酸素の割合は21－16.5＝4.5(％)，排出される二酸化炭素の割合は4－0.04＝3.96(％)なので，割合は酸素のほうが4.5－3.96＝0.54(％)大きいことがわかる。よって，体積は酸素のほうが$7500(cm^3)\times0.0054=40.5(cm^3)$より，約$41cm^3$

3　(地学・物理―地球の内部構造，浮力)

(1)　地質学的に価値があり，ユネスコなどの専門機関に重要性を認定されている地域をジオパー

クといい，日本にあるユネスコが認定した世界ジオパークは2022年1月現在9地域である。

(2)　マグマの粘り気は二酸化ケイ素の割合によって決まり，二酸化ケイ素の割合が大きいほど粘り気が強くなる。なお，二酸化ケイ素を構成する元素はケイ素と酸素である。

重要 (3)　木片は，体積が$10(cm)\times10(cm)\times8(cm)=800(cm^3)$，$1cm^3$の重さは0.6gなので，重さは$0.6(g)\times800=480(g)$である。木片は水に浮いているので，おしのけた水の重さは480gであることがわかり，水$1cm^3$の重さは1gなので，水中にある木片の体積は$480cm^3$である。よって，水面から水中にある木片の底面までの深さは，$480(cm^3)\div(10\times10)(cm^2)=4.8(cm)$となり，木片の水面から出ている部分の高さは$8-4.8=3.2(cm)$

重要 (4)　木片の体積は$800cm^3$なので，木片がすべて沈んだときおしのけた水は$800cm^3$となり，その重さは800gだから，おもりの重さは$800-480=320(g)$

やや難 (5)　厚さ1cmの氷の体積は$10(cm)\times10(cm)\times1(cm)=100(cm^3)$なので，その重さは$0.9(g)\times100=90(g)$である。よって，氷の厚さが0cm，1cm，2cm，3cmのとき，氷と木片を合わせた重さは次の表のようになる。

氷の厚さ(cm)	0	1	2	3
合わせた重さ(g)	480	570	660	750

木片と氷を合わせた重さは，おしのけた水の重さと等しくなるので，氷の厚さと水中にある体積，水面からの深さ，水面から出ている高さは次の表のようになる。

氷の厚さ(cm)	0	1	2	3
水中の体積(cm3)	480	570	660	750
水面からの深さ(cm)	4.8	5.7	6.6	7.5
水面からの高さ(cm)	3.2	2.3	1.4	0.5

(6)　(4)より，氷の重さが320gのときに木片全体がちょうど水に沈む。氷$1cm^3$の重さは0.9gなので，氷320gの体積は，$320\div0.9=320\div\frac{9}{10}=\frac{3200}{9}(cm^3)$となり，氷の厚さは，$\frac{3200}{9}(cm^3)\div(10\times10)(cm^2)=\frac{32}{9}(cm)=3.55\cdots(cm)$より，3.6cm

4　(電流の総合―静電気)

(1)　ウ　吸盤がピッタリとくっついたのは空気が吸盤をおす力(気圧・大気圧)によるものである。　オ　リニアモーターカーが浮上するのは磁石の力によるものである。

(2)　－に帯電したポリ塩化ビニル棒とガラス棒の間に引力がはたらいたことから，ガラス棒にはポリ塩化ビニル棒とは異なる＋の電気に帯電していることがわかる。こすり合わせたものどうしは異なる電気を帯びるので，＋の電気に帯電したガラス棒とこすり合わせた絹の布は－に帯電している。

(3)　－に帯電したポリ塩化ビニル棒を近づけると，はく検電器の金属板部分の－の電気をもった電子とポリ塩化ビニル棒との間にせき力がはたらき，電子が金属はくに移動し，金属はくの表面には－の電気が現れる。

(4)　はく検電器の金属板の表面は，近づけている－に帯電したポリ塩化ビニル棒の影響で＋の電気が現れたままである。金属はくが閉じたのは，金属はくの表面にあった電子が指を通ってはく検電器から出ていったからである。

やや難 (5)　指でふれる前，はく検電器内の＋の電気と－の電気の量は等しくなっていたが，指でふれたときに－の電気をもった電子がはく検電器から出ていったため，はく検電器内では，＋の電気の量のほうが－の電気の量よりも多くなる。ポリ塩化ビニル棒を遠ざけると，－に帯電したポリ塩化ビニル棒によって遠ざけられていた－の電気をもつ電子が金属はくから金属部分全体に広がる。

やや難 (6) ① －に帯電したポリ塩化ビニル棒を近づけたことから，はく検電器の金属板の部分の電子が遠ざけられるので，金属板の部分は＋に帯電する。また，このとき，金属はくは閉じているので金属はくの表面に電気は現れていないことがわかる。 ② －に帯電したポリ塩化ビニル棒をさらに近づけると，はく検電器の金属板の部分の電子はさらに遠ざけられる。このとき，金属板の部分は＋に帯電している。①のときよりも多くの電子が金属はくの部分に移動していくので，金属はくの部分は－に帯電する。

★ワンポイントアドバイス★

発展的な内容を題材にした出題であっても，解答に必要な情報は問題文にほとんど記述されているので，しっかりと問題文を読みとって解答していく練習を重ねておこう。

＜社会解答＞

1 (1) ① オホーツク ② 天橋立 ③ 林野庁 (2) (i) 皇帝 (ii) ウ
(3) リマン海流 (4) イ・カ (5) ア (6) 渡島半島 (7) ウ
(8) 伊勢物語 (9) 中国は，台湾は中国の一部であると考えているから。

2 (1) ① スペイン ② アイヌ ③ バチカン(市国) (2) モンゴロイド
(3) (i) 全員正解 (ii) エ (iii) 沿岸から200海里までの範囲に存在する鉱産資源・水産資源に関して沿岸国が所有する権利を認める水域 (4) オ (5) 早場米
(6) エルサレム (7) ハラールフード (8) エ

3 (1) 種子島 (2) 特許権 (3) B→A→C (4) てつはう (5) 長篠の戦い
(6) イ (7) 堺 (8) ウ (9) ア (10) 法隆寺 (11) 寺子屋で，読み書きそろばんを学んでいた。 (12) 木簡

4 (1) 静岡 (2) エ (3) ア (4) (i) 青 (ii) 弟子が先生の能力を上回ること。
(5) イ (6) ウ (7) 水戸藩 (8) オペラ (9) エ (10) 政府の銀行
(11) ア (12) 津田梅子

○推定配点○

1 (1)・(2)(ii)・(5)・(7) 各1点×6 (9) 3点 他 各2点×5((4)完答)
2 (1)・(3)(i)・(ii)・(4)・(8) 各1点×7 (3)(iii) 4点 他 各2点×4
3 (3)・(6)・(8)・(9) 各1点×4 (11) 3点 他 各2点×7
4 (1)・(4)(i)・(7)・(8)・(10)・(12) 各2点×6 (4)(ii) 3点 他 各1点×6
計80点

＜社会解説＞

1 (総合一国土と自然・近代の政治・政治のしくみなど)

(1) ① カムチャッカ半島とサハリン，千島列島，北海道などに囲まれた海。 ② 長さ約3kmにわたる白砂青松で知られる砂州。 ③ 森林の整備や保全，林業の発展などを扱う官庁。

(2) (i) 光り輝く(皇)天の支配者(帝)の意味。 (ii) チベット仏教を中心にダライ・ラマが支配していた地域。現在も中国からの独立を目指す動きがある。

(3) リマンとは大河の河口の意味。アムール川河口から日本海を南下する海流。

(4) 天童は山形県東部の市。錦帯橋は山口県岩国市を流れる錦川に架かる木造五連のアーチ橋。

重要 (5) 吉野作造は主権の存在を問題にせず，「主権の運用や政治の目的は一般民衆の幸福の追求にある」と主張。その手段として普通選挙と政党政治の実現を要求した。

や難 (6) 山がちで平野が少なく古くから倭人が進出し道内でも最も早くから開けた地域。

(7) ナシの生産は茨城・千葉・栃木，イチゴは栃木・福岡・熊本の順。

(8) 9世紀末～10世紀前半に成立，「昔，男ありけり」で始まる歌物語。

(9) 東シナ海や南シナ海への海洋進出や台湾周辺での活発な軍の活動に強い警戒感を示した日米の共同声明に対し，中国は内政干渉に当たるとして強く反発した。

2 (地理・政治―産業・世界の国々・国際社会など)

(1) ① 15～16世紀，「太陽の沈まぬ国」といわれる大帝国を築いたスペイン。 ② 北海道・サハリン・千島列島に居住していた民族。 ③ 世界最小の国家だがその影響力は極めて大きい。

(2) 黄褐色の肌と黒褐色の頭髪，低い鼻などを特徴とする人種でアジアや南北アメリカに分布。

(3) (ii) 1960年は「アフリカの年」と呼ばれ多くの植民地が独立を果たした。1989年の冷戦終結以降，ソ連の崩壊など東ヨーロッパを中心に多くの国が誕生した。 (iii) 国土の狭い国といわれる日本だが，排他的経済水域(EEZ)の面積では世界6位ともいわれる海洋大国である。

重要 (4) 南半球のメルボルン，夏に乾燥する地中海性気候のニースなどから判断。

(5) 一般には10月前後だが，台風などの多い地方ではその前に収穫することが多い。

(6) ユダヤ・キリスト・イスラムの聖地。旧市街は世界遺産にも登録されている。

や難 (7) 「許されたもの」という意味。イスラムでは教えに則った方法で処理されなければならない。

(8) アラブ系でイスラム教を中心とする北部に対し黒人系のキリスト教中心の南部が独立。多くの部族が対立し独立後も内戦が続き国民の40%もの難民が発生しているといわれる。

3 (日本の歴史・時事問題―古代～近世の社会・文化など)

(1) 鹿児島の南方40kmに位置する島。ポルトガル人を乗せた中国船が漂着して鉄砲を伝えた。

(2) 特許を受けた発明を独占的に利用できる権利で，他人が勝手にまねたりすることはできない。

(3) 旧石器時代の岩宿遺跡，縄文時代の三内丸山遺跡，弥生時代の吉野ケ里遺跡の順。

(4) 殺傷能力はあまりないが音や光，煙などで人や馬を混乱させる目的で使用したもの。

(5) 馬防柵と足軽鉄砲隊で武田軍を撃破，鉄砲の威力を初めて示した画期的な戦い。

(6) 温室効果ガスと地球温暖化の関係をいち早く指摘した科学者。アはリチウム電池，ウは免疫の研究，エはiPS細胞でノーベル賞を受賞。

重要 (7) 勘合貿易や南蛮貿易で繁栄したが織田信長の軍事費要求に屈服し衰退していった。

(8) 渡航許可証(朱印状)を得た朱印船貿易。16世紀～17世紀にかけて日本は世界の銀の2割以上を生産した銀大国。日本の銀を支えた石見銀山は2007年に世界遺産にも登録された。

(9) 乾燥させた干鰯《ほしか》は商品作物の栽培には欠かせない肥料だった。また，北前船で西日本にもたらされた昆布は大阪や沖縄などに独自の食文化をもたらした。

(10) 恵美押勝の乱の後に作られた現存する世界最古の印刷物。斑鳩寺は法隆寺の別名。

重要 (11) 浪人や神官，僧侶を教師とし幕末には全国各地に普及，明治の小学校の母体となった。

(12) 帳簿などに利用した文書木簡や庸調などの荷札に使用した付札木簡などがある。

4 (日本の歴史・政治―近世～近代の政治・文化・国民生活など)

(1) 古代は駿河国の府中が置かれていたことから駿府と呼ばれていたが明治になり改称。

(2) 破傷風菌の培養にも成功した。アは野口英世，イは志賀潔，ウはジェンナー。

重要 (3) 物価の高騰は株仲間商人による流通の独占が原因としてその解散を命じた。

(4) (i) 6世紀ごろ中国から伝わった青色の染料となる植物。 (ii) 青色の染料は藍から取るが，その青は原料の藍よりもずっと青いという意味から転じたことわざ。

(5) 現在の神奈川県の大部分。アは山梨県，ウは千葉県北部?茨城県の一部，エは茨城県の大部分。

(6) 江戸の千葉道場で修行したのち脱藩し薩長連合を成功させ大政奉還に貢献した。

(7) 徳川家康の十一男・頼房を祖とし，幕末には尊王攘夷論の先頭に立った藩。

(8) 16世紀末～17世紀初頭にイタリアで生まれた音楽を中心とする総合舞台芸術。

(9) 幕末の貿易では生糸が80%，交易相手はイギリス，港は横浜が90%前後を占めた。

(10) 税金の受け入れや年金の支払いといった国庫金の取り扱いや国債の発行などを行う。

重要 (11) 第1回の総選挙から連続18回・42年間にわたって衆議院に議席を確保した政治家。

(12) 7歳で岩倉遣外使節に随行して渡米した女子留学生。帰国後は女子教育に尽力した。

★ワンポイントアドバイス★

社会科の範囲を超えた一般常識といった内容の出題も多い。日ごろから世の中の動きに関心を持つと同時に一般知識の充実に努めよう。

<国語解答>

一 問一 A キ B エ C カ 問二 A カ B コ C ウ D ケ
問三 Ⅰ イ Ⅱ オ Ⅲ ウ 問四 (例) 看板に嘘を書いていると客に言われては，店の信用を落とすから。 問五 どうも仙人 問六 エ 問七 (例) どんなに立派な人間でもいつかは死ぬことを，空しく思ったから。 問八 ウ・オ

二 問一 A ア B オ C ウ D エ E ア 問二 ① せんぺんばんか
② ごしょうだいじ 問三 万物の根源的な構成要素 人間を律する神の手
問四 (例) 次男の病状の深刻さを，はっきりと理解せざるを得なかったから。
問五 (例) 次男の回復を祈ってくれた少佐の真心と，人知の奥にある厳しくも温かい自然の摂理に触れたことへの感謝。

三 問一 A 郷土 B 延 C 貿易 D 奏 E 危機 問二 Ⅰ オ Ⅱ ウ
Ⅲ エ 問三 エ 問四 (例) 教養と情緒を育てることにより，大局観を正す，という働き。 問五 オ

○推定配点○

一 問一・問三 各2点×6 問二・問八 各3点×6 他 各5点×4

二 問三 各4点×2 問四 5点 問五 9点 他 各2点×7

三 問一 各2点×5 問二 各3点×3 他 各5点×3 計120点

＜国語解説＞

一 （物語文－主題・心情・細部表現の読み取り，空欄補充，ことばの意味，文学史，記述力）

問一　A　夏目漱石の小説「坊っちゃん」の冒頭部分である。夏目漱石は，「吾輩は猫である」「こころ」などの作品でも知られている。　B　芥川龍之介の小説「杜子春」の冒頭部分である。芥川龍之介は，「羅生門」「鼻」などの作品でも知られている。　C　川端康成の小説「雪国」の冒頭部分である。川端康成は，ノーベル文学賞を受賞したことでも知られている。アの森鷗外は「舞姫」「高瀬舟」，イの中島敦は「山月記」「弟子」，ウの島崎藤村は「破壊」「夜明け前」，オの太宰治は「走れメロス」「人間失格」，クの三島由紀夫は「金閣寺」などの作品が有名である。

問二　A　空欄Aよりも前の部分には「呆気にとられ」「口も利かずに」とあるように，動揺して何もできないでいたのである。空欄A前後で，落ち着きを取り戻し，いつもの通り，煙草を吸い始めたのだ。時間がかかって，様子が変わっていく状況を表すことができる言葉は，カの「やっと」である。　B　権助は，希望に近づきうれしいのである。喜びを表す表現は，コの「ほくほく」である。　C　木の上で手を放すのである。こわごわとしている様子が考えられる。こわごわとしている様子を表現できる言葉は，ウの「そろそろ」である。こわごわと手を放す様子が表現できる。　D　空欄D直前の「静かに青空を踏みながら」という様子から，仙人になった権助がゆっくりと昇っていく様子が想像できる。ゆっくりとした様子を表すことができる言葉は，ケの「だんだん」である。

問三　I　「せち辛い」とは，暮らしにくいこと。波線I前後には，バカ正直でいては生活できないということが書かれている。ここからも，波線Iの意味を類推できる。選択肢の中では，「生活するのが大変な」とある，イが解答になる。　Ⅱ　「慇懃に」とは，礼儀正しいという意味。波線Ⅱ直後で権助は，二十年間，世話になった礼を述べている。そこからも，「慇懃に」が礼儀正しいという意味だと類推できる。選択肢の中では，オの「ていねいに」が解答になる。「慇懃無礼」という言葉がある。これは，表面上はていねいだが心の中では相手を軽く見ていることを意味する。　Ⅲ　「閉口した」とは，困った様子。波線Ⅲ直後で，権助に仙人の術を教えて欲しいと言われた主人は，教えることができなくて困ったのである。ウの「弱りはてた」が解答になる。

問四　傍線①の少し前に着目する。仙人になりたいという権助の望みに困りながらも，「万口入れ所と書いてあるじゃありませんか？」「暖簾の上に，嘘を書いて置いたつもりなのですか」という権助の主張に対して，番頭は納得している。「万(よろず)」とは，ここでは，すべてという意味。つまり，すべての仕事を紹介できると暖簾に書いてあるのだから，紹介できないと断ると，嘘を書いたことになり，信用を落とすと番頭は考えたのだ。「嘘を書いていると客に思われないようにするため」という内容を中心に記述する。

問五　番頭の言葉の中に，番頭が医者の所を選んだ理由を見つけることができる。傍線②以降に，医者の所を訪ねた番頭の言葉が複数ある。傍線③直後の「左様ですか？……」に続く部分に着目すると，「仙人と御医者様とは，何処か縁が近いような心もちが致して」という表現がある。番頭は，仙人と医者が似ていると考えて，医者の所を訪ねたのだ。ここから医者の家を選んだ理由が読み取れる。この表現を含む一文を，設問の指示にあわせて書き抜く。

問六　傍線③以降の医者の女房の様子をおさえて，選択肢を比較する。女房は，仙術など知らないにも関わらず，「二十年の間奉公おし」「二十年目に，仙人になる術を教えてやるから」と権助に言い，「御給金はやらない」つまり，給料なしで仕事をさせたのだ。「自分の家でこき使ってやろう」とある，エが正解になる。アの「立派な医師の家で奉公できるならきっと納得する」，イの「いずれ立派に独立させてやろう」，ウの「単純な興味」，オの「番頭を気の毒に思い，何とか力に」は，すべてその後の女房の様子にあわない。誤答になる。

問七　権助が「不老不死になる仙人の術」を求めた理由を考えて，解答する。権助が最初に医者の所を訪ねたとき，医者は権助に仙人になりたがる理由を確認した。傍線③から傍線④の間で，権助は「太閤様のように偉い人でも，何時か一度は死んでしまう。して見れば，人間と云うものは，いくら栄耀栄華をしてもはかないものだ」と発言している。つまり，どんなに立派な人間でもいつかは死ぬ。それがむなしいと思い，人間ではなく，不老不死の仙人になりたいと考えたのだ。以上の内容をおさえて，解答する。記述の際には，「人間は，いつかは死ぬ」＋「空しいと思った」という内容を中心にする。

問八　ア　女房の提案で，権助が二十年間医者の家に使われていたことから，「女房に押し切られてしまう一面」が読み取れる。だが，傍線③直後，女房に「お前は何と云う莫迦な事を云うのだ」と言う様子や，空欄C直後で松の木から手を放そうとする権助を心配そうな顔をして見ている様子から，ものごとを常識的に判断する面も読み取れる。アは正しい。　イ　傍線③直前に，医者の女房が「古狐」というあだ名であることが書かれている。そして，権助を言葉たくみにだました様子から，人を言葉たくみに言いくるめることに長けているとわかる。イは正しい。

ウ　女房が「誰にも打ち明けずに権助を鍛え，とうとう仙人にした」という様子は読み取れない。ウは誤り。　エ　権助は仙人になりたいという思いから，二十年の間，医者の所で使われ続けたのである。木の上で手を放したのも，仙人になりたいという強い思いからだ。権助は強い思いを持ち続けた結果，仙人になることができた。エは正しい。　オ　仙人になったのは「権助」である。また，大阪での二十年間の生活について語られている訳ではない。オは誤り。　カ　最初に「皆さん」と語りかけている「私」は作者であると考えられる。そして，文章の最後も，作者の視点で終わっている。カは正しい。

二　(随筆文－主題・細部表現の読み取り，ことばの意味，四字熟語，記述力)

問一　A「空前の」とは，今までに例のないこと。波線Aでは，今までに例のない大干ばつが起きたのである。アの「今までにない」が解答になる。　B　波線Bの部分で，筆者は「ザムザムの水」のご利益を信じたいのである。そのため，他人事のような言葉の方を真実ではないと考えたかったのだ。波線Bの「白々しい」は，オの「真実味がなく」が解答になる。「白々しい」には，嘘であることが見えすいているという意味がある。　C　傍線③直後からも分かるように，助かる可能性はゼロと思われていたのである。波線Cでは，筆者はかすかな望みを持ちたかったのであろう。「かすかにつながっている」とある，ウが正解になる。「一縷の」とは，かすかという意味で，「一縷の望み」などと使う言葉である。　D　次男が死んだ後に，「ザムザムの水の効き目がなかった」などの話をするのである。「配慮に欠ける」とある，エが正解になる。「配慮」とは，心配りという意味。「心ない」とは，思いやりがないという意味でもある。　E「さかしい」とは，普通，かしこいことを意味する。しかし，ここでは波線Eよりも前にある「科学的常識」である「理屈の世界」が，温かみのない存在であるため，「理屈の世界」をさかしいと言いながらも，否定的にとらえている。「理屈の世界」がかしこ過ぎて温かみがないということである。解答はアの「分をこえた」になる。「分をこえた」とは，程度が大き過ぎるということ。

問二　①　さまざまに変化すること。傍線①では，水の性質がさまざまに変化することを表している。　②　とても大事なものとすること。傍線②では，「ザムザムの水」を小瓶に詰めるとき，とても大事にしながら行ったことを表している。

問三　水が一つの物質として理解されるようになったことが，「ここ二百年にすぎない」のである。その点をおさえて，それ以前は「一つの物質」ではなく，どのようなものとして理解されていたのかを明らかにする。傍線①直前に，古い時代に水が「万物の根源的な構成要素」と見なされてきたことが書かれている。これが，それ以前の理解のされ方の一つである。また，傍線②よりも先の部分に「水は人間の律する……」で始まる段落があるが，ここでは宗教的にどのように理解されてきたのかが説明されている。段落最初の「人間を律する神の手」という言葉は，その理解された内容である。その表現が二つ目の解答になる。

問四　脳神経の専門家だったからこそ，傍線③前後にあるように，自分で診察して次男が脳腫瘍だと判断でき，そして，死が近いことが明確にわかってしまうのである。そのような状況が，筆者にとって苦痛だったのだ。記述の際には「次男の病状の深刻さ／次男の死が近い」＋「はっきりと理解できる／はっきりとわかる」という内容を中心にする。

問五　傍線⑤以降に，「胸中に残る温かい余韻を忘れることができない」理由が書かれており，そこに解答の手がかりが見つかる。「水を届けた者の真心がうれしかった」とある。そこから，次男の回復を祈ってくれた少佐の真心に対する感謝の気持ちが読み取れる。また，波線E以降に，「(理屈の世界の)奥に厳然とある温かい摂理を垣間見られたことに，今でも感謝」とある。少佐の真心によって，科学的知識に基づく理屈だけでは考えられないような，神秘的な温かい自然の摂理を筆者は感じた。筆者はそのことにも感謝しているのである。記述の際には「次男の回復を祈ってくれた少佐の真心」「温かい摂理に触れられたこと」＋「感謝」という要素を中心にまとめる。

三　**(論説文－要旨・細部の読み取り，空欄補充，ことばの用法，記述力)**

問一　A　故郷のこと。「郷土愛」とは，故郷を愛する気持ちのこと。　B　ここでは，すべての面積を合計するという意味。文章中の「作付け延べ面積」とは，すべての作物が植え付けられた面積を合計した面積のこと。　C　外国と商品の取引きをすること。「貿易」にトラブルが発生している状態を，「貿易摩擦」という。　D「奏す」とは，ここでは，成果を得ること。「功を奏す」という形で主に用いられる。　E　危険な状態のこと。「危」には，あぶないという意味がある。その意味で，「危害」「危険」などの言葉がある。

問二　Ⅰ　食料自給率の話が続いている。「地球市民派」は当然，傍線C直前にもあるように，「世界はグローバル化」していると，自給率の低下を否定的にとらえることはない。むしろ，空欄Ⅰ直前にあるように「日本の構造改革が順調に進んでいる」と良い方向にとらえるのである。良い方向にとらえるのであるから，空欄Ⅰには，オの「素晴らしい」があてはまる。　Ⅱ「祖国愛派」や「家族愛派」に関しては，傍線C直後に解答の手がかりがある。祖国愛派は，食料を確保すべきだと考えている。また，家族愛派は国際紛争が起きた際の食料確保について心配している。以上を手がかりに考えると，空欄Ⅱにはウの「100」が入るとわかる。　Ⅲ　美的感受性派やもののあわれ派について考える。これらの派は，空欄Ⅲよりも少し前にあるように，棚田などの「芸術的景観」を，どんな犠牲を払ってでも守りたいのである。この犠牲にあたると考えられるものは，エの「国民所得」になる。国民所得が半分になっても，つまり，国が貧しくなっても、美しい景観を維持するために，食料増産を進めようという考えだ。解答はエになる。アの「芸術的景観」はあてはまらない。棚田などで食料増産を進めることは,むしろ，芸術的景観を増やすことにつながる。イの「穀物輸出高」もおかしい。食料増産して，減るものではない。ウの「市場価格」も，価格の安い外国産の食料が入ってこなくなるのだから，半分になるとは考えられない。オの「作付け面積」は，食料を増産するのだから，減るはずがない。

問三　傍線①以降，食料自給率の話になる。そして，それぞれの派が異なる視点から異なる結論に至る様子が書かれている。その点をおさえて，選択肢を分析する。解答は「見る人によって様々にとらえられ」「とらえ方によって異なる結論を導く」とある，エになる。アは「日本のリーダー」の話になっているが，様々な派の様子が書かれていた傍線①以降の内容にあわない。イは「より多角的に分析できる」とあるが，それぞれの派がそれぞれの結論に導かれてしまった傍線①以降の内容にあわない。ウは「どんな統計も」と始まり，統計の問題点の話になっており，おかしい。エは，「論理的思考力」と「伝統的情緒力」の話が中心になっており，傍線①以降の話にあうとはいえない。

問四　傍線②よりも前にある「その人の教養とか……」で始まる段落には，教養，それに裏打ちされた情緒の濃淡により，大局観や出発点が決まるとある。そして，「現在，わが国の……」で始まる段落には，各界のリーダーたちが正しい大局観を失ったことにより，わが国の政治，経済，社会，教育はどれもうまくいっていないと説明されている。傍線②を含む段落には，その大局観の回復に活字文化の復興が必要だとある。真の教養のほとんどと美しい情緒の大半が読書によって育つからである。ここまでの内容で，「活字文化(読書)→教養や情緒を育てる→大局観が定まる」という関係をおさえたい。そして，教養と情緒を育て，大局観を定めることにつながるから，活字文化が大切だということをおさえる。記述の際には，「教養と情緒を育てる」＋「大局観を正す／定める／回復させる」という内容を中心にする。

問五　ア　傍線E前後に「大局観」を失ったことでうまくいかないと書かれている。「国際社会への発信力」が問題なのではない。　イ　教養や情緒に基づく大局観が必要なのである。論理的思考に基づく大局観ではない。　ウ「日本人固有の部分よりも，欧米人と重なる部分を大切に」ということは述べられていない。エ　食料自給率が例として挙げられていたが，筆者が食料自給率の確保を求めているわけではない。　オ　傍線Eを含む段落では，大局観を失った日本人が何ごともうまくいかない様子が書かれている。その回復のために，活字文化の復興が必要だということは，日本人が教養や情緒を失っているからだと判断できる。「大局観」は，教養や情緒に育てられ，物ごとを判断するもとになるものであるから，「価値観」とも言い換えられる。そして，日本人がこれまでの価値観を失ったのであるから，「伝統的価値観を失っている」と言える。以上のようにとらえると，「情緒と教養の低下」「伝統的価値観を失った」「どの分野でも……方向性を誤っている」とある，オは正解になる。

★ワンポイントアドバイス★

選択式問題は，文章中の解答の手がかりをおさえて，それぞれの選択肢の言葉と比較して，正解を見つけていきたい。解答の手がかりを正確におさえることができれば，確実に得点できるものが多い。

2021年度

★★★★★★★★★★★★★★★★★★★★★★★★★★

入　試　問　題

2021年度

北嶺中学校入試問題

【算　数】（60分）〈満点：120点〉

【注意】1　答えはすべて，解答用紙の指定された位置に書いて下さい。答えが分数になるときは，できるだけ約分して答えて下さい。

2　コンパス，定規，分度器は使用できません。机の上にはおかないで下さい。

1　次の$\square$に当てはまる数を求めなさい。

(1)　$56+252+69+259+82+266+95+273+108+280+121+287=\square$

(2)　$(9.8\times7.2-3.6\times5.8)\div(8.3\times5.4-2.7\times7.4)=\square$

(3)　$2\frac{5}{24}-\left\{8-\left(\frac{2}{5}+2\frac{1}{6}\right)\div2\frac{1}{5}\right\}\times\frac{7}{82}=\square$

(4)　$\left\{2\frac{1}{3}-\left(\square\div2-1\frac{2}{3}\right)\div3.4\right\}\times0.3=\frac{9}{20}$

2　次の各問いに答えなさい。

(1)　ある試験を500人が受験しました。受験者全体の平均点は60.06点で，合格者の平均点は66点，不合格者の平均点は55点でした。この試験の合格者は何人いますか。

(2)　食塩水Aと食塩水Bを，3：5の割合で混ぜると濃度《のうど》が6.5％の食塩水になり，7：3の割合で混ぜると濃度が7.8％の食塩水になります。このとき，濃度が5.8％の食塩水をつくるためには，AとBをどんな割合で混ぜるとよいですか。できるだけ小さな整数の比にして答えなさい。

(3)　5桁《けた》の整数の中で，各位《くらい》の数がすべて異なり，どの2つの数字の和も9にならないような数は全部で何個ありますか。

(4)　北嶺君の学年で3種類の動物（犬・猫《ねこ》・ハムスター）それぞれの好き嫌《きら》いについてアンケートを取ることにしました。犬が好きな人は48人，猫が好きな人は49人，ハムスターが好きな人は58人，1種類だけ好きな人は62人，3種類すべて好きな人は9人でした。2種類の動物が好きな人は何人いますか。

(5)　下の図は2つの直角二等辺三角形を組み合わせたものです。色のついた部分の面積を求めなさい。

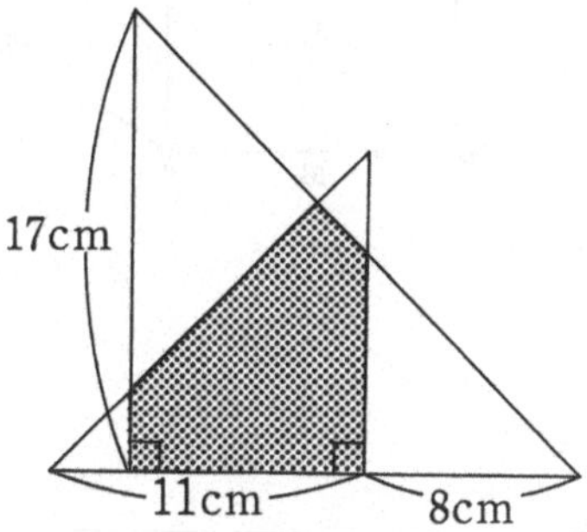

3 次の各問いに答えなさい。

(1) 図1の正方形ABCDをAM，AN，MNで折ってABとAD，BMとCM，DNとCNをはり合わせてできる立体を考えます。この立体の底面を三角形AMNとしたときの高さは何cmですか。

ただし，この立体の体積は「$\frac{1}{3}$×底面積×高さ」で求めることができます。

図1

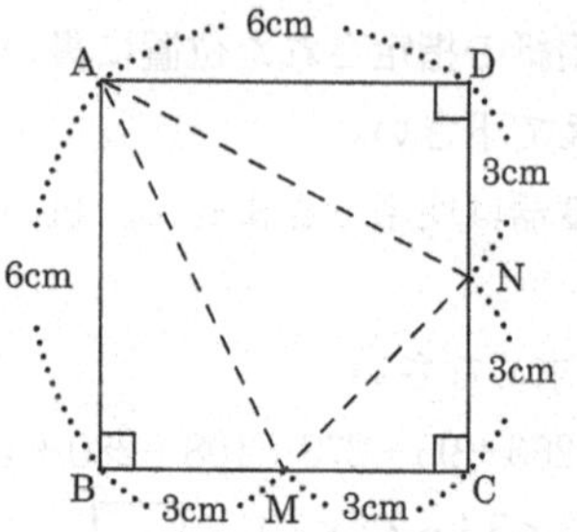

(2) 図2の1辺の長さが6 cmの立方体を3点B，D，Eを含《ふく》む平面で切り2つの立体に分けます。点Aを含む立体の体積と点Aを含まない立体の体積の比を，できるだけ小さな整数の比にして答えなさい。

図2

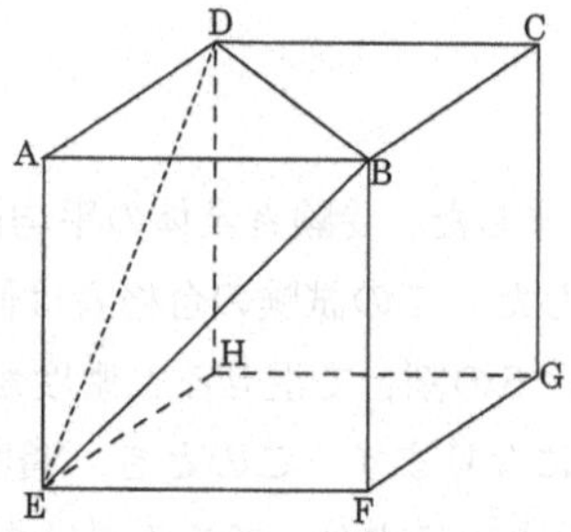

(3) 図3の1辺の長さが6 cmの立方体において，辺EFの中点（まん中の点）をMとします。この立方体を3点A，M，Cを含む平面で切り2つの立体に分けます。点Hを含む立体と点Hを含まない立体の表面積の差は何cm^2ですか。

図3

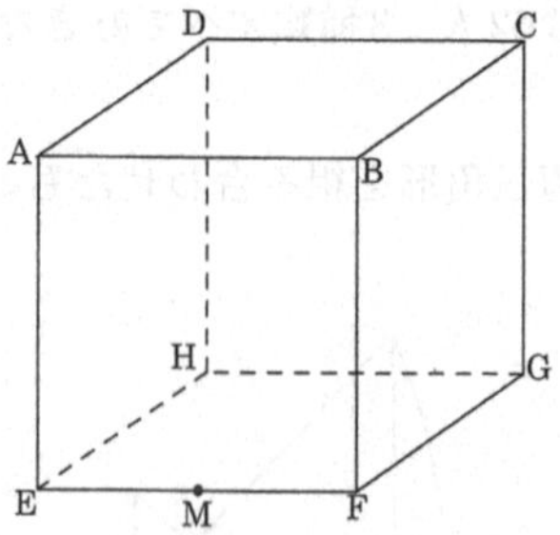

4　図1のようなコースを作り，おもちゃの電車を走らせることにしました。

電車は駅から出発し時計回りに走ります。また，駅に戻《もど》ってくると5秒間停車してから再び出発します。

図1

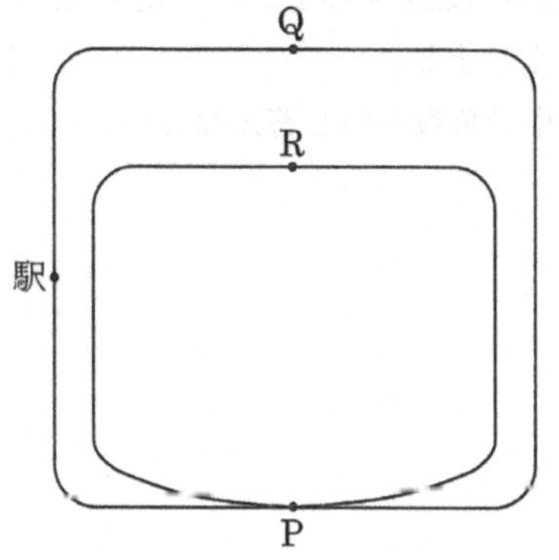

コースは外側の1周540 cm，内側の1周400 cmからなり，外側と内側のコースは地点Pのポイント1点でつながっており，ポイントが切り替《か》わることで電車が異なるコースを走ることができます。図のように外側のコースには，地点Pからコースに沿って135 cmの位置に駅が，地点Pからコースに沿って270 cmの位置に地点Qがあり，内側のコースには，地点Pからコースに沿って200 cmの位置に地点Rがあります。

電車Aと電車Bは外側のコースを走るときは秒速30 cm，内側のコースを走るときは秒速20 cmで進み，地点Pのポイントを通過した瞬間《しゅんかん》に速さが変わり，それぞれのコースを一定の速さで走るものとします。電車Cはどちらのコースを走るときも秒速25 cmで進み，一定の速さで走るものとします。また，電車の長さは考えないものとします。

(1)　電車Aと電車Bだけが走る場合を考え，電車Aが駅を出発したあとに電車Bが駅を出発するものとします。また，ポイントは，外側のコースを走っていた電車は内側のコースに，内側のコースを走っていた電車は外側のコースに進むように切り替わるとします。次の問いに答えなさい。

①　電車Aが駅を出発して再び駅に戻ってくるまでにかかる時間は何秒ですか。

②　電車Aが駅を出発して2回目に地点Qに到達したときに，電車Bが1回目に地点Rに到達しました。電車Bは電車Aが出発して何秒後に駅を出発しましたか。

(2)　電車Aと電車Cだけが走る場合を考え，電車Aが駅を出発したあとに電車Cが駅を出発するものとします。また，ポイントは，直前にポイントを通過した電車の進んだコースと異なるコースに進むように切り替わり，最初にポイントを通過する電車は内側のコースに進むとします。次の問いに答えなさい。

①　電車Aが1回目に駅を出発して連続して2回内側のコースを進むためには，電車Cは電車Aが出発して何秒後までに出発すればよいか，最大の整数の値を答えなさい。

② 内側のコースの長さは10 cmずつ変えることができるものとします。図2のように内側のコースの長さを□cm短くしました。最初に電車Aが駅を出発してから10秒後に電車Cが出発すると，電車Aは2回続けて内側のコースを進み，次は外側のコースを進みました。また，電車が地点Pを合計5回通過するまでに，電車A，Cの両方が外側のコース上にいる時間が連続して11秒以上になりました。

□にあてはまる最小の整数の値を答えなさい。

図2

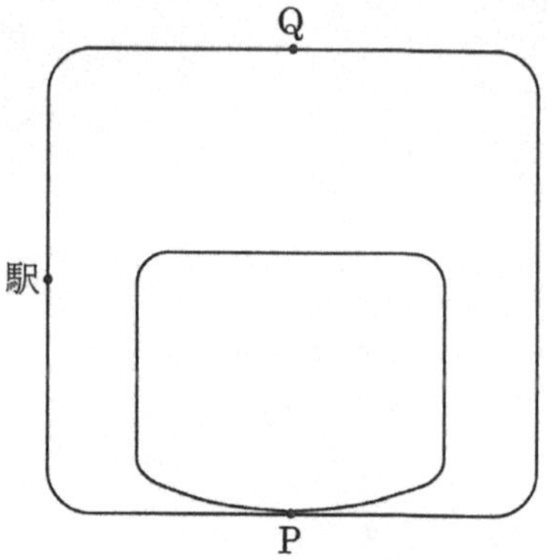

5 3以上の整数を連続する整数の和で表すことを考えます。例えば，3以上10以下の整数については次の表のようになります。

3	「1＋2」
4	表せない
5	「2＋3」
6	「1＋2＋3」
7	「3＋4」
8	表せない
9	「4＋5」または「2＋3＋4」
10	「1＋2＋3＋4」

この表から3，5，7のように2個の連続する整数の和で表される整数，6のように3個の連続する整数の和で表される整数，10のように4個の連続する整数の和で表される整数，9のように2個の連続する整数の和と3個の連続する整数の和の2種類で表すことができる整数，4，8のように連続する整数の和で表すことができない整数があることがわかります。

3以上100以下の整数について考えるとき，次の問いに答えなさい。

(1) 以下にあてはまる整数を小さい方から順に4個答えなさい。

① 3個の連続する整数の和で表される整数のうち6，9以外のもの。

② 4個の連続する整数の和で表される整数のうち10以外のもの。

③ 5個の連続する整数の和で表される整数。

(2) このように整数を表したとき，最大何個の連続する整数の和になるか答えなさい。

(3) 54は何種類の連続する整数の和で表すことができるか答えなさい。

(4) 連続する整数の和の表し方が5種類ある整数は全部で5個あります。その5個の整数をすべて答えなさい。

【理　科】（40分）〈満点：80点〉

【注意】 字数が指定されている場合は，句読点や記号も１字として数えて下さい。

1　次の問いに答えなさい。

(1)　生物の多様性を守るためにつくられた条約の中で，特に水鳥の生息地となる湿地（しっち）を保全する目的のものは「［　A　］条約」とよばれています。［　A　］に当てはまる名称（めいしょう）を**カタカナ**で答えなさい。

(2)「生きている化石」とは，太古の生物に近い特徴（とくちょう）を，現在まで保っている生物です。この「生きている化石」にあてはまる生物を次の**ア**～**カ**から**三つ**選び，記号で答えなさい。

ア　カブトガニ　　**イ**　アンモナイト　　**ウ**　シーラカンス
エ　ナウマンゾウ　　**オ**　サンヨウチュウ　　**カ**　イチョウ

(3)　現在，日本国内に生息していて，「環境省（かんきょうしょう）レッドリスト2020」で絶滅（ぜつめつ）のおそれがあるとされている生物を次の**ア**～**カ**から一つ選び，記号で答えなさい。

ア　アメリカザリガニ　　**イ**　ニホンウナギ　　**ウ**　ニホンザル
エ　ニホンオオカミ　　**オ**　ウシガエル　　**カ**　エゾシカ

(4)　花粉を放出する同じ種類の木が，10 m四方（10 m × 10 m）ごとに10本生えている森林を考えます。その森林のいろいろな場所にワセリンをぬったスライドガラスを置いて，24時間後にスライドガラスをすべて回収しました。それぞれに2 cm × 2 cmのカバーガラスをかぶせて，カバーガラス内にある花粉のうち，この種類の木から放出された花粉だけを数えたところ，平均で100個でした。24時間でこの種類の木１本から放出された花粉の数は，平均で何個ですか。ただし，答えが小数になるときは，小数第一位を四捨五入して**整数**で答えること。また，放出された花粉はすべて森林内に落下したものとします。

(5)　カイコガはチョウのなかまに分類される昆虫（こんちゅう）です。カイコガは卵からふ化して(あ)幼虫になり，その後［　B　］回脱皮（だっぴ）をして成長した後に繭（まゆ）をつくります。繭の中で(い)幼虫はさなぎになり，その後，成虫に姿を変えます。

①　下線部**(あ)**について，カイコガの幼虫はエサとして，ある木の葉を好んで食べます。その木として，最も適するものを次の**ア**～**カ**から一つ選び，記号で答えなさい。

ア　サクラ　　**イ**　カエデ　　**ウ**　ブナ
エ　マツ　　**オ**　ウメ　　**カ**　クワ

②　文中の［　B　］に最も適する数字を答えなさい。

③　下線部**(い)**について，幼虫がさなぎになり，その後，成虫に姿を変える昆虫として，適するものを次の**ア**～**ク**から**四つ**選び，記号で答えなさい。

ア　バッタ　　**イ**　テントウムシ　　**ウ**　カブトムシ　　**エ**　ハチ
オ　トンボ　　**カ**　セミ　　**キ**　カマキリ　　**ク**　アリ

2　次の問いに答えなさい。

(1)　右の図は，2017年に気象衛星ひまわりから撮影（さつえい）した日本周辺の画像を再現したものです。これを撮影した日はいつと考えられますか。最も適するものを次の**ア～エ**から一つ選び，記号で答えなさい。

ア　6月11日　　**イ**　8月11日

ウ　10月11日　　**エ**　12月11日

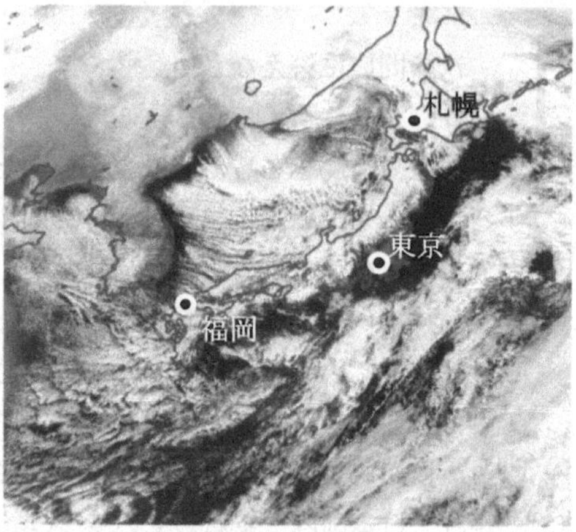

(2)　フィリピンのタール山は過去に何度も噴火（ふんか）していて，地下にたまっていたマグマが地上に放出されたことで，山頂付近が陥没（かんぼつ）しています。このように，火山の噴火によって地面が陥没してできた地形を何といいますか。**カタカナ4文字**で答えなさい。

(3)　宇宙航空研究開発機構（JAXA）が運用する探査機「[A]2」は，2019年2月22日と7月11日に小惑星（しょうわくせい）「[B]」への着陸に成功しました。そのとき，この探査機は小惑星をつくっている物質を採取したと見られています。[A]と[B]に入る語を，[A]については**ひらがな**で，[B]については**カタカナ**でそれぞれ答えなさい。

(4)　月は自転しながら，地球のまわりを自転と同じ向きに，円を描（えが）いて公転しています。月が1回自転するのにかかる時間は，月が1回公転するのにかかる時間と同じです。そのために，地球から見ると，月はいつも同じ側を地球に向けていて，自転していないように見えます。

①　札幌（北緯（ほくい）43度）とアルゼンチンのトレリュー（南緯（なんい）43度）の二つの都市から，満月を一晩中観察していたときの説明として，最も適するものを次の**ア～エ**から一つ選び，記号で答えなさい。

ア　札幌では月が東から西に動いて見えたが，トレリューでは西から東に動いて見えた。
イ　札幌では月が西から東に動いて見えたが，トレリューでは東から西に動いて見えた。
ウ　札幌，トレリューのどちらでも月が東から西に動いて見えた。
エ　札幌，トレリューのどちらでも月が西から東に動いて見えた。

②　①の二つの都市で満月を観察した日から，毎晩，月の満ち欠けを観察していたときの説明として，最も適するものを次の**ア～エ**から一つ選び，記号で答えなさい。

ア　札幌では右側から欠けて見えて，トレリューでは左側から欠けて見えた。
イ　札幌では左側から欠けて見えて，トレリューでは右側から欠けて見えた。
ウ　札幌，トレリューのどちらでも右側から欠けて見えた。
エ　札幌，トレリューのどちらでも左側から欠けて見えた。

③　月面のある位置から地球を見ると，地球が満月のように円形で明るく見えました。この位置で24時間地球を観察していたときの説明として，適するものを次の**ア～カ**から**三つ**選び，記号で答えなさい。

ア　地球が大きく欠けていくように見えた。

イ　地球がほとんど欠けないように見えた。

ウ　地球の位置が大きく変わり，動いているように見えた。

エ　地球の位置がほとんど変わらず，止まっているように見えた。

オ　地球がほぼ１回自転しているように見えた。

カ　地球がほとんど自転していないように見えた。

3

燃料として使われているメタンガスやプロパンガスは，それぞれを燃焼(ねんしょう)させると，どちらも二酸化炭素と水の二つの物質に変化します。この燃焼について，次に示す**【実験１】**～**【実験３】**を行いました。この実験では，体積を測定するときの気体全体の温度と圧力（気体がふくらもうとするはたらき）を一定にしているものとし，燃焼後に生じた水の体積は，燃焼後のそれぞれの気体の体積に比べて非常に小さいため，考えないものとします。次の問いに答えなさい。ただし，数値を答える問題で，答えが小数になるときは，小数第一位を四捨五入して**整数**で答えること。

【実験１】

表１の**A**～**E**の組み合わせで，メタンガスと酸素を混ぜて燃焼させました。

表１

	A	B	C	D	E
メタンガスの体積 [cm^3]	10	10	10	10	10
酸素の体積 [cm^3]	10	20	30	40	50

表１の**A**～**E**について，燃焼後のすべての気体の体積を表２にまとめました。

表２

	A	B	C	D	E
残ったメタンガスの体積 [cm^3]	5	0	0	0	0
残った酸素の体積 [cm^3]	0	0	10	20	30
発生した二酸化炭素の体積 [cm^3]	5	10	10	10	10
燃焼後の気体の体積の合計 [cm^3]	10	10	20	30	40

(1)　二酸化炭素が**発生しない**方法として，最も適するものを次の**ア**～**オ**から一つ選び，記号で答えなさい。

ア　炭酸水を加熱する。

イ　石灰石(せっかいせき)にうすい塩酸を加える。

ウ　重曹(じゅうそう)にうすい塩酸を加える。

エ　アルミニウムはくにうすい塩酸を加える。

オ　卵の殻(から)に食酢(しょくず)を加える。

(2)　**【実験１】**のメタンガスの体積を 30 cm^3 としたとき，メタンガスをすべて燃焼させるために必要な酸素は，少なくとも何 cm^3 ですか。

(3) **【実験１】**のメタンガスの体積を30 cm^3とし，そこに50 cm^3の酸素を混ぜて燃焼させました。燃焼後の気体の体積の合計は何 cm^3 ですか。

【実験２】

表３のＦ～Ｊの組み合わせで，プロパンガスと酸素を混ぜて燃焼させました。

表３

	F	G	H	I	J
プロパンガスの体積 [cm^3]	10	10	10	10	10
酸素の体積 [cm^3]	10	20	30	40	50

表３のＦ～Ｊについて，燃焼後のすべての気体の体積を表４にまとめました。

表４

	F	G	H	I	J
残ったプロパンガスの体積 [cm^3]	8	6	4	2	0
残った酸素の体積 [cm^3]	0	0	0	0	0
発生した二酸化炭素の体積 [cm^3]	6	12	18	24	30
燃焼後の気体の体積の合計 [cm^3]	14	18	22	26	30

【実験３】

表５のＫ～Ｎの組み合わせで，プロパンガスと空気を混ぜて燃焼させました。

表５

	K	L	M	N
プロパンガスの体積 [cm^3]	2	2	2	2
空気の体積 [cm^3]	25	50	80	100

(4) **【実験３】**について，「空気の体積」と「燃焼後の気体の体積の合計」の関係を，**【実験２】**を参考にしてグラフに表しなさい。解答用紙のグラフには，空気が入っていないときのプロパンガスのみの体積を表す点があらかじめ描かれているので，「空気の体積」が25 cm^3，50 cm^3，80 cm^3，100 cm^3 のときの「燃焼後の気体の体積の合計」を示す点を**4点**描き，となり合う点と点を直線で結びなさい。ただし，空気は窒素(ちっそ)と酸素が４：１の体積比で混合された気体で，窒素は燃焼によって変化しないものとします。また，「燃焼後の気体の体積の合計」が小数になるときは，小数第一位を四捨五入して，**整数**にしてからグラフに点で描くこと。

以下は下書き用のグラフです。

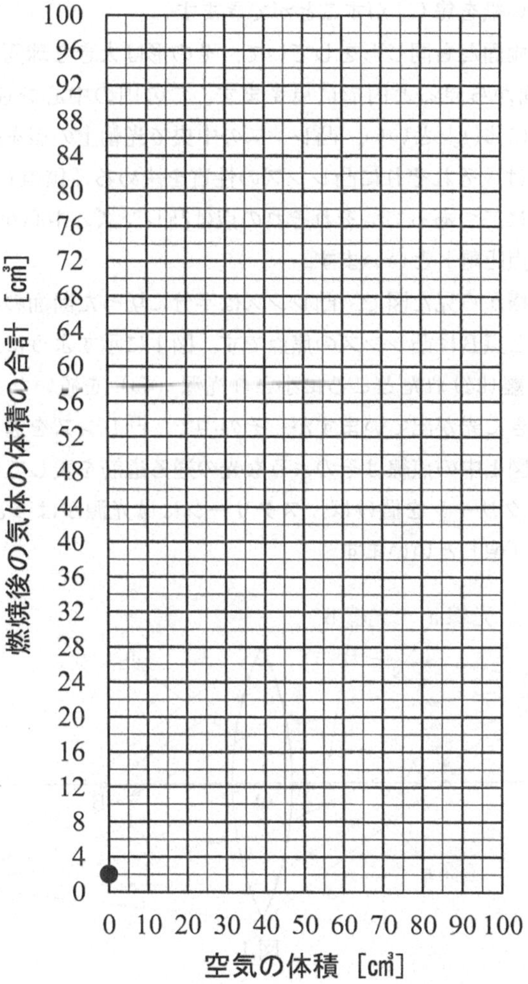

(5)　燃料として使われているものには，メタンガスやプロパンガスのような気体のほかに，液体のメタノールがあります。メタノールを燃焼したときに発生した熱を使って，お湯をつくることを考えてみます。水１gの温度を１℃上げるのに必要な熱の量を１cal(カロリー)といい，メタノール１gをすべて燃焼したときに発生する熱の量は5400 calです。また，０℃の氷１gをとかして０℃の水１gにするために必要な熱の量は80 calです。メタノール２gをすべて燃焼したときに発生した熱を利用して，０℃の氷90 gをとかして水をつくり，水をあたためてお湯をつくりました。このときにできるお湯の温度を答えなさい。ただし，発生した熱はすべて氷や水に与(あた)えられるものとして，空気などの周囲の物質との間では熱のやりとりがないものとします。

4 虫めがねのように，透明（とうめい）なガラスでできていて，中心部分が厚くてまわりがうすくなっているものを，凸（とつ）レンズといいます。凸レンズには光を集める性質があるので，虫めがねで太陽光を集めて黒い紙を焦（こ）がすことができます。

凸レンズのガラス面は両面とも同じ形をしていて，その形は大きな球面の一部になっています。このため，凸レンズを正面から見ると円形に見えます。この円の中心を通って，ガラス面を垂直に貫（つらぬ）く直線を「光軸（こうじく）」といい，凸レンズの中央で光軸上の点を凸レンズの「中心」といいます。また，凸レンズには，それぞれに凸レンズの性質を決める「焦点（しょうてん）」という特別な点があります。焦点は光軸上に二つあって，それぞれの点は凸レンズの中心から等しい距離（きょり）の位置にあり，その距離を「焦点距離」といいます。

図１は，凸レンズを真横から見た図で，凸レンズは半分に切った断面の形で表されています。点Ｏは凸レンズの中心，点Ａと点Ｂは凸レンズの焦点です。図１に示すように，焦点Ａよりも凸レンズから遠くて，光軸から少し離（はな）れたところに小さな光源（✡）を置いたとします。小さな光源からは，四方八方の様々な向きに光が出ていますが，その中で，凸レンズを通る光は，凸レンズで曲げられて一点に集まります。図１中の点線はそのような光の通る道筋を表しています。光が集まる一点の位置に，光軸に垂直なスクリーンを置けば，スクリーンには光源がはっきりと映ります。このように，光が集合したものを「像」といいます。

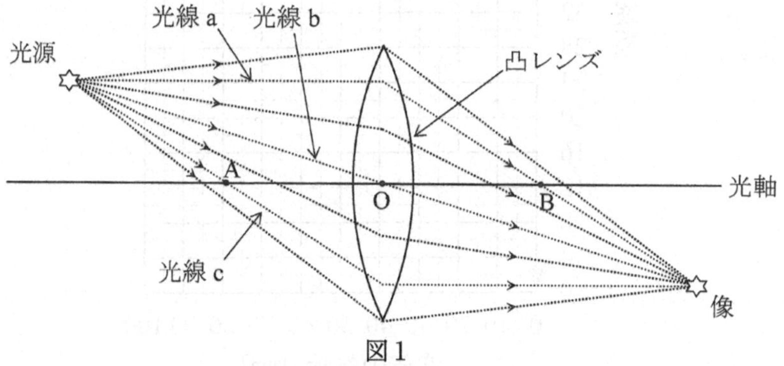

図１

小さな光源から出て，凸レンズを通る光の進み方には次の三つの**【規則】**があり，これを用いて作図することによって，像の位置を求めることができます。

【規則】

- 図１の光線ａのように，光軸と平行に進んだ光は凸レンズを通ると，焦点Ｂを通る向きに進む。
- 図１の光線ｂのように，凸レンズの中心Ｏに進んだ光は，そのまま直進する。
- 図１の光線ｃのように，焦点Ａを通った光は凸レンズを通ると，光軸と平行な向きに進む。

この**【規則】**をふまえて，次の問いに答えなさい。ただし，数値を答える問題で，答えが小数になるときは，小数第一位を四捨五入して整数で答えること。また，図２，図３，図５中の点線はすべて0.5 cm おきに描かれているものとします。

(1)　図２のように，焦点距離が２cm の凸レンズの中心Ｏから，左６cm，上２cm の位置に小さな光源（✡）があります。このときの光源の位置を **（左６，上２）** と表すことにします。この表し方を用いると，焦点Ａの位置は **（左２，上下０）**，焦点Ｂの位置は **（右２，上下０）**，中心Ｏの位置は **（左右０，上下０）** と表すことができます。このとき，凸レンズの右側にできる像の位置を **光源の位置の表し方にならって** 答えなさい。

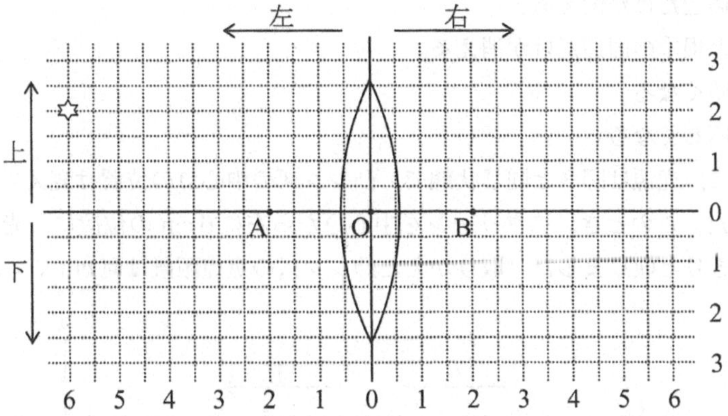

図２

(2)　図３のように，(1) と同じ凸レンズと，矢印のような形でその全体から光が出ている光源（⇨）があります。この光源は光軸と垂直で，その先端（せんたん）の位置が **（左６，上２）**，その根本の位置が **（左６，下２）** となっています。このときに，凸レンズの右側にできる像を解答用紙の図中に作図しなさい。像以外の作図に用いた線などを，そのまま消さずに残しておいてかまいませんが，像の先端と根本の位置がはっきりとわかるように描くこと。また，像の太さや矢印の先端の形は光源と同じように描けばよいものとします。

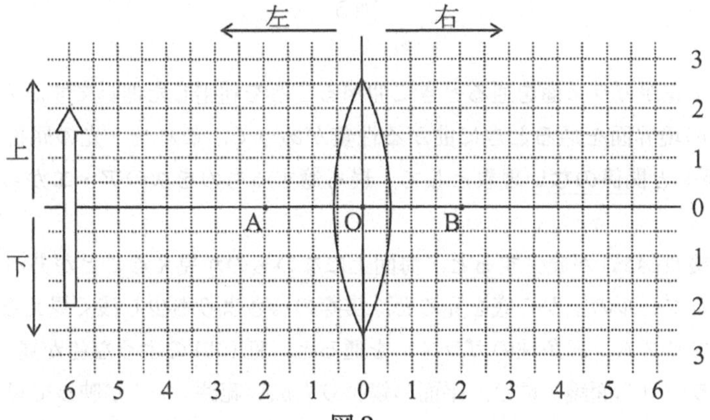

図３

(3)　(2) の光源の先端の位置 **「上２」** と根本の位置 **「下２」** は変えずに，光源を少しずつ右に動かしました。すると，光源の先端が「ある位置」に来たときに，凸レンズの右側にできる像の大きさが光源と同じになりました。「ある位置」を (1) で用いた **光源の位置の表し方にならって** 答えなさい。

(4)　図３と同じ状態から，光が凸レンズの中心付近のみを通るように，凸レンズの左側のガラス面を，図４のような厚紙でおおいました。このときの像の変化として，最も適するものを次の**ア**～**カ**から一つ選び，記号で答えなさい。

ア　何も変わらない。

イ　像全体が消える。

ウ　像の光軸周辺だけが消える。

エ　像の先端と根本の周辺だけが消える。

オ　像全体が暗くなる。

カ　像全体が明るくなる。

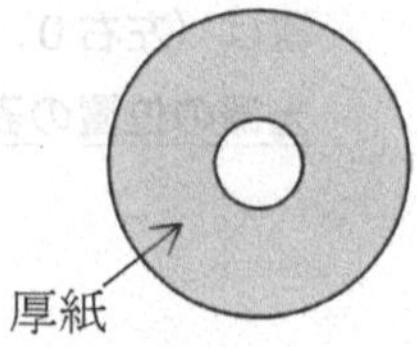

図４

(5)　図５のように，光源は図３と同じ状態で，凸レンズの中心Oの位置は変えずに別の凸レンズに取りかえました。このとき，スクリーンを中心Oから右に6 cmの位置に，光軸と垂直に立てると，像がはっきりと映りました。取りかえた凸レンズの焦点距離は何cmですか。

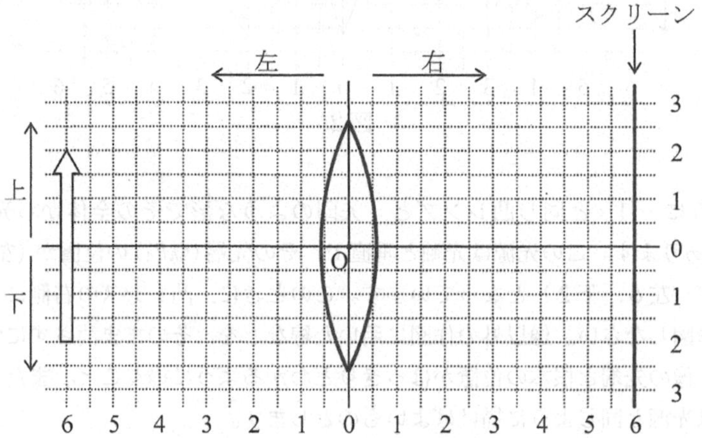

図５

(6)　凸レンズは，光がガラス面を通るときに曲がることを利用した器具です。光には，性質の異なる二つの物質の境界面を通るときに曲がる性質があって，これを「光の屈折(くっせつ)」といいます。「光の屈折」と**関係のない**現象として，最も適するものを次の**ア**～**エ**から一つ選び，記号で答えなさい。

ア　海で蜃気楼(しんきろう)が発生すると，海面上にないものが見えることがある。

イ　水をためたプールの上から底を見ると，実際の深さよりも少し浅く見える。

ウ　太陽光がプリズム（三角柱のガラス）を通ると，虹(にじ)のような色が見える。

エ　カーブミラー（凸面鏡）には，平面の鏡よりも広い範囲(はんい)が映って見える。

【社　会】（40分）〈満点：80点〉
【注意】 字数が指定されている場合は，句読点や記号も１字として数えて下さい。

1　次の文を読み，後の問いに答えなさい。

みなさんは，ラグビーワールドカップ2019を見ましたか。見た人は，日本代表の活躍に感動したのではないでしょうか。ラグビーワールドカップは，４年に１度行われる15人制ラグビーの世界大会です。2019年に日本で開催されたこの大会は９回目，アジアでは初めての開催となり，優勝チームに贈られる優勝トロフィー「(a)ウェブ・エリス・カップ」を目指して，(b)世界の20チームが参加しました。

この大会は，2019年９月20日に東京都の調布市で開幕し，11月２日に横浜市で決勝戦が行われました。(c)会場は日本全国の12の都市でした。地方ごとに，この12会場をあげてみましょう。北海道地方は札幌市の１会場，東北地方は岩手県の釜石市の１会場，関東地方は埼玉県の熊谷市，東京都の調布市，神奈川県の横浜市の３会場，中部地方は愛知県の豊田市と静岡県の袋井市の２会場，近畿地方は大阪府の東大阪市と兵庫県の神戸市の２会場，九州地方は福岡県の福岡市，大分県の大分市，熊本県の熊本市の３会場でした。

次に，会場となった都市の特徴を少し紹介します。

札幌市は，人口が約197万人で，市内にも豊かな自然が広がり，ラーメンや(d)ジンギスカンなどのおいしい料理と大通公園，時計台などの観光名所がたくさんあります。

釜石市は，(e)三陸復興国立公園のほぼ中央に位置し，橋野鉄鉱山が2015年に「明治日本の産業革命遺産」として世界遺産に登録されました。

熊谷市は，埼玉県の北部にあって，県内有数の農産物の特産地です。夏はとても暑くなり，(f)2018年８月に，当時の国内の最高気温を記録しました。

調布市は，新宿から西へ約20 km。東京23区に接していますが，武蔵野の自然が残り，奈良時代に創建したと伝えられる由緒ある古いお寺の(g)深大寺があります。

横浜市は，高層ビルや観覧車がある近代的なみなとみらい地区，おいしい料理に活気あふれる中華街，歴史ある西洋建築が点在する山手・元町地区など，観光地がとても多い都市です。

豊田市は，「(h)クルマのまち」として知られ，世界をリードするものづくり産業の中心的な都市です。

袋井市は，静岡県の西部に位置し，人口約９万人。(i)温暖な気候を利用して，茶やマスクメロンの栽培がさかんです。江戸時代には，東海道五十三次で，27番目の袋井宿が置かれていました。

東大阪市は，昭和38年以来，高校生のラグビー全国大会が行われている花園ラグビー場のある「ラグビーのまち」，そして回転寿司発祥の地でもあります。大阪平野の東部に位置し，人口は約50万人。(j)大阪市および堺市の政令指定都市に次ぐ，府内の人口第３位の都市です。

神戸市は，海と山に囲まれた自然が豊かな港町です。夜景が美しいことでも有名で，日本三大夜景の１つに数えられ

います。また，有馬温泉や酒どころの灘，そして(k)神戸牛は世界的にも有名です。

福岡市は，九州最大の都市で，都心部と空港，駅，港が約10分圏内とコンパクトに配置されており，近代化された都心部と，2000年にわたる国際交流の歴史を感じられる文化や祭りなどがあります。

大分市は，大分県の中央に位置し，人口約48万人。県内の人口の約40%が集中しています。歴史は古く，鎌倉時代から大友氏の城とともに発展し，戦国時代にはキリシタン大名の大友義鎮の保護のもと，南蛮文化が花開きました。

熊本市は，熊本県の西北部に位置し，人口約74万人。東部は（　①　）山の外輪山によってできた丘陵地帯，南部は白川の三角州で形成された平野からなっています。豊富な地下水にも恵まれて，「水の都」とも呼ばれます。

これらの都市で行われたラグビーワールドカップを，テレビで見た人，実際に会場に行って見られた人，残念ながら見られなかった人。入学後はみんな，ラグビーボールを追いかけましょう。

（1）文中の空らん（　①　）に適する語句を**漢字**で答えなさい。

（2）下線部(a)に関連して，ラグビーの起源は，1823年，イギリスの「ラグビー」という町にある「ラグビー校」という学校で行われたフットボールの試合中に，ウィリアム・ウェブ・エリスという生徒が，ルールを無視して，突然ボールを手で持って走り出したことだとされています。このイギリスでは，18世紀の中頃に，世界で初めて産業革命が始まりました。産業革命とは，どのような出来事でしたか。中心的な役割を果たした工業，さらに動力とその燃料をあげて，簡潔に説明しなさい。

（3）下線部(b)に関連して，この大会は，国別対抗にはなっていません。理由は，イギリスから3つのチームが出場するからです。この3つのチームは，イギリスのグレートブリテン島の3つの地方区分の代表として出場します。3つのチームのうちの1つは，2019年のラグビーワールドカップで日本と対戦し，日本が勝利しました。この地方は，グレートブリテン島の北部にあり，2014年にはイギリスから独立するか否かの住民投票を行いました。また，イギリスのＥＵ脱退を機に，再び独立に向けた気運が高まってきたとも言われています。この地方の名を，次のア～エのうちから1つ選び，記号で答えなさい。

ア　イングランド　　イ　ウェールズ　　ウ　スコットランド　　エ　アイルランド

（4）下線部(c)に関連して，本文では12の会場を，北から南への順番で述べています。この12会場がある都市の中で，都道府県庁が**置かれていない**都市の数として正しいものを，次のア～エのうちから1つ選び，記号で答えなさい。

ア　7都市　　イ　6都市　　ウ　5都市　　エ　4都市

（5）下線部(d)に関連して，次の表は羊の飼育頭数の上位国と，国別の飼育頭数，世界全体でその飼育頭数が占める割合を示したものです。表中の空らん（　②　）に適する，羊の飼育頭数第2位の国名を，下のア～エのうちから1つ選び，記号で答えなさい。

順位	国　名	頭数（万）	割合（%）
1	中　　国	16,135	13.4
2	（　②　）	7,213	6.0
3	イ　ン　ド	6,307	5.2
4	ナイジェリア	4,250	3.5
5	ス　ー　ダ　ン	4,057	3.4

（2017年『データブック　オブ・ザ・ワールド2020』より）

ア　ロシア　　イ　スイス　　ウ　エジプト　　エ　オーストラリア

（6）下線部(e)に関連して，三陸海岸の海岸線は，出入りが多く複雑な形をしています。これは，山地が沈んだり，海面が上昇したりしたために，もとの山地の尾根が半島や岬となり，谷が湾や入り江となったもので，ワカメやカキなど，海産物の養殖がさかんです。この地形の名を答えなさい。

（7）下線部(f)に関連して，これと同じ2018年8月に，41.0度を記録して，わずか0.1度の差で当時の国内第2位の高温となった都市があります。この都市は，中部地方のある県にあり，この県は海に面していない内陸県です。この県の名を答えなさい。

（8）下線部(g)の名物に「深大寺そば」があります。ソバは，タデ科の植物で，やせた土地でも生育し，また生育期間が短いために，古くは開拓や，凶作《きょうさく》に備えた作物として栽培されてきました。収穫されたソバの実は，製粉してそば粉にされ，それを用いた麺などを食用にします。現在，ソバの国内生産量が第1位の都道府県名を，次のア～エのうちから1つ選び，記号で答えなさい。

ア　北海道　　イ　山形県　　ウ　茨城県　　エ　長野県

（9）下線部(h)について，豊田市は，トヨタ自動車の本社や工場，さらに下請け会社や関連会社の工場などが市内に集まっており，市民の大多数がそれらの会社で働いています。そのため，豊田市の経済や社会はトヨタ自動車に大きく依存し，トヨタ自動車の売上げや利益が市の財政に直結しています。このような都市の他の例として，日立製作所がある茨城県日立市などがあります。このような都市を何といいますか。解答らんの語句につながる語を，**漢字2字**で答えなさい。

(10) 下線部(i)について，袋井市のある静岡県の気候の説明として，正しいものを次のア～エのうちから1つ選び，記号で答えなさい。

ア　夏には，南東の季節風が中央の山地を越える時に，高温で乾燥した風となって吹きおろす現象が起こりやすいです。

イ　6月には梅雨があり，夏は南東の季節風の影響で，9月～10月は台風の影響で雨が多い気候です。

ウ　南と北にある山地が，夏と冬の季節風をさえぎるため，雨が少ない気候です。

エ　冬の季節風が中央の山地にあたり，大量の雨や雪を降らせます。

(11) 下線部(j)について，大阪市を中心に，2025年の5月から国際的な催しが開かれます。この催しが大阪で開かれるのは2回目で，前回は1970年に吹田市で，「人類の進歩と調和」をテーマに開催されました。その時のシンボルであった「太陽の塔」は修復されて，現在では内部を見学することができます。この国際的な催しは，何といわれますか。

(12) 下線部(k)に関連して，2014年に地理的表示法という法律が定められました。この法律は，地域で育まれた伝統と特性をもつ食品のうち，品質などの特性が産地と結び付いており，それが特定できるような名前がつけられているものを，知的財産として保護するという内容でした。そして，この法律に基づき，2015年には「神戸ビーフ」や「夕張メロン」などの7品目が地理的表示として登録され，現在では100品目以上の地理的表示が登録されています。この法律に基づき，地理的表示の登録を行っている省庁の名を答えなさい。

2　次の文を読み，後の問いに答えなさい。

上の写真を見てみましょう。“WE ARE THE 99%”（私たちは99%だ）と書いてあります。これは，いったい何のことを言っているのでしょうか。

この写真は，(a)2011年に半年ほどにわたって(b)アメリカで行われたデモの一部を撮影したものです。アメリカでは，人口のわずか1%を占める超高所得者層が，アメリカ全土の富のおよそ40%を持っていると言われています。“WE ARE THE 99%”とは，経済的な格差が非常に大きく，残りの99%の国民は十分な富を受け取れていないということを意味しています。これは一つの例ですが，(c)AIなどの分野を含め，世界一の先進工業国と言われているアメリカでは，このような大きな格差問題に直面しています。そして，この状態はアメリカだけではなく，(d)多くの先進国でも見られる傾向なのです。

一方，発展途上国ではどうでしょうか。先進国と同様に，(e)資本主義経済による社会体制をとっている国の多くでは，先進国と同様か，それ以上の経済格差が生じています。例えばインドでは，農業分野で「緑の革命」と呼ばれる高収量品種の苗を導入することにより，(f)農作物の生産量が急激に増加しました。しかし，その品種を導入するのに多額のお金がかかるため，導入することのできた比較的豊かな農民は，ますます生産量を増やして豊かになりましたが，導入できなかった貧しい農民は豊かになれず，貧富の格差がいっそう拡大するという問題が起こりました。

ここまで，アメリカとインドを例に挙げ，一つの国の国内の経済格差の問題を見ました。では，視点を少し広げて，先進国と発展途上国との経済格差を見たとき，それはどのぐらい大きな問題になっているでしょうか。

皆さんは，『世界がもし100人の村だったら』という本を知っていますか。世界の人口を，(g)宗教や人種，言語などの割合をそのままにして，100人に縮小してあらわしたもので，2000年前後に(h)インターネットを通じて世界中に広がり，その後書籍化されました。以下に一部を紹介します。

村に住む人びとの100人のうち，20人は栄養がじゅうぶんではなく，1人は死にそうなほどです。でも15人は太りすぎです。

（100人のうち）75人は食べ物の蓄えがあり，雨露《あまつゆ》をしのぐところがあります。でも，あとの25人はそうではありません。17人は，きれいで安全な水を飲めません。

村人のうち1人が大学の教育を受け2人がコンピュータをもっています。けれど，14人は文字が読めません。

銀行に預金があり，財布にお金があり，家のどこかに小銭が転がっている人は，もっとも豊かな8人のうちの1人です。

いかがでしょうか。予想以上に，世界の中の経済格差は大きいことがわかったでしょう。発展途上国の貧困問題の解決や，生活水準の向上のために，第二次世界大戦後にアメリカとヨーロッパを中心として結成された組織である(i)経済協力開発機構（ＯＥＣＤ）は，このような現代的な問題に取り組んでいます。しかし，世界では紛争やそれにともなって住む場所を追われた難民なども多く，経済的な支援だけでは十分とは言えないのが現状です。また，栄養や衛生の状態が悪い子どもも多く，(j)国際連合では，(k)国連児童基金が1946年に設立され，食料・医療の援助など，子どもたちが直面するさまざまな課題に取り組んできました。

このように，国際連合も世界の子どもを守るための取り組みをしていますが，すぐに解決できる問題ばかりではありません。また，一部の人々だけが取り組んで解決できる問題でもありません。私たち一人ひとりが問題に目を向け，“今できること”を少しずつ行っていくことが求められていると言えるでしょう。

（1）下線部(a)に関して，2011年に発生した東日本大震災や，2018年に発生した北海道胆振東部地震で，地表が陥没《かんぼつ》してマンホールが浮き出たり，住居が傾いたりしたほか，山の斜面では地すべりなども確認されました。地震によって発生する災害で，固体である地層が，このように急激に流動化することにより発生する現象を何といいますか。

（2）下線部(b)に関して，アメリカは多くの移民を受け入れてきた国家です。近年では中国系を中心とするアジア系の移民が増加していますが，それと同じくらいメキシコなどの中南米からの移民も増加しています。中南米からの移民はスペイン語を話し，豊かな生活を求めてアメリカへと移り住んできました。この移民のことを何といいますか。カタカナで答えなさい。

（3）下線部(c)に関して，ＡＩとは言語の理解のほか，ものごとの展開を予想し，問題解決などの知的な行動を人間に代わってコンピュータが行う技術のことを指します。このＡＩのことを，日本語では何といいますか。**漢字4字**で答えなさい。

（4）下線部(d)に関して，次のＡ～Ｃの文は，日本・カナダ・フランスのいずれかの国を説明したものです。Ａ～Ｃが示す国の名の組み合わせとして正しいものを，下のア～カのうちから1つ選び，記号で答えなさい。

A　この国は人口およそ6700万人を数え，この周辺地域の中ではもっとも農業が発達しています。小麦などの穀物の生産のほか，食品工業も盛んで，中でもぶどうを原料とするワインの生産が多いことで知られています。

B　この国の首都には国の人口のおよそ１割が居住しています。資源に乏しく，石油や鉄鉱石などの地下資源は他国からの輸入に依存していますが，工業は盛んで，年間の自動車生産台数は中国，アメリカに次ぐ世界３位です。

C　この国は面積のわりに人口が少なく，人口密度は3.7人/km^2と非常に小さいです。北部は非常に寒冷で，先住民が自分たちで政治を行うことをある程度認められた地域があります。近年ではオイルサンドと呼ばれる石油資源の採掘に力を入れていることでも知られています。

ア	A－日　本	B－カナダ	C－フランス
イ	A－日　本	B－フランス	C－カナダ
ウ	A－カナダ	B－日　本	C－フランス
エ	A－カナダ	B－フランス	C－日　本
オ	A－フランス	B－日　本	C－カナダ
カ	A－フランス	B－カナダ	C－日　本

（5）下線部(e)に関して，日本をはじめとする多くの国家は，資本主義体制を基本として経済発展をしてきました。次のグラフは，1956年から2014年までの日本の実質経済成長率を示しています。この数値が０％を超えていると，前年と比べて経済的な成長がみられたということを意味しています。

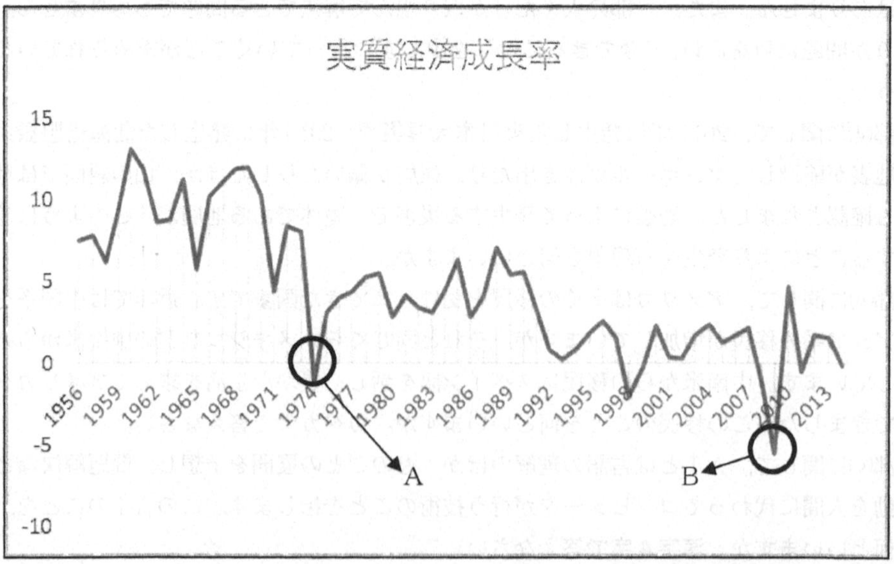

（内閣府「平成27年度年次経済財政報告」より）

この図を見ると，幅はあるものの，全体的には経済成長が続いている傾向が読み取れますが，図中に示したAやBの時期に，それぞれ大きく経済成長が落ち込んでいる状況が読み取れます。それぞれの時期に，なぜ経済成長が落ち込んだのか，その理由を解答らんに合わせて答えなさい。

（6）下線部(f)に関して，日本の食料自給率は38％（2017年）と高くありませんが，国内でさまざまな農作物を生産しています。次の表は2018年における都道府県別農業産出額（億円）と，そのうち米，野菜，果実，畜産が占める割合を示したもので，表中のA～Cは，北海道・東京都・鹿児島県のいずれかを示しています。A～Cが示す都道府県の組み合わせとして正しいものを，下のア～カのうちから1つ選び，記号で答えなさい。

都道府県名	農業産出額(億円)	米(%)	野菜(%)	果実(%)	畜産(%)
A	5,000	4.4	13.1	1.9	63.2
B	274	0.4	58.8	11.7	7.7
C	12,762	10.0	16.6	0.5	57.0

（2018年『データブック　オブ・ザ・ワールド2020』より）

ア　A－北海道　B－東京都　C－鹿児島県
イ　A－北海道　B－鹿児島県　C－東京都
ウ　A－東京都　B－北海道　C－鹿児島県
エ　A－東京都　B－鹿児島県　C－北海道
オ　A－鹿児島県　B－北海道　C－東京都
カ　A－鹿児島県　B－東京都　C－北海道

（7）下線部(g)に関して，世界にはとても多くの宗教が存在します。次のア～カのうち，キリスト教，イスラーム教，ヒンドゥー教，仏教の信仰者数を多い順に並べたものとして正しいものを，次のア～カのうちから1つ選び，記号で答えなさい。

ア　キリスト教　→　イスラーム教　→　ヒンドゥー教　→　仏教
イ　キリスト教　→　ヒンドゥー教　→　仏教　→　イスラーム教
ウ　イスラーム教　→　キリスト教　→　ヒンドゥー教　→　仏教
エ　イスラーム教　→　ヒンドゥー教　→　仏教　→　キリスト教
オ　ヒンドゥー教　→　キリスト教　→　仏教　→　イスラーム教
カ　ヒンドゥー教　→　イスラーム教　→　キリスト教　→　仏教

（8）下線部(h)に関して，インターネットの普及率は，その国の経済レベルに比例しており，日本でも80％を超えています（総務省より）。このような情報社会においては，個人のプライバシーを守り，与えられた情報を比較・分析する能力が求められています。そのような中，2003年に一人ひとりのプライバシーを守るための指針として定められた法律の名を答えなさい。

（9）下線部(i)に関して，ＯＥＣＤは先進工業国による経済協力のしくみで，世界貿易の拡大や発展途上国への援助などを目指して1961年に発足しました。加盟国は世界35か国にわたり，日本も1964年に加盟しました。次のア～カの文のうち，1960年代の日本における出来事として**適当でないものを2つ**選び，記号で答えなさい。なお，解答の順序は問いません。

ア　四大公害病を踏まえて，公害対策基本法が公布されました。
イ　東海道新幹線が世界初の高速鉄道として開業しました。
ウ　沖縄がアメリカから日本に返還されました。
エ　アジアで初めてのオリンピックが東京で行われました。

オ　日ソ共同宣言を経て，日本が国際連合に加盟しました。

カ　日本のＧＮＰ（国民総生産）が西ドイツを抜き，世界第２位になりました。

(10)　下線部(j)に関して，国際連合は1945年に，国際平和と安全の維持，経済や社会などに関する国際協力の実現を目的に設置されました。現在190以上の国家が加盟していますが，その本部はアメリカにあります。国際連合の本部がある都市の名を答え，その場所を次の地図中のア～エのうちから１つ選び，記号で答えなさい。

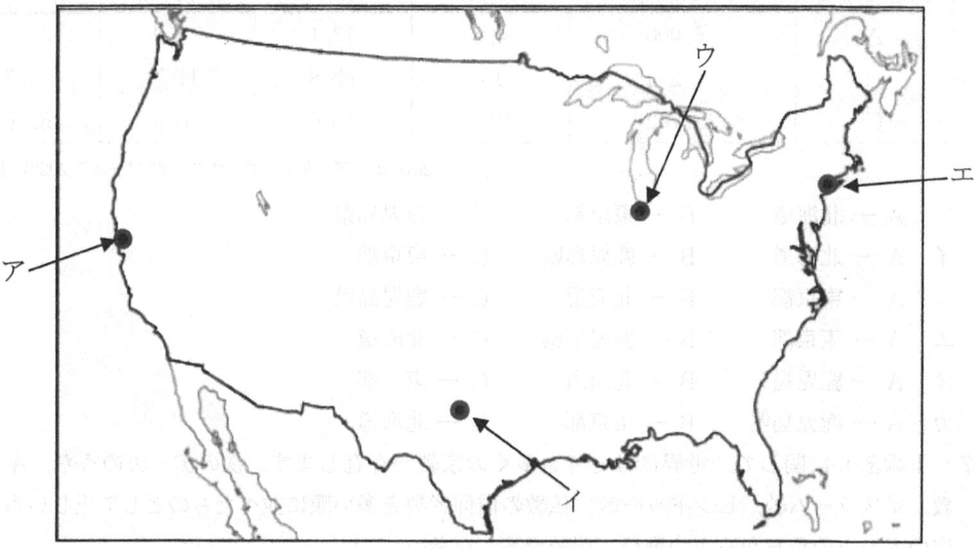

(11)　下線部(k)に関して，国連児童基金は発展途上国の児童へ食料・医薬品・医療などの，緊急あるいは長期的な援助を行っている機関です。この機関を略称で何といいますか。**カタカナ**で答えなさい。

3　次の文を読み，後の問いに答えなさい。

「国際化」と言われるようになって，ずいぶんたちました。みなさんの中にも，語学を生かして将来海外で活躍したいという夢を持っている人もいるのではないでしょうか。日本の歴史上でも海外へ渡った人は少なくありません。そんな歴史上の人物を何人か紹介したいと思います。

653年に遣唐使の一員として唐に渡った道昭《どうしょう》という僧がいます。『続日本紀《しょくにほんぎ》』という歴史書には，「唐では(a)三蔵法師の名で有名な玄奘《げんじょう》に教えを受けるだけでなく，とても可愛がられて同じ部屋に住まわせた。また，帰国後の700年に亡くなった際には，天皇がとても悲しみ，使いを送って供養した」といった記録が記されています。このように道昭は，唐や日本で高く評価された僧で，また，後の人々にも大きな影響を与えました。道昭の弟子の一人に，民間の人々への仏教の布教が禁止されていた時代に，政府に弾圧されながらも熱心に布教を行い，貧しい人々を救済しようとした僧の（　①　）がいます。この僧は，後に(b)大仏造立《ぞうりゅう》に協力し，政府から大僧正という，律令における僧の最高位を与えられました。なお，日本で最初に火葬されたのが道昭だと伝えられています。

700年代に遣唐使として唐に渡った人物には，（　②　）や阿倍仲麻呂らがいます。（　②　）は貧しい農民の生活の苦しさを歌った『貧窮《ひんきゅう》問答歌』が知られ，奈良時代の代表的な歌人の一人でもあります。阿倍仲麻呂は，唐の皇帝玄宗《げんそう》に仕《つか》え，日本に帰国できずに唐で亡くなった人物です。阿倍仲麻呂が渡ったころの唐は繁栄を極めていた時期で，皇帝の玄宗に可愛がられた女性が，(c)世界三大美女に数えられる楊貴妃《ようきひ》です。山口県長門市には楊貴妃が唐から渡ってきたという伝説があり，楊貴妃のものとされる墓もあります。それが本当かどうかはわかりませんが，もし阿倍仲麻呂が帰国していたら，楊貴妃について詳しく伝えられていたかも知れませんね。

平安時代に真言宗を開いた空海や，天台宗を開いた最澄も唐に渡っています。さらに天台宗の本山である比叡山の延暦寺で学んだ僧も【　A　】へ渡り，その中には鎌倉仏教を開いた者もいます。日本における臨済宗の開祖である栄西もその一人です。栄西は 1168 年と(d) 1187 年の二度【　A　】に渡り，禅を日本に伝えました。また，(e)茶を飲む習慣を伝えた僧でもあり，『喫茶養生記《きっさようじょうき》』という書物を著しました。臨済宗の僧では，1368 年に【　B　】に渡った絶海中津《ぜっかいちゅうしん》という人物がいます。この僧は【　B　】の高僧に教えを受け，とくに優れた漢詩を残したので，室町時代を代表する文化人の一人として高く評価されています。

安土・桃山時代から江戸時代になると，ヨーロッパへ渡る日本人が出てきます。「独眼竜」と恐れられた戦国大名の伊達政宗は，1613 年に家臣の（　③　）一行をヨーロッパに派遣しました。これを慶長遣欧使節と言います。この使節は太平洋を横断してメキシコに至り，その後大西洋も横断してスペインへ到着し，スペイン国王に会いました。その後，陸路でローマへ向かい，ローマ教皇にも会いました。伊達政宗が（　③　）を派遣したのは，一般に貿易の開始を求めるためだったとされていますが，一説にはスペインと軍事同盟を結んで天下を治めようとしたのではないかとも言われています。また，（　③　）一行が持ち帰った「慶長遣欧使節関係資料」は(f) 2001 年に国宝に指定され，2013 年にはユネスコの「世界の記憶」に選定されました。同じ年に「世界の記憶」に選定されたのが，４人の娘を天皇の后《きさき》とし，1016 年に摂政，1017 年に太政大臣となり，自らの権力を満月に例えた歌を詠んだ（　④　）が記した『御堂《みどう》関白記』です。

ここで紹介した海外へと渡った日本人は，ごく一部です。日本の場合，僧が留学のために中国へ渡ったことが比較的多く見られますが，江戸時代以降には，弾圧されたキリシタンが国外追放となったり，漂流して，意に反して異国へ流れ着いてしまったという場合も少なからずありました。しかし，今は時代も大きく違っていて，この先みなさんが海外へと羽ばたくとすれば，それは自分の夢を実現させるため，そして世界へ貢献するためといったことになるでしょう。その土台をぜひ北嶺中学校で築いていきましょう。

（1）文中の空らん（　①　）～（　④　）に当てはまる僧や人物の名を答えなさい。

（2）【　A　】と【　B　】に当てはまる国の名の組み合わせとして正しいものを，次のア～カのうちから１つ選び記号で答えなさい。

ア　A－明　B－清　　イ　A－明　B－宋　　ウ　A－清　B－明

エ　A－清　B－宋　　オ　A－宋　B－明　　カ　A－宋　B－清

（3）下線部(a)に関して，次の各問いに答えなさい。

ⅰ）三蔵法師が天竺《てんじく》へ行き，仏教の経典を唐に持ち帰った史実をもとに，三蔵法師の従者となった孫悟空《そんごくう》・猪八戒《ちょはっかい》・沙悟浄《さごじょう》が，道中に襲ってくる妖怪の退治に活躍する長編小説が，1570 年ころに成立しました。この小説の名を**漢字**で答えなさい。

ⅱ）ⅰ）の「天竺」とは釈迦《しゃか》が仏教を開いた国のことですが，その国および周辺の国で女性が着用する民族衣装にサリーというものがあります。次のア～エの図のうちから，サリーを着用しているもの１つ選び，記号で答えなさい。

ア

イ

ウ

エ

（4）下線部(b)に関して，大仏が造られたころの都は平城京で，この時代の文化を，聖武天皇の時代の元号をとって天平文化といいます。天平文化は遣唐使によってもたらされる唐の進んだ文化の影響を強く受けた国際色豊かな文化でした。次のア～エのうちから，この文化に属するものを１つ選び，記号で答えなさい。

ア

イ

ウ

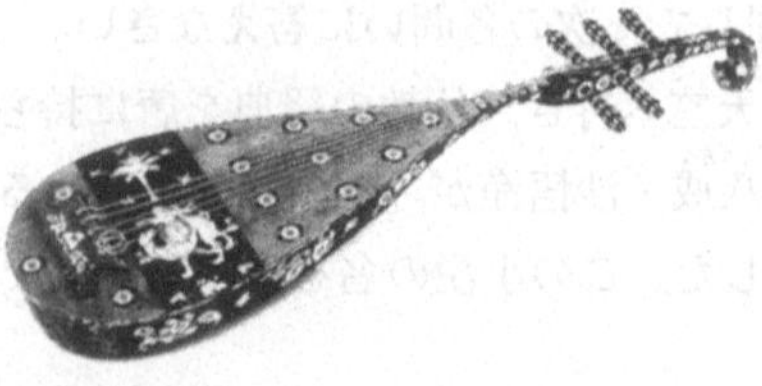
エ

（5）下線部(c)に関して，世界三大美女は日本以外の国では，ほとんど知られていないことから日本を起源とするものと考えられています。楊貴妃・クレオパトラと，もう一人の美女が日本の女性なのもそれが理由かもしれません。平安時代の前期，とくに和歌に優れた6人の歌人が「六歌仙」と称されましたが，その女性も含まれていました。次の和歌は，百人一首に含まれているその女性のものです。この女性の名を**漢字**で答えなさい。

花の色は　うつりにけりな　いたづらに　わが身世にふる　ながめせしまに

（6）下線部(d)について，1180年代は，源頼朝によって武家政権が確立していった時期です。次の年代順の出来事を見て，栄西が二度目に【　A　】に渡った1187年は，どの時期に当てはまりますか。ア～エのうちから1つ選び，記号で答えなさい。

源頼朝が平氏打倒の兵を挙げました
ア
源義仲により平氏が都落ちをしました
イ
壇の浦の戦いで平氏が滅亡しました
ウ
平泉で栄華を誇った奥州藤原氏が滅亡しました
エ
源頼朝が征夷大将軍に任命されました

（7）下線部(e)について，茶は当時，主にどのような目的で飲まれましたか。文中に用いられている「身体を大切にし，健康を増進する」という意味の語句を用いながら，簡潔に述べなさい。

（8）下線部(f)について，2001年9月11日にアメリカ同時多発テロ事件が発生しました。この事件は世界に大きな衝撃を与え，日本でも小泉内閣の下で自衛隊の海外派遣・支援活動を含むテロ対策特別措置法が制定されて，テロと戦う国への積極的な支援の姿勢が示されました。また，アメリカ軍などは，このテロ事件を起こしたアルカイダを支援するイスラーム主義組織タリバンが政権を握っていた国に対して大規模な攻撃を行い，テロとの戦いを本格化させました。このときアメリカ軍などが攻撃した国の名を答えなさい。

4　次の文を読み，後の問いに答えなさい。

平成の時代は，(a)西暦1989年1月8日から始まり，2019年4月30日に終わりました。この平成の時代を振り返った話題は，ここ2年間，皆さんもさまざまなところで見聞きしたでしょう。ここで，改めて整理してみたいと思います。

まず，(b)元号をめぐる話題がありました。昭和から平成への元号の変化は，日本国憲法下で初めての天皇の代替わりによるもので，1979年に制定された元号法にもとづくものでした。この法の条文は，「第1条　元号は，政令で定める　第2条　元号は，皇位の継承があった場合に限り改める」という2条のみです。平成の元号は，この法律により，(c)内閣が有識者の意見を聴いてまとめ，国会の正副議長に説明して意見を聴き，閣議で決定した後に発表しました。元号は従来，中国の古典にある字句からつけてきましたが，平成も中国の古典の『史記』および『書経《しょきょう》』に由来するものだそうです。ただし，現在の令和の元号は，日本の『（　①　）』の「梅の花の歌」が典拠だったことは皆さんもご存じの通りです。

平成の時代の政治を考える上で，その主要な政策の一つに（　②　）の導入がありました。これは，少子高齢社会を迎えて，安定した財源を確保することなどを目的にした政策で，1989年4月1日に初めて3％の税率で導入されました。その後，税率は5％，さらに8％になり，2019年10月から10％になりました。今では，（　②　）の収入がなければ国や地方自治体の予算は組めません。ただ，（　②　）は，年齢や所得と関係なく広く国民に課されるため，税率の上昇をめぐって政治が混乱したこともありました。

平成の時代の政治を激変させたのが，選挙制度の改正でした。とくに，1994年1月の(d)衆議院議員総選挙における小選挙区比例代表並立制の導入です。衆議院選挙は，長い間中選挙区制で行われてきました。同一選挙区内で複数の候補者が立候補して複数当選したため，政党間だけでなく政党内の派閥の競争も激しく，巨額の政治資金がかかりました。その結果，いろいろな問題が生じて政治改革の必要性が叫ばれ，政権交代可能な二大政党政治を目指すようになりました。そのような風潮の中で，1993年8月に(e)非自民・非共産8党派連立内閣が成立して選挙制度が大幅に改正され，現在に至っています。

平成の時代は経済も激動しました。平成が始まったばかりの1989年末，日経平均株価は38,957円と最高値を記録し，株価や不動産の価格が高騰して，いわゆるバブル景気の絶頂期を迎えました。その後，政府や日本銀行が景気の抑制を行ったため，1991年にバブル経済は崩壊し，これ以後，長い景気の低迷が始まります。銀行や証券会社などの金融機関が破たんし，金融機関再編や自由化が進み，政府も不況対策や金融支援を行いました。21世紀に入って，ようやく景気は落ち着きを取り戻しましたが，赤字国債が急増したのもこの時期です。その後，東日本大震災などによるさまざまな経済的打撃を受けるなど，まさに経済激動の時代でした。

平成の時代は，自然災害の時代でもありました。大きな地震だけでも，東日本大震災，阪神淡路大震災，熊本地震，北海道南西沖地震，新潟県中越地震などがありました。また，主な火山噴火だけでも，御嶽山，雲仙普賢岳，三宅島の噴火がありました。日本は火山列島なので，地震や火山噴火は避けられない自然災害ですが，防災・減災の努力が実った例もありました。さらに，(f)気候変動に伴う自然災害もあり，主な災害だけでも，りんご台風，記録的冷夏と(g)「平成の米騒動」，記録的豪雪，西日本豪雨があげられます。これら異常気象は日本だけでは対応できないものもあり，地球規模で考える必要があるでしょう。

世界に目を転じると，平成が始まった(h)1989年12月に冷戦の終結が宣言されました。しかし，冷戦の終わりは平和な時代への幕開けではありませんでした。冷戦というアメリカとソ連の二つの超大国による力の均衡は終了したものの，それは民族や宗教を背景にした新たな地域紛争の始まりでもありました。1991年の湾岸戦争以降，日本の国際貢献のあり方も変化し，経済的な支援だけでなく，自衛隊員を海外に派遣する支援も行われるようになりました。

私たちの身の回りの社会生活も，平成の時代に大きく変わりました。(i)1990年代にパーソナルコンピュータが急速に普及し，21世紀に入るとインターネットが普及し始め，2010年代にはＳＮＳが普及して，情報通信技術が私たちの生活や社会を大きく変えてきました。また，(j)明治以降は，一時期を除いて人口が増加し続けてきた日本でしたが，2008年をピークに，かつて経験したことのない人口減少社会に突入しました。人口の内訳を見ても，急速に少子高齢化が進み，超高齢社会に入りました。こういった変化をみると，平成の時代は転換期だったとも言えるでしょう。1960年代に高度経済成長で世界有数の経済大国になった日本でしたが，2010年にはＧＤＰが中国に追い抜かれ，国際経済での影響力が衰えてきました。このように目まぐるしく変化した平成の時代でしたが，令和に入ってもさまざまな分野でいろいろな変化が予想されます。私たちに，どんな未来が待っているでしょうか。

（1）文中の空らん（　①　）～（　②　）に適当な語句を答えなさい。

（2）下線部(a)に関して，西暦は16世紀後半にカトリック教会が定めた「グレゴリウス暦」に由来するもので，その起源は紀元前1世紀に制定されたローマの「ユリウス暦」にさかのぼります。そして，このユリウス暦は，世界四大文明のうち，太陽暦を用いていた文明の暦をもとに作成されたものでした。世界四大文明とは，次の図の地域をさしますが，ユリウス暦に最も大きな影響を与えた文明はどれですか。適当なものを下のア～エのうちから1つ選び，記号で答えなさい。

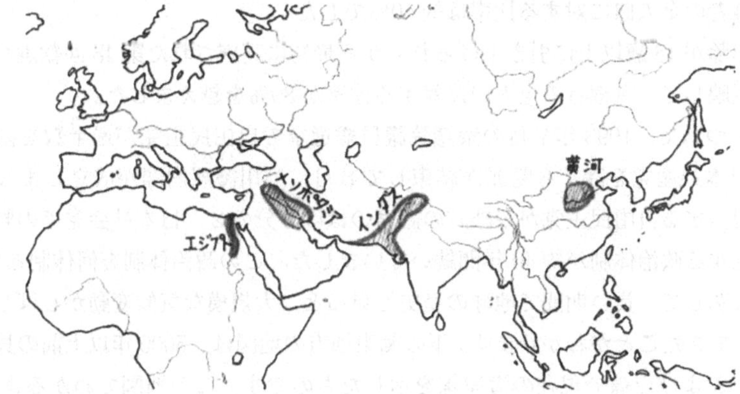

ア　黄河（中国）文明　　イ　インダス文明　　ウ　メソポタミア文明　　エ　エジプト文明

（3）下線部(b)について，元号は中国に起源がある暦年の数え方で，現在では日本だけで用いられています。日本で最初に用いられた元号は，従来は7世紀半ばの「大化」とされてきましたが，近年に出土した資料によると，7世紀に元号を使った形跡がありません。しかし，『続日本紀』という歴史書の701年の部分には，次のように記されています。資料中の「元《げん》」とは元号のことです。

「対馬嶋《つしまのしま》，金を貢《たてまつ》る。元《げん》を建てて（　③　）元年《がんねん》と為《な》す。」

また，（　③　）と同じ元号の記された木簡がいくつかの遺跡から出土しています。これらのことから，現在では，701年に初めて元号が定められ，それ以降，全国で元号の使用が開始されたと考えられています。なお，701年には，日本史上初めて律と令がそろった，本格的な律令が定められました。資料中の空らん（　③　）に適する元号の名を**漢字**で答えなさい。

（4）下線部(c)について，日本では1885年に内閣制度が創設されました。これは，欧米諸国にならった近代国家の体制をつくるため，憲法にもとづく政治体制の導入を進めていた明治政府が，ある人物をドイツやオーストリアなどに派遣して憲法の調査をさせ，その人物が帰国して創設した制度でした。この人物は，自ら初代の内閣総理大臣に就任し，憲法の制定や議会の開設などにおいても中心的な役割を果たしました。この人物の名を**漢字**で答えなさい。

（5）下線部(d)について，次の表は衆議院議員総選挙の回数，実施年，有権者数，有権者の全人口に対する比率を示しています。この表を参考にして，下の衆議院議員総選挙に関する文ア～エのうちから**誤っているもの**を1つ選び，記号で答えなさい。

回　数	第1回	第7回	第14回	第16回	第22回	第41回	第48回
実施年	1890	1902	1920	1928	1946	1996	2017
有権者数(万人)	45	98	307	1,241	3,688	9,768	10,609
人口比(%)	1.1	2.2	5.5	20.8	50.4	77.6	83.7

ア　第１回総選挙では，選挙権が直接国税 15 円以上を納める 25 歳以上の男性に限られたため，有権者の全人口に対する比率は約１％でした。

イ　選挙権年齢が 20 歳以上に引き下げられてから最初の男子普通選挙が実施された第 16 回総選挙では，納税資格がなくなったため，有権者の全人口に対する比率は約 20％に達しました。

ウ　第二次世界大戦後に実施された第 22 回総選挙では，20 歳以上の男女に選挙権が与えられたため，有権者の全人口に対する比率は約 50％でした。

エ　選挙権年齢が 18 歳以上に引き下げられてから最初に実施された第 48 回総選挙では，少子高齢社会を反映して，有権者の全人口に対する比率が 80％を越えました。

（６）下線部(e)について，1993 年７月の衆議院議員総選挙で自由民主党が過半数を割ったため，自由民主党と日本共産党を除く８党派が結束して８月に細川護熙《もりひろ》内閣が成立しました。それまでは，政権を担当する自由民主党が衆議院の議席のほぼ３分の２，日本社会党等の野党が３分の１を占めて対立する政治体制が約 40 年間続いていました。この政治体制を何体制といいますか。

（７）下線部(f)に関して，長い期間で地球の歴史を見ると，大規模な気候変動がしばしば見られ，寒暖を繰り返してきたことがわかります。下の関東地方の地図は，5000 年以上前の貝塚の分布と当時の海岸線，および点線で現在の海岸線を示したものです。この地図でわかるように，5000 年以上前の貝塚と海岸線は，現在の海岸線より内陸にありました。これは，どのような地球規模での気候変動があったためと考えられますか。5000 年以上前の時代の名を含めて，次の語句を使って簡潔に説明しなさい。ただし，気候変動以外の要因は考えないものとします。

温暖化　　上昇

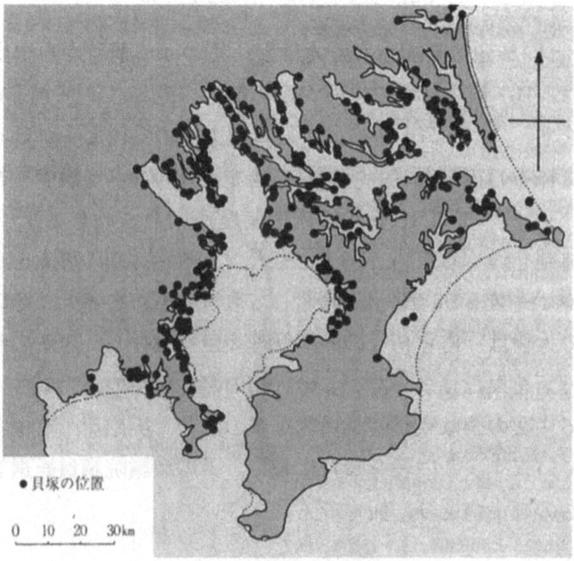

（8）下線部(g)について，「平成の米騒動」とは，1993年の記録的な冷夏による不作が原因となった米不足の時のことを言います。これより以前にも，凶作《きょうさく》で米不足になったり，価格が上がって，人々が米を買えなくなって騒動になったことは何度もありました。その中でもとくに有名なのは，1918年に起きた米騒動です。この時は，第一次世界大戦が始まって米価が値上がりする社会不安の中で，政府があることを発表すると米価がいっそう高騰し，富山湾岸の町で米を求める騒動が発生して全国に拡がりました。この米騒動のきっかけは，政府が何を発表したことでしたか。

（9）下線部(h)に関して，冷戦の終結は，アメリカとソ連の首脳が地中海のマルタ島で会談して宣言されました。それまでの冷戦体制の下では，東西両陣営の対立から，世界の各地で国家が分断されました。次のア～エの国家の分断に関する文のうちから，冷戦の終結宣言が出された時期に最も年代が近いものを１つ選び，記号で答えなさい。

ア　ドイツでは，ベルリンの壁が開放され，翌年東西ドイツの統一が実現しました。

イ　ベトナムでは，ベトナム戦争が終結し，翌年南北ベトナムの統一が実現しました。

ウ　中国では，中華人民共和国が建国され，中華民国は台湾に移りました。

エ　朝鮮では，北朝鮮（朝鮮民主主義人民共和国）と大韓民国の間に，朝鮮戦争が起こりました。

(10) 下線部(i)に関連して，通信技術は平成の時代に入って長足の進歩を遂げました。この背景には，第二次世界大戦以降の科学技術の発達があります。特に，宇宙開発事業は通信技術に革命的変化を起こしました。その先駆《さきが》けになったのが，1957年の人工衛星の打ち上げです。世界で最初に人工衛星を打ち上げた国はどこですか。次のア～エのうちから正しいものを１つ選び，記号で答えなさい。

ア　アメリカ　　イ　中国　　ウ　ソ連　　エ　日本

(11) 下線部(j)に関して，明治時代以降の日本では，人口が農村部から都市部に移動する傾向が強く，時代とともに都市とその周辺の景観が変化してきました。これに関連する次のア～エの文について，年代の古い順に記号を並べ替えなさい。

ア　大都市の湾岸部には，巨大な高層マンションが建てられるようになりました。

イ　東京の銀座では道路を広げ，両側に煉瓦《れんが》作りの洋風建築が建てられました。

ウ　大都市と郊外を結ぶ鉄道が建設され，その沿線には一戸建ての和洋折衷《せっちゅう》の住宅が建てられました。

エ　都市人口の急増により，都市近郊には大規模な団地の造成が相次《あいつ》ぎました。

ることができ、よりよい文章を書くことにつながるから。

オ　パイロット版を作るつもりで書けば、心に余裕が生まれてまちがいが少なくなり、後々よいものが完成するから。

問六　作者はドストエフスキーの例によって、読者にどういうことを伝えようとしていますか。最もふさわしいものを、次のア〜オより選び、記号で答えなさい。

ア　文章は、書きたいことがあるから書けるのではなく、書かざるを得ないから書ける、ということ。

イ　文学者ですらきっかけがないと書けないのだから、素人《しろうと》にはより強いきっかけが必要だ、ということ。

ウ　じっくりと構想を練り細部まで完成させていく余裕のない方が、かえって良い作品になる、ということ。

エ　後世に残る名作をいくつも生み出すには、切羽詰まった特殊な状況がなければならない、ということ。

オ　どんなに望ましくない状況にも、当人の思いも寄らない成功の可能性がひそんでいる、ということ。

書いたものは、叩《たた》き台とか＊2パイロット版。極端なことを言うと、未完成でも構わない。そんなふうに気軽に考えたほうが、心理的ハードルがグッと下がります。

書くということは、自分の無意識の中にある何かを取り出すことです。その出てきたものが「こんなことを考えていたんだ」という、自分でも意識していなかったことであれば、それが新しい視点になることもあります。思いついたことをパパッと紙切れにメモするだけでもいいです。〈 Ⅳ 〉書いたものが叩き台やパイロット版であるほうが、のちのちクオリティーを高めていける「のびしろ」があります。

「書く」ことはあくまでもきっかけ。また未完成でいい。この二つを理解すると、書くことに対する意識が大きく変わるはずです。

（茂木健一郎『「書く」習慣で脳は本気になる』より）

【注】＊1 note……記事の投稿《とうこう》や購読ができる、インターネット上のサービス。
＊2 パイロット版……一般公開に先立って作られるもの。

問一 〈 Ⅰ 〉～〈 Ⅳ 〉を補う言葉として最もふさわしいものを、次のア～コより選び、記号で答えなさい。同じ記号を二度以上選んではいけません。

ア まだ　イ むしろ　ウ まさか
エ やはり　オ どうにか　カ もし
キ まるで　ク すでに　ケ たとえ
コ あるいは

問二 ――①「誤解」とは、文章を書くことについての、どういう誤解ですか。具体的な内容を、三十字以内で説明しなさい。

問三 ――②「自分が何を本当は考えているかは、書いてみて初めてわかる」といえるのはなぜですか。最もふさわしい理由を、次のア～オより選び、記号で答えなさい。

ア 無意識の知識や経験にアクセスするためには、書くことと脳をつなげる回路が必要だから。
イ 文字を見たときに目と脳の回路が完成し、無意識の中にある知識や経験を自覚できるから。
ウ 何かを書くことが、無意識にある知識や経験と脳をつなげるための回路を作り出すから。
エ 口述では、無意識にある知識や経験を表現するための回路を作り出すことができないから。
オ 知識や経験の泉に沈んでいる無意識が、書くという作業を通して脳内に伝わってくるから。

問四 ――③「そんなこと」とは、どういうことですか。三十字以内で説明しなさい。

問五 ――④「肩肘張ることは不要です」について、なぜですか。最もふさわしい理由を、次のア～オより選び、記号で答えなさい。

ア 最初からテーマを決めて書き始めると、自分が無意識のうちに考えていたことに気づくきっかけを失ってしまうから。
イ 最終形を意識しながら書くことで、無意識にある知識や経験を新しい視点とし、のびしろのある文章を書けるから。
ウ 未完成なものを前提にして書くことで、心理的に追いつめられることがなくなり、かえってよい文章が生まれるから。
エ 叩き台でよいという意識を持った方が、無意識から着想を得

ません。②自分が何を本当は考えているかは、書いてみて初めてわかることなのです。

何も書くことが思い浮かばないけれど、ペンを持ってみたら、スラスラと書けてしまったなんてことは誰でも一度や二度は経験しているでしょう。それは、無意識の泉に沈んでいる思いが、書くという作業を通して浮かび上がってくるからです。

僕は「*1 note」に毎日記事を書いていますが、その瞬間まで、何を書くのか決めていません。その日の気分に任せて、直前に「これでいこう」と思ったことを書くようにしています。

パソコンのキーボードにタイプした瞬間に脳の中にテーマが浮かんできて、それについて一気呵成《かせい》に書いていきます。テーマがあるから書くのではなく、「書くからテーマが見つかる」のです。

こんなことをいうと、「茂木さんだから、③そんなことができるんですよ」という声が上がるのは承知しています。「私には無理」と思っている人は多いですが、これは誰にもできることです。決して無理ではありません。

書くという行動は、自分の「無意識にアクセスする」ことです。無意識の中では、「書く準備」がちゃんとできています。

無意識の中では、これまでに得た知識とか経験が腐葉土《ふようど》のように積み重なっています。どんな人でも一〇年たったら一〇年、二〇年たったら二〇年、三〇年たったら三〇年分の腐葉土が貯《た》まっています。

ただし、積み重ねた知識や経験が勝手に芽を出すことはありません。〈 Ⅱ 〉きっかけは必要で、それが「書く」ことです。

「書く」ことで、脳に新たな回路がつくられます。書かなければ、回路がつくられないし無意識にアクセスすることもできません。

よく「クリエイターにとって一番必要なのは締め切りだ」と言われますが、それは「きっかけがないと書けない」ことを逆説的に示しています。

ロシア文学者の亀山郁夫《いくお》さんによると、文豪《ぶんごう》フョードル・ドストエフスキーの『罪と罰』以降の作品『白痴《はくち》』や『悪霊《あくりょう》』『カラマーゾフの兄弟』などはすべて口述だそうです。ギャンブルで背負った借金を返すために手っ取り早く稼《かせ》ごうとして、自分がしゃべったものをまとめてもらって小説として世に出した経緯があります。お金のために早く本を出さないといけないから、切羽詰まって自分の中にあるものを出したところ、傑作が生まれたというのは、示唆《しさ》に富みます。

〈 Ⅲ 〉ドストエフスキーがじっくり時間をかけて構想を考えてから『罪と罰』を書いていたら……。もっと素晴らしい小説が生まれた可能性もありますが、その半面、時間がかかりすぎて量産できず、『カラマーゾフの兄弟』に至るまでの傑作の数々が世に出なかったことも考えられます。

ドストエフスキーの場合、「書かなければ（出さなければ）いけない」というプレッシャーがきっかけになって、自分の中に積み上げてきたものがほとばしるようにわき出してきたのは、事実です。苦しまぎれでつくったりしたものが、必ずしもクオリティーが低いということはありません。

もう一つの誤解は、書かれたものが最終形でなければならないというもの。書く以上は一点のミスもない完成形に仕上げなければならないと思いがちですが、④肩肘《かたひじ》張ることは不要です。

問八 ——⑤「感謝したくなった」について、この時「私」は、どのような気持ちでいますか。最もふさわしいものを、次のア～オより選び、記号で答えなさい。

ア 旅先でタクシーを使うことに臆病になったままでは訪ねるはずのなかった場所に、今回の旅では行くことができた。そしてその場所は、かつて宮沢賢治が最愛の妹トシを看病していた家だった。

イ 宮沢賢治が妹のトシを看病していたという家を訪ねることができた。またその家は、観光客にとってあまりアクセスが良いとは言えない場所にあるため、気ままに動いていれば行くことはなかっただろう。

ウ 徒歩やバスを利用するいつもの旅だと訪れるはずのなかった場所に、今回はタクシーを使ったことで訪問できた。そして偶《ぐう》然《ぜん》にも感動的な風景と出会えたことに、ありがたさを感じずにはいられなかった。

エ はじめは、自分の足で歩いたりバスに乗ったりしなければ、旅の楽しさを味わえないと思っていた。タクシーを使った今回の旅は、そのような思いを見事に打破してくれて、すがすがしい気分になった。

オ 初老に近い女性が、タクシーで宮沢賢治にまつわる名所を案内してくれた。そして最後に訪ねた場所は、宮沢賢治のかつての住居であり、穴場の風景を見せてくれた運転手にありがとうと伝えたい気持ちになった。

三 次の文章を読んで、あとの問いに答えなさい。

「書く」ことについては、実は、①誤解をしている人がたくさんいます。それは大別すると、二つあります。

誤解の一つは、テーマが先になければならないというもの。「動機があるから書く」とか、「頭の中に何かがあるから書く」「目的があって書く」と思いがちですが、そうではありません。

「よし、書こう」

そう思った瞬間にペンを持ってノートに向かう。そうすると、書くことが自分の中から泉のようにどんどんわき出してきます。

事前にテーマを決めてから書き始めたほうが効率的だと思われがちですが、それは違います。テーマを決めようとすると、「これがいい」「いや、こっちがいい」と思考が堂々巡りになりがちです。〈 Ⅰ 〉下調べをしたり本を読んだりして、いたずらに時間を浪費してしまいます。おそらくこういう経験をした人は多いのではないでしょうか。

かつて僕がケンブリッジでお世話になったホラス・バーロー教授は、なかなか期限を過ぎても論文を書き上げられない学生に対して、僕の見ている前で「なぜ提出しないんだ！」と催促《さいそく》したことがあります。その学生が「何を書いたらいいのかわからない」と正直に答えたところ、教授の答えはこうでした。

「まず書いてみなさい。そうすれば、君が何を考えているかわかるから」

多くの人は、まず書きたいことが最初にあって、それが決まってようやく書くという行為に及ぶのだと思っています。まず初めに書きたい内容がなければ、何も書けないと思っていますが、事実はその逆です。

人間は、自分が考えていることをすべて把握《はあく》しているわけではあり

3　不始末な　　　3　だましだまし
4　無制限な　　　4　あらいざらい
5　無頓着《むとんちゃく》な　　　5　あれやこれや

問三　〈Ⅲ〉には、「今までにない珍しいこと」を意味する、「聞」の字を含《ふく》む四字熟語が入ります。四字を漢字で書きなさい。

問四　――①「どうして珍しいことなのか」について、最もふさわしい理由を、次のア～オより選び、記号で答えなさい。

ア　作者は、若い頃から年月が経っても、持ち前の性格でどうしてもお金を倹約したくなってしまうから。
イ　作者は、若い頃の貧乏旅行の経験によって、旅先でタクシーを使うことをお金の無駄だと考えているから。
ウ　作者は、旅先ではタクシーを一時間借り切って楽をしようとする前に、まずは歩くべきだと思ったから。
エ　作者は、タクシーを使うお金に関してはいつも厳密で、気軽にタクシーに乗ることに臆病になっていたから。
オ　作者は、宮沢賢治にゆかりの場所を、タクシーを借り切って、短時間で巡ってもらおうとしていたから。

問五　――②「宮沢賢治」の作品としてあてはまらないものを、次のア～クより二つ選び、記号を五十音順に並べなさい。

ア　セロ弾《ひ》きのゴーシュ　　イ　やまなし
ウ　風の又三郎　　エ　手袋《てぶくろ》を買いに
オ　どんぐりと山猫　　カ　山椒魚《さんしょううお》
キ　よだかの星　　ク　銀河鉄道の夜

問六　――③「花巻駅に着く」について、このような行動を起こした「私」の考えの変化を、解答用紙に示された「生地である花巻にも行こうとふと思い立った」という末尾に続くように、五十字以内で説明しなさい。

問七　――④「やさしくあおじろく燃えている」という表現は、どのような様子を表していますか。次に示す、「永訣の朝」の一部（仮名づかいは原文のままにしてあります）をふまえて考え、最もふさわしいものを、後のア～オより選び、記号で答えなさい。

ああ*1とし子
死ぬといふいまごろになつて
わたくしをいつしやうあかるくするために
こんなさつぱりした雪のひとわんを
おまへはわたくしにたのんだのだ
ありがたうわたくしのけなげないもうとよ
わたくしもまつすぐにすすんでいくから
（*2あめゆじゆとてちてけんじや）
はげしいはげしい熱やあえぎのあひだから
おまへはわたくしにたのんだのだ

【注】*1　トシのこと。
*2　「雨雪をとってきてください」という意味の方言。

ア　トシのはかない魂《たましい》が、今にも天に昇ろうとしている様子。
イ　亡くなってしまったトシが、火葬《かそう》されて天に昇ってゆく様子。
ウ　トシの病室を、ろうそくの火がうす明るく照らしている様子。
エ　賢治がトシのけなげさを受け止め、じっと見ている様子。
オ　トシが、命尽きるまで一生懸命に生きようとしている様子。

かった。宮沢賢治に独特な言葉遣《づか》いがなんとなく苦手だったのだ。

ところが、最近、盛岡に用事ができ、二、三日滞在しては帰ってくるということを繰り返すようになった。用事そのものは午後の早い時間で終わるため、夕方以降が暇《ひま》になる。その時間をぼんやり過ごすようになって、宮沢賢治の作品を読むようになった。本は、その舞台になった土地で読むと、不思議なほど理解が深くなるということがある。

盛岡は宮沢賢治の学びの土地だが、ある日の午後、ふと、宮沢賢治の生地である花巻に行ってみようかなという気持が起きた。

③花巻駅に着くとタクシーを呼んだ。私の若い友人が、花巻には宮沢賢治ゆかりの場所を巡ってくれるタクシーがあると話していたのを思い出したからだ。私は旅先におけるタクシー恐怖症を克服すべく、まさに三百三十八メートルのマカオタワーの上からバンジージャンプでもするような気持で、タクシーの時間借りをすることにした。

来てくれたタクシーの運転手は、意外にも初老に近い女性で、宮沢賢治にまつわる「名所」に手際よく連れて行ってくれてはガイドのような名調子で説明してくれる。おかげで花巻という地名の由来も、花巻における宮沢という名の家の重みも、よくわかってきた。

しかし、こういう旅の仕方に慣れていない私には、なんとなく面白みがなく、やはり自分の足で歩いたり、バスに乗ったりしなくては駄目なのだなと後悔しかかっていた。

女性の運転手は、最後に、少し遠回りをして県立花巻農業高校に案内してくれた。そこはかつて宮沢賢治が教鞭《きょうべん》を執っていた花巻農学校のBコウシンの学校だが、彼女が案内してくれたのは、その校庭の片隅にCイチクされた宮沢賢治の住居だった。

その家では、宮沢賢治の最愛の妹であり、最大の理解者でもあった妹のトシが、死ぬ前にも滞在して結核の療養《りょうよう》をしていたという。宮沢賢治はトシが息を引き取ると、それを深く悲しみ、「永訣《えいけつ》の朝」という詩を書く。

あぁあのとざされた病室の
くらいびょうぶやかやのなかに
④やさしくあおじろく燃えている
わたくしのけなげないもうとよ

私は夕暮れの淡いDヨウコウに照らされた古い民家の前にたたずみながら、これが宮沢賢治が住んでいた家だったのか、これがトシを看病していた家だったのかと、心の奥でひとりつぶやきつづけていた。

たぶん、ひとりで気ままに動いていれば、観光客にとってあまりアクセスがいいとは言えないこの地に来ることはなかっただろう。貸し切りのタクシーに乗って運転手に行き先をEユダねるという、私にとって〈Ⅲ〉の行動を取ったおかげでここに来ることができた。

私は、その「ちょっとした贅沢《ぜいたく》」が導いてくれた思いがけない風景との遭遇《そうぐう》に、⑤感謝したくなった。

（沢木耕太郎『旅のつばくろ』より）

問一　――A～Eのカタカナを、漢字に改めなさい。

問二　〈Ⅰ〉〈Ⅱ〉を補う言葉として最もふさわしいものを、次の1～5よりそれぞれ選び、数字で答えなさい。

Ⅰ　1　開放的な　2　不安定な

Ⅱ　1　おしみおしみ　2　のらりくらり

問四 ――②「仙吉の癖」について、この癖が表れている発言を本文より二か所選び、それぞれの最初の五字をぬき出しなさい。かぎかっこは解答に含《ふく》めず、文字だけを書くこと。

問五 ――③「自分のことのように得意になった」について、「仙吉」は、誰の、どういう様子を誇《ほこ》らしく思っているのですか。二十字以内で説明しなさい。

問六 ――④「さと子にもよく判った」について、どういうことがわかったのですか。最もふさわしいものを、次のア～オより選び、記号で答えなさい。

ア 門倉のおじさんが、今回は東京駅に迎えに来なかっただけでなく、新しい家にも姿を見せないだろう、ということ。

イ 門倉のおじさんが、さと子たちを驚かせようとどこかにかくれて、姿を現す機会をうかがっている、ということ。

ウ 父の仙吉が、自分にはとてもできない贅沢な用意をした門倉のおじさんに、少し気を悪くしている、ということ。

エ 父の仙吉が、門倉のおじさんからの心づくしに、いつもながら言葉にならない感謝をかみしめている、ということ。

オ 父の仙吉が、初太郎と話もしないまま同じ家で暮らしてゆくことを、改めて気づまりに感じている、ということ。

[二] 次の文章を読んで、あとの問いに答えなさい。

そのとき、私にはとても珍《めずら》しいことだったが、岩手の花巻でタクシーに乗っていた。

タクシーに乗るのが①どうして珍しいことなのか？

私は浪費家でもないが、吝嗇家《りんしょくか》、すなわちケチというのでもないと思う。Aサイフというものを持ったことのない私は、あればあるだけの金をポケットに突っ込み、ほとんど無造作に使い切ってしまう。要するに金の使い方に関してはかなり〈 Ⅰ 〉方なのだ。

しかし、タクシーに使う金に関してだけは別である。臆病《おくびょう》、と言ってもいい。

もっとも、つい最近まで、銀座や新宿の酒場で夜遅くまで飲み、家にタクシーで帰るなどということを日常的に続けていたが、そのときのタクシー代をもったいないと思ったことはない。臆病になってしまうのは、旅先に限るのだ。旅に出ると、ついタクシーを使うのを躊躇《ちゅうちょ》してしまう。

その臆病さは若い頃の貧乏旅行の体験に根差している。一日でも長く旅を続けるため、一ドル、いや一セントさえも〈 Ⅱ 〉使わなくてはならなかった。そのような貧乏旅行では、タクシーを使うなどということはよほどのことがないかぎりありえなかった。常に歩くか、公共の交通機関を使うかして、金を倹約《けんやく》しつづけていた。

それから年月が過ぎ、いくらか旅費に余裕が持てるようになっても、旅に出ると、どうしても金を倹約したくなってしまう。タクシーに乗る前に、まずは歩こうと考え、次にバスはないかと探してしまう。

その私が、花巻においてタクシーに乗るというだけでなく、一時間も借り切るなどというかつてないことをしたのはどうしてか。花巻で生まれ育った宮沢賢治にゆかりの場所を短時間で巡ってもらおうとしていたのだ。

実は、私はつい最近まで、ほとんど②宮沢賢治を読んだことがな

間取りも申し分なかった。

茶の間が六畳、客間が八畳。つづいて夫婦の寝間の六畳。はばかりに近い玄関脇の四畳半に、煙草盆《たばこぼん》の用意があるのは、初太郎の部屋のつもりであろう。老父と息子の折り合いが悪く、口も利かない間柄を門倉はのみ込んでいて、夫婦の部屋と離れたところに心づもりしたのである。二階は四畳半と納戸《なんど》兼捨部屋の三畳である。四畳半には、ここはさと子ちゃんの部屋だよというように、一輪差しに〈 Ⅳ 〉の花があった。

風呂場のガラスが湯気で曇っている。

仙吉は風呂桶の蓋《ふた》を取り、着衣のまま手を突っ込んで、そのまま動かなかった。湯加減を見ているだけでないことは、④さと子にもよく判《わか》った。

（向田邦子『あ・うん』より）

【注】＊1 チッキ……鉄道で送る荷物。
＊2 円タク………「一円タクシー」の略。昭和初期の大都市で、市内を一円均一の料金で走っていた。
＊3 羽左衛門……美形で知られた歌舞伎《かぶき》役者、十五代目市村羽左衛門（一八七四～一九四五）。

問一 〈 Ⅰ 〉～〈 Ⅳ 〉を補う言葉として最もふさわしいものを、次の1～5よりそれぞれ選び、数字で答えなさい。本文には〈 Ⅱ 〉が二か所ありますが、両方に同じ言葉が入ります。

Ⅰ
1 筋目
2 人目
3 役目
4 糸目
5 針目

Ⅱ
1 鱧《はも》
2 鮭《さけ》
3 鯛《たい》
4 鰹《かつお》
5 鮎《あゆ》

Ⅲ
1 かしげた
2 すくめた
3 のばした
4 そろえた
5 つなげた

Ⅳ
1 桜
2 朝顔
3 山茶花《さざんか》
4 桔梗《ききょう》
5 桃

問二 〜〜〜ア・イの意味として最もふさわしいものを、次の1～5よりそれぞれ選び、数字で答えなさい。

ア キナ臭い
1 景気が良さそうだ
2 戦争が起こりそうだ
3 勝ち目がありそうだ
4 ぼろを出しそうだ
5 秘密がありそうだ

イ バタ臭く
1 野心的に
2 牧歌的に
3 都会的に
4 西洋的に
5 現代的に

問三 ——①「今日このときのためにあったようなものだった」について、水田一家が高松にいた三年間を、「門倉」がどのように過ごしてきたということですか。「門倉」の気持ちがわかるように、五十字以内で説明しなさい。

う趣向《しゅこう》で出迎《でむか》えようか。門倉にとってこの三年は、①今日このときのためにあったようなものだった。

「水田仙吉」の表札を見つけたのは、女房のたみだった。

地図の通り、産婆の看板のところで円タクをおり、仙吉を先頭に、たみ、十八になる長女のさと子、すこし遅れて仙吉の父初太郎が、それぞれトランクや籐《とう》のバスケットを手に路地を入ったところで見つけたのである。たみは疲れが出たのか、汽車の中からひどく大儀《たいぎ》そうにしていたのに、こういうことには目が早かった。

「お父さん、ほら」

仙吉は門倉とあい年である。門倉は＊3羽左衛門《うざえもん》をもっとイバタ臭くしたようなと言われる美男で、銀座を歩けば女は一人残らず振り返るといわれたが、仙吉のほうは、ただの一人も振り返らない男だった。見映えのしない外見に重しをつけようというつもりか、鼻の下にチョビひげを蓄えている。その分だけ分別くさく見えた。

「何様じゃあるまいし、馬鹿でかい表札出しやがって」

嬉しい時、まず怒ってみせるのが②仙吉の癖《くせ》である。

「三十円にしちゃいいうちじゃないの」

「そりゃ奴がめっけたんだ。間違いないよ」

玄関のすぐ横手に大きな木蓮《もくれん》がある。二つ三つ蕾《つぼみ》がふくらんで、暗い紫色の艶《つや》のいい舌をのぞかせている。木蓮が開くと桜が咲いてお花見になるのだが、東京は高松より風が冷たい。さと子は首を〈Ⅲ〉。

仙吉とたみは、玄関の前で待っていた。さと子は、六年前のことを思い出した。仙吉から、東京の本社へ転勤になり、今日のように門倉が借家の世話をしてくれたときのことである。あのときは、一家四人が着いたところでいきなり玄関の戸があいた。ばあと、かくれん坊の子供が出てくるように門倉の笑顔が出迎えた。今度もそうかしら、と仙吉に言うと、

「そうだよ。なかへ入ると火鉢に火はおこってる。座布団はならんでる。風呂は沸いている。びっくりするおれたちの顔見たくてさ」

③自分のことのように得意になった。

「それで門倉さん、駅に迎えにこないのね」

たみも相鎚《あいづち》をうったが、門倉は出てこなかった。

玄関の戸は、仙吉が手をかけると、するりと開いた。

なかは仙吉の言ったとおりだった。

青畳。いま貼りかえたばかりの糊《のり》の匂いのしそうな障子と襖《ふすま》のまんなかに、炭火をいけた瀬戸の火鉢があった。鉄瓶《てつびん》がたぎり、茶の道具が揃っていた。炭取りには炭があり、部屋の隅には新しい座布団が積んである。

仙吉は、床の間の籠《かご》盛りを見つめた。〈Ⅱ〉、伊勢海老、さざえが笹の葉を敷いてならび、隣りに「祝栄転」の熨斗紙《のしがみ》をつけた一升瓶が立っていた。

「相変らず下手糞《へたくそ》だね。字だけはおれのほうがうわてだな」

鼻のつまったようなくぐもり声で仙吉は笑った。

押入れをあけたたみが声を立てた。

「お父さん、夜具布団、絹布《けんぷ》よ」

「チッキが着くまでなんだから、貸布団でいいじゃないか。無駄遣《づか》いしやがって」

下の段には、覆《おお》いをかけた枕や寝巻まで入っていた。

【国語】（六〇分）〈満点：一二〇点〉

【注意】字数が指定されている場合は、句読点や記号も1字として数えて下さい。

一

次の文章は、昭和十二年の東京を舞台にした小説の一節です。読んで、あとの問いに答えなさい。

門倉修造は風呂を沸かしていた。

長いすねを二つ折りにして焚《た》き口にしゃがみ込み、真新しい渋《しぶ》うちわと火吹竹《ひふきだけ》を器用に使っているが、そのいでたちはどうみても風呂焚きには不似合いだった。三つ揃《ぞろ》いはついこの間銀座の英國屋《えいこくや》から届いたものだし、ネクタイも光る石の入ったカフス釦《ボタン》も、この日のために吟味した品だった。

小使いの大友が、

「社長」

と何度も風呂場の戸を開け、自分が替《かわ》りますと声をかけたが、そのたびに門倉はいいんだと手を振った。

「風呂焚きはおれがやりたいんだよ」

あいつが帰ってくる。親友の水田仙吉が三年ぶりで四国の高松から東京へ帰ってくる。長旅の疲れをいやす最初の風呂は、どうしても自分で沸かしてやりたかった。今までもそうして来た。

サビ落しの灼《や》ける匂《にお》いがきつくなった。新しいブリキの煙突にはじめて熱い煙が廻《まわ》るときの匂いである。新しいのは煙突だけではなかった。借家だから、家だけはどうにもならなかったが、檜《ひのき》の風呂桶《おけ》も流しの簀《す》の子も、新しい木の匂いをさせていた。

門倉は門倉金属の社長である。年はあと厄《やく》の四十三だが、あと厄どころかこのところアルマイトの流行に乗って急激にふくれ上り、社員も三百人を越して景気がいい。新聞は軍縮軍縮と騒いでいるが、支那《しな》も欧州も ア キナ臭《くさ》いし、軍需《ぐんじゅ》景気はこれからというのが大方の見通しらしい。注文は坐《すわ》っていてもころがり込んで来たが、門倉はこの半年ほど仕事は二の次だった。

水田仙吉から言って来た社宅手当の金額は月三十円である。これで手頃な借家を探さなくてはならなかった。あと五円あればと思うが、中どころの製薬会社の地方支店長からやっと本社の部長に栄転した仙吉は、門倉と違ってつましい月給暮しである。贅沢《ぜいたく》はいえなかった。何軒も見て廻り、結局自分の家にも近い芝白金三光町のここに決めたのである。仙吉のところには間取りもなにも知らせなかった。二十年あまりのつきあいだが、仙吉が地方に出ては東京に舞いもどるたびに、門倉は社宅探しをやって来た。仙吉は安心して任せていた。

借家が見つかると、それからが門倉の楽しみだった。まず大家に大きな菓子折を届けて挨拶《あいさつ》する。畳を入れ替えるのは大家持ちだが、植木を入れたり垣根のつくろいは、門倉が金に〈　Ⅰ　〉をつけずにやった。小使いの大友夫婦に心附《こころづ》けをはずみ、台所の灰汁《あく》洗いや、当座の所帯道具を調える手伝いをさせた。万一、*1チッキの着くのが遅れても、一日二日不自由はないようにして置くのである。

門倉がシャボンと湯上りタオルをたしかめ、大友を呼んで便所に紙は入っているだろうなとどなった時、魚屋が来た。頼んでおいた栄転祝いの〈　Ⅱ　〉が届いたのである。門倉は腕時計を見た。水田一家が東京駅から*2円タクに乗り込んだ頃あいである。こんどはどうい

MEMO

大切なことはメモしておこうネ！

2021年度

解　答　と　解　説

《2021年度の配点は解答欄に掲載してあります。》

＜算数解答＞

[1]　(1)　2148　　(2)　2　　(3)　$1\frac{5}{8}$　　(4)　9

[2]　(1)　230人　　(2)　1：4　　(3)　3456個　　(4)　33人　　(5)　$56\frac{1}{4}cm^2$

[3]　(1)　2cm　　(2)　1：5　　(3)　$63cm^2$

[4]　(1)　①　38秒　　②　24秒後　　(2)　①　17秒後　　②　120cm[10cm]

[5]　(1)　①　12　15　18　21　　②　14　18　22　26　　③　15　20　25　30

　(2)　最大13個　　(3)　3種類　　(4)　45　63　75　90　99

○推定配点○

[1]～[3]　各5点×12　　他　各6点×10([5](1)，(4)各完答)　　計120点

＜算数解説＞

[1]　**(四則計算)**

(1)　(56＋121)×6÷2＋(252＋287)×6÷2＝716×6÷2＝716×3＝2148

(2)　(19.6－5.8)×3.6÷{(16.6－7.4)×2.7}＝13.8×3.6÷9.2÷2.7＝3÷2×4÷3＝2

(3)　$2\frac{5}{24}-\left(8-\frac{77}{30}\times\frac{5}{11}\right)\times\frac{7}{82}=2\frac{5}{24}-\frac{41}{6}\times\frac{7}{82}=1\frac{5}{8}$

(4)　$\square=\left\{\left(2\frac{1}{3}-\frac{9}{20}\times\frac{10}{3}\right)\times 3.4+1\frac{2}{3}\right\}\times 2=3\frac{3}{2}\times 2=9$

[2]　**(平均算，割合と比，消去算，場合の数，集合，平面図形)**

重要　(1)　右図において，色がついた部分の面積が等しく，A：Bは(60.06－55)：(66－60.06)＝23：27である。したがって，合格者の人数は500÷(23＋27)×23＝230(人)

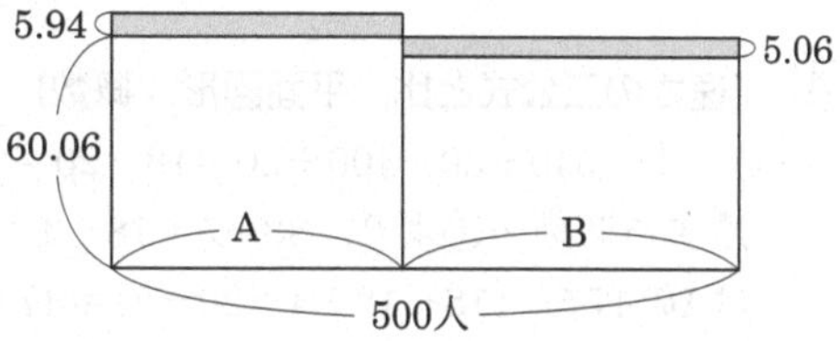

重要　(2)　それぞれの食塩水の濃度をA，Bで表す。3×A＋5×B＝(3＋5)×6.5＝52…ア　　7×A＋3×B＝(7＋3)×7.8＝78…イ　　イの式とアのそれぞれを0.6倍した式により，(7－1.8)×A＝78－31.2，Aは46.8÷5.2＝9(％)，Bは(52－3×9)÷5＝5(％)である。したがって，(5.8－5)：(9－5.8)＝1：4の割合で混ぜると，濃度が5.8％になる。

やや難　(3)　5ケタの数の各位の5つの数がすべて異なり，これらのうちのどの2つの数の和も9にならない場合の数の個数は，次のア・イの場合より，4×4×3×2×1×16＋5×4×3×2×1×16＝216×16＝3456(個)

ア　(0を含む場合の組み合わせ)…16通り

(0，1，2，3，4)　(0，1，2，3，5)　(0，1，2，4，6)　(0，1，2，5，6)　(0，1，3，4，7)
(0，1，3，5，7)　(0，1，4，6，7)　(0，1，5，6，7)　(0，2，3，4，8)　(0，2，3，5，8)
(0，2，4，6，8)　(0，2，5，6，8)　(0，3，4，7，8)　(0，3，5，7，8)　(0，4，6，7，8)

(0, 5, 6, 7, 8)

イ　(9を含む場合の組み合わせ)…16通り

アの各組み合わせのうち，0を9と入れ替える。

重要　(4)　右図aにおいて，ア＋イ＋ウは62人であり，A＋B＋Cは{48＋49＋58－(9×3＋62)}÷2＝66÷2＝33(人)

図a

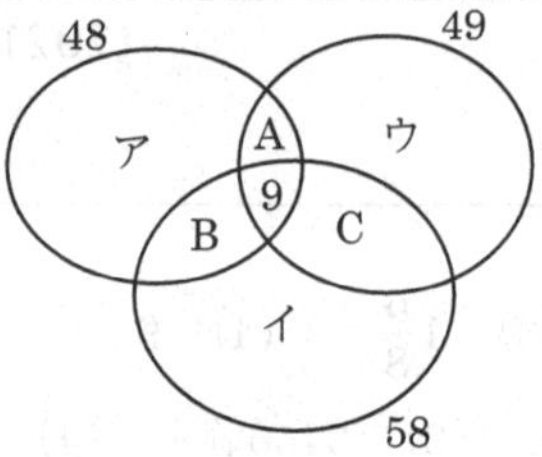

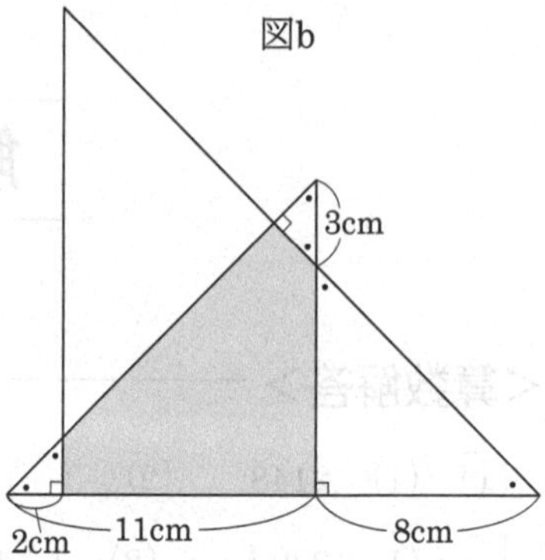

重要　(5)　右図bにおいて，色がついた部分の面積は(11×11－2×2)÷2－1.5×1.5＝56.25(cm^2)

重要　3　**(立体図形，平面図形)**

(1)　図1より，三角形AMNの面積は6×6－6×3－3×3÷2＝13.5(cm^2)であり，右図より，求める高さは，3×3÷2×6÷13.5＝2(cm)

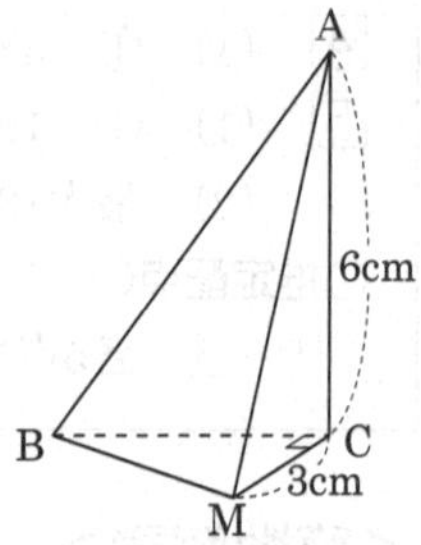

(2)　図2において，三角錐E－ABDと全体の立方体の体積比は，(1×1÷3)：(2×1)＝1：6であり，求める体積比は，1：(6－1)＝1：5

(3)　図3において，立方体の側面と底面の面積の和は6×6×5＝180(cm^2)，頂点Fを含む立体の前面・右面・底面の面積の和は(6＋3)×6＋3×3÷2＝58.5(cm^2)である。したがって，求める表面積の差は180－58.5×2＝63(cm^2)

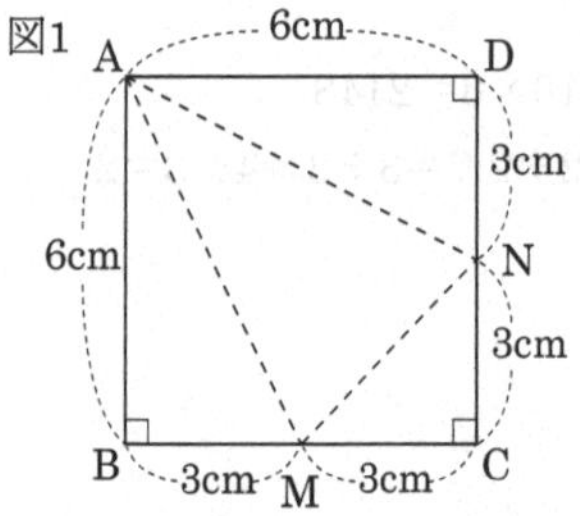

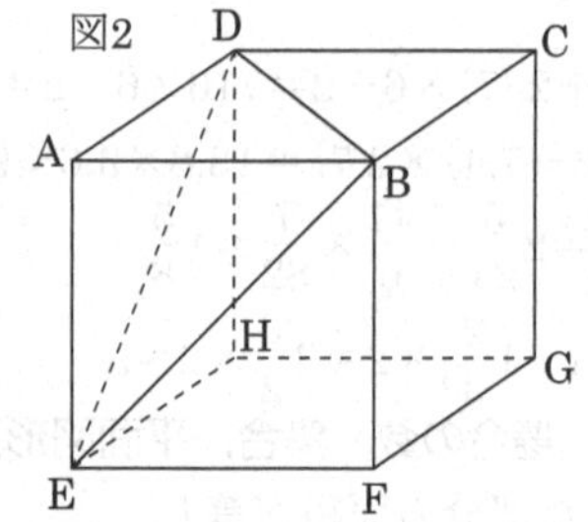

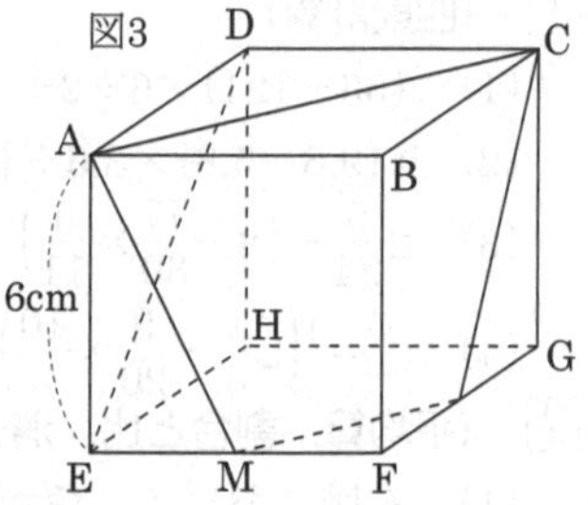

4　**(速さの三公式と比，平面図形，概数)**

重要　(1)　①　540÷30＋400÷20＝18＋20＝38(秒)　　②　Aが2回目にQに達する時刻…①より，38＋5＋18÷4＝47.5(秒後)　　したがって，BはAの47.5－(18－18÷4＋20÷2)＝47.5－23.5＝24(秒後)に出発した。

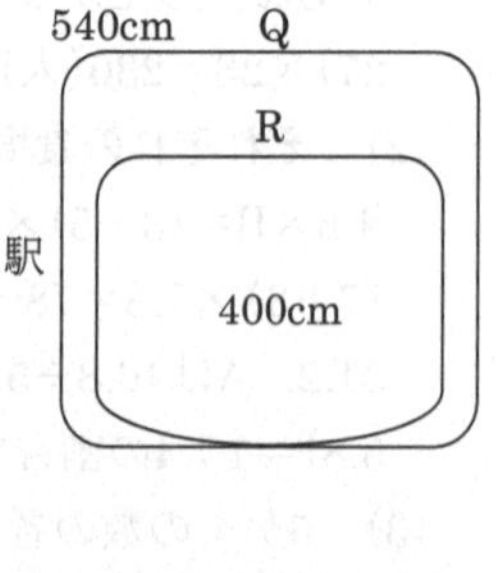

やや難　(2)　①　Aが2回目にPに達する時刻…(1)より，18－18÷4＋20＝33.5(秒後)　　Cが1回目にPに達する時刻…(540－540÷4)÷25＝16.2(秒後)　　したがって，33.5－16.2＝17.3(秒)より，CはAの17秒後までに出発すればよい。

②　<内側のコースが400－10＝390(cm)の場合>

Aが1回目にPに達する時刻は18－18÷4＝13.5(秒後)，2回目にPに達する時刻は13.5＋390÷20＝33(秒後)，3回目にPに達する時刻は33＋19.5＝52.5(秒後)である。CがAの10秒後に出発すると1回目にPに達する時刻は10＋16.2＝26.2(秒後)，2回目にPに達する時刻は26.2＋5＋540÷25＝52.8(秒後)

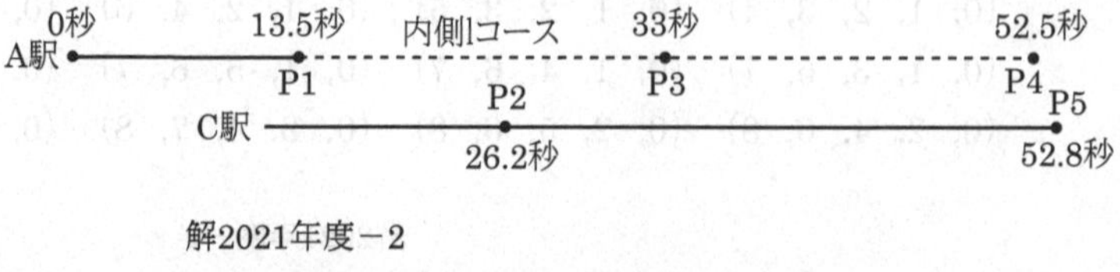

この場合，AまたはCがPを合計5回通るま

でに，A，Cが共に外側のコースを連続して進む時間は10～13.5秒後の3.5秒間と，52.8～52.5秒後の0.3秒間である。

<内側のコースが400－10×2＝380(cm)の場合>

Aが1回目にPに達する時刻は13.5秒後，3回目にPに達する時刻は52.5－10×2÷20.＝51.5(秒後)である。この場合，AまたはCがPを合計5回通るまでに，A，Cが共に外側のコースを連続して進む時間は10～13.5秒後の3.5秒間と，52.8～51.5秒後の1.3秒間である。したがって，求める時間が11秒間以上になるのは内側のコースを10×(11＋1)＝120(cm)短くする場合である。ただし，Cが停止中の時間も含めてA，Cが共に外側のコースに11秒間以上ある場合，求める長さは10cmになる。

[5] **(数の性質，数列，場合の数)**

基本 (1) ① 9の例の後，9＋3＝12，15，18，21　② 10の例の後，10＋4＝14，18，22，26
③ 1＋2＋3＋4＋5＝15，20，25，30

重要 (2) 100以下の整数の場合，1＋2＋3＋…＋11＋12＋13＝(1＋13)×13÷2＝91より，最大13個が連続する。

や難 (3) 54の約数は1，2，3，6，9，18，27，54であり，これらのうち3，9，27の奇数により，以下の3種類が可能である。　3の利用…17＋[18]＋19　9の利用…2＋3＋4＋5＋[6]＋7＋8＋9＋10
27の利用…23＋24

(4) (3)より，約数のなかに1以外の奇数が3個含まれた整数を求めると，以下の5個がある。
45＝3×3×5…1，3，5，9，15，45　63＝3×3×7…1，3，7，9，21，63
75＝3×5×5…1，3，5，15，25，75　90＝2×3×3×5…1，2，3，5，6，9，10，15，18，30，45，90　99＝3×3×11…1，3，9，11，33，99

★ワンポイントアドバイス★

[2](3)「5ケタの整数」，[4](2)②「内側コースの長さ」，[5](3)・(4)は難しい。したがって，これら以外の問題で着実に得点することがポイントである。特に，[3]「三角錐・立方体」は，よく出題されるのでマスターしよう。

<理科解答>

1 (1) ラムサール　(2) ア，ウ，カ　(3) イ　(4) 2500000(個)　(5) ① カ
② B 4　③ イ，ウ，エ，ク

2 (1) エ　(2) カルデラ　(3) A はやぶさ　B リュウグウ　(4) ① ウ
② ア　③ イ，エ，オ

3 (1) エ　(2) 60(cm^3)　(3) 30(cm^3)　(4) 次ページ図1　(5) 40(℃)

4 (1) (右3，下1)　(2) 次ページ図2　(3) (左4，上2)　(4) オ　(5) 3(cm)
(6) エ

○推定配点○

1 各3点×7((2)・(5)③各完答)　2 各3点×7((4)③完答)
3 (1)・(2) 各3点×2　他 各4点×3　4 (1)・(2) 各4点×2　他 各3点×4
計80点

図1

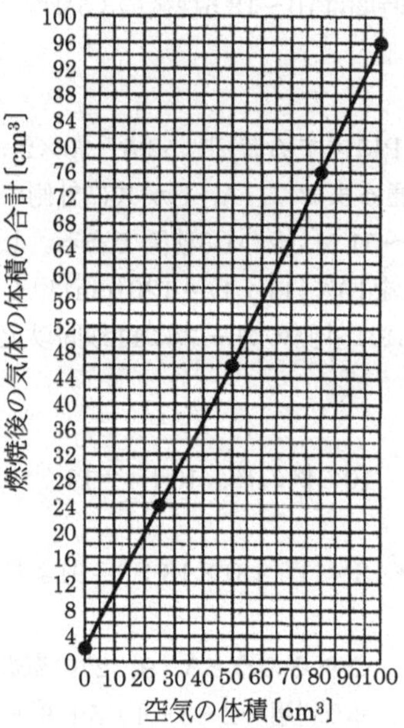

図2

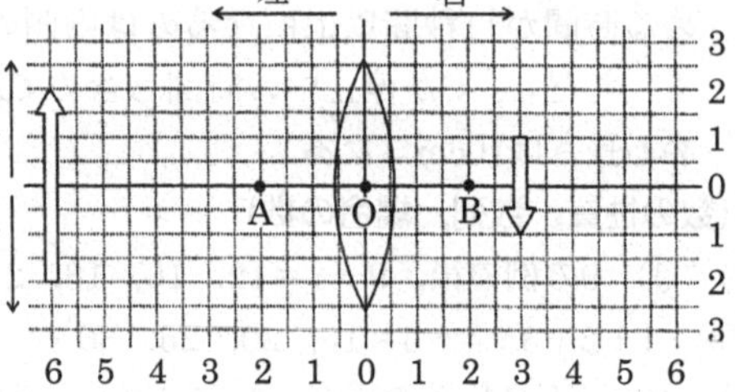

＜理科解説＞

1　(生物総合―小問集合)

(1)　水鳥の生息地となる湿地を保全する目的で定められた国際条約をラムサール条約といい，日本は1980年に加入し，北海道の釧路湿原や滋賀県の琵琶湖など全国約50か所が登録されている。

(2)　太古の生物に近い特徴を現在まで保っている生物を生きている化石といい，カブトガニ，シーラカンス，イチョウ以外にも，カモノハシやソテツ，メタセコイアなども生きている化石とよばれている。

(3)　ニホンウナギはレッドリストで絶滅のおそれがある生物の1つとされている。アメリカザリガニとウシガエルは外来生物で，日本の在来生物や生態系に悪影響をおよぼすおそれのある特定外来生物とされている。また，ニホンザルは絶滅のおそれが低い在来生物，ニホンオオカミはすでに絶滅してしまった在来生物，エゾシカはレッドリストにはのっていない在来生物である。

(4)　$2(\text{cm})\times 2(\text{cm})=4(\text{cm}^2)$のカバーガラスに平均で100個の花粉があったことから，森林10m四方の面積は$10(\text{m})\times 10(\text{m})=100(\text{m}^2)=1000000(\text{cm}^2)$なので，$100(個)\times\dfrac{1000000(\text{cm}^2)}{4(\text{cm}^2)}=25000000(個)$の花粉があると考えることができる。これは，10本の木について考えているので，木1本から放出された花粉を考えると，$25000000(個)\times\dfrac{1(本)}{10(本)}=2500000(個)$となる。

基本　(5)　①　カイコガの幼虫はクワの木の葉を食べる。　②　カイコガの幼虫は4回脱皮をして成長した後にまゆをつくる。なお，カイコガのまゆからとった生糸から絹がつくられる。　③　カイコガなどのガは，卵→幼虫→さなぎ→成虫と姿を変える完全変態の昆虫である。ガ以外の完全変態の昆虫には，テントウムシやカブトムシ，ハチ，アリ，ハエのなかまがいる。一方，バッタやトンボ，セミ，カマキリなどは，さなぎの時期のない不完全変態の昆虫である。

2　(地学総合―気象，火山，天体，時事)

重要　(1)　図で，日本海などにすじ状の雲が多く発生していることから，冬の日本周辺を撮影したものであることがわかる。

(2)　噴火によって地下にたまっていたマグマが地上に放出され，火口付近の地面がかんぼつしてできた地形をカルデラという。日本の代表的なカルデラとして熊本県の阿蘇山の阿蘇カルデラがある。

(3)　日本の宇宙航空研究開発機構(JAXA)が小惑星探査のために，2014年12月にうちあげた探査機ははやぶさ2である。はやぶさ2は2019年2月22日と7月11日に小惑星リュウグウへ着陸し，リュウグウを構成する物質の採取に成功した。採取された物質の入ったカプセルは2020年12月に地球に届けられて回収された。2021年現在，はやぶさ2は探査のために別の小惑星(1998KY6)に向かっている。

重要　(4)　①　地球は北極と南極を結ぶ地軸を中心にして1日に1回転，西から東に自転をしている。そのため，満月を一晩中観察すると，北半球の札幌でも，南半球のアルゼンチンのトレリューでも月は東から西に動いて見える。　やや難　②　地球から月を，満月の日から毎晩観察していくと，最も高い位置に見えるときの月はしだいに西側から欠けていく。北半球の札幌で月が最も高い位置になるのは，月が南の空にあるときで，南の空を見たとき西は右側になるので，月は右側から欠けて見える。また，南半球のトレリューで月が最も高い位置になるのは，月が北の空にあるときで，北の空を見たとき西は左側になるので，月は左側から欠けて見える。　やや難　③　月が1回自転するのにかかる時間は，月が地球のまわりを公転するのにかかる時間と同じであるため，月の決まった面がつねに地球側を向いていて，月面のある位置から地球を見ると，地球がほとんど動かず止まっているように見える。さらに，月は地球のまわりを約27.3日で1回公転し，地球は太陽のまわりを約365日で1回公転しているため，太陽と地球，月の位置関係が変化しないため，月面から見た地球はほとんど欠けないように見える。また，地球は約24時間で自転しているため，月面から地球を24時間観察すると，地球がほぼ1回転しているように見える。

3　**(燃焼―メタンガス，プロパンガスの燃焼)**

基本　(1)　炭酸水を加熱したり，石灰石や重曹，貝殻などにうすい塩酸や食酢を加えたりすると二酸化炭素が発生する。アルミニウムはくにうすい塩酸を加えると水素が発生する。

重要　(2)　表1，2より，Bの組み合わせでメタンガスと酸素がすべて使われていることから，メタンガス10cm^{3}と酸素20cm^{3}がちょうど反応して，二酸化炭素が10cm^{3}発生することがわかる。メタンガス30cm^{3}をすべて燃焼させるために酸素が$x$cm^{3}必要であるとすると，10(cm^3)：20(cm^3)＝30(cm^3)：x(cm^3)　　x＝60(cm^3)

(3)　メタンガス10cm^{3}と酸素20cm^{3}がちょうど反応するので，酸素50cm^{3}とちょうど反応するメタンガスを$y$cm^{3}とすると，10(cm^3)：20(cm^3)＝y(cm^3)：50(cm^3)　　y＝25(cm^3)とわかる。よって，メタンガスは25cm^{3}が反応し，30－25＝5(cm^3)残る。また，Bの組み合わせのときの結果から，メタンガス10cm^{3}が反応したときに二酸化炭素が10cm^{3}が発生することから，メタンガス25cm^{3}が反応したときに発生する二酸化炭素を$z$cm^{3}とすると，10(cm^3)：10(cm^3)＝25(cm^3)：z(cm^3)　　z＝25(cm^3)とわかる。よって，燃焼後の気体の体積は，メタンガス5cm^{3}と二酸化炭素25cm^{3}を合わせた30cm^{3}である。

やや難　(4)　表3，4より，Jの組み合わせでプロパンガスと酸素がすべて使われていることから，プロパンガス10cm^{3}と酸素50cm^{3}がちょうど反応して，二酸化炭素が30cm^{3}発生することがわかる。空気にふくまれる窒素と酸素の体積比が4：1であることから，表5のK～Nの組み合わせにおいて，プロパンガスと酸素，窒素の体積をまとめると，次の表Ⅰのようになる。

表Ⅰ

	K	L	M	N
プロパンガスの体積(cm^3)	2	2	2	2
酸素の体積(cm^3)	5	10	16	20
窒素の体積(cm^3)	20	40	64	100

プロパンガス10cm^{3}と酸素50cm^{3}がちょうど反応するので，プロパンガス2cm^{3}とちょうど反応する酸素を$x$cm^{3}とすると，10(cm^3)：50(cm^3)＝2(cm^3)：x(cm^3)　x＝10(cm^3)とわかる。よって，Lの組み合わせのときにプロパンガスと酸素がちょうど反応し，Kの組み合わせのときは，プロパンガスがあまり，MとNの組み合わせでは酸素があまることがわかる。また，Jの組み合わせのときの結果から，プロパンガス10cm^{3}が反応したときに二酸化炭素が30cm^{3}発生することから，プロパンガス2cm^{3}が反応したときに発生する二酸化炭素を$y$cm^{3}とすると，10(cm^3)：30(cm^3)＝2(cm^3)：y(cm^3)　y＝6(cm^3)とわかる。Kの組み合わせでは，酸素の体積がLの組み合わせの半分なので，プロパンガス1cm^{3}と酸素5cm^{3}が反応して，二酸化炭素が3cm^{3}発生する。また，M，Nの組み合わせでは，どちらの場合でもプロパンガス2cm^{3}と酸素10cm^{3}が反応して，二酸化炭素が6cm^{3}発生する。窒素は燃焼によって変化しないので，燃焼後の気体の体積の合計は，発生した二酸化炭素の体積，残ったプロパンガスの体積，残った酸素の体積，窒素の体積の和となり，これらをまとめると，次の表Ⅱのようになる。

表Ⅱ

	K	L	M	N
空気の体積(cm^3)	25	50	80	100
反応したプロパンガスの体積(cm^3)	1	2	2	2
反応した酸素の体積(cm^3)	5	10	10	10
発生した二酸化炭素の体積(cm^3)	3	6	6	6
残ったプロパンガスの体積(cm^3)	1	0	0	0
残った酸素の体積(cm^3)	0	0	6	10
窒素の体積(cm^3)	20	40	64	80
燃焼後の気体の体積の合計(cm^3)	24	46	76	96

重要　(5)　メタノール2gをすべて燃焼したときに発生する熱の量は，5400(cal)×2＝10800(cal)である。また，0℃の氷90gを0℃の水90gにするのに必要な熱の量は，80(cal)×90＝7200(cal)である。これらのことから，90gの氷をとかした0℃の水をあたためるのに使われた熱の量は，10800－7200＝3600(cal)であることがわかる。水1gあたりに使われた熱の量は，3600(cal)÷90＝40(cal)で，水1gの温度を1℃上げるのに必要な熱の量は1calなので，40calの熱によって0℃の水の温度は40℃上昇する。

4　(光の性質―光の屈折，凸レンズの性質)

重要　(1)　光源から出た光のうち，図1の光線aのように光軸に平行に進む光は下の図の㋐のように進み，図1の光線bのように凸レンズの中心Oを進む光は下の図の㋑のように進み，図1の光線cのように焦点Aを通る光は下の図の㋒のように進む。

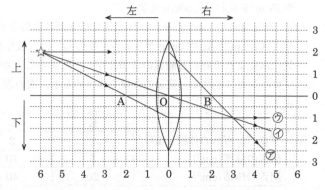

図より，㋐～㋒の光線は(右3，下1)で交わることから，像は(右3，下1)にできることがわかる。

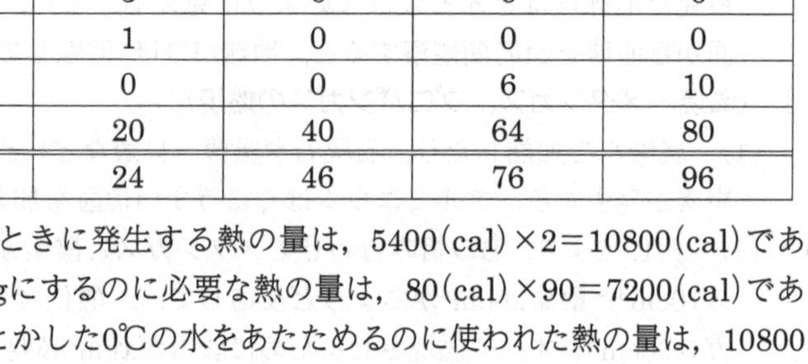

重要　(2)　図1の光線a～cと同じように考えると，光源の先端からの光，根本からの光は，それぞれ次ページの図の㋕～㋖，㋚～㋜のように進む。

図より，矢印の形の光源の像の先端は(左3，下1)，根本は(左3，上1)の位置にできる。

重要 (3) 光源を焦点距離の2倍の位置に置いたとき，凸レンズをはさんだ反対側の焦点距離の2倍の位置に光源と同じ大きさの像ができる。よって，凸レンズの右側にできる像の大きさが光源と同じになるときの光源の先端の位置は，(左4, 上2)となる。

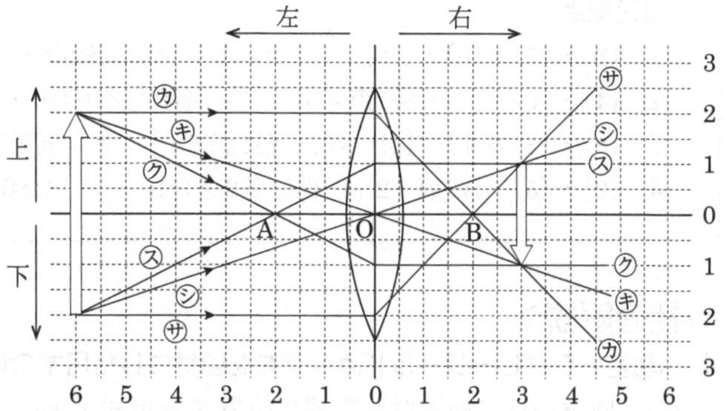

やや難 (4) 凸レンズと図4のような厚紙でおおっても光源全体からの光は，中心付近のすきまを通るため，像の形は変わらない。しかし，凸レンズを通過する光の量が少なくなるため，像全体は暗くなる。

重要 (5) 凸レンズから光源までの距離と，凸レンズからスクリーンまでの距離が等しいことから，光源は焦点距離の2倍の位置に置かれていることがわかる。よって，焦点距離は，6(cm)÷2=3(cm)

(6) ア 蜃気楼は，海面付近の空気と上空の空気の間に温度差ができ，温度のちがう空気のかたまりの境目で光が屈折して起こる現象である。 イ プールの底からの光が水面で屈折するため，プールは実際の深さよりも浅く見える。 ウ 太陽光にはさまざまな色の光がふくまれ，空気とガラスの間で屈折するときの角度は光の色によって異なるため，太陽光がプリズムを通ると虹のような色が見える。 エ カーブミラーは，光の反射を利用している。

★ワンポイントアドバイス★

複数の条件で実験を行い，その結果をもとにして考察するような問題が出題されるので，いろいろと条件設定のある実験に関する問題に慣れておこう。また，時事的なことがらにも日ごろから注意を払っておこう。

<社会解答>

1 (1) 阿蘇 (2) (例) 石炭を利用した蒸気機関を用いて綿織物を生産した。 (3) ウ
(4) イ (5) エ (6) リアス海岸 (7) 岐阜(県) (8) ア
(9) 企業(城下町) (10) イ (11) 万国博覧会 (12) 農林水産省

2 (1) 液状化(現象) (2) ヒスパニック (3) 人工知能 (4) オ
(5) (例) (Aの時期は)オイルショックが起こり，(Bの時期は)リーマンショックが起こったから。 (6) カ (7) ア (8) 個人情報保護(法) (9) ウ・オ
(10) (都市名) ニューヨーク (場所) エ (11) ユニセフ

3 (1) ① 行基 ② 山上憶良 ③ 支倉常長 ④ 藤原道長 (2) オ
(3) i) 西遊記 ii) イ (4) エ (5) 小野小町 (6) ウ
(7) (例) 体の養生を目的に，主に薬の役割として飲んでいた。 (8) アフガニスタン

4 (1) ① 万葉集 ② 消費税 (2) エ (3) 大宝 (4) 伊藤博文 (5) イ
(6) 55年体制 (7) (例) 縄文時代半ばまでの温暖化によって，海面が上昇したから。
(8) シベリア出兵 (9) ア (10) ウ (11) イ(→)ウ(→)エ(→)ア

○推定配点○

1　(3)～(5)・(8)・(10)　各1点×5　　他　各2点×7

2　(4)・(6)・(7)　各1点×3　　他　各2点×8((9)・(10)各完答)

3　(2)・(3)のⅱ)・(4)・(6)　各1点×4　　他　各2点×8

4　(2)・(5)　各1点×2　　他　各2点×10　　　計80点

＜社会解説＞

1　(総合－ラグビーワールドカップをを題材にした日本の地理，歴史など)

(1)　阿蘇山は，熊本県北東部に位置する複式活火山。外輪山に囲まれたカルデラは，東西約18km，南北約24kmで世界最大級。中央火口丘の一つである中岳は，現在も活動を続けている。

重要　(2)　産業革命は，近代資本主義確立の契機となった18世紀後半からの約1世紀間に起こった生産技術の急激な革新と，それに伴う社会・経済上の変革。イギリスでは，まず木綿工業部門から始まり，石炭を利用した蒸気機関の動力と結合して，綿糸や綿織物の大量生産が行われるようになった。

(3)　スコットランドは，イギリスのグレートブリテン島の北部を占める地方。イングランドに対する対抗意識が強く，自治権拡大を求める動きがみられる。中心都市はエディンバラ。アーグレートブリテン島の中部・南部を占める地方。連合王国の主要部をなす。イーグレートブリテン島西部の半島を占める地域。エーアイルランド島の面積の約80％を占める共和国。残りの約20％の北アイルランドは，連合王国を構成する4つの地方の一つ。

基本　(4)　12会場のある都市の中で，都道府県庁が置かれていない都市は，釜石市，熊谷市，調布市，豊田市，袋井市，東大阪市の6都市。

(5)　オーストラリアは，2017年現在，羊の飼育頭数で世界第2位。乾燥地域を中心に羊が飼育され，人口よりも羊の数が多いといわれる。なお，同年，ロシア，スイス，エジプトは，羊の飼育頭数で世界の上位10か国には入っていない。

(6)　リアス海岸は，起伏の大きな山地が海面下に沈んでできた海岸。半島や岬，湾や入江が交互に現れ，のこぎりの歯のような海岸線をつくる。半島や岬が大きな波や強風を防いでくれる上，水深が深いので，良港が立地する。

(7)　多治見市は，岐阜県南部の都市。美濃焼の産地として知られる。なお，中部地方で，海に面していない内陸県は，岐阜県，長野県，山梨県の3県である。

(8)　2019年産で，そばの生産量が日本一なのは北海道で，国内生産の46.2％を占める。これに，長野県(7.9％)，山形県(6.1％)，栃木県(5.5％)，秋田県(4.9％)などが続いている。

重要　(9)　企業城下町の典型例として，愛知県の豊田市，茨城県の日立市のほか，宮崎県の延岡市(旭化成)，群馬県の太田市(スバル)などがあげられる。

基本　(10)　静岡県を含む中部地方の太平洋側は，夏季は南東の季節風の影響で降水量が多く，冬季は北西の季節風の影響で降水量が少なくなる。また，6月は梅雨，9月は台風の影響で特に降水量が多い。ア・エー北陸地方を含む日本海側の気候，ウー瀬戸内の気候

(11)　万国博覧会は，世界各国が参加する博覧会。最初は1851年にロンドンで開催され，1928年には国際博覧会条約がパリで締結された。日本はこの条約に1965年に加盟し，1970年に大阪，2005年に愛知県で万国博覧会が開催された。

やや難　(12)　経済産業省は，経済および産業の発展，エネルギー資源の確保などを任務とする中央省庁。通商産業省を前身として2001年に設置された。地理的表示の登録を行うほか，伝統的工芸品の

指定なども行っている。

2 (総合－経済的格差を題材にした地理，歴史，政治など)

基本 (1) 液状化現象は，地震などによる急激な振動により，固体のはずの地層が液体のように振る舞う現象。沖積層や埋め立てによる土地などで起こりやすい。地下水や砂が噴出したり，地盤が強度を失って建物が傾いたり，倒壊することがある。液状化の防止には，地層中の水抜きをしたり，地層を締め固めたりする必要がある。

やや難 (2) ヒスパニックは，アメリカ合衆国で，スペイン語を日常的に話すラテン・アメリカ系の住民の総称。アメリカ合衆国の少数民族としては，アフリカ系を抜いて最大の集団となっている。メキシコ系が最も多く，プエルトリコ系，キューバ系などがこれに次いでいる。近年は「ラティーノ」の呼称も用いられる。

(3) AIは，artificialintelligenceの略称。日本語では「人工知能」と訳す。学習・記憶・推理・判断など，人間のもった知的機能を代行するコンピュータシステムをさす。

(4) A：「この周辺地域の中ではもっとも農業が発達」，「ぶどうを原料とするワインの生産が多い」などからフランス。フランスはヨーロッパ最大の農業国で，EU(ヨーロッパ連合)域内に小麦やワインを大量に輸出している。B：「首都には国の人口のおよそ1割が居住」，「地下資源は他国からの輸入に依存」，「年間の自動車生産台数は中国，アメリカに次いで世界3位」などから日本。日本の人口約1億2600万人のおよそ1割にあたる約1300万人が首都である東京に集中している。C：「人口密度は3.7人／km^2と非常に小さい」，「北部は非常に寒冷」，「先住民が自分たちで政治を行うことをある程度認められた地域があります」などからカナダ。カナダ北部に新設された「ヌナブト準州」では，先住民であるイヌイットによる自治が大幅に認められている。

(5) A：オイルショック(石油危機)は，1973年，産油国の産油制限と原油価格の引き上げによって起きた世界的経済混乱。1973年の第四次中東戦争勃発のともない，アラブ産油国はイスラエル側を支持する国には原油輸出を制限するという石油戦略を発動。これにより，原油価格は最大4倍まで上昇した。　B：リーマンショックは，2008年9月，アメリカ合衆国の大手投資・証券会社であるリーマン・ブラザーズが経営破綻したことをきっかけに，世界金融危機が一気に顕在化し，世界経済が混乱したことをいう。世界中で株式市場の株価が歴史的な暴落を記録した。

(6) まず，Bは農業産出額が極端に少ないこと，野菜の占める割合が高いことなどから東京都。Cは農業産出額が突出して多いことなどから北海道。残ったAが鹿児島県で，畜産業の割合が高いことが特徴である。

(7) 2016年現在，世界の宗教別人口は，キリスト教が2,448百万人，イスラム教が1,752百万人，ヒンドゥー教が1,019百万人，仏教が521百万人。

(8) 個人情報保護法は，高度情報通信社会の進展に伴い，個人情報の適正な取り扱いに関する基本理念を定め，国・地方公共団体の責務，個人情報を取り扱う民間事業者の遵守義務を定めた法律。2003年に制定された。

(9) ウは1972年，オは1956年。ア－1967年，イ・エ－1964年，カ－1968年。

(10) 国際連合の本部は，アメリカ合衆国のニューヨークに置かれている。ニューヨークはアメリカ合衆国最大の都市で，経済の中心地。また，世界経済の中心地の一つである。アはサンフランシスコ，イはダラス，ウはシカゴ。

(11) ユニセフ(UNICEF)は，国連児童基金の略称。1946年に設立され，53年に常設となった。最初は戦災国の児童の救済・福祉・健康改善を目的とした。現在は，主に発展途上地域の児童に対する救済を行う。1965年，ノーベル平和賞受賞。本部はニューヨークに置かれる。

3 (総合－国際化を題材にした地理，歴史など)

基本

(1) ① 行基は奈良時代の僧。河内出身で，百済系渡来人の子孫ともいわれる。畿内を中心に諸国をまわり，民衆教化やため池，用水路の建設などの社会事業を行い，行基菩薩と称された。 ② 山上憶良は，万葉の歌人の一人。702年，遣唐録事として入唐，707年ごろ帰国。豊かな学識を有し，『貧窮問答歌』など現実的な人生を詠じた切実・率直な作が多い。 ③ 支倉常長は江戸時代初期の仙台藩士。1613年，伊達政宗の正使としてイスパニア(スペイン)，ローマに渡り，通商貿易を求めたが，目的を果たせず1620年に帰国した。 ④ 藤原道長は，平安時代中期の貴族。4人の娘を天皇の后とし，約30年間にわたって権勢をふるった。1016年に摂政，1017年に太政大臣となり，藤原氏の全盛期を現出した。晩年には法成寺を造営し，御堂関白とよばれた。

(2) A：宋(960～1276年)は，五代十国の混乱を統一し，元のフビライによって滅ぼされるまでの中国の王朝。開封を都とした北宋と，杭州を都とした南宋の時代とに分かれる。 B：明(1368～1644年)は，元をモンゴル高原に追い払い，江南を拠点に中国を統一した王朝。初代洪武帝は都を南京に置いたが，1421年に北京に移された。1644年，李自成の乱によって滅亡した。

やや難

(3) ｉ) 『西遊記』は明代に呉承恩が編纂した口語小説。玄奘のインド求法の旅を題材に，空想豊かな妖怪説話を混入させた。 ⅱ) サリーは，インドやその周辺諸国で，主にヒンドゥー教徒の女性が着用する衣類。一枚の長い布を，腰から肩に巻き付けて着る。アーイスラム教徒の女性が着用するチャドル(ヘジャブ)，ウーベトナムの女性が着用するアオザイ，エー朝鮮半島の女性が着用するチマチョゴリ。

(4) エは正倉院宝物を代表する螺鈿紫檀五弦琵琶。撥面(ばちめん)にはラクダに乗った楽人や熱帯樹など異国風の絵柄がある。アー法隆寺玉虫厨子(飛鳥時代)，イー源氏物語絵巻(平安時代)，ウー秋冬山水図(室町時代)。

(5) 小野小町は，平安時代前期の歌人。六歌仙・三十六歌仙の一人。歌風は柔軟艶麗。絶世の美人として七小町などの伝説がある。

(6) 源頼朝が平氏打倒の兵をあげたのは1180年。平氏が都落ちしたのは1183年，壇の浦の戦いで平氏が滅亡したのは1185年，奥州藤原氏が滅亡したのは1189年，源頼朝が征夷大将軍に任命されたのは1192年。

(7) 鎌倉時代初期，栄西が九州に伝えた宋の茶種を，明恵が山城栂尾に植え，それが醍醐，宇治など各地に広まったとされる。最初は高級品で，薬用に使用された。

(8) アフガニスタンは，中央アジア，イラン高原北東部を占める内陸国。首都はカブール。宗教はイスラム教。2001年9月11日に起こった同時多発テロの報復としてアメリカ合衆国が空爆，侵攻。現在も，政府軍とイスラム過激派勢力との内戦が続いている。

4 (総合－平成時代を題材にした歴史，政治など)

基本

(1) ① 『万葉集』は，770年ごろに成立した日本最古の和歌集。編者は大伴家持とされる。全20巻で，仁徳天皇から759年までの和歌約4,500首を収録。万葉仮名で記され，詩形，作者とも幅が広い。歌風は素朴で力強く，万葉調とよばれる。 ② 消費税は，商品・サービスの購入・消費にかかる間接税。大衆課税の性格が強く，逆進性が高い。このため，軽減税率の導入など，生活必需品への課税を回避，軽減する工夫が必要とされる。

やや難

(2) ユリウス暦は，紀元前46年，ローマのユリウス・カエサルが制定した暦。太陰太陽暦に代わってエジプト暦(太陽暦)を採用した。

(3) 701年に定められた本格的な律令は大宝律令。大宝元年(701年)に発布されたことから，この名がつけられた。

(4)　伊藤博文は長州(山口県)出身の政治家。大久保利通の死後，政府の最高指導者となり，1885年には内閣制度を創設し，初代内閣総理大臣に就任した。また，枢密院議長として大日本帝国憲法制定を主導した。

(5)　選挙権年齢が20歳以上に引き下げられたのは1945年。戦前は一貫して選挙権年齢は25歳以上であった。なお，第16回総選挙において選挙権があったのは，25歳以上の男性。

やや難 (6)　55年体制は，1955年の社会党統一と保守合同以後，衆議院の議席の3分の2ほどを占める自由民主党が政権を維持し，3分の1ほどを占める野党の社会党と，国会において対立した体制。1993年に8会派に推された細川護熙内閣が成立し，終焉を迎えた。

重要 (7)　今から約1万年前から，地球全体の温暖化が始まり，約7000年～約6000年前にピークを迎えた。この温暖化によって，陸地の氷雪が溶け，海水面は3～5mほど上昇。海水が内陸まで浸入して貝などの生物が繁殖し，それを採取した当時の人々が海岸線に沿って多くの貝塚を残した。このような海進を，当時の時代名をとって，「縄文海進」とよぶ。

(8)　シベリア出兵は，1918～1922年，ロシア革命干渉を目的に，日本がアメリカ・イギリス・フランスなどとともにシベリアに出兵した事件。シベリア出兵を見越した米商人，地主などの米の買い占め，売り惜しみにより米価は急上昇。富山県魚津町の主婦たちが米価引き下げを求めて起こした実力行使が全国に波及した(米騒動)。

(9)　ベルリンの壁が開放されたのは1989年，東西ドイツが統一されたのは1990年。イ－ベトナム戦争が集結したのは1975年，南北ベトナムが統一されたのは1976年。ウ－中華人民共和国が成立したのは1949年。エ－朝鮮戦争が起こったのは1950年。

やや難 (10)　ソ連は，1957年10月4日，史上初めて人工衛星の打ち上げに成功した。人工衛星の名はスプートニク1号。なお，アメリカ合衆国は1958年，中国，日本は1970年に初の人工衛星の打ち上げに成功している。

(11)　イ(明治時代初期)→ウ(大正時代)→エ(昭和時代の高度経済成長期)→ア(平成時代)。

★ワンポイントアドバイス★

漢字指定の問題が多いので，人名，地名などは漢字で正確に書けるようにすることが大切である。

＜国語解答＞

□ 問一　Ⅰ　4　Ⅱ　3　Ⅲ　2　Ⅳ　5　問二　ア　2　イ　4
問三　(例)　水田一家を東京に迎える時に，どうやって喜ばせるかを，ずっと楽しみに考えて過ごしてきた，ということ。　問四　何様じゃあ・チッキが着　問五　(例)　門倉の，万全の準備をして待っている様子。　問六　エ

□ 問一　A　財布　B　後身　C　移築　D　陽光　E　委　問二　Ⅰ　5　Ⅱ　1
問三　前代未聞　問四　イ　問五　エ・カ　問六　(例)　最近まで宮沢賢治の作品が苦手だったが，宮沢学びの地の盛岡で過ごし作品に触れたことで理解が深まり，(生地である花巻にも行こうとふと思い立った。)　問七　オ　問八　ウ

□ 問一　Ⅰ　コ　Ⅱ　エ　Ⅲ　カ　Ⅳ　イ　問二　(例)　事前にテーマを決め，完

成させなければならない，という誤解。 問三　ウ　問四　(例)　書き始めてから頭に浮かんだテーマで文章を書く，ということ。 問五　エ　問六　ア

○推定配点○

一　問一　各2点×4　問二・問四　各3点×4　問六　4点　他　各8点×2

二　問四・問七・問八　各4点×3　問六　8点　他　各2点×10

三　問一　各2点×4　問二・問四　各10点×2　他　各4点×3　計120点

<国語解説>

一　(物語文－主題・心情・細部表現の読み取り，空欄補充，ことばの用法，慣用表現，記述力)

基本　問一　Ⅰ　4の「糸目」があてはまり，「金に糸目をつけずに」となる。惜しげもなく金を使うことを意味する。門倉は金に糸目をつけず，仙吉の家をととのえたのである。　Ⅱ　3の「鯛」があてはまる。祝い膳などによく出されるものは，選択肢の中では「鯛」になる。「鮭」は，お歳暮の贈答品として用いられることがある。　Ⅲ　2の「すくめた」があてはまり，「首をすくめた」となる。「すくめる」とは，縮めるという意味。寒くて首を縮めたのである。1の「かしげた」をあてはめると，「首をかしげた」になる。疑問を抱いた時の様子を意味する言葉になる。この部分のさと子の様子として適切ではない。3～5をあてはめても，寒い時の様子を意味する表現にはならない。　Ⅳ　女の子の部屋である。ひな祭りでも飾られる，5の「桃」があてはまる。1～4の花の場合，特に女の子を意味するものにならない。

問二　ア　「キナ臭い」とは，こげるにおいがすることを表す言葉。こげるにおいがすることを表すので，戦争や事件が起こりそうだという意味にも使われる。解答は2になる。　イ　「バタ」はバターを意味する。そこから「バタ臭く」とは，西洋風だという意味になる。解答は4になる。

重要　問三　――線①より前の「水田仙吉から……」「借家が見つかると……」で始まる段落には，四国の高松から東京に帰ってくる水田一家を迎え入れる準備を，門倉が楽しそうにしている様子が描かれている。その準備は，細かなところまで行き届き，門倉が水田一家を喜ばせようとしていることが読み取れる。以上の点をふまえて「水田一家が東京に帰ってくる時」「どうやって喜ばせるか」「楽しく考えてきた」というように書き進める。設問には「『門倉』の気持ちがわかるように」とある。門倉が「楽しみながら」していたことを必ず書き加えたい。

重要　問四　仙吉の癖の内容は――線②直前に書かれている。「嬉しい時，まず怒ってみせる」のが癖なのだ。仙吉の怒った発言は，――線②より直前の「馬鹿でかい表札出しやがって」と，空欄Ⅱ以降の「貸布団でいいじゃないか。無駄遣いしやがって」である。それぞれ，設問の指示にあわせて書き抜く。

問五　――線③直前の「そうだよ。なかへ入ると……」に続く仙吉の発言を解答の手がかりにする。門倉が十分に準備をととのえて待つ様子に対して誇らしくなっているのである。設問には「誰の，どういう様子を」とある。「門倉の，万全の準備をして待つ様子」などとまとめる。

問六　万全の準備をしてくれた門倉を誇らしく思う仙吉の様子をふまえたうえで，――線④直前の仙吉の様子をおさえる。仙吉は門倉に感謝しているのである。だから，門倉が沸かしたお湯に手を入れて，感謝の思いでいっぱいになり，動かなくなったのである。「父の仙吉が門倉のおじさんからの心づくしに……感謝をかみしめている」とある，エが正解になる。ア，イは仙吉に関する内容ではない。誤答である。ウは「気を悪くしている」がおかしい。オは門倉に対する仙吉の気持ちが全く書かれていない。おかしい。

二 （随筆文，詩－主題・心情・細部表現の読み取り，空欄補充，ことばの用法，文学史，記述力）

問一　A　金銭を入れる携帯用の入れもののこと。コインだけを入れる形状のものは，「小銭入れ」ともいう。　B　団体や組織が発達したあとのものを意味する。ここでは，「花巻農学校」が発達して「花巻農業高校」になったこと。　C　他のところに移して建て替えること。「移設」という言葉もある。設備などを，他のところに移すことを意味する。　D　太陽の光を意味する。つまり，ここでは「日光」である。　E　一切を他人に任せることを意味する。物ごとの処理などを他人に任せることを「委任する」という。

基本 問二　Ⅰ　あればあるだけの金を無造作に使い切ってしまうのである。そこから，「私」が金の使い方についてあまり気にしていないことがわかる。気にしていないという意味を持つ言葉は，選択肢の中では5の「無頓着な」である。1の「開放的な」は，自由な様子。2の「不安定な」は，落ち着かない様子。3の「不始末な」は，後始末がしっかりされていない様子。4の「無制限な」は，制限がないことを意味する。　Ⅱ　貧乏旅行なのだから，少しの額でも使わずに済まそうとしたのである。なるべく使わないで済ますという意味を持つ表現は，選択肢の中では1の「おしみおしみ」である。2の「のらりくらり」は，何もせずにぶらぶらしている様子。3の「だましだまし」は，調子を見ながら物ごとを行う様子。4の「あらいざらい」は，どんなことも隠したりせずすべてという意味。5の「あれやこれや」は，さまざまなものごとが挙げられるという意味。

基本 問三　今までにない珍しいことを意味する「聞」を使った四字熟語は，「前代未聞」である。

問四　――線①以降の「その臆病さは……」で始まる段落に，「私」の若い頃の貧乏旅行の体験が書かれている。「私」は旅先で金を倹約するという若い頃の体験があるため，今でも旅に出ると金を倹約したくなるのである。「若い頃の貧乏旅行の体験」「タクシーを使うことをお金の無駄だと考えている」とある，イが正解になる。イ以外の選択肢は「若い頃の貧乏旅行の体験」にふれていない。誤答になる。

問五　「手袋を買いに」は，新見南吉の作品である。「山椒魚」は，井伏鱒二の作品である。

重要 問六　――線②以降を読み進め，書くべき内容を判断する。初めは宮沢賢治の作品が苦手だったのである。だが，宮沢賢治の学びの土地である盛岡で作品にふれたことで，理解が深まったのである。そして，生地である花巻に行こうという気持ちになった。記述の際には，「苦手だった」→「盛岡で宮沢賢治の作品にふれた」→「理解が深まった」という内容にするとよい。

やや難 問七　――線部だけでなく，問七の設問中にある「永訣の朝」の一部からも考える。「永訣の朝」の一部には，妹のトシが死の直前，賢治に雪のひと椀を頼む様子が描かれている。賢治はトシの依頼を，「わたしくをいつしやうあかるくするために(私を一生明るくするために)」と受け止めている。死を前にした妹に何もしてやれなかったという思いを持つと一生後悔する。そのため妹が気づかい，わざわざ用事を頼んでくれたのだ，と賢治は考えた。トシは，死の直前でも自分のことを考えていると賢治はとらえたのである。そう受け止めた賢治が記した「永訣の朝」からは，トシが死の直前まで，周りの人を気づかい，一生懸命に生きる様子が感じられる。つまり，――線④が表しているのは，「命尽きるまで一生懸命に生きようとしている様子」とある，オである。アは「はかない魂」とあるが，賢治に頼みごとをしたトシの様子を意味する表現ではない。イの「亡くなってしまったトシ」はおかしい。まだ，亡くなっていない。ウはトシの命について何も記されていない。エは賢治の様子であり，トシの様子ではない。

問八　花巻駅に着いた後の場面を読み，解答する。「私」は，タクシーの時間借りをした。そして，初老に近い女性タクシー運転手に，賢治にまつわる「名所」の案内をしてもらう。ただし，「なんとなく面白みがなく」とあるように，タクシーで案内をされる方法に「私」は満足しない。だが，最後に案内された賢治の住居を見て，感動して，「感謝したくなった」のである。そのような展開をおさえて，選択肢の内容を分析する。「いつもの旅だと訪れるはずのなかった場所」「タクシーを使ったことで訪問できた」「感動的な風景」「ありがたさ」とある，ウが正解になる。ア，イは，「私」の感謝する気持ちにふれていない。エは「見事に打破してくれて」とあるが，おかしい。最後の場所以外で「私」は退屈していた。そのため，「見事に打破」とはいえない。オは「穴場の風景を見せてくれた運転手にありがとう」とあるが，おかしい。傍線部直前に「『ちょっとした贅沢』が導いてくれた」とある。そこから，このような機会に対して感謝の気持ちを持ったのであり，運転手に感謝したのではないと読み取れる。

三 （論説文－要旨・細部表現の読み取り，指示語，接続語関連，空欄補充，記述力）

基本 問一　Ⅰ　空欄Ⅰの前後に「思考が堂々巡りになりがちです」「いたずらに時間を無駄にしてしまいます」と，事前にテーマを決めて書き始めた時の良くない点が並んでいる。同様のものを並べる時に用いる言葉は，選択肢の中ではコの「あるいは」になる。　Ⅱ　知識や経験があっても，きっかけは結局のところ必要である，という文脈である。選択肢の中では，エの「やはり」が結局のところという意味を持つ。　Ⅲ　空欄Ⅲ以降は「……書いていたら」と仮定の話が続く。仮定して述べる時に用いる言葉は，カの「もし」である。　Ⅳ　空欄Ⅳ以降は，叩き台やパイロット版であるほうがきちんと書いたものよりものちのちクオリティーを高めていける，という文脈になっている。この文脈を意識すると空欄Ⅳには，比べてみるとこちらの方が良いという意味につながるイの「むしろ」があてはまることがわかる。「叩き台やパイロット版」の方が，比べてみると良いのである。

重要 問二　――線①以降に「誤解の一つは……」とあり，「テーマが先になければならないというもの」と，誤解の内容が説明されている。また，――線④より少し前に「もう一つの誤解は……」とある。書かれたものが最終形や完成形でなければならないとあり，それも誤解である。以上の二点をまとめる。「テーマが先になければならない」＋「完成形にしなければならない」という内容が中心になる。

問三　――線②直後の表現に着目する。「何も書くことが思い浮かばないけれど……」で始まる段落には，「無意識の泉に沈んでいる思いが，書くという作業を通して浮かび上がってくる」とある。書くことで無意識の中に蓄積された知識や経験が引き出され，脳の中で認識できるようになるのである。つまり，脳と無意識に蓄積された知識や経験が結びつくのである。「書くこと」「無意識にある知識や経験と脳をつなげる」とある，ウが正解になる。アは「書くことと脳をつながる」とあるが，おかしい。イは，書く行為に結びつく内容ではない。エも，書く行為について明らかにした選択肢ではない。オは「知識や経験の泉に沈んでいる無意識」とあるが，それは「無意識の泉に沈んでいる知識や経験」と同じとはいえない。

重要 問四　――線③までの部分に着目する。「僕は『note』に毎日……」以降の二段落には，書き始めてから書くべき内容が見つかっている様子や，そこから一気呵成に書く様子が記されている。「書き始めてからテーマを見つけて書く」という内容を記述する。

問五　――線④より少し後に「未完成でも構わない。そんな風に気軽に考えた方が，心理的ハードルがグッと下がります」とある。その後，叩き台やパイロット版を書いた方がのちのちのクオリティーを高めていくことにつながると説明されている。以上の流れをおさえると，「叩き台でよいという意識」「よりよい文章を書くことにつながる」という，エが正解になるとわかる。アは，――線④以降の「未完成でも構わない」という内容の説明にはなっていない。イは，「最終形を意識しながら……のびしろのある文章を書ける」とあり，文章の内容にあわない。ウは「未完成をなものを前提にして」とあり，おかしい。未完成でも構わないと思うことは，未完成を前提にすることではない。オは「パイロット版を作るつもりで書けば」とあり，これも，未完成でも構わないという内容にあわない。

やや難 問六　ドストエフスキーの具体例が始まる前の「ただし，積み重ねた……」で始まる段落に「きっかけは必要で，それが『書くこと』です」とある。また，その部分以降の「よく『クリエイターにとって……」で始まる段落には，「きっかけがないと書けない」とも書かれている。つまり，書くというきっかけがないと書けないという話になっている。「ドストエフスキーの場合……」で始まる段落には，書かなければいけないというプレッシャーがきっかけになって作品の作成が進む，ドストエフスキーの様子が書かれている。以上をふまえると，ドストエフスキーの具体例が読者に伝えようとしていることは，「文章は……書かざるを得ないから書ける」とある，アになる。イは「文学者ですら……素人には……」とあるが，文章中では文学者と素人の違いについて説明されていない。ウは「じっくりと構想を練り……余裕のない方が」とあるが，書くきっかけについて述べられていない。エは，書くきっかけについて具体的ではない。また，「後世に残る名作」に限定したまとめ方はおかしい。オは「成功の可能性」とあるが，成功するための方法一般について述べられた文章ではない。

★ワンポイントアドバイス★

大設問数は読解問題の三題。それぞれの大設問には記述問題がある。また，言葉の知識などは，読解問題に含まれる。時間配分には十分に注意して，取り組み残す問題がないようにしたい。

MEMO

大切なことはメモしておこうネ！

収録から外れてしまった年度の
問題・解答解説・解答用紙を弊社ホームページで公開しております。
巻頭ページ＜収録内容＞下方のQRコードからアクセス可。

※都合によりホームページでの公開ができない内容については，
次ページ以降に収録しております。

ア　ようやく　イ　たちまち　ウ　果たして　エ　たとえば
オ　しばらく　カ　ますます　キ　ずいぶん　ク　あたかも
ケ　わざわざ　コ　もともと

問四　――①「時間の関数だった」とは、どういうことですか。解答らんに記された主語に続けて、全体を二十字以内で説明しなさい。

問五　――②「そのこと」とは、どういうことですか。次のア～オから、最もふさわしいものを選び、記号で答えなさい。

ア　お金の価値が、状況によって大きく変わりうる、ということ。
イ　時間は、お金や社会資本と同じように貴重だ、ということ。
ウ　現代人が、時間をお金で買えると思っている、ということ。
エ　現代社会では、距離を時間で計れなくなった、ということ。
オ　お金によって、価値や可能性が永遠に保たれる、ということ。

問六　――③「一日の大半をパソコンやスマホに向かって文字とつき合いながら過ごしている」とありますが、このことによって、社会からどういうものが失われていると、作者は考えていますか。二十字以内で説明しなさい。

人々の信頼でつくられるネットワークを社会資本という。何か困った問題が起こったとき、ひとりでは解決できない事態が生じたとき、頼れる人々の輪が社会資本だ。それは互いに顔と顔とを合わせ、時間をかけて話をすることによってつくられる。その時間は金では買えない。人々のために費やした社会的な時間が社会資本の元手になるのだ。

私はそれを、野生のゴリラとの生活で学んだ。ゴリラはいつも仲間の顔が見える、まとまりのいい十頭前後の群れで暮らしている。顔を見つめ合い、しぐさや表情で互いに感情の動きや意図を的確に読む。人間の最もまとまりのよい集団のサイズも十～十五人で、共鳴集団と呼ばれている。サッカーやラグビーのチームのように、言葉を用いずに合図や動作で仲間の意図が読め、まとまって複雑な動きができる集団である。これも日常的に顔を合わせる関係によって築かれる。言葉のおかげで、人間はひとりでいくつもの共鳴集団をつくることができた。でも、信頼関係をつくるには視覚や接触によるコミュニケーションに勝るものはなく、〈 Ⅲ 〉はそれを補助するにすぎない。

人間が発する言葉は個性があり、声は身体と結びついている。だが、文字は言葉を身体から引き離し、劣化しない情報に変える。情報になれば、効率が重視されて金と相性《あいしょう》がよくなる。現代の危機はその情報化を急激に進めてしまったことにあると私は思う。本来、身体化されたコミュニケーションによって信頼関係をつくるために使ってきた時間を、今私たちは膨大《ぼうだい》な情報を読み、発信するために費やしている。フェイスブックやチャットを使って交信し、近況《きんきょう》を報告し合う。それは確かに仲間と会って話す時間を節約しているのだが、（ E ）その機能を代用できているのだろうか。

現代の私たちは、③一日の大半をパソコンやスマホに向かって文字とつき合いながら過ごしている。もっと、人と顔を合わせ、話し、食べ、遊び、歌うことに使うべきなのではないだろうか。それこそが、モモがどろぼうたちからとりもどした時間だった。時間が金に換算される経済優先の社会ではなく、人々の確かな信頼にもとづく生きた時間をとりもどしたいと切に思う。

（山極寿一《やまぎわじゅいち》『ゴリラからの警告』より）

【語注】＊1 リーマン・ショック……二〇〇八年、アメリカの投資銀行リーマン・ブラザーズの倒産をきっかけに起こった、世界的な不況。

問一 〈Ⅰ〉にあてはまる、『モモ』や『はてしない物語』の作者を、次のア～カから選び、記号で答えなさい。

ア ルイス・キャロル
イ ジョナサン・スウィフト
ウ ルーシー・モード・モンゴメリ
エ マーク・トウェイン
オ ミヒャエル・エンデ
カ アントワーヌ・ド・サン・テグジュペリ

問二 〈Ⅱ〉〈Ⅲ〉を補うのに最もふさわしい言葉を、次のア～カから選び、記号で答えなさい。

ア 距離　イ 記憶　ウ 費用
エ 信頼　オ 身体　カ 言葉

問三 （A）～（E）を補うのに最もふさわしい言葉を、次のア～コから選び、記号で答えなさい。同じ言葉が二度以上入ることはありません。

ア　正確に時を刻み続けることによって、持ち主の人生を区切り、正しく導いてくれる、厳しくも優しい存在。

イ　二つとして同じものがなく、使い続けるにつれて持ち主の人生と一体化して感じられる、いとおしい存在。

ウ　時々故障するからこそ愛着がわき、修理に費用や時間をかけることにさえ、かえって喜びを感じる存在。

エ　わずかな不注意で故障してしまう上に、借りた物や買ったばかりの物では役に立たない、やっかいな存在。

オ　他人に借りたりゆずり受けたりすれば、自分の人格や人生を変えてしまいかねない、どこか不気味な存在。

三　次の文章を読んで、あとの問いに答えなさい。

「時間どろぼう」という言葉を記憶している読者は多いだろう。ドイツの作家〈　Ⅰ　〉作『モモ』に出てくる言葉である。時間貯蓄銀行から派遣《はけん》された灰色の男たちによって、人々の時間が盗まれていく。それをモモという少女が活躍してとりもどす。そのために彼女がとった手段は、ただ相手に会って話を聞くことだった。このファンタジーは現代の日本で、（　A　）重要な意味をもちつつあるのではないだろうか。

時間とは記憶によって紡《つむ》がれるものである。かつて距離は①時間の関数だった。だから、遠い距離を旅した記憶は、かかった時間で表現された。「七日も歩いて着いた国」といえば、（　B　）遠いところへ旅をしたことになった。その間に出会った多くの景色や人々は記憶のなかに時間の経過とともにならび、出発点と到着点を結ぶ物語となった。

しかし、今は違う。東京の人々にとって飛行機で行く沖縄は、バスで行く名古屋より近い。移動手段の発達によって、距離は時間では測れなくなった。

時間にとって代わったのは〈　Ⅱ　〉である。「時は金なり」ということわざは、（　C　）時間はお金と同じように貴重なものだから大切にしなければいけないという意味だった。ところが、次第に「時間は金で買えるもの」という意味に変わってきた。特急料金をはらえば、普通列車で行くより時間を短縮できる。速達郵便は普通郵便よりも料金が高いし、航空便は船便より費用がかさむ。同時に、距離も時間と同じように金に換算されて話題に上るようになった。

しかし、これは大きな勘違いを生むもととなった。金は時間のように記憶によって蓄積できるものではない。本来、金は今ある可能性や価値を、劣化《れっか》しない紙幣や硬貨に代えて、それを将来に担保する装置である。いわば時間を止めて、その価値や可能性が持続的であることを認める装置だ。しかし、実はその持続性や普遍性《ふへんせい》は危うい約束事や予測の上に成り立っている。今の価値が将来も変わることなく続くかもしれないが、もっと大きくなったり、ゼロになるかもしれない。＊1リーマン・ショックに代表される近年の金融《きんゆう》危機は、②そのことを如実《にょじつ》に物語っている。

時間には決して金に換算できない側面がある。（　D　）、子どもが成長するには時間が必要だ。金をかければ、子どもの成長を物質的に豊かにできるかもしれないが、成長にかかる時間を短縮することはできない。そして、時間が紡ぎだす記憶を金に換算することもできないのだ。社会で生きていくための信頼を金で買えない理由がここにある。信頼は人々の間に生じた優しい記憶によって育てられ、維持《いじ》されるからである。

がDカクダイキョウを片目にはめて背を丸めていた。そして右手の柱を見ると八角時計はなく、電気時計のEビョウシンが静かに廻《まわ》っていた。

私は店へ入って③尋ねる気持が急に消えてしまった。主人は亡くなったに違いなかった。そして自分でそれを望んだか、それとも家族が相談をしたかして、柱時計も主人と一緒にこの世から旅立ったのではあるまいか。

（串田孫一『四季』より）

問一 ――A～Eのカタカナを、漢字に改めなさい。

問二 〈Ⅰ〉〈Ⅱ〉を補う言葉として最もふさわしいものを、次の1～5からそれぞれ選び、数字で答えなさい。

Ⅰ 1 異動　2 鼓動《こどう》　3 波動　4 動機　5 動転

Ⅱ 1 診察《しんさつ》　2 手術　3 発病　4 入院　5 退院

問三 ～～ア～エのここでの意味として最もふさわしいものを、次の1～5からそれぞれ選び、数字で答えなさい。

ア 無作法

1 物がなくなること　2 作り方が雑なこと

3 判断を間違うこと　4 丁寧《ていねい》さを欠くこと

5 世間体が悪いこと

イ 好意

1 親近感　2 快適さ　3 期待感　4 好奇心

5 心配り

ウ 重宝した

1 大事にした　2 高価だった

3 役に立った　4 気をつかった

5 やっと慣れた

エ 露骨に

1 時を置かずに　2 ありのままに

3 慣れ慣れしく　4 おせっかいに

5 意味ありげに

問四 ――①「それをどう感じているか」とありますが、作者は主人の心境を、どのように想像していますか。次のア～オから、最もふさわしいものを選び、記号で答えなさい。

ア 小さな変化も見のがすまいと、売り物にも修理した時計にも、常に細心の注意を払っている。

イ 時計の持っていた悪い癖《くせ》を見事に直したので、客に満足してもらえるだろうと期待している。

ウ それぞれの時計の性質を理解すればするほど、売ってしまうことに名残おしさを感じている。

エ 修理した時計それぞれの個性を理解するにつれて、自然に家族のような親しみを抱いている。

オ 客の持って来た時計に対し、それぞれの性格を見きわめてから修理したいと張り切っている。

問五 ――②「そこまで深い結びつき」とは、どういうことですか。四十字以内で説明しなさい。

問六 ――③「尋ねる気持」とは、どういうことを尋ねる気持ちですか。三十字以内で説明しなさい。

問七 本文全体から、作者が時計というものを、どういう存在としてとらえていることがわかりますか。次のア～オから、最もふさわしいものを選び、記号で答えなさい。

らこんなことを言うのは心苦しいけれども成《な》る可《べ》く急いで修繕を頼んだ。すると主人は裏側の蓋《ふた》を開け、Aシンボウが折れているのを確かめながら、急いでやるけれども、同じシンボウが手許にないので四日は貰《もら》いたいと言った。心当りの仲間の時計屋に連絡をして、そこにあればいいが……。

その時私は今向いの宿屋に仮り住まいをしていることを話すと、それは困るだろうと言って腕時計を貸してくれた。銀鍍金《ぎんめっき》が剝《は》げて古いものだが、時間は正確だから、その間使ってくれと、遠慮する私に貸してくれたのだった。借物の時計を、慣れない手頸《てくび》にはめて気になって仕方がなかったが、時計屋のイ好意が嬉しかったし、実際に大助かりだった。

今から三十数年前である。

小さい時計屋の店には、さまざまの形の掛時計があったが、その幾つかは振子が動いていた。それは売物ではなく、一応修繕を終えてから調子を見ている預り物であった。（　Ⅱ　）前に大事をとって容子《ようす》を見られている恢復期《かいふくき》の連中であった。

その振子の動き具合を見ていると、いかにもせっかちや、ゆったりBカマえているのやらいろいろいて、時計の性格がよく分かって面白かった。これらの時計と一緒に寝起きしている時計屋の主人が、①それをどう感じているかちょっと尋《たず》ねてみたいような気持があったのだが、別に親しくもなく、今店に来て話をしたばかりの人にそんなことを尋ねるうまい言葉も思いつかないままに黙っていた。

四日後に寄ってみると私の懐中時計は修繕が出来ていた。ウ重宝した腕時計を返して自分の時計を受取った時に、主人の右手の黒光りしている柱に八角形の柱時計が掛っているのを見た。四日前に来た時にも同じ柱にあったのかも知れないが、気が付かなかったらしい。

腕時計を貸してくれた好意に対して何かこの店で買物をしたい気持もあったが、それを餘《あま》りエ露骨《ろこつ》に見せるのもいやで、何の意味もないように、それが売物かどうかを聞いてみた。

それは想像した通り時計屋の時計であった。しかも大切な時計であるのが分かった。その主人が生まれた時に、時計屋でもなかった彼の父親が、別にそのCキネンにという積りでもなかったのだろうが買ったものだということだった。ぜんまいは幾度か取換えたが、ずっと動いているそうだった。そしてこんなことも話した。

この時計は、子供の頃には台所の柱に掛けてあって、硝子が曇って黄ばんで来ると、踏台に乗ってそれを拭《ふ》くのが自分の役目だったし、時計屋に奉公するようになってから、また自分で店を出すようになってからは尚更《なおさら》のこと、これだけは絶対に狂わせないように気を配って来たそうである。

②そこまで深い結びつきが出来てしまうと、この柱時計が止まる日に自分の寿命《じゅみょう》も尽きるというような気がして来るのではあるまいか、或いはこの時計に自分の運命が左右されている感じを常に抱《いだ》くようになるのではないか。そんなことを私は咄嗟《とっさ》に思ったが、無論それは口にしなかった。

それから十数年後にこの町を列車で通る機会があって、私は途中下車をした。時計屋の主人が健在であるかどうかが急に気になって訪ねて見た。方々の町の容子がどんどん変って行くのに、ここは記憶にない新しい建物も殆ど見当らない程に変っていなかった。時計屋の店もそのままで、矢張り訪ねてよかったと思ったが、修理机のところには若い男の人

オ　アキラは父と仲直りをしたいのに言い出せずにいるだけだとわかり、仲直りのきっかけを作ろうと張り切っている。

問四　――②「『お父さんは関係ないけん』と言った」とありますが、この時「アキラ」はどのような気持ちでいますか。次のア～オから、最もふさわしいものを選び、記号で答えなさい。

ア　自分の実力不足が原因でピッチャーになれない、という事実を受けいれることができずに、父に八つ当たりしている。

イ　ピッチャーになるためには自分が努力するほかないのであり、父に頼るようなことはすまいと、強く心に決めている。

ウ　ピッチャーとしてレギュラーの座を勝ち取りたい、という気持ちを父が理解してくれないことに、不満を感じている。

エ　父がピッチング練習をしてくれればピッチャーの座を勝ち取ることができたと、父のことを恨みがましく思っている。

オ　父が息子のレギュラー争いに対し熱くなりすぎていることをうっとうしく思い、父のことを冷ややかな目で見ている。

問五　――③「ガキに選挙権があったら一発で当選じゃ」とありますが、この時「ヤスさん」は「照雲」に対して、どのような気持ちを抱《いだ》いていますか。三十字以内で説明しなさい。

問六　――④「……えらいがな」とありますが、「照雲」は、「アキラ」のどういうところを評価しているのですか。三十字以内で説明しなさい。

問七　――⑤「ヤスさんは怒鳴り声とともに受話器を叩きつけた」とありますが、この時「ヤスさん」は、どういうことに腹を立てているのですか。次のア～オから、最もふさわしいものを選び、記号で答えなさい。

ア　アキラが悩みごとを父親に打ち明けず、照雲だけに相談することで、父親を仲間外れにしようとした、ということ。

イ　照雲がアキラに気に入られたいために、父親の意見をすべて無視して勝手に話を進めていこうとした、ということ。

ウ　照雲が野球を知らない父親の意見など聞く価値がないと馬鹿にして、アキラの肩を持ってばかりいる、ということ。

エ　照雲はアキラの気持ちをよく理解しているのに、父親である自分はなかなか理解することができない、ということ。

オ　照雲のことを心の底でうらやましく思いながらも、その気持ちを照雲に素直に伝えることができない、ということ。

二　次の文章を読んで、あとの問いに答えなさい。

時計屋の主人は大層小柄の人だった。その小柄の人が店の脇に古机を置いて、背中を丸めて時計の修繕《しゅうぜん》をしていると、餘計《よけい》小さく見えた。手許《てもと》に古風な電燈《でんとう》を引き寄せて、いつ通りかかっても同じ恰好《かっこう》をしていた。

私はその田舎町に一ヶ月ばかり滞在していた。泊まっている宿がその時計屋の筋向いだったので、店の前を通ることも多かった。

私は懐中時計を打紐《うちひも》でズボンのベルト通しに結えつけて置くのが習慣になっていたが、どういう弾みか紐が切れているのに気が付かず、時計を道路に落とした。時計に対してこのようなア無作法をしたことは殆《ほとん》どなかった。若い頃に、ズボンの隠しに入れたまま尻上りをして硝子《がらす》を割った記憶はあるが、多分それ以来の失敗であった。

何度も振《ふ》って耳にあててみたが〈　Ⅰ　〉は止まったままだった。その日宿へ戻る時にその時計屋へ持って行った。自分で落として置きなが

――しかも、「息子」のたっての願いを受けて、である。

「夕方、アキラの学校まで行ってみるけん。どうせ校庭で練習しとるんじゃろ。ヤスは今日残業か？　もしアレじゃったら、アキラの晩飯、わしが外で食わせちゃってもええし……おう、そうじゃ、ウチに連れて帰って幸恵《ゆきえ》の手料理でも悪うないのう」

張り切っている。使い古しのボールでは表面がツルツルして投げにくいだろうから、と新しい軟式ボールを持って行く、とまで言った。この調子なら、「今日から試合まで＊2ヤクシンさんで特訓の合宿じゃ」あたり言い出しかねない。

「補欠は補欠どうし、仲良うやっとけ！」

⑤ヤスさんは怒鳴り声とともに受話器を叩きつけた。

（重松清『とんび』より）

【語注】＊1　照雲おじさん……薬師院という寺の僧で、「ヤスさん」の幼なじみ。妻「幸恵」との間に子を望んでいたが、恵まれなかった。後に出てくる「ナマグサ」も照雲のこと。

＊2　ヤクシンさん……薬師院のこと。

問一　――ア～ウの意味として最もふさわしいものを、次の1～5からそれぞれ選び、数字で答えなさい。

ア　かぶりを振る

1　がっかりして目をつぶる　2　腹を立てて押しだまる

3　ふてくされて横を向く　4　困ったような目で見る

5　首を振って否定する

イ　頬がゆるんだ

1　自信がわいてきた

2　納得してうなずいた

3　自画自賛してしまった

4　嬉しくてにこにこした

5　急に恥ずかしくなった

ウ　ひと肌脱いじゃる

1　親身になって相談に乗る

2　本気になって力を貸す

3　かげながら応援する

4　上着を脱いで運動する

5　努力して夢を実現する

問二　二つの（A）にあてはまる共通の言葉として、最もふさわしいものを次のア～オから選び、記号で答えなさい。

ア　見栄　イ　気　ウ　肩　エ　意地　オ　体

問三　――①「やっとわかった」とありますが、この時「ヤスさん」はどのような気持ちでいますか。次のア～オから、最もふさわしいものを選び、記号で答えなさい。

ア　息子よりも仕事を大切にしている父にアキラが腹を立てているとわかり、どうすればよいかわからずに困っている。

イ　父に十分に相手をしてもらえずアキラが寂しい思いをしているとわかり、アキラのことをかわいそうに思っている。

ウ　なぜ怒っているかを父に理解してもらえてアキラがほっとしているとわかり、仲直りができたことに安心している。

エ　アキラが父の気を引くためにわざと反抗しているとわかり、いたずらに刺激《しげき》しない方がいいだろうと用心している。

ヤスさんにはその理由がわからない。わからないから、外野の練習の話をして、アキラを怒らせてしまった。

「怒るスジじゃなかろうが、のう、ナマグサ。試合に出てナンボと違うんか。ピッチャーはだめでも外野で試合に出ればよかろうが。それが理屈じゃろ？　怒るほうがおかしいで、ほんま、よそのガキじゃったら頭一発はたいちゃるところじゃ……おう、ナマグサ、聞いとるんか、ひとの話……ナマグサ？　もしもし？　おう、ナマグサ、返事ぐらいせんか、ボケが！」

一喝《いっかつ》すると、相槌《あいづち》が途切れたままだった照雲は、やっと、ぼそぼそとした声で返した。

「聞こえんど、もっと大きな声で言えや」

「④……えらいがな」

「は？」

「アキラ……ほんまにえらいがな、ええ子じゃがな……わし、もう感動して感動して……」

涙交じりだった。

ヤスさんは、あちゃあ、と受話器を持ったまま天を仰《あお》ぎ、目をつぶって、ため息をついた。

野球は試合に出てナンボ――高校時代、ベンチ入りの補欠にすらなれなかったのに最後までがんばった照雲には、それは通じない。

「ヤス、おまえは考え違いをしとる。アキラのほうが、よっぽど野球の真髄《しんずい》をわかっとるわ」

説教の口調で言われてしまった。いや、それは、出来のいい息子を持った父親の口調だっただろうか。

「人間、初志貫徹《かんてつ》がいちばん大事なんじゃ」照雲はきっぱりと言う。「アキラが志を曲げんとがんばっとるのに、親父がさっさとあきらめてどげんするんな」

「アホ」ヤスさんは即座に切り捨てる。「ほんまの初志は、試合に出ることじゃろうが。アキラが試合に出られるにはどげんすればええかを考えてやるんが親の務めと違うんかい」

「ヤス、それは妥協《だきょう》いうんじゃ。人間、妥協しちゃいけんのよ」

「妥協と違うわい、作戦じゃ」

自分がほんとうに言いたいこととは微妙にニュアンスが違うような気がしたが、本をあまり読まないヤスさん、こういうときにうまい言葉を見つけられない。ただ、間違っているとは思わない。ピッチャーでは試合に出られず、外野に回るのならスタメンが約束されている。それでもなおピッチャーにこだわるのは、初志貫徹だのなんだのではなくて……。

「（　Ａ　）を張ってもしょうがなかろうが」

おっ、ええど、と自分の一言に思わずイ頬《ほお》がゆるんだ。「作戦」よりはずっとすんなり来る言葉だった。

だが、照雲は「男の子には（　Ａ　）が大事なんよ」と譲《ゆず》らない。「ここで外野に回ったら、アキラは大きゅうなってから、ちょっと難しいことがあったらすぐに脇へ逃げてしまうようになるど」

「大げさなこと言うな、アホ」

「……まあ、とにかく、アキラがそげん言うとるんじゃったら、わしがウひと肌脱《ぬ》いじゃるしかないのう」

うれしそうに言う。夢にまで描いていた「息子」とのキャッチボール

【国　語】（六〇分）〈満点：一二〇点〉

【注意】字数が指定されている場合は、句読点や記号も一字として数えて下さい。

一　次の文章は、広島を舞台にした物語の一節です。主人公の「ヤスさん」は、妻を亡くして以来、男手一つで息子の「アキラ」を育ててきました。小学五年生になった「アキラ」は、野球の小学校対抗試合に向けて特訓を重ねていますが、ある日、「ヤスさん」の一言をきっかけに機嫌を損ねてしまいます。しかし、「ヤスさん」には「アキラ」の不機嫌の理由がわかりません。読んで、あとの問いに答えなさい。

やれやれ、とヤスさんはため息をついた。思い当たることは、一つしかない。

「……野球でピッチャーになれんのが、そげん悔しいんか。しょうがなかろうが、実力の世界なんじゃけえ」

アキラの返事はなかったが、なにか不服そうに言い返そうとする気配は伝わった。

「外野の練習、しよるんか?」

アキラは顎《あご》をお湯の中に沈めて、アかぶりを振《ふ》る。

ははーん、とヤスさんはうなずいた。①やっとわかった。そうかそうか、とアキラがいじらしくもなった。

「すまんかったのう、仕事仕事でおまえにも寂しい思いさせてしもうて。よっしゃ、明日は仕事を早じまいして、練習の相手しちゃる」

父一人子一人なのだ。仕事は立て込んでいるが、それくらいのことはしてもいいし、しなければならないだろう。キャッチボールは照れくさくても、ノックなら「獅子《しし》は我が子を千尋《せんじん》の谷に落とす」という感じで、悪くない。

ヤスさん、勢いよく湯船からでて、「明日は千本ノックじゃ！」と尻をパンパンと叩《たた》いて気合いを入れた。

ところが、アキラはそっけなく②「お父さんは関係ないけん」と言った。「ぼく、＊1照雲《しょううん》おじさんと練習する」

外野のノックではなく、ピッチング練習の相手をしてほしい——という。

「要するに、じゃ……」

話を切り出す前に、ため息がこぼれ落ちてしまう。納得がいかない。わけがわからない。しまいには電話口の向こうにいる照雲に対して腹さえ立ってくる。

「ええのう、おまえ、人気者じゃ。今度の市議選にでも出てみいや。③ガキに選挙権があったら一発で当選じゃ」

「……なにを言うとるんか、さっぱりわからんがな。どないしたんか、アキラが」

「じゃけん、おまえに野球のコーチしてくれ、言うとるんよ」

悔しさが声ににじむ。受話器を持つ手に、つい力がこもってしまう。腹立ちまぎれに事務所中をにらみ回すと、「私用電話厳禁」が口癖《くちぐせ》の支店長が渋《しぶ》い顔をして、そっぽを向いた。

アキラは今度の試合で、やはり先発ピッチャーを目指すのだという。エースの藤井くんには勝ち目がないのに、外野に回るぐらいなら控えのピッチャーでもいい、とまで言った。

きた結果、様々な分野で応用できるようになった。

オ　有人ロケット開発は、膨大な時間と労力と資金を必要とするにも関わらず、成功に終わるとは必ずしも言えない。

問六　本文についての説明としてふさわしいものを、次のア～オから二つ選び、記号で答えなさい。

ア　筆者は[2]から[3]で考古学の例を出すことで、科学に詳しくない人も科学の話を身近に感じることができるようにしている。

イ　「科学疎外」とは、同じ分野の専門家であっても、お互いにわからないことがあることだと、筆者は[6]で述べている。

ウ　本文を、意味のまとまりによって三つに分けるとすれば、二つ目のはじまりは[7]である。

エ　筆者は[12]から[13]で、科学研究においてどの分野が成功するかわからないので、平等に予算を拡大すべきだと述べている。

オ　[14]から[22]の内容に小見出しをつけるとしたら、「科学の世界に根を下ろす『選択と集中』」というものが考えられる。

うか。

22 人間が「選択と集中」の名のもとに科学を追求すればする程、私には④本来の科学の姿がどんどん遠くなっていくように思えてなりません。

（益川敏英『科学者は戦争で何をしたか』より）

【語注】＊1 トランジスタ……電流の増幅《ぞうふく》やスイッチの働きをする部品の一つ。様々な電子機器に用いられている。

＊2 スパン……期間。

＊3 赤崎勇……工学博士（一九二九年～）。二〇一四年ノーベル物理学賞を受賞。

＊4 天野浩……工学博士（一九六〇年～）。二〇一四年ノーベル物理学賞を受賞。

問一 （A）～（C）にあてはまる言葉として最もふさわしいものを、次のア～オから選び、記号で答えなさい。

ア しかし　イ 例えば　ウ なぜなら

エ ところで　オ つまり

問二 ――①「科学というのは巨大化せざるを得ない」とありますが、巨大化した科学はどのように変化しましたか。1～6の内容をふまえて、五十字以内で説明しなさい。

問三 ――②「同じグループで同じテーマで論文を書いているのに、お互いに顔も知らなかった」とありますが、これはどういうことを表していますか。四十字以内で説明しなさい。なお、解答にカタカナ語を使ってはいけません。

問四 ――③「余裕のない汲々とした空気」について、なぜこのような空気になっているのですか。その説明として最もふさわしいものを、次のア～オから選び、記号で答えなさい。

ア 政府の科学技術推進政策によって、人気のある分野の研究だけに資金と人材が集まり、不人気分野の研究には資金が回ってこないから。

イ 以前は、講座研究費というものが政府から支給されており困難はなかったが、国の財政状況が悪くなり、科学研究の予算が限定されたから。

ウ 儲かりそうなところに資金を集中して、あとで成功かどうかを判断する方法には、ロマンや好奇心をそそる冒険心が感じられないから。

エ 現在の巨大化した科学研究は、産業資本の投資に頼らざるを得ず、短い研究期間で商品化という結果を企業から求められてしまうから。

オ 限られた予算から分配される資金の中で、どうにかして研究に必要な費用を確保しなければ生活してゆけず、死活問題となるから。

問五 ――④「本来の科学の姿」として、筆者の考えにあてはまらない事例を、次のア～オから一つ選び、記号で答えなさい。

ア 日本のスーパーコンピュータの分野はかつて世界一だったが、次第に資金が減らされて、国際競争力を失いつつある。

イ 作りが単純な昔のラジオは、配線を確かめるとどこが故障しているかわかるので、簡単に修理することができた。

ウ 電話の発明の父であるグラハム・ベルは、わずか数名のサポートによって「電話」を作り上げたと言われている。

エ 生命科学に興味を持ち、大学でiPS細胞の研究を細々と続けて

11 （　A　）、科学のブラックボックス化が進んでいると言っていいでしょう。科学だけではありません。二一世紀に入り、我々の社会はますますブラックボックス化され、誰がどういう仕事を何のためにしているかということが把握しにくくなってきています。

12 科学が一般の人々の手から遠ざかり、研究者さえも巨大化した科学の行先が見えなくなってきている。その裏には巨大な資本が動いています。戦後、何か大きく変わったかと言えば、国家による強力な科学技術政策の推進もありましたが、何より顕著《けんちょ》だったのは、科学研究に対するかつてない産業資本の投資と、その結果の商品化です。

13 つまり、科学政策の中に市場原理が根深く入り込んできている。そのため、純粋な科学研究が市場原理に左右され、研究者たちがマネーゲームの中で翻弄《ほんろう》されている、というのが今の実態です。

14 （　B　）大学における研究でも、今や一年ごとの短期のサイクルでしか研究費が下りないという現実があります。ある研究テーマで研究費を取ろうと思うと、研究計画を出し、一年ごとに中間報告を提出し、その結果を出していかないとお金が下りないのです。

15 昔は、政府から講座研究費という研究費が下りていて、「この研究はちょっと冒険だけれど、結果が出せたら非常に面白いことになる」というようなリスクのある研究も、ある程度長い＊2スパンで取り組むことができたものです。今はそれができない。すぐ役立つ結果を短いスパンで求められる。

16 学内の雰囲気を見ていても、若い研究者たちがそうした③余裕のない汲々《きゅうきゅう》とした空気の中で仕事をしている感じが伝わってきます。短期に結果を求められる成果主義の中で行われる研究内容には、あまりロマンも好奇心をそそる冒険心も感じられません。

17 市場原理の鉄則は、ご存知のように「選択と集中」です。まんべんなくお金をばらまくのではなく、儲《もう》かりそうなところにピンポイントで資金を集中させる。しばらくお金を投下して、これはダメだと判断したら、さっと資金を引き揚げる。引き揚げた後は知ったことじゃない。そしてさらに鉱脈のありそうなところに資金投下する。そうやって大きな利益を上げていくのが、「選択と集中」の仕組みです。

18 科学の世界もどんどんこの「選択と集中」の方向性が進み、大きな利益が得られそうな分野には大金が投入され、地味で儲かる見込みのない分野には資金が回らない仕組みが常態化しつつあります。各分野の研究で、どう研究資金を確保するか、それこそ研究そのものの死活問題でもあるのです。

19 （　C　）、科学の分野でいかに「選択と集中」を試みても、どの研究が成功して大きな利益を生むかなんて、前もって誰が分かると言うのでしょう。名古屋大学で＊3赤崎勇氏や＊4天野浩氏が研究していらした青色LEDは、地道な努力と一五〇〇回以上の実験の失敗を重ねた末に、見事花開いた発明です。

20 その偉業でノーベル賞を授与されたから、皆さん大騒ぎしていますが、実験が成功するまではほとんど誰も興味を向けない、小さな研究でした。研究資金が潤沢《じゅんたく》であったわけでもなく、苦しい中で節約しながら細々と研究を続けてこられたのだと思います。

21 このまま科学の世界でさらに「選択と集中」が進めば、人気のある分野だけに資金と人材が集まり、地味で手間のかかる小さな研究は、真っ先に切り捨てられていくでしょう。それで一体何が残るのでしょ

した。

3 そんな光景は今はもう見られません。今の考古学はシステマチックになっていて、そんな小規模の発掘作業などほとんどありません。何百人もの人手を集めて一列に並んでピーッと笛を鳴らすと作業始め、何か発見されると確認のためにまた笛が鳴らされ作業ストップ。こうして考古学の分野は、金も人手も手段もどんどん大掛かりになっていっています。

4 科学の研究も同じです。大掛かりな手段でデータを取れば、それよりもさらに規模を拡大しないと次の研究ができない。だから必然的に①科学というのは巨大化せざるを得ないのです。

5 するとどんなことが起きるか。巨大化した科学が、人々の生活からどんどん遠のいていってしまうのです。昔は、テレビの裏蓋《うらぶた》を外すと、中に真空管が入っていて、我が家のは一七本入っている「一七極テレビ」でしたが、配線板も配線図も表示してあって、私のようなラジオ少年にはその仕組みが大体分かったものです。けれど、今のテレビは「一千万*1トランジスタ」です。今、テレビが壊れた、パソコンが壊れたといって、自分で直せる人がいますか?電気屋さんでも直せませんし、電子工学科の教授だって直せない。下手にいじれば壊してしまう。直せるのはそのメーカーの限られた専門家だけです。科学が人々の生活から離れ、本来より難しいものになりつつあるのです。

6 これを私は「科学疎外《そがい》」と呼んでいます。科学を利用する市場経済ばかりが膨張し、その成果を人々は一応享受《きょうじゅ》しているわけですが、その科学の有用性を理解している人がいるとはとても思えません。一般市民は科学にどんどん置いていかれるばかりです。

7 一般市民ばかりではありません。実は当の科学者自身でさえ、巨大化した科学の中で、研究が分業化、細分化されて、自分がしている研究が、一体どんな目的でなされているのか、その全貌《ぜんぼう》が良く分かっていない場合が多いのです。

8 我々の素粒子の実験で言えば、一〇〇〇人くらいの人間が一つの論文を書いています。五ページくらいの短い論文にも、大げさではなく、本当に一〇〇〇人の名前が連なっているのです。

9 例えばこんな話があります。あるとき、ドイツのある町で研究グループのミーティングをやると言うので、その会議に参加するために現地へ向かいました。その町の駅前で出会った人に、ミーティングの会場のある村への道順を尋ねたら、こっちだと言って歩き始めた。しかし、教えてくれるのはいいけれど、いつまで経っても彼は私と一緒に歩いている。そうこうするうちに、そのまま会場に着いてしまいました。そこで初めて、彼が私と同じ研究グループの仲間で、論文の共同執筆者の一人であったことが分かったのです。②同じグループで同じテーマで論文を書いているのに、お互いに顔も知らなかった。こうした話を良く耳にします。

10 たまに海外ミーティングをやることはあっても、自分のテーマと仕事が決まれば、さっさと自分の国に帰ってそれだけに専念する。言わば、そうしたたくさんの小さな生命体みたいなものが有機的につながって、一つの仕事をこなしている、そういう感覚でしょうか。ですから、その中の一つの生命体がやっていることだけを見ても、全体像が見えないのです。こうした傾向は他の研究分野でも起こっているはずです。

ア｛1 いろどる　2 うちよせる　3 折り曲げる
　　4 縁《ふち》どる　5 むさぼる

イ｛1 おもしろみ　2 すき間　3 人影
　　4 由緒　5 余裕

ウ｛1 温度　2 期待値　3 難易度
　　4 経験値　5 民度

エ｛1 重要　2 敵　3 花
　　4 不幸　5 味方

問二 〈Ⅰ〉～〈Ⅳ〉にあてはまる言葉として最もふさわしいものを、次のア～エから選び、記号で答えなさい。

ア あるいは　イ いうまでもなく　ウ ただ　エ むしろ

問三 ――①「小さな活字が刷りこまれている土地」とありますが、筆者はこう書くことによって、読者に何を伝えようとしていると考えられますか。簡潔に答えなさい。

問四 ――②「こういう姿勢」とは、どのような姿勢ですか。本文の言葉を使って説明しなさい。

問五 ――③「詩としてはわかっても、物事としては実証されにくい」とありますが、これはどういうことですか。その説明として最もふさわしいものを、次のア～オから選び、記号で答えなさい。

ア そうであったらいいと願う気持ちはよく分かるが、誰も信じてはくれないだろうということ。

イ そこに住む人々が勝手に想像することは自由だが、そこには何の根拠も見出せないということ。

ウ 民間の伝承として楽しむことはできても、学問として研究することは難しいということ。

エ 研究は文学作品として高い価値を持っているが、学問としての価値はほとんどないということ。

オ そうであってほしいという想像はできても、発掘などによって証明するのは難しいということ。

問六 ――④「このこと」とありますが、これはどのようなことですか。説明しなさい。

問七 ――⑤「紀元三世紀あたりから定着期に入ったかと思われる」とありますが、何が「定着期に入った」のですか。本文から五字でぬき出して答えなさい。

問八 ――⑥「先住民族の秩序体系をみだしてゆく」とありますが、これは具体的にはどういうことですか。説明しなさい。

三 次の文章を読んで、あとの問いに答えなさい。

1 戦後七〇年、科学は飛躍的《ひやくてき》に進歩しましたが、同時に軍事研究にも最新の科学が導入され、多岐《たき》にわたる兵器開発が行われています。その実態がどういうものなのか、私なりに探ってみたいと思いますが、その前に、科学と人々の関係についてお話ししておく必要があるでしょう。科学を取り巻く世界が、時代とともに急速に変わりつつあることを皆さんに知ってほしいからです。

2 私が子どもの頃は、『ノンちゃん雲に乗る』（一九五五年公開）などの映画を見にいくと、初めの一〇分くらいはニュース映画をやっていたものです。そのニュース映像の中に、髭《ひげ》を生やした考古学者の教授が助手二、三人を連れてのんびりと発掘作業をしている場面がありま

る。小川を欲しがるようになるのは弥生式稲作農耕が入ってからで、水利をめぐって部落単位に争うようになった。

和人の基本的属性ともいうべき集団を組んでの闘争好きは――同種企業間の凄惨《せいさん》なあらそいぶりをみても――④このことが基調になっている。私が陸軍の＊4初年兵にさせられたときに目をみはるほど驚いたのは「隣りの＊5内務班に負けるな」という指導であった。班内の掃除、整頓、訓練、あるいは舎前の整列のスピードから飯上げの速さにいたるまですべて五十人単位の隣りの班との苛烈《かれつ》な競争であった。隣りの班が敵よりも（　エ　）であるという教育原理（もしくは方法）はやはり水田農村の型だとおもった。

この痛烈なほどの一種の社会原理は、こんにちでも農村にのこっている。一つの思いこみとして、隣りの村は世界中のどこよりもいかがわしく、悪念と悪謀に満ちた人間のむれで、油断をしていれば何をするかわからないという解明不要の心理が心のどこかにつねに蟠《わだかま》っている。

紀元前三世紀に北九州で成立した弥生式農耕がたちまち山陽道に普及し、さらに東へひた走るようにしてひろまってゆく時期は、かならずしも隣村との水利争いはこの社会の重要な要素でなかったろうと思われる。人口が膨張したぶんだけつぎつぎにあらたな河川をみつけて耕作集落をつくってゆけばよかった。このひた走りの勢いが現在の青森県に達するまでに四百年を要しなかったのではないか。

⑤紀元三世紀あたりから定着期に入ったかと思われる。同時に同地域内の諸集落間における水利あらそいが深刻になり、他集落に対する＊6猜疑と競争心というものが、集団の性格を決定づけた。

『江差郷土史年表』という便利なものがある。

それによると、和人が集団的にやってくるのは平安時代の終末期であるとしている。源頼朝が、義経追討に名をかりて奥州藤原氏（泰衡《やすひら》）を討伐《とうばつ》し、その勢力を一掃《いっそう》したとき、いまの青森あたりにいた奥州藤原氏の一勢力が、津軽海峡をわたって、吉岡（松前半島の福島町付近）、福山（松前町）、江差に上陸した。文治五年（一一八九）のことで、

　これを渡党《わたりとう》という。

と、どの北海道史にも書かれているように、右の『年表』にもそのように書かれている。

この時期から、広域社会の経験者で、しかも鉄の兵器をもち、かつ力の信奉者である和人たちが、採集という一種無競争の社会をつくっていた⑥先住民族の秩序体系をみだしてゆくのである。

（司馬遼太郎『街道をゆく15　北海道の諸道』より）

【語注】＊1　紗……うすい布地。
＊2　松前氏……松前藩を領有した大名。
＊3　町勢要覧……その町の人口、産業、資源などの要点をまとめて見やすく示した本。
＊4　初年兵……軍隊に入って、一年に満たない兵。
＊5　内務班……軍隊で、兵が生活する組織。
＊6　猜疑……人を素直に信用せず、疑うこと。

問一　（ア）～（エ）にあてはまる言葉として最もふさわしいものを、それぞれの1～5から選び、数字で答えなさい。

オ　人間は、遠くの出来事にも関心を持ち、人の話に耳を傾けておかなければ、事象の奥にある原因を見抜けなくなってしまう、ということ。

問五　――③「皮肉な言い方」とありますが、男の言ったことの、どういう点が皮肉なのですか。三十字以内で説明しなさい。

二　次の文章を読んで、あとの問いに答えなさい。

　松前半島は山ばかりである。道は海岸を（　ア　）ようにしてついており、この道路のほかは海岸の自然はほぼこわされていない。松前町を出てほどなく車は西海岸を北上しはじめた。

　左側に九月の日本海の海の色がひろがっている。

　天気はわるくないのだが、厚い雲が陽をさえぎっていて、空も海も淡い＊1紗《しゃ》をかぶせたように輝きをうしなっている。

　午後四時ごろ、地図に小砂子《ちいさご》という①小さな活字が刷りこまれている土地を通過した。付近に人家は見あたらない。海にむかってなだらかな傾斜が落ち込もうとしている縁を道路が容赦《ようしゃ》なく切りとっており、そのあとわずかに傾斜をつづかせて、そのむこうは断崖になって大地そのものが海へすべり落ちている。

　その海に面した断崖上のわずかな傾斜地に、赤黒い土を露《あら》わにした考古学の発掘現場があった。車から降りてのぞくと、今日は発掘作業が休みらしく、（　イ　）がない。縄文時代の遺跡らしい。

　北海道には旧石器時代後期からの遺跡が数多く発見されている。すでに発見された遺跡に関するかぎり、二万年ほど前から人間が住んでいたのである。和人という、すでに本州で広域社会を形成していた闘争心のさかんなひとびとが組織的に移住しはじめたのは文献では十三世紀ごろからである。先住者として、（　Ⅰ　）すでにアイヌが住んでいた。

　最近の市町村の郷土史に対する態度は先住者としてのアイヌを尊重し、和人たちを割りこんできた者として冷静に位置づけている。松前町の天守閣の博物館も＊2松前氏の盛衰《せいすい》を物で見せるよりも（　Ⅱ　）古い時代のアイヌの暮らしを民俗資料によって語るということに重点がおかれているように思われた。

　江差町が出している＊3町勢要覧のパンフレットも、似たような態度をとっている。その冒頭に、

　　むかしこの地方（註・江差町）は、静かで、豊かな平和郷であったことが、町内から発掘される先住民族の遺物からうかがわれます。しかし、約七百年前、本州各地の戦に敗れ、のがれてきた者や、難破船の漂流などで和人が住みつくようになって平和な社会が乱され、長い間先住民族と和人の争いがつづきました。

と、書かれている。②こういう姿勢で自分の土地の歴史を見るというのは、そのぶんだけわれわれの社会の（　ウ　）があがったとみていい。（　Ⅲ　）厄介《やっかい》なことは、先住民族時代が平和であったという規定が、③詩としてはわかっても、物事としては実証されにくいことである。しかし概念的《がいねんてき》にはわかるような気がする。

　小砂子の断崖の上で日本海を見ながら住んでいた縄文人のグループは、魚介や小動物を採《と》ってくらす採集生活の徒であった。

　その付近は（　Ⅳ　）清水があったであろうが、小川はない。

　その暮らしは小川を不可欠なものとしては必要としなかったからであ

て、村の者で葬ってやりました。着物はぼろぼろ、母も子も痩せ衰えて骨ばっかりでした。畑には人参も大根もあるので、盗《と》って食えばよかったのに、それができんじゃったとでしょ。どこかの家の前に立って、物乞いしてもよかったとです。それもできんかったとでしょ。こっちも（　ウ　）、手を合わせながら、みんな泣いとりました。この間も、虫払いのために田にはいりましたが、虫ばかりで、田の水は濁って、まるで醤油を煮返したごつ、熱かったです」

男は溜息《ためいき》をついた。

七月になると、稲の育ちの悪さが明白になり、秋作のEソンモウは必至だと、誰もが口にし始めた。

（帚木蓬生《ははきぎほうせい》『天に星　地に花』より）

【語注】＊1　袷単衣……裏地をつけた着物。

＊2　甚八……庄十郎の兄。

＊3　つる婆さん……鎮水に長く仕え、家事、雑用の一切を切り盛りしている女性。

＊4　水呑み百姓……田畑を所有せず、他人の田畑でやとわれている農民。

＊5　一斗……「斗」は容量の単位。一斗は十升、約十八リットルに相当する。

問一　――A～Eのカタカナを漢字に改めなさい。

問二　（ア）～（ウ）にあてはまる言葉として最もふさわしいものを、それぞれの1～5から選び、数字で答えなさい。

ア　1　手を尽くして　2　手に手を取って　3　手をこまねいて　4　手がふさがって　5　手をゆるめて

イ　1　腹を肥やす　2　腹をすえる　3　腹に収める　4　門前払いを食う　5　門前市をなす

ウ　1　胸がさわいで　2　胸がふさがって　3　胸にたたんで　4　胸をこがして　5　胸を借りて

問三　――①「気休めに過ぎない」について、

Ⅰ　どういうことですか。二十字以内で説明しなさい。

Ⅱ　そう考える庄十郎に鎮水が教えた、それらの祭の意味はどういうことですか。六十字以内で説明しなさい。

問四　――②「見えとっても見えん」とは、ここではどういうことですか。次のア～オから、最もふさわしいものを選び、記号で答えなさい。

ア　人間は、苦難に直面して心身の疲労が重なると、辛く厳しい現実から無意識のうちに目を背け、なかったことにしてしまう、ということ。

イ　人間は、問題意識と知識を持って注意深く観察していないと、目にしている無数の現象から、重要な事実を見逃してしまう、ということ。

ウ　人間は、目の前の仕事に追われていると、いつの間にか視野がせまくなり、物事の全体像や、本来の目的を見失ってしまう、ということ。

エ　人間は、自分の仕事に対して強い責任感を持っていなければ、目の前に困っている人がいても気づかないふりをしてしまう、ということ。

しかし、その声は何度も聞いていた。

「藁人形は村境の所で、焼いてしまうとです」

「そげなこつで、虫がCタイサンするち思うか」

先生から訊かれて、庄十郎は首を振る。

「そうじゃろ。虫は逃げん。ばってん、子供と一緒にとなえるこつで、虫の恐ろしさが、代々伝わっていく。虫に負けてたまるか。そげん思うて、村人からの気持はひとつになる。それでよかとよ。何もせんよりは、よか。効果がなかち思うても、立ち向かって行かなかきゃならん場合がある。医師の道も同じこつ」

鎮水先生は言い、髪にまとわりつく蝿《はえ》を手で追い払った。

田の虫だけでなく、家の内外の蝿や蚊までも増えていた。＊3つる婆さんの話では、畑の葉虫や芋虫も例年の三倍はいるという。どこもかしこも虫に占領され、筑後の国全体が虫の国になったと、先生の許《もと》を訪れる百姓たちが嘆いた。

「村中の者が田に出て、一列に並んで稲の虫ば追うとですが、隣の村も同じこつばするので、何にもならんとです。竹竿《たけざお》で稲ば叩《たた》いて虫を追っても、埒《らち》は明きまっせん。結局、稲の葉にのぼってくる虫ば、藁ぼうきで、竹笊《たけざる》に掃《は》き取るしかなかです」

「稲の葉一本一本ば、掃くとか」

鎮水先生が驚く。

「＊4水呑《みずの》み百姓は、それしかなかです。多少、金に余裕のある者は、辛子（菜種）油ば藁ぼうきにつけて、稲を打っとります。さらに金持ちの長《おさ》百姓は、鯨油ば田に撒《ま》いて、藁ぼうきで葉についた虫ば、払い落とします。落ちた虫は油で死ぬとですが、油代が馬鹿になりまっせん。あっしたちにできるこつは、せっせと稲の葉ば掃いて、虫ば集めるだけです。それば畦道に叩きつけて、足で踏み殺します。一枚の田で、虫が＊5一斗ぐらい採れます。見ただけで恐ろしゅうなります。これで、今年は飢え死にする者が、絶えんでっしょ」

腹が異様に膨《ふく》れ上がったその百姓は、言い残して帰って行った。

「あの患者、飢え死にを心配しとったが、そん前に、病で命を落とすじゃろ。もう痩《や》せがはじまっとる」

次の患者をDマネき入れる前に、先生は声を低めた。「これから先、庄十郎も、この病ば見るじゃろ。初めは、皮膚のかぶれでやってくる。そのうち腹が膨れてくる。そのあと痩せ細って、最期は血を吐いて死ぬ。不思議に、病人は、山手の方からは来ん。みんな川筋の村に住んどる者ばかりだ。井上村では、そげな病人、見らんかったか」

「知りまっせん」

父からそういう話は聞いたことがない。

「たぶん、病人はおるじゃろ。そのつもりで見らんと、見えてこん。目ちいうもんは不思議なもんで、②見えとっても見えんこつのほうが多か」

先生は疲れた顔で言い、庄十郎にその日最後の患者を入れるよう命じた。

その患者も、在所で田腐れが広がっている旨を先生に告げた。

「これで、もう秋作は駄目でっしょ。畑のほうは多少収穫があっても、稲は誰もが諦めとります。こん先、診療所にも病人が押しかけて来るはずです。薬よりも、食い物を欲しがる病人が、（　イ　）かもしれません」

男は③皮肉な言い方をした。「飢え死にというのは、本人も辛《つら》かでしょうが、見る者も辛かです。十日ばかり前、母と子の行き倒れがあっ

【国語】（六〇分）〈満点：一二〇点〉

一　次の文章は、江戸時代中期の久留米藩（現在の福岡県南部）を舞台にした物語の一節です。主人公高松庄十郎は、井上村で大庄屋の次男として生まれましたが、十三才の時、疱瘡《ほうそう》（天然痘）にかかって九死に一生を得たことから医師を志し、自分を救ってくれた城島町の医師、小林鎮水《ちんすい》のもとで修業を積んでいます。享保十七年（一七三二）、鎮水に弟子入りして一年が経ち、十五歳になった庄十郎は、正月に元服の祝いを済ませました。読んで、あとの問いに答えなさい。

長雨が止んだのは、五月も終わりに近づいた頃だった。じめじめした天気が一変して、薄日のみに変わった。昼間の暑気が消えた。夜は布団をかぶらなければならず、朝夕の冷え込みには、＊1袷単衣《あわせひとえ》を要した。本来なら、薄い単衣ですむのが六月なのだ。

六月中旬になって、早くも虫害が目立ち出した。虫の多さは、家の中にいても分かった。昼間、施療所にもどこからかはいり込んで、患者の周囲を音を立てて飛ぶ。夜、燭台《しょくだい》を灯《とも》し、先生と共に書物を開いているときにも、火に誘われて集まって来た。

「あちこちの村で、虫追い行事が行われているらしか」

先生が眼で虫を追いながら言う。燭台を消せば書物が読めず、つければ虫が我が物顔で舞い狂う。

「虫追いは、効果があるとでしょうか」

庄十郎が訊《き》く。この頃では、虫追いだけでなく、雨乞い祭も、日和乞いの行事も、①気休めに過ぎないと思いはじめていた。

「庄十郎、馬鹿にしちゃいかん。あの祭で、百姓たちは気落ちせんですむ。じっと家の中で長雨を見つめとったり、虫が舞うのを（　ア　）眺めとったら、どげんなるか。気はめげてしまうだけだ。それよりは、村中の者が集まって、ひとつのこつばすると気勢があがる。庄十郎も、虫追いば見たこつがあるじゃろ」

先生も、このところ庄十ではなく、庄十郎と呼んでくれる。

「あります。在所では、麦藁《むぎわら》で実盛《さねもり》様の人形ば作って、村人が担《かつ》いで畦《あぜ》道《みち》ば巡ります。実盛ちいうのは平氏の武士で、稲株につまずいて倒れ、それが仇《あだ》となって討ち死にしたそうです。その恨みで稲の虫になったち聞いとります」

「木曽義仲との戦いじゃろ。もうAロウショウで、白髪ば黒く染めて出陣したものの、年には勝てん。稲株でつまずいたのも、年のためじゃ。ばってん、ほんな話は、実盛ちいう名が、〈稲の実《さね》を守る〉ちいうこつから来とるとじゃろ」

鎮水先生の話は、庄十郎には初耳だった。

「在所では、藁人形は担いだ大人たちがこげなふうにBトナえます。

斎藤別当実盛
稲の虫は死んだぞ　ほい
後は栄えて　えいえいおー

それに応えて、今度は子供たちが叫ぶとです。

討った討った
稲の虫は討った
あとは栄えて　えいえいおー」

庄十郎は実際に右手を挙げて言ってみせる。

父に連れられて、＊2甚八と一緒に虫追いに出たのは一度しかない。

表情をつくりだした世界に戻る。彼らは、関わりあう世界のなかで、自分を見失うことなく生きていた。関わりあう世界が、自分は何者なのかを教えてくれていた。

人間は関係のなかで自己をつくっている。この関係する世界を見失ったとき、人間は漂流しはじめる。市場経済は、この漂流する個人を、交換可能な世界に飲みこむことによって、グローバル化をとげてきたのである。

（内山節の文章による）

【語注】＊1　灌木……丈が低く、幹が発達しない木。低木。
＊2　コミューン……フランスの最小行政単位。
＊3　疎外された意識……人間らしさを失いながら、自分が何ものでもなくなっていくという喪失感《そうしつかん》。

問一　□ア～オには「だから」あるいは「ところが」が入ります。「ところが」が入るものを二つ選び、記号で答えなさい。

問二　――①「この現実」とありますが、これは、ラルザック地方の山村がどのようなところだということですか。二十五字以内で説明しなさい。

問三　――②「共通する感覚」とありますが、「日本の山村の人々」の持つ「共通する感覚」を簡潔にわかりやすく示している十五字以内の箇所を本文よりぬき出して答えなさい。

問四　――③「グローバル化の流れに抵抗できる」とありますが、このことについて、本文で示されている具体例を答えなさい。

問五　――④「市場経済がつくりだした世界」とありますが、この説明として**あてはまらない**ものを次のア～オから一つ選び、記号で答えなさい。

ア　「アングロサクソンの資本主義」の価値観に統合された世界。
イ　人間自身が、消費されていくように働き、暮らす世界。
ウ　「自己実現」「自分探し」等の意識が次々にでてくる世界。
エ　自分が直接関わりあい、自分をみつけだすことができる世界。
オ　地域の歴史や文化をこわし、自然と人間の関係を変えた世界。

問六　――⑤「自然にも新たな負荷を背負わせていく」とありますが、「自然」に「負荷を背負わせ」るとはどういうことですか。簡潔に説明しなさい。

問七　――⑥「ラルザックの農民や、上野村のおばあさんの表情」とありますが、これはどのような表情だと考えられますか。説明しなさい。

分たちにとっては世界の中心であり、絶対的な場所である。なぜなら、この地域に生まれた自然や歴史、文化、*2コミューンとともに、自分もまた存在しているのだから。それらと自分自身とは、分離《ぶんり》できない相互《そうご》性《せい》をもっている。

今日の日本の山村の人々も②共通する感覚をもっている。以前に群馬県の山村、上野村に暮らすおばあさんに、「この村から一度も出たことのない私か言うんだから、間違いない。この村が日本で一番よい所だ」と言われて、私は感服したことがあった。自分をつくりだしている村は、比較する必要もなく一番よい所である。

人間は、関わりあう世界のなかで、自分をつくりだしている。この世界は、自分が直接関わりあう世界であり、その意味でローカルな世界である。

現在の私たちは、グローバル化していく市場経済のなかで暮らしている。その点では、ラルザックの農民も変わることはない。 イ 、実際ラルザックの農民たちは、ときどきニュースに登場するように、WTO(世界貿易機関)の農産物をめぐる会議に抗議団《こうぎだん》を派遣したりしている。 ウ 、彼らは村に帰れば、関わりあう世界をもち、この世界のなかで自分をつかみとることができる。逆に言えば、確実な自分たちの世界をもっているがゆえに、現実の動きに翻弄《ほんろう》されることなく、「我らが世界」をこわす③グローバル化の流れに抵抗《ていこう》できるのである。

私たちが失っているのは、この「我らが世界」であり、自分をみつけだすことができる関わりあう世界である。

二十世紀の社会は、市場経済を舞台にして、すべてのものを交換可能なものへと変えていった。交換可能な領域を拡大することによって、市場経済は「発展」し、そのグローバル化を推し進めていったのである。この動きのなかに、人間も巻きこまれた。気がつくと私たちは、いつでも他の人々と交換《こうかん》されてしまう労働の世界で働き、交換可能な地域で暮らしながら、根無し草のように、④市場経済がつくりだした世界のなかに漂流《ひょうりゅう》するようになっていた。

市場経済が拡大していく背景には、このような問題がひそんでいる。 エ それは、単なる経済の効率化《こうりつか》の問題ではない。もちろん、今日の経済のグローバル化とは、ラルザックの農民的に表現すれば、アングロサクソン(米英型)の資本主義の世界化にすぎず、この動きに飲みこまれることは、「アングロサクソンの資本主義」の価値観に統合されることを意味する。それは、それぞれの社会の歴史や文化をこわしながら、自然と人間の関係をも変えることによって、⑤自然にも新たな負荷を背負わせていくことになるだろう。農業や林業が衰退《すいたい》すれば、その地域の自然が荒れていくようにである。

だが、より重要なのは次のようなことである。市場経済が拡大すればするほど、私たちは、自分の存在をつかみとることのできる、関わりあう世界をもたなければ、人間は消費されつづける世界に飲みこまれるばかりになってしまう。交換可能な世界のなかで、人間自身が、消費されていくように働き、暮らす社会をつくりあげてしまう。グローバル化というかたちで拡大していく市場経済は、人間自体に対して深刻な問題を投げかけているのである。 オ このような時代には、「自己実現」とか「自分探し」、「個の確立」といった*3疎外《そがい》された意識が次々にでてくる。誰もが、自分の確実な存在をみつけだせないのである。

そう考えたとき、私は⑥ラルザックの農民や、上野村のおばあさんの

時代の葉書にも、すでに歌の種はあったことがわかる。答える人のいない寂しさを味わったことのある心だからこそ、答える人のいるあたたかさに、揺れることができたのだ、と思う。

「今日、シャガール展に行ってきたのですが、ガラス張りになっていると絵って見にくいですね。場所によっては光が反射して、自分の顔ばかり映ってイヤになってしまいます……」

C　ゴッホ展ガラスに映る我の顔ばかり気にして進める順路

この歌もまた、後に生まれた恋の歌。デートのときというのは、今のオ自分の表情がとても気になる。以前は邪魔《じゃま》だと思ったガラスが、今度は鏡がわりになってしまった。

やはりこの場合も、ガラスに映る自分の顔を気にしたかつての経験が、別のかたちで「揺れ」を呼んだのだ、と思う。

（俵万智『短歌をよむ』より）

【語注】＊1『古今集』の「仮名序」……古今和歌集の巻頭に添《そ》えられた文章。古今和歌集の編集に関わっていた紀貫之が書いた。
＊2 ようよう……だんだん。　＊3 エトセトラ……〜など。

問一　（　）にあてはまる漢字一字を本文からぬき出して答えなさい。

問二　――①「無数の『あっ』」とありますが、〜〜ア〜オのうち、「無数の『あっ』」といえるものを二つ選び、記号で答えなさい。

問三　――②「いきとしいけるもので歌を詠まないものがあろうか」とありますが、この後に補う表現として、最もふさわしいものを次のア〜オから一つ選び、記号で答えなさい。

ア　いや、誰《だれ》でもできない。
イ　いや、誰しも詠む。
ウ　いや、全てのものではない。
エ　いや、誰である必要もない。
オ　いや、うぐいすと蛙も詠む。

問四　――③「水の温度によっても、茹で時間は変わってくるのだ」とありますが、この記憶がAの短歌にどのようなこととして描かれていますか、四十字以内で具体的に説明しなさい。

問五　――④「そういうものの良さ」とありますが、これはどういうものですか。「良さ」とは何かを明らかにして、十五字以上二十字以内で答えなさい。

問六　短歌A、B、Cが詠まれた際の共通点を四十字以内で説明しなさい。

三　次の文章を読んで、あとの問いに答えなさい。

春を前にした、フランス・ラルザック地方の山村を訪れたときのことだった。ところどころに＊1灌木《かんぼく》の茂る、標高一〇〇〇メートルほどの台地がつづき、私の足元にはいやになるほどの痩《や》せ地が広がっていた。この土では畑作は無理だろう。畜産《ちくさん》を営むにしても、大食の牛を養える草の生産力はないだろう。私はこの条件の悪さに少し同情していた。

［ア］村人は誰一人として、①この現実を嘆《なげ》こうとはしなかった。そればかりか、村人はこんなふうに言う。「ここは山羊《やぎ》を飼うのに適した地域ですから」。荒れ地で山羊しか飼えないといった気持ちは、少しもいだいていないようである。

自分たちの暮らす地域は、他所《よそ》と比較《ひかく》するものではない。そこは、自

れにも敏感《びんかん》になった。短歌を作ることは心を柔らかくすることでもあるのだ、と思う。

A　トーストの焼き上がりよく我が部屋の空気*2ようよう夏になりゆく

たとえば右の一首は、朝食のためにパンを焼いていて「あっ」と思った。それまでは平均して五分かかっていたトーストが、今朝は四分半でいい。しかもぱりっと焼けている。こんなところにも夏は来ているんだなあ、という心の揺れ。

実はこの歌には、遠いところで下敷《したじ》きになっている記憶《きおく》がある。子どものころ、母は毎朝、家族それぞれの好みにあわせて、卵を茹《ゆ》でわけてくれた。半熟、三分熟、固茹《かたゆ》で、*3エトセトラ。「すごいなあ、卵の中が見えているみたい」と私は感心したものである。

ある日のこと、すごい寒波がやってきて、寒い寒い朝を迎えた。「お水もずいぶん冷たいわねえ。いつもより長めに茹でなくっちゃ」と母。半熟なら何分、という単純なことではなく、③水の温度によっても、茹で時間は変わってくるのだ。

卵の茹で時間にも反映する季節の移りかわり。へえっなーるほど、と思った。そのときは、思っただけだったが、「へえっ」が心の底のほうに沈殿《ちんでん》していたのだろう。トーストの焼けぐあいが違うことに気づいたとき、ぱっと「卵の茹で時間」の記憶が浮《う》かんできた。

こんなふうに、いくつか似た経験が重なって「揺れ」の輪郭《りんかく》がはっきりしてくることも多い。「あっ」と声は出さないまでも、口を少し開くくらいの「揺れ」。それでもいつかは言葉という形になるときが、きっとくる。私は、そんなふうなまだ形になっていないエ「あっ」のかけらたちを、感動の貯金と呼んでいる。すぐには使えなくても、しっかり貯めておくことが大切だ。

私自身のことを振り返ってみると、とても大きな貯金箱となったものがある。

学生時代、家族にあてて、三日に二枚というくらい、せっせせっせと葉書を書いた。東京に出てきて、初めての一人暮らし。寂しくてしかたなかった。家族とのなんてことない日常会話が、突然なくなってしまったことが、一番こたえる。朝起きて「おはよう」と言う人がいない。「今日こんなことがあってねー」と無駄話《むだばなし》をする人がいない。④そういうものの良さというのは、なくなってみてはじめてわかる。

葉書は、いってみれば日常会話の代わりとして書きつづけられたのだと思う。内容はまことにとるにたりないものばかり。肉の安いスーパーを見つけたとか、お風呂やさんは何時ごろ混んでくるとか、東京の人は雨が降ってもあんまり傘をささないみたいだとか、トマトがおいしくなってきたとか、サークルの友だちとアルバイトを始めたとか……。

けれどそんな日常雑記のなかに、何年か後、かたちを変えて歌になったような感覚が、ひょこっと混ざっていたりするのだ。

「だんだん暑くなってきました。朝起きるともう汗をかいていたりします。でも、暑いねーと話しかける人もいないので、ただ黙って朝ごはん。これがやっぱり寂しいなあ。暑いねーと言ったからといって涼しくなるわけではないんですが……」

B　「寒いね」と話しかければ「寒いね」と答える人のいるあたたかさ

この歌は、実はずっと後で、恋の場面で生まれたもの。が、遠く学生

じめること。

都電も町全体もカメラも、「祖父」という人間も、古くなって衰え消えゆくものではあるが、

それら　　　　　　　　　　　　という考え。

二　次の文章を読んで、あとの問いに答えなさい。

短歌を詠《よ》むはじめの第一歩は、心の「揺《ゆ》れ」だと思う。どんなに小さなことでもいい、なにかしら「あっ」と感じる気持ち。その「あっ」が（　　）になって歌は生まれてくる。

「あっ」がなかったら、どんなにがんばって言葉を並べても、歌にはならないだろう。逆に「あっ」がありさえすれば、上手下手はあっても、必ず歌になると思う。

「あっ」なんて表現ではすまないようなア波瀾万丈《はらんばんじょう》の人生や、大きな感動。もちろんそれらからも、たくさんの短歌は生まれてくる。大きな感動から小さな感動まで、伸縮自在に対応できるというのが、短歌のいいところ。たとえ大河ドラマにはならなくても、短歌にはなる、という①無数の「あっ」が私たちの日常にはあるはずだ。

歌の生まれてくる契機《けいき》について、紀貫之《きのつらゆき》は＊1『古今集』の「仮名序」で次のように述べている。

やまとうたは、ひとのこころをたねとして、よろづのことの葉とぞなれりける。

和歌というものは「ひとのこころ」を種として、いろいろな「ことの葉」つまり言葉となったものである――というわけだ。

文法的には、もう一つ解釈があって「よろづの」の「の」を主格を表すと考えると「いろいろなことが言葉となったもの」というふうになる。もちろん、どちらでも主旨はそう変わらない。いずれにせよ、今読んでもちっとも古くさくない、イ素敵な一文だ。

貫之はまた、

花になくうぐひす、みづにすむかはづのこゑをきけば、いきとしいけるもの、いづれかうたをよまざりける。

とも言う。花に鳴くうぐいすや蛙の声は一つの例であって、大切なのは「②いきとしいけるもので歌を詠まないものがあろうか」ということだろう。何か特殊な才能や感受性を待った人の心にだけ、歌は生まれるのではない。生きていれば、心があれば、誰にだって歌の種は宿るのだ、という考え方である。私も大賛成だ。

しかし、せっかく宿った種も、そのままにしておいては干《ひ》からびてしまう。短歌を詠むとは、感動の種を言葉に育て上げることなのだ、と言えるだろう。

自分の心が「あっ」と揺れたら、ただ揺れっぱなしにしておかないで、もう一度丁寧《ていねい》に見つめなおす。短歌を作りはじめて私は、たとえ平凡な「あっ」であっても、自分にとってはかけがえのないものだ、と感じるようになった。と同時に、短歌を作ることによって、ウ小さな小さな揺

問三 ――①「僕の鼓動と同じくらい、母の紬の胸は高鳴っていた」とありますが、この時の「僕」と「母」の気持ちを説明しなさい。

問四 ――②「気が済んだかな」とありますが、「父」はこの時、どういう気持ちでいますか。最もふさわしいものを、次のア〜オから一つ選び、記号で答えなさい。

ア 「祖父」が自分を気にせず歩道をさっさと歩き出したので、自分が無視されたように思われて悲しくなった。

イ 都電の廃止前にうまく写真を撮ることができて、「祖父」の最後のわがままをかなえることができてほっとした。

ウ 「祖父」が頑固《がんこ》に最後まで自分の考えを無理に押し通したことに対して、かえってさっぱりした気分になった。

エ 花電車の写真をひさしぶりに撮ることで、死が近づいている「祖父」を満足させてやることができて安心した。

オ 花電車の写真は失敗したにちがいないと確信し、「祖父」がすっかり老いてしまったことにさびしさを感じた。

問五 「A」から「E」にあてはまる会話文を、次のア〜オから一つずつ選び、記号で答えなさい。

ア え、どうして?

イ おとうさん、やさしいね

ウ おとうさんのフィルムは?

エ ペンタックスのフィルムは抜いておいた

オ おじいちゃんは、もっとやさしいよ。較《くら》べものにならないくらい

問六 ――③「ライカの焦点は∞《無限大》の印に合わされていた」とありますが、これについてコウタロウ君とショウヘイ君が話し合いました。二人の会話の共通点から、『∞《無限大》の印』がどのようなことを表しているかを十五字以内で答えなさい。ただし、「無限大」または「無限」という言葉は使わないこと。

コウタロウ 「『行ってらっしゃい』って別れを告げているけれど、それで終わりということではないようだね。」

ショウヘイ 「そうそう。だから、最後の『∞《無限大》の印』って、それで終わりではなく、『おじいちゃん』のことをいつまでも忘れないという点で、永遠とか無限を表しているんじゃないかなあ。」

コウタロウ 「それから、『新しいフィルムに入れ替えて、ライカを骨箱のかたわらに収めた。』ってあるよね。ここには、『おじいちゃん』に対して、いつまでも好きな写真を撮り続けてください、いつまでも僕たちを遠くから見ていてください、っていうようなメッセージがこめられていると僕は思うんだけど、どうかなあ。」

ショウヘイ 「そうだね。みんな、『おじいちゃん』のことが好きで、尊敬しているんだろうね。だから、限りない感謝の気持ちもこめられているのかもしれないなあ。」

問七 「祖父」がプロの写真師としての自信を持っていることを、比喩《ひゆ》を用いて表している五十字以上六十字以内の一文を本文よりさがし、最初の五字を答えなさい。

問八 本文中の「都電（花電車）」「古いライカ」「祖父」の物・人などには、どのような考えがこめられていますか。本文全体の内容に即してまとめた次の文章の続きを答えなさい。ただし、「それら」からは

察に行った帰りがけか何かに、偶然撮影した一枚だったのだろう。落葉の散り敷く舗道に、祖父がステッキを投げ出して、はいつくばるような感じで銀杏を拾っている。その腰には古いライカが回されている。タイトルは「老師」だった。

祖父が喜んだのは、受賞そのものよりも作品の出来映《できば》えよりも、父が「伊能夢影」という名で世に出たことだった。

そのころ相当に呆《ぼ》けてしまっていた祖父は、正月の新聞にでかでかと掲載された作品を見て、はじめはさんざんにこきおろしていたのに、父が「伊能夢影」の活字を示したとたん、「でかしたでかした」、と喜んだものだった。

僕が高校を卒業する年の冬、祖父はスタジオの籐椅子《とういす》の上で＊13ゴブラン織りの絵柄のようになって死んでいた・

駆けつけた父は、祖父の膝《ひざ》からライカを取り上げると、胸に抱きしめて、わあわあと泣いた。検屍《けんし》の医者や警察官が来ても、近所の人がおくやみに来ても、そのままどうかなっちまうんじゃないかとまわりが気を（　3　）ほど、スタジオに立ちつくして泣き続けていた。

祖父の骨は祖母や伯父の待つ飯倉の小さな寺に葬られた。

納骨の一部始終を撮りおえたあと、母は手早く新しいフィルムに入れ替えて、ライカを骨箱のかたわらに収めた。

「行ってらっしゃい、おじいちゃん――」

③ライカの焦点《しょうてん》は∞《無限大》の印に合わされていた。

【語注】＊1　墓地下……地名。

＊2　キャメルの両切……「キャメル」はたばこの銘柄。「両切」は両端を切断したたばこ。

＊3　ペンタックス……当時としては新型のカメラ。

＊4　ストロボ……写真撮影用の閃光《せんこう》装置。

＊5　ライカ……旧型のカメラ。

＊6　GI……進駐軍であるアメリカ兵。

＊7　ハンチング……鳥打ち帽。

＊8　ファインダー……焦点や構図を見定めるカメラの装置やのぞきレンズ。

＊9　紬……絹布の着物の一種。

＊10　木遣り……大木などを大勢でかけ声をかけながら運ぶときにうたう歌。

＊11　順ちゃん……「祖父」の知り合いの都電運転手。

＊12　ツイード……羊毛の毛織物。

＊13　ゴブラン織り……多くの毛糸を用いて風景や人物を織り出した織物。

問一　――ア～キの、カタカナは漢字に直し、漢字は読みをひらがなで答えなさい。

問二　（1）～（3）にあてはまる言葉を、次のア～オの中からそれぞれ一つずつ選び、記号で答えなさい。

口を（　1　）　ア　切る　イ　そろえる　ウ　つぐむ　エ　挟《はさ》む　オ　割る

胸の（　2　）　ア　おどる　イ　さける　ウ　騒ぐ　エ　つぶれる　オ　ふさがる

気を（　3　）　ア　落とす　イ　のまれる　ウ　張る　エ　回す　オ　揉《も》む

のような足どりで雪の帳《とばり》の中に歩みこんで行った。

その夜、僕と父は夕飯もそっちのけで暗室にこもった。

赤ランプの下の父の顔はいつになく緊張していた。

「　A　」

父は少し迷ってから言った。

「　B　」

「　C　」

「ペンタックスが写っていて、ライカが真黒だったら、おじいちゃんガッカリするだろう。おとうさんの方は失敗してたことにしとけ」

「　D　」

「　E　」

話しながら、僕と父はあっと声を上げた。現像液の中に、すばらしい花電車の姿が浮かび上がったのだった。

「すごい、絵葉書みたい」

父は濡れた写真を目の前にかざすと、唇を慄わせ、胸の（　2　）ほどの溜息をついた。

「信じられねえ……すげえや、こりゃあ」

暗室から転げ出て居間に行くと、祖父と母は勝手にケーキを食っていた。

父と僕のあわてふためくさまをちらりと見て、祖父はひとこと、「メリー・クリスマス」と言った。家族が大騒ぎをしている最中にも、まるで当然の結果だと言わんばかりに、焼き上がった写真を見ようともしなかった。

「まあ座れ。戦に勝ったわけでもあるめえに、万歳はねえだろう」

僕らは尊敬する写真師、伊能夢影を中にして、炬燵《こたつ》にかしこまった。

まったく芝居のように長い間をとって紅茶をすすり、両切のキャメルをつけてから、祖父は言った。

「ベトナムのカメラマンはうめえよ。俺よりゃちょいと下がるが、おめえよりかはうめえ」

「当然です、おやじさん」

と、父は誇らしげに答えた。

「なら、なぜおめえがへたくそか、わかるかえ」

「機材に頼るから、でしょうか」

「いいや、そうじゃあねえ。少なくともおめえのペンタックスは、俺のライカよりか優秀なカメラだ。あの露出を計る機械にしたって、あるのとねえのとじゃあ、大違えだろう——要は、ここだ」

と、祖父は丹前の胸に掌《てのひら》を当てた。

「きれいな景色を撮るのもけっこうだが、景色にゃ感情てえものがねえ。おめえの撮る写真は、道具さえ揃《そろえ》や誰だって撮れる。つまり、おめえはやさしさが足んねえ」

はあ、と父は押し黙った。

父の作品がグランプリに輝いたのは、ずっと後のことだ。

風景写真をやめたあと、父は消え行く東京の風物を抒情的なモノクロフイルムに収めて、何度か佳作に選ばれた。だが、グランプリを受賞した一枚は、絵画館前のいちょう並木で銀杏を拾う、老いた祖父の姿を写したものだった。

父と祖父が改まって撮影に出かけたという記憶はないから、病院に診

祖父は*7ハンチングの庇《ひさし》を後ろに回し、街路樹の幹に肩をキアズけた。両肘《りょうひじ》をぐいと締め、何度も*8ファインダーを覗《のぞ》きながら足場を定める。ふだんの老耄《ろうもう》した姿など嘘のように、腰も背もしゃんと伸びていた。

一方の父も真剣だった。指示通りに少し離れた場所で三脚を開き、毛糸の帽子を脱いでカメラをかばっている。

緊密な時間が刻まれた。雪を吸って真黒に濡れた道路に、水銀を流したような二本の線路がはるかな弧を描いていた。

母が背中から僕を抱きすくめた。①僕の鼓動《こどう》と同じくらい、母の*9紬《つむぎ》の胸は高鳴っていた。

向こう岸のGIたちから、いっせいに喝采《かっさい》と指笛《ゆびぶえ》が起こった。

全速力でカーブに現われた花電車は、クリーム色のボディが見えないほどの造花で飾られ、フレームには目もくらむほどの豆電球を明滅させていた。ヘッドライトの帯の中に霧が渦を巻き、轍《わだち》からは雪が吹き上がった。

「まだっ！　まだまだっ！」

祖父が怒鳴った。

「いいかっ！」

「はいいっ！」

ひと呼吸おいて、祖父は*10木遣《きや》りでも唄うような甲高《かんだか》い合図の声を張り上げた。

「ああっち！　ねええっ！　さん！」

一瞬、夜の底に焼きつけられた都電の姿を、僕は一生忘れない。

二台のストロボと同時に、都電のパンタグラフから稲妻のような青い火花が爆《は》ぜた。真昼のような一瞬の閃光の中で、電車はそのまま止まってしまったように見えた。

しかし、都電は警笛を鳴らし続けながら、全速力で僕らの前を通過していたのだった。豆電球に飾られた運転台に、*11順ちゃんが無愛想な顔でつっ立っていた。

母が、ほうっと息を抜いた。

「あっち、ねえ、さん、だって。久しぶりで聞いたわ」

「あっちねえさん。おかしいね」

僕と母は芯《しん》の折れたように屈《かが》みこんで、大笑いに笑った。

都電が行ってしまってからも、祖父と父はファインダーから目を離さずに立っていた。

少し間を置いて、向こう岸からGIたちの喝采が上がった。それはカメラマンたちに向けられた賞讃《しょうさん》に違いなかった。祖父はようやく身を起こし、ハンチングを粋《いき》に胸前に当てて、「サンキュー・ベリマッチ！」と答えた。

「撮れたの、おじいちゃん」

僕は祖父に駆け寄った。

「焼いてみりゃわかる。まちがったって暗室のドア開けたりすんじゃねえぞ」

祖父はライカをケースに収めると、*12ツイードの背広の肩に斜めにかけ、雪と霧に染まった墓地下の歩道を、さっさと歩き出した。

「②気が済んだかな」

三脚を畳みながら、父が悲しげに言った。

祖父は誇《ほこ》らしく胸を反り返らせ、無愛想に、まるで花道をたどる役者

【国語】（六〇分）〈満点：一二〇点〉

一　次の文章は、浅田次郎『霞町《かすみちょう》物語』の一節で、まもなく都電が廃止になるころの東京が描かれており、「僕」の「祖父」はクリスマスに走る花電車を撮ろうとします。なお、「僕」の「父」は、明治生まれの写真師である「祖父」（＝初代「伊能夢影」）の弟子であり、婿養《むこよう》子《し》です。読んで、あとの問いに答えなさい。

僕らはひとけのない＊1墓地下のカーブで、凩《こがらし》に慄《ふる》えながら花電車を待った。

そこはまったく写真撮影に適さない場所だった。第一に、街灯のほかの灯《あか》りがない。後ろは青山墓地、向かいは米軍キャンプである。しかも四方を繁みに囲まれているそのあたりは、霞町の名のア ユライのごとく、夜更けとともに霧が湧《わ》く。何よりも、停留場も交叉点《こうさてん》もないカーブを、都電は全速力で駆け抜けるのである。

「青山一丁目の方が、よかないですか」

と、父は機材を出しためらいながら言った。

「よかねえよ。俺ァここしかねえって、せんから決めてるんだ」

凩にかき乱された霧が、街灯の輪の中で渦《うず》を巻いていた。父が仕方なしに機材を拡げる間、祖父はステッキに両手を置いて＊2キャメルの両切を唇の端で噛《か》んだまま、真剣なまなざしをあたりに配っていた。

まさかと思う間に、ちらちらと雪が降ってきた。

「やっぱ、むりですよおやじさん――」

「けっこうじゃあねえかい。ほれ、おめえの尊敬する何とかいうベトナムのカメラマンは、鉄砲の弾《たま》ん中でシャッターを切ったんだろう。あれァいい写真だ。おそらく奴ァ、弾が飛んでくるたんびに、しめたと思ったにちげえねえ。プロってえのァ、そうじゃなきゃならねえ」

「そりゃま、そうですけど……」

心のやさしい父は、ここまで準備を整えた祖父のイ 一世一代とも言える写真が、ウ ムザンな結果に終わることを惧《おそ》れたにちがいなかった。

それからしばらくの間、父は心の底から祖父を諫《いさ》め続けた。祖父は頑として譲らなかった。真摯《しんし》な師弟のやりとりに、僕や母の口を（　1　）余地はなかった。

結局、父はエ ゴウジョウな師匠に屈した。

「せめて、こっちを使っちゃくれませんか」

父はフラッシュをセットした＊3ペンタックスをさし出した。

「いや、俺のを使う。ただし、おめえもそっちで、同時に＊4ストロボを焚《た》け。合図は昔と同じだ」

わずかの間に、雪はほぐれ落ちるオ マワタほどの大粒になっていた。祖父は掌で＊5ライカのレンズをかばいながら、父の立つべき位置を指図した。

深いしじまの中で、都電のカ 警笛が鳴った。隣りの新龍土町の停留場を発車したにちがいない。道路の向こう岸には、いつの間にか大勢の＊6GIが見物にやってきていた。

「おじいちゃん、写せるかなあ。ストロボ替えてる暇なんかないよ。ここ、すごいスピードで来るんだ」

母は答えずに、じっと夫と父の仕事を見つめていた。

ストロボは一回で焼き切れてしまう。玉を替える間などあるわけはないから、写真は一発勝負だった。

MEMO

大切なことはメモしておこうネ！

解答用紙集

○月×日　△曜日　天気（合格日和）

◆ご利用のみなさまへ

＊解答用紙の公表を行っていない学校につきましては、弊社の責任において、解答用紙を制作いたしました。

＊編集上の理由により一部縮小掲載した解答用紙がございます。

＊編集上の理由により一部実物と異なる形式の解答用紙がございます。

人間の最も偉大な力とは、その一番の弱点を克服したところから生まれてくるものである。　――カール・ヒルティ――

東京学参株式会社

北嶺中学校　2024年度

◇算数◇

※ 189％に拡大していただくと，解答欄は実物大になります。

1

(1)	(2)	(3)	(4)	
			ア	イ
			分	秒

2

(1)						
①					②	
	A	B	C		D	E
(あ)						
(い)						
(う)						

(2)	(3)	(4)	(5)
%増し	通り	cm^2	問

3

(1)	(2)	(3)	(4)
円	円	円	円

4

(1)	(2)		(3)				
			①		②	③	
ア	イ	ウ	エ	オ	カ	キ	ク
時速　km	時間	分	時間	分	回	分	秒

5

(1)			
①		②	
点	長さ	辺	面積
頂点	cm	辺	cm^2

(2)			
①		②	
点	長さ	辺	面積
頂点	cm	辺	cm^2

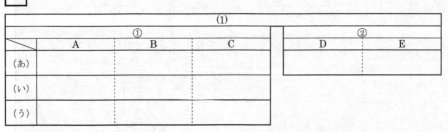

北嶺中学校　2024年度

◇理科◇

※ 181％に拡大していただくと，解答欄は実物大になります。

1

(1) ①　②

(2)　(3)　(4)　(5) ①　②

(6)

2

(1)　(2)

(3) ① g　②

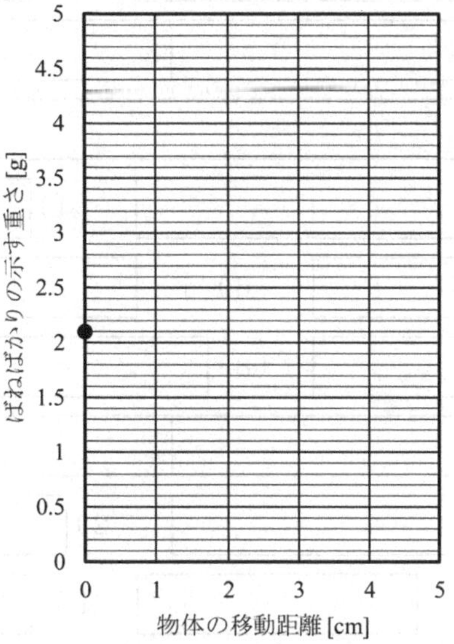

(4)

3

(1)　(2)

(3) ① %　② mL

(4) 炭水化物 g　脂肪 g

(5)　(6)

4

(1)　(2)　(3)

(4) ① 二酸化炭素 g　水 g

(4) ② g　③

(5) ℃

◇社会◇

※ 196%に拡大していただくと，解答欄は実物大になります。

1
（1）① ②
（2）　（3）
（4）
（5）　（6）ⅰ）　ⅱ）
ⅲ）発電　ⅳ）港　ⅴ）

2
（1）① ②　（2）ⅰ）
ⅱ）
（3）　（4）　（5）ⅰ）
ⅱ）　（6）ⅰ）　ⅱ）
（7）　（8）川

3
（1）① ② ③
④　（2）　（3）
（4）ⅰ）　ⅱ）海
（5）　（6）　（7）ⅰ）集落
ⅱ）

4
（1）① ②　（2）
（3）　（4）
（5）
（6）　（7）　（8）
（9）　(10)　(11)　(12)

北嶺中学校　２０２４年度

※143%に拡大していただくと、解答欄は実物大になります。

◇国語◇

一

(一) A　B　C

(二) 1　2　3

(三) Ⅰ　Ⅱ　Ⅲ　Ⅳ

(四)

(五)

(六)

二

(一) A　B　C

(二) 1　2　3　4

(三)

(四) ② Ⅰ　から　へ　② Ⅱ

③ Ⅰ　から　へ　③ Ⅱ

(五)

(六)

三

(一) A B C D

(二) 1 2 3 4

(三)

(四)

(五) といということ。

(六)

北嶺中学校　2023年度

◇算数◇

※ 145％に拡大していただくと，解答欄は実物大になります。

1

(1)	(2)	(3)	(4)

2

(1)	(2)	(3)	(4)	(5)
	円	日	通り	°

3

(1)		(2)	
①	②	①	②
枚		枚	枚

4

(1)	(2)	(3)	
		①	②
cm^3	cm^2	cm^3	

5

(1)				(2)
①	②	③		
秒後	回	秒後	m	秒後

北嶺中学校　2023年度　◇理科◇

※ 139%に拡大していただくと，解答欄は実物大になります。

1

(1)

(2) → →

(3)

(4) ① ② ③ ④ ⑤

(5) L

(6)

2

(1) A B C

(2)

(3) g

(4)

(5)

(6)

3

(1)

(2)

(3)

(4)

(5)

(6) A BとC

(7)

(8)

4

(1)

(2)

(3) ℃

(4) A ℃

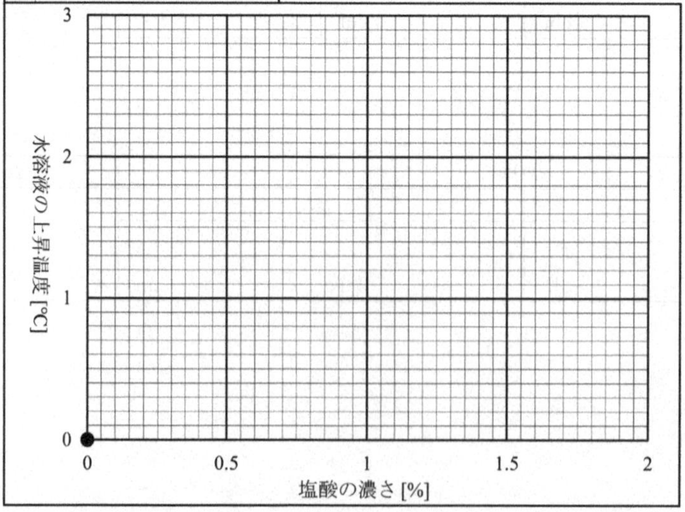

(5)

(6) B C

(7)

北嶺中学校　2023年度　◇社会◇

※ 152%に拡大していただくと，解答欄は実物大になります。

1

（1）① ②　（2）　（3）

（4）　（5）　（6）

（7）　（8） i ）　湿原　ii ）

（9） i ）

ii ）

2

（1）① ②

（2）

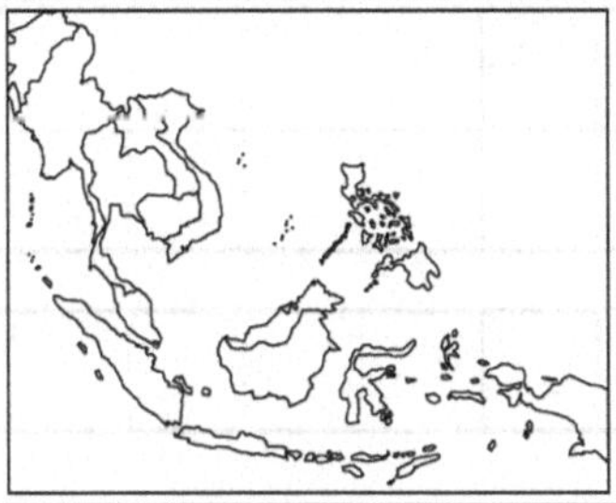

（3） i ）　%　ii ）

（4）　（5）

（6）

（7） i ） A　B

ii ）

（8） i ）　ii ）　（9）

3

（1）　（2）　市　（3） i ）

ii ）　（4）　（5）　（6）　上皇

（7）

（8）

（9）　（10）　（11）

4

（1）① ②　（2）

（3）　（4）　（5） i ）

ii ）　（6）　（7）　（8）

（9）

（10）

◇国語◇

北嶺中学校　2023年度

※143%に拡大していただくと、解答欄は実物大になります。

一

㈠ A　B

㈡ 1　2　3　4　5

㈢ Ⅰ　Ⅱ　Ⅲ　Ⅳ

㈣

㈤

㈥

二

(一) A B

(二) I II III IV V

(三) ① ②

(四)

(五)

(六)

三

(一) A B C D

(二) 1 2 3 4

(三)

(四)

(五)

北嶺中学校　2022年度

◇算数◇

※ 145%に拡大していただくと，解答欄は実物大になります。

1

(1)	(2)	(3)	(4)		
			時間	分	秒

2

(1)	(2)	(3)	(4)	(5)
2 時　分	円			倍

3

(1)	(2)			(3)
個	㋐　個	㋑　個	㋒　個	個

4

(1)				(2)	(3)	(4)	
ア	イ	ウ	エ			①	②
					回		通り

5

(1)	(2)	(3)	(4)
cm	cm^2		cm^2

北嶺中学校　2022年度

◇理科◇

※ 139%に拡大していただくと，解答欄は実物大になります。

1

(1) ①　　性　②

③　　cm^3　④　　(2)

(3)

2

(1) ① B　　D　　②　　(2)

(3)　　(4)　　が　　cm^3大きい

3

(1)　　(2)　　(3)　　cm

(4)　　g

(5)

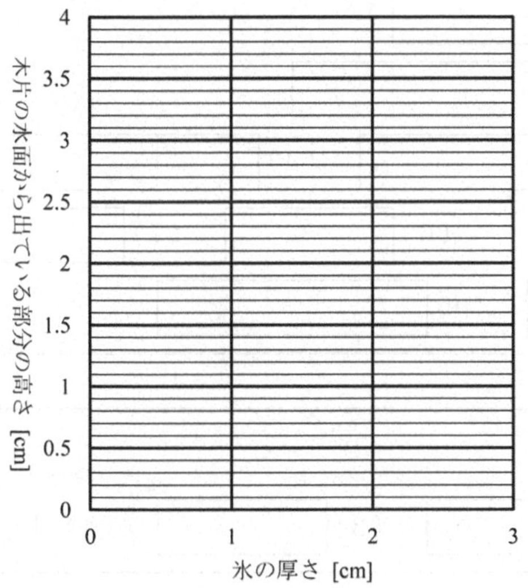

(6)　　cm

4

(1)　　(2)　　(3)

(4)　　(5)

(6) ①　　②

北嶺中学校　2022年度

◇社会◇

※ 152%に拡大していただくと，解答欄は実物大になります。

1

（1）① ② ③

（2）i）　ii）　（3）海流

（4）　（5）　（6）半島

（7）　（8）

（9）

2

（1）① ② ③

（2）　（3）i）　ii）

iii）

（4）　（5）　（6）

（7）　（8）

3

（1）　（2）

（3）→ →　（4）

（5）の戦い　（6）　（7）

（8）　（9）　（10）

（11）

（12）

4

（1）　（2）　（3）　（4）i）

ii）

（5）　（6）　（7）藩

（8）　（9）

（10）　（11）　（12）

◇国語◇

北嶺中学校　２０２２年度

※143％に拡大していただくと，解答欄は実物大になります。

一

問一　A　B　C

問二　A　B　C　D

問三　I　II　III

問四

問五

問六

問七

問八

二

問一 A B C D E

問二 ① ④

問三

問四

問五

三

問一 A B C D E

問二 I II III

問三

問四

問五

北嶺中学校　2021年度　　◇算数◇

※ 151％に拡大していただくと，解答欄は実物大になります。

1

(1)	(2)	(3)	(4)

2

(1)	(2)	(3)	(4)	(5)
人	：	個	人	cm^2

3

(1)	(2)	(3)
cm	：	cm^2

4

(1)		(2)	
①	②	①	②
秒	秒後	秒後	cm

5

(1)		
①	②	③

(2)	(3)	(4)
最大　個	種類	

北嶺中学校　2021年度

◇理科◇

※ 154%に拡大していただくと，解答欄は実物大になります。

1 (1) A

(2)

(3)

(4) 個

(5) ① ② B ③

2 (1)

(2)

(3) A B

(4) ① ② ③

3 (1)

(2) cm³

(3) cm³

(4) 右の解答らんに解答してください。→

(5) ℃

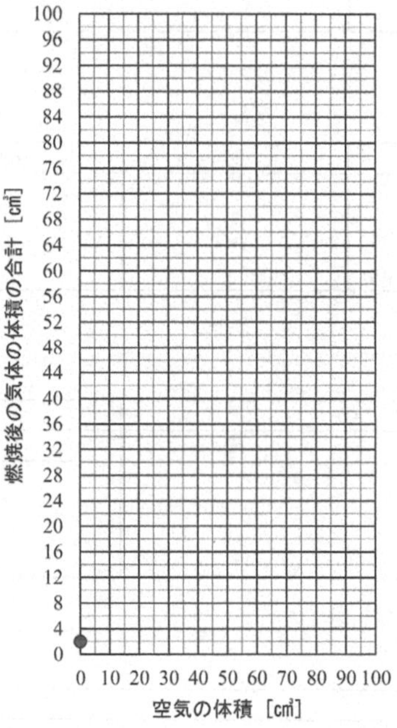

4 (1) （　　、　　）

(2) 右の解答らんに解答してください。→

(3) （　　、 上２）

(4)

(5) cm

(6)

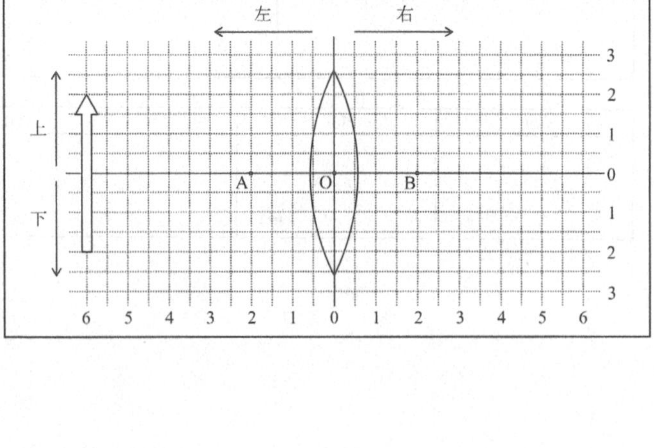

北嶺中学校　2021年度

◇社会◇

※ 154％に拡大していただくと，解答欄は実物大になります。

1

（1）

（2）

（3）　（4）　（5）　（6）

（7）　県　（8）　（9）　城下町

（10）　（11）　（12）

2

（1）　現象　（2）　（3）

（4）

（5）　Aの時期は　、Bの時期は

（6）　（7）　（8）　法

（9）　（10）　都市名　場所

（11）

3

（1）　①　②　③

④　（2）　（3）　i）

ii）　（4）　（5）　（6）

（7）

（8）

4

（1）　①　②　（2）

（3）　（4）　（5）

（6）

（7）

（8）　（9）　（10）

（11）　→　→　→

◇国語◇

北嶺中学校　２０２１年度

※167%に拡大していただくと、解答欄は実物大になります。

一

問一　I　II　III　IV

問二　ア　イ

問三

問四

問五

問六

二

問一　A　B　C　D　E

問二　I　II

問三

問四

問五

問六

生地である花巻にも行こうとふと思い立った。

問七

問八

三

問一　I　II　III　IV

問二

問三

問四

問五

問六

MEMO

大切なことはメモしておこうネ！

MEMO

大切なことはメモしておこうネ！

MEMO

大切なことはメモしておこうネ！

〈ダウンロードコンテンツについて〉

本問題集のダウンロードコンテンツ、弊社ホームページで配信しております。現在ご利用いただけるのは「2025年度受験用」に対応したもので、**2025年3月末日**までダウンロード可能です。弊社ホームページにアクセスの上、ご利用ください。

※配信期間が終了いたしますと、ご利用いただけませんのでご了承ください。

中学別入試過去問題シリーズ

北嶺中学校　2025年度

ISBN978-4-8141-3243-0

[発行所] 東京学参株式会社

〒153-0043　東京都目黒区東山2-6-4

書籍の内容についてのお問い合わせは右のQRコードから　⇒

※書籍の内容についてのお電話でのお問い合わせ、本書の内容を超えたご質問には対応できませんのでご了承ください。

2024年4月5日　初版